连南年鉴

LIANNAN NIANJIAN

2021

连南瑶族自治县年鉴编纂委员会 编

方志出版社
Publishing House of Local Records

图书在版编目（CIP）数据

连南年鉴．2021 ／ 连南瑶族自治县年鉴编纂委员会编．—北京：方志出版社，2021.12

ISBN 978-7-5144-5228-0

Ⅰ.①连… Ⅱ.①连… Ⅲ.①连南瑶族自治县－2021－年鉴 Ⅳ.①Z526.54

中国版本图书馆CIP数据核字（2021）第278418号

责任编辑：顾洁

责任校对：刘玉霞

责任印制：梅中英

出 版 者：方志出版社

地　　址：北京市朝阳区潘家园东里9号（国家方志馆4层）

邮　　编：100021

网　　址：http://www.zgfzcb.cn

发　　行：方志出版社图书营销中心（010-67110500）

印　　刷：惠州市联谊印刷有限公司

开　　本：889毫米×1194毫米　1/16

印　　张：15

字　　数：332千字

版　　次：2021年12月第1版

印　　次：2021年12月第1次印刷

定　　价：195.00元

编辑说明

一、《连南年鉴》是中共连南瑶族自治县委、县人民政府主办，连南瑶族自治县年鉴编纂委员会组织编纂的地方综合年鉴。以马克思列宁主义、毛泽东思想、邓小平理论、“三个代表”重要思想、科学发展观、习近平新时代中国特色社会主义思想为指导，坚持辩证唯物主义和历史唯物主义的立场、观点和方法，旨在全面、准确、翔实地记载连南瑶族自治县经济社会各项事业的发展，为各级、各部门及社会各界了解、研究连南提供参考。

二、《连南年鉴（2021）》主要载录2020年连南瑶族自治县经济社会发展的基本资料，采用分类编辑法，设年度荣誉、年度关注、特载、大事记、连南概览、民俗文化、党务政务、群众团体、法治、军事、经济监督管理、农业农村·气象·水利、林业、工业·经贸、交通运输·邮政通信、城建·资源·环保、商贸流通、旅游、财政·金融、教育、文化·体育、卫生健康、社会生活、镇、社会经济统计资料、荣誉名录26个类目。

三、《连南年鉴（2021）》类目、分目、条目的标题分别以不同字号和版式编排。其中，条目用黑体加【 】表示；个别条目包含几方面的内容，则用楷体加粗标题标明各段资料的主题。

四、《连南年鉴（2021）》稿件由各镇、各单位（含省、市驻连南单位）提供，部分资料由编辑部选编。由于统计口径不一，个别数据可能不一致，使用时以连南县统计局提供的数据为准。数字用法执行国家标准《出版物上数字用法》（GB/T 15835—2011），标点符号用法执行国家标准《标点符号用法》（GB/T 15834—2011）。计量单位使用法定计量单位，文中提到的计量单位“亩”，为非法定计量单位，1公顷等于15亩。计量单位采用国家技术监督局1993年12月发布的《量和单位》系列国家标准。

五、《连南年鉴（2021）》“荣誉名录”类目，主要收录2020年度获评全国、省的先进单位、先进个人名录。

《连南年鉴（2021）》编纂委员会

《连南年鉴（2021）》编辑部

连南瑶族自治县地图

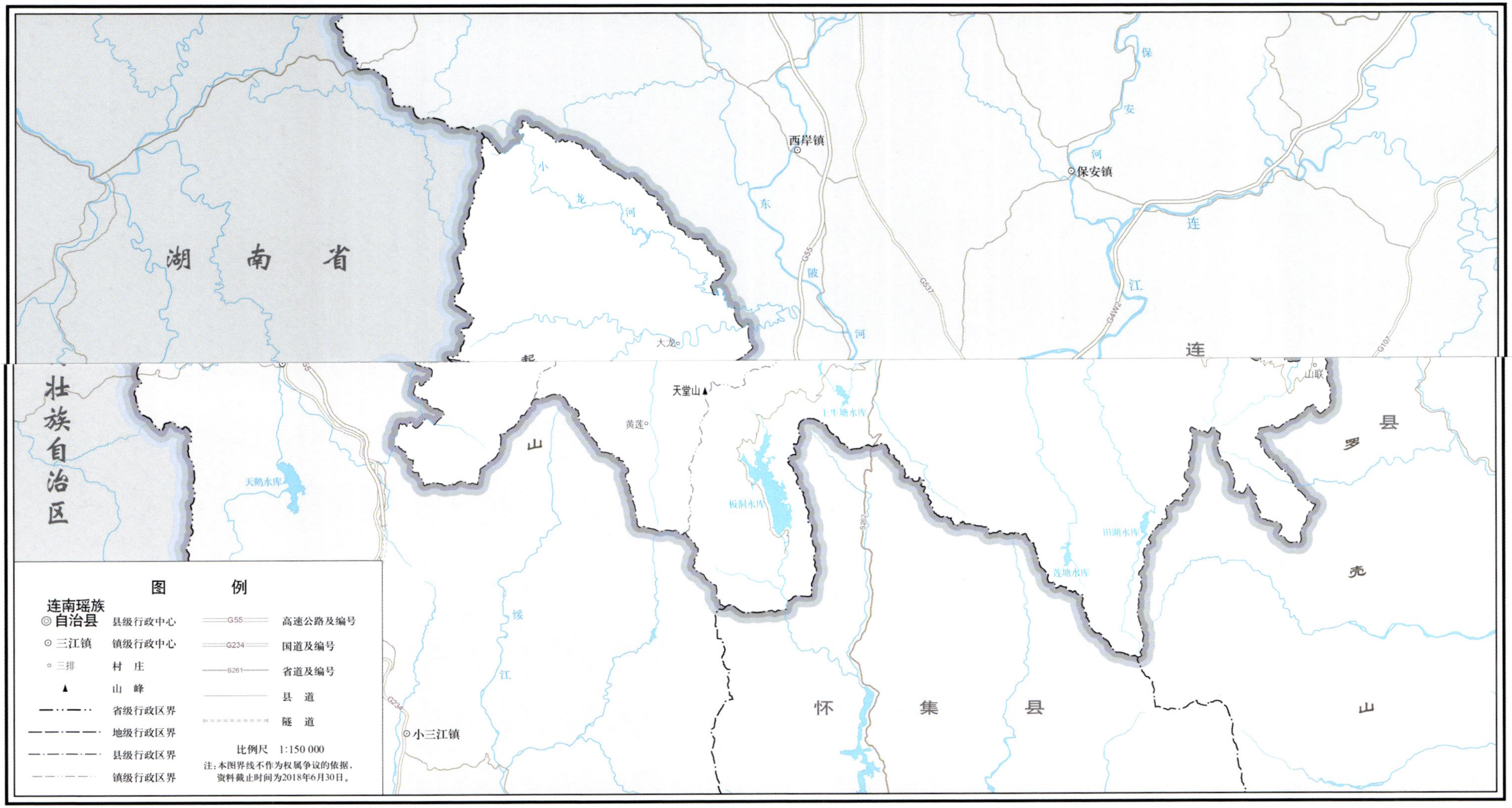

审图号：粤S（2018）103号

广东省国土资源厅 监制

连南名片

★ 连南瑶族自治县——广东省全域旅游示范区

★ 千年瑶寨景区——入选全国文化和旅游投融资项目

★ 非物质文化遗产保护中心——获广东省基层文化工作先进单位称号

★ 安田休闲乡村——入选 2020 年度省级休闲农业与乡村旅游示范点名单

★ 瑶族博物馆——入选广东省中小学生研学实践教育基地

★ 瑶族博物馆——被评为二级博物馆

前进连南·2020

◎ 地区生产总值 57.01 亿元

◎ 第一产业增加值 11.65 亿元

◎ 第二产业增加值 14.17 亿元

◎ 第三产业增加值 31.19 亿元

◎ 规模以上工业总产值 3.6 亿元

◎ 规模以上工业增加值 1.45 亿元

◎ 农林牧渔业总产值 16.95 亿元

◎ 社会消费品零售总额 9.69 亿元

◎ 地方一般公共预算收入 1.79 亿元

◎ 地方一般公共预算支出 20.99 亿元

◎ 城乡居民人均可支配收入 21272 元

◎ 城镇居民人均可支配收入 27607 元

◎ 农村居民人均可支配收入 15456 元

◎ 金融机构本外币各项存款余额 51.41 亿元

◎ 金融机构本外币各项贷款余额 19.8 亿元

◎ 外贸进出口总额 3267.1 万元

◎ 进口总额 419.5 万元

◎ 出口总额 2847.6 万元

2020年1月24日，连南两个高速公路收费站（出口）和三江、寨岗两个汽车客运站设置新冠疫情监测点，图为三江汽车客运站体温监测点医护人员在测量体温（连南瑶族自治县融媒体中心 供图）

2020年2月1日晚11时许，新冠疫情防控人员在二广高速公路出入口进行监测（连南瑶族自治县融媒体中心 供图）

2020年2月4日，民营企业家将防疫物资捐赠给连南县新型冠状病毒感染的肺炎疫情防控指挥部。图为捐赠仪式（连南瑶族自治县融媒体中心 供图）

▲ 2020 年 2 月 11 日，连南荣芳鞋业有限公司复工复产。图为员工进厂（连南瑶族自治县融媒体中心 供图）

▲ 2020 年 2 月 15 日，连南瑶族自治县在县人民医院举行仪式，欢送县域医共体援助湖北医疗队邓都一妹、房秀凤、丘楚珊 3 名医护人员（连南瑶族自治县融媒体中心 供图）

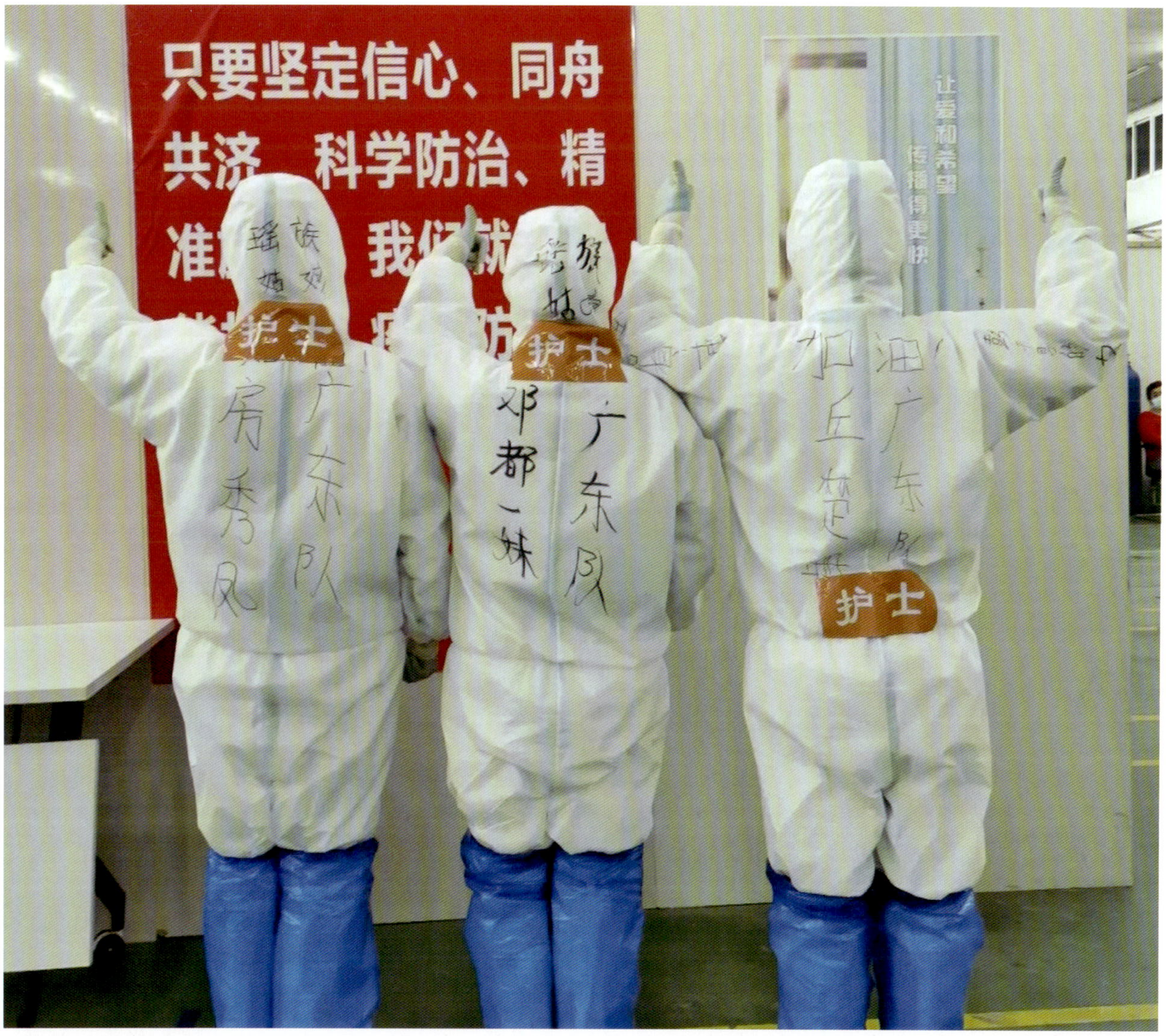

▲ 2020 年 2 月 24 日 14 时，邓都一妹、房秀凤、丘楚珊依次进入江汉开发区方舱医院 A 区

（连南瑶族自治县融媒体中心 供图）

▲ 2020 年 3 月 9—17 日，“战疫情，稳就业，支持复工复产——连南助力越秀专车接务工朋友返穗返岗”，图为接送现场

（连南瑶族自治县融媒体中心 供图）

▲ 2020 年 3 月 12 日，县四套班子领导，各镇、各系统党委干部职工在三江镇西北山、三排镇南岗千年瑶寨开展义务植树活动

（连南瑶族自治县融媒体中心 供图）

▲ 2020 年 3 月 14 日，欢送连南县域医共体支援白云机场疫情防控医疗队出征

（连南瑶族自治县融媒体中心 供图）

2020 年 3 月 16 日，连南瑶族自治县大坪镇牛路水村征集刺绣作品赠送连南支援湖北护士（连南瑶族自治县融媒体中心 供图）

2020 年 3 月中旬，房瑶冷三尔自掏腰包 6 万多元，购买 2000 多公斤谷种免费发放给 350 多户农户。图为发放现场（连南瑶族自治县融媒体中心 供图）

2020 年 4 月，连南瑶族自治县纪委监委驻村第一书记、乡镇干部和茶叶技术员在涡水百草村指导村民种植茶树苗（连南瑶族自治县融媒体中心 供图）

2020 年 4 月，中国少数民族特色村寨三江镇金坑村内村道和民居（连南瑶族自治县融媒体中心 供图）

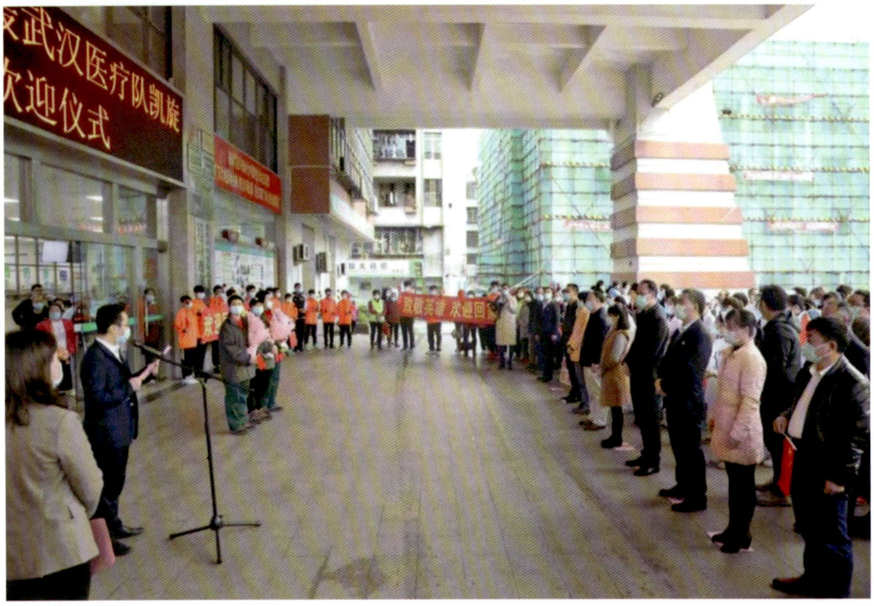

2020 年 4 月 3 日，连南瑶族自治县为参加清远第三批支援湖北医疗队的邓都一妹、房秀凤和丘楚珊 3 名队员举行欢迎仪式（连南瑶族自治县融媒体中心 供图）

2020 年 4 月 9 日，广东连南万山朝王国家石漠公园暨森林生态综合示范园科普宣教馆项目开工仪式（连南瑶族自治县融媒体中心 供图）

▲ 2020 年 4 月 10—12 日，省委统战部副部长、省民族宗教委主任李秀英（中）一行到连南瑶族自治县开展专题调研

（连南瑶族自治县融媒体中心 供图）

▲ 2020 年 4 月 21 日，连南瑶族自治县新冠肺炎疫情防控指挥部在县田家炳民族中学举行疫情防控应急演练

（连南瑶族自治县融媒体中心 供图）

▲ 2020 年 4 月 27 日，连南瑶族自治县高三、初三年级学生返校复课（连南瑶族自治县融媒体中心 供图）

▲ 2020 年 5 月 1 日上午，连南瑶族自治县举行三江源景点、龙腹陂石碑揭牌仪式。图为龙腹陂石碑揭牌
（连南瑶族自治县融媒体中心 供图）

▲ 2020 年 5 月 11 日，连南瑶族自治县初一、初二、高一、高二年级和小学四至六年级学生分期、分批、错峰返校复课
（连南瑶族自治县融媒体中心 供图）

▲ 2020 年 5 月 26 日，广东省民族地区高质量发展现场推进会在连南瑶族自治县召开
（连南瑶族自治县融媒体中心 供图）

▲ 2020 年 6 月 1 日，县委书记刘泽和（左三）到南岗中心学校开展“六一”慰问活动

（连南瑶族自治县融媒体中心 供图）

▲ 2020 年 6 月 18 日，连南瑶族自治县召开新冠肺炎疫情常态化防控工作专项会议

（连南瑶族自治县融媒体中心 供图）

▲ 2020 年 6 月 24 日，连南瑶族自治县人民法院旅游巡回法庭在国家 AAAA 级旅游景区连南千年瑶寨景区内挂牌成立 （连南瑶族自治县融媒体中心 供图）

▲ 2020 年 7 月 4 日，县长唐金文（右二）到三排镇东芒村开展脱贫攻坚调研（连南瑶族自治县融媒体中心 供图）

▲ 2020 年 7 月 25 日，广东劳动者歌唱大赛（清远赛区）暨第七届北江歌手大赛（连南海选赛区）在连南瑶族自治县文化馆新时代文明实践中心举办
（连南瑶族自治县融媒体中心 供图）

▲ 2020 年 7 月 30 日，寨岗镇开展以"依法禁毒，构建和谐"为主题的"党组织 + 社工站 + 乡村宗祠"禁毒宣传座谈会
（连南瑶族自治县融媒体中心 供图）

▲ 2020 年 8 月 6 日，在连南瑶族自治县瑶族博物馆开展“瑶族非遗技艺传承之百人制鼓”研学活动

（连南瑶族自治县融媒体中心 供图）

▲ 2020 年 8 月 16—19 日，2020 年清远市中小学生乒乓球比赛暨清远市青少年乒乓球锦标赛在连南瑶族自治县民族体育馆举行。图为比赛现场

（连南瑶族自治县融媒体中心 供图）

▲ 2020 年 9 月 1 日晚，首部当代瑶族舞剧《瑶山那抹红》在广州市天河区文化馆艺术中心演出

（连南瑶族自治县融媒体中心 供图）

▲ 2020 年 9 月 22 日，2020 年广东省民族团结进步宣传月暨“送法下乡”专场普法活动在连南瑶族自治县举行

（连南瑶族自治县融媒体中心 供图）

▲ 2020 年 9 月 28 日，连南瑶族自治县中医院（瑶医医院）暨瑶医瑶药研究中心正式揭牌

（连南瑶族自治县融媒体中心 供图）

▲ 2020 年 10—11 月，连南瑶族自治县举行第四届“清风杯”篮球赛。图为比赛现场

（连南瑶族自治县融媒体中心 供图）

2020 年 10 月 22 日，广东省农业科学院—连南瑶族自治县对接“3+1”结对帮扶框架协议签订仪式（连南瑶族自治县融媒体中心 供图）

2020 年 11 月，连南瑶族自治县被评为第四批国家生态文明建设示范县（连南瑶族自治县融媒体中心 供图）

▲ 2020 年 11 月 27 日，“天下瑶寨·醉美连南”第十二届连南“盘王节·耍歌堂”瑶族文化艺术活动抗疫题材文艺作品暨瑶族原创文艺作品展演在连南瑶族自治县民族体育馆举行 （连南瑶族自治县融媒体中心 供图）

▲ 2020 年 11 月 28 日，在三排镇油岭村歌堂坪举行第十二届连南“盘王节·耍歌堂”瑶族文化艺术活动之原生态耍歌堂 （连南瑶族自治县融媒体中心 供图）

▲ 2020年12月19日，舞蹈《天下瑶寨·最美连南》参演2020“戴爱莲杯”人人跳全国群众舞蹈展演（广东省）选拔活动
（连南瑶族自治县融媒体中心 供图）

▲ 2020年12月31日，连南瑶族自治县在三排油岭歌堂坪举办盘王大歌2021新年音乐会
（连南瑶族自治县融媒体中心 供图）

目 录

连南概览

民俗文化

党务政务

群众团体

法 治

军 事

经济监督管理

林 业

工业·经贸

交通运输·邮政通信

城建·资源·环保

商贸流通

旅 游

财政·金融

教 育

文化·体育

卫生健康

社会生活

镇

社会经济统计资料

荣誉名录

年度荣誉

【广东瑶族博物馆入选广东省中小学生研学实践教育基地】 广东瑶族博物馆位于连南县城，占地面积31833平方米，建筑面积14566平方米，总投资1.1亿元，是全国瑶族文物最多、最系统、最齐全的国家二级博物馆，是广东省优秀研学旅行目的地，能容纳超过200名学生同时开展实践教育活动。馆内以“瑶岭长歌”为陈列主题，设有要歌堂和瑶绣等非遗文化体验区、连江支队纪念馆、连南党史展览馆、连南六十周年成就展示厅、连南城乡建设规划展示厅，建有广东瑶族文化研发基地、广东瑶绣研发基地、连南青少年教育基地、中南民族大学民族学与社会学学院暨南方少数民族研究中心研究实习基地。瑶族文化研学实践教育基地拥有多名教育部属中心、省行业协会认定的中高级研学导师、全国高级导游等组成的研学实践教育团队。课程设有“瑶族长歌”——瑶族文化研学、民族特色非遗技艺研学、红色文化教育研学，研发的课程——“体验清远地理新农生态 研学瑶族非遗文化”入选2019年度广东省十大研学旅行精品，构建成“瑶族文化+民族特色非遗技艺+红色文化教育”；周边还有民族风情体验、生态科普教育、现代农业产业园等资源。与大中小学必修、选修的优秀传统文化教育、劳动教育、爱国主义内容相衔接，能满足不同学段学生的研学实践教育需求。2020年6月，广东瑶族博物馆入选广东省中小学生研学实践教育基地。

【广东瑶族博物馆申报为广东省第二批文化文物单位文化创意产品开发试点单位】 广东瑶族博物馆采取“公司+基地+绣娘”的模式，走“品牌化运作”的生产经营之路，开发和设计瑶族文创产品。从2016年以来，设计、开发、生产20类23000多件套文创产品，使传统文化在创新和创造中实现社会价值和经济价值。2017年，合作开发瑶绣压花笔记本、瑶绣花纹雨伞、瑶绣抱枕、餐具套装等15类9000多件文创产品和具有瑶族特色的瑶绣箱包，其中以广东瑶族博物馆藏品“十二姓盘王印”为素材研发的“瑶族十二姓氏瑶绣包”，得到业内的高度认可和广大消费者的青睐。2018—2019年，设计、打样一批餐具、茶具、摆件等具有瑶族特色的文创产品。2019年，承办连南县首届文化创意设计大赛。2020年，将特有的瑶族文化元素转化为特色经济元素，开发一批具有实用性、时尚型、民族性的瑶绣文创产品，涉及7大类20个品种。选送的瑶绣文创产品《瑶绣手提包》和《瑶族树脂公仔》参与广东省博物馆协会主办的“5·18”国际博物馆日“粤文创花街”全省博物馆文创精品线上“打榜”活动，成为“十大人气文创”产品。2020年8月，广东瑶族博物馆申报为广东省第二批文化文物单位文化创意产品开发试点单位。

【连南成功创建国家生态文明建设示范县】 从2006年起，连南瑶族自治县被划为全省生态发展严控区，严控区范围占全县面积的71.91%，严控污染企业进入。2018年，连南制订并开始实施《连南瑶族自治县“149”发展布局实施方案》，把全面推进生态文明建设作为“149”发展布局中重点实施的四大战略之一，把创建国家生态文明建设示范县作为“九大工程”创建任务之一。2020年4月，《连南瑶族自治县创建国家生态文明建设示范县规划（2019—2025年）》通过专家评审。全县国土总面积1240.91平方千米，其中林地面积1020.54平方千米，森林覆盖率80.95%，名列全省第二，是广东自然生态系统最完备最独特的地区之一。有县级以上自然保护地10个，其中国家级公园、省级自然保护区各2个，占全县面积15%。大鲵省级自然保护区是目前广东省唯一确认的大鲵野外分布点，是广东省唯一一个拥有湿地、石漠两个不同类型国家级公园的少数民族自治县，是国家重点生态功能区、全国森林旅游示范县、国家全域旅游示范区创建单位、全国民族团结进步示范区（单位）、中国宜居宜业典范城市、广东省生态发展核心区、广东省林业生态县、广东省绿色名县、清远市林农转型示范点。2020年10月，连南瑶族自治县被生态环境部评为第四批国家生态文明建设示范县。

【连南创建为广东省全域旅游示范区】2020年，连南瑶族自治县编制《连南县创建国家康养旅游示范基地总体规划》《连南县创建国家康养旅游示范基地工作实施方案》，三排康养小镇完成第二期规划设计。连接南岗千年瑶寨、油岭古排两个连南最具民族特色的瑶族村寨，全长6.03千米的X397线（南岗至油岭）公路新建工程建成通车。投入219万元修复南岗古排73栋（间）民居。建成旅游集散中心2个、旅游咨询服务中心8个，新建全域旅游全景导览图25块，旅游指引标识牌18块，新建改建旅游厕所18座，开通连接千年瑶寨等各景区的旅游专线公交，智慧旅游信息管理平台、全域旅游大数据中心投入使用。县城提质增效完成主要街道黑底化和人行道改造工程（一期）沿江东路项目，完成县城特色化护栏项目建设，全域旅游县城民族特色化立面改造工程项目动工。成立文化旅游执法大队、旅游警察、旅游法庭、旅游市场监管分局等执法机构，成立清远首家旅游纠纷人民调解委员会，设立瑶老工作站，发挥“党组织＋瑶老＋先生公”在旅游方面的作用；开通旅游投诉电话热线和微信通道，矛盾纠纷调解成功率达99%。举办开唱节、瑶艺节等传统节日活动，举办2020中国农民丰收节暨广东连南第七届稻鱼茶文化活动周活动。参加广东国际旅游产业博览会和深圳文博会，打造现代瑶族舞剧《瑶山那抹红》等原创民族歌舞艺术精品，创作《瑶歌瑶鼓等你来》等旅游推介歌曲。三排镇油岭村被评为广东省文化和旅游特色村，南岗千年瑶寨景区入选全国文化和旅游投融资项目。中央电视台《正点财经》栏目报道连南稻鱼种养基地，以及游客在稻田体验抓鱼。2020年10月，连南创建为广东省全域旅游示范区。

【连南获2020年美丽中国生态旅游名城称号】连南瑶族自治县是全国乃至全世界唯一的排瑶聚居地，是世界经典乐曲——《瑶族舞曲》的故乡，拥有耍歌堂、长鼓舞、瑶族婚俗3项国家非物质文化遗产，拥有国家AAAA级旅游景区2个、国家AAA级旅游景区1个、国家石漠公园1个、国家湿地公园1个、中国历史文化名村1个、中国传统村落5个、中国少数民族特色村寨6个。从2006年起，被划为全省生态发展严控区，严控区范围占全县面积的71.91%，严控污染企业进入。2018年，制订并实施《连南瑶族自治县“149”发展布局实施方案》，把创建国家生态文明示范县作为推动高质量发展的重要抓手。全县国土总面积1240.91平方千米，其中林地面积1020.54平方千米，森林覆盖率80.95%，名列全省第二。县级以上自然保护地10个，其中国家级公园、省级自然保护区各2个，占全县面积15%。该县地表水功能区达到国家和省规定的标准，县级以上集中式饮用水源水质达标率为100%。该县是全省唯一一个拥有湿地、石漠两个不同类型国家级公园的少数民族自治县，是国家重点生态功能区、第二批国家全域旅游示范县创建单位、国家重点生态功能县、全国最美丽县、全国森林旅游示范县、中国宜居宜业典范城市、广东省生态发展核心区、广东省林业生态县、广东省绿色名县。该县打造世界瑶族第一寨——千年瑶寨，建成全国瑶族文物最多、最系统、最齐全的专业博物馆——广东瑶族博物馆，推出世界首部瑶族风情实景音乐诗剧——《瑶颂·瑶族舞曲》实景演出，创作省内首部大型当代瑶族舞剧《瑶山那抹红》，建设鹿鸣特色小镇、金坑森林康养小镇、瑶排梯田国家湿地公园、万山朝王国家石漠公园等项目，是广东省民族风俗保持最完整、民族文化最浓郁、民族特色最鲜明的地方。每年定期举办瑶族文化艺术节、稻田鱼文化节、半程马拉松等8个特色节庆和6项体育赛事活动，先后获评“中国品牌节庆示范基地”“国家级示范性渔业文化节庆”等称号；安排重点旅游建设项目17项，总投资28亿多元，启动“全域旅游在行动”计划。扶持瑶绣坊、瑶艺堂、名瑶工艺坊等企业，挖掘开发瑶族瑶绣、长鼓、银饰等瑶族非遗技艺，发展全域旅游总部经济。投资2.24亿元，建成稻鱼茶省级现代农业产业园，联农益农9200多户。该县涉旅农业企业22家、专业合作社317家、家庭农场154家，带动近1.6万人就业创业，县域内形成“人人都是全域旅游的参与者、建设者、实践者、服务者”的全域旅游发展格局。该县特色瑶族美食活动瑶家长桌宴，以及特色瑶族美食牛皮酥、牛蹄等广受好评。2020年11月，在中国互联网新闻中心主办的“2020中国文旅和网红经济融合发展峰会”上，连南瑶族自治县获得“2020年美丽中国生态旅游名城”称号。

【瑶族舞剧《瑶山那抹红》入选第六届全国少数民族文艺会演节目】 2020年12月，舞剧《瑶山那抹红》入选第六届全国少数民族文艺会演节目，成为清远市建市33周年、连南瑶族自治县建县68周年来第一部进京会演的舞台剧目，也是广东省选派参加历届全国少数民族文艺会演的第一部县级出品剧目。《瑶山那抹红》是连南瑶族自治县2017年精心打造的省内首部大型当代瑶族舞剧，该舞剧以汉族姑娘在连南支教的感人事迹为主线，讲述瑶族青年阿贵和支教女大学生玉华之间的爱情故事。该剧先后被中共广东省委宣传部列入《广东省文艺创作生产重点选题规划（2018—2021）》，被中共广东省委宣传部、省文化和旅游厅列入《广东省加快推进文化和旅游融合发展三年行动计划（2020—2022年）》。为推动民族文化繁荣发展，推动连南文化与旅游产业融合发展，连南启动舞剧《瑶山那抹红》复排打磨工作。复排打磨的舞剧《瑶山那抹红》，紧扣脱贫奔康主题主线，将扶贫济困、舍身为民的精神融入《瑶山那抹红》，充分诠释自强不息、舍身救人、民族团结等优秀的民族传统文化精神内涵，充分展示民族地区在党和国家的关心关怀下脱贫奔康、加快发展的显著成果。该舞剧荟萃连南国家级非物质文化遗产、瑶族社会礼仪、民俗文化，大幅提升其艺术性和观赏性，并运用新型舞台技术美化舞台效果，呈现写实逼真的场景。作品主题鲜明，内容正向，故事感人，人物鲜活，音乐多样。由国家一级导演裘华松担任总导演、中国音乐家协会流行音乐学会会员阳成担任编剧、广东著名青年作曲音乐制作人鲁澄担任作曲。

【广东瑶族博物馆被评为国家二级博物馆】 广东瑶族博物馆是连南响应党中央“文化强国”和省委“文化强省”的战略决策而建设的重要文化场馆。该博物馆于2009年规划，2010年12月动工兴建，2012年12月全面完工，2013年1月开馆运行。该馆占地面积31833平方米，建筑面积14566平方米，楼高四层（24.8米），总投资1.1亿元，馆藏文物数量达11642件（套），其中有2件国家二级文物，59件国家三级文物。博物馆内设5个常设展厅（《瑶岭长歌主展厅》《瑶绣工坊》《全国民族团结进步教育工作专题展厅》《连江支队纪念馆·连南党史党建陈列馆》《连南瑶族自治县反腐倡廉教育基地》），3个临时展厅，以知识性、趣味性、互动性全面系统地展现全国瑶族乃至世界瑶族的历史文化，是目前广东乃至全国规模最大、设施最完善、瑶族文物实物最多的瑶族历史文化专业博物馆，是中国瑶族乃至世界瑶族文化历史的珍贵缩影，承载着瑶族历史、社会、经济、文化的许多重要信息，对源远流长的瑶族文化的深入研究、开发利用和丰富传承，发挥无可替代的作用。博物馆的民族性、独特性和世界性得到国内外来宾的一致赞誉和肯定，开馆至2020年年底累计接待游客200余万人次，成为瑶族自治县对外宣传和交流的重要平台和窗口。博物馆充分利用馆内各种资源开展主题宣传教育活动，先后被评为全国民族团结进步教育基地、广东省优秀研学旅行目的地及广东省研学旅行实践基地、广东省非物质文化遗产——瑶族刺绣传承基地、广东省中小学生研学实践教育基地、广东省青少年科技教育基地、广东省第二批文化文物单位文化创意产品开发试点单位、清远市公益性中小学生研学实践教育基地、国家三级博物馆、国家AAAA级旅游景区、省文明单位、市文明单位、清远市“扫黄打非”成绩突出集体。2020年12月，该馆被中国博物馆协会评定为国家二级博物馆。

年度关注

【县体育场揭牌】 2020年1月3日，连南瑶族自治县举行县体育场揭牌仪式，标志着连南县又一公共体育基础设施的正式落成并投入使用。该体育场位于三江镇石泉小学背后，2017年4月动工兴建，2019年11月30日落成。总投资1500万元，占地面积22402平方米，其中体育场地面积16802平方米，场内设有3000个固定座位看台，1个人造草标准足球场，8条400米标准田径赛道以及附属配套设施。

【甘美连南APP上线】 2020年2月15日，“甘美连南”APP（Android版）正式上线。“甘美连南”APP集连南瑶族自治县社会、经济、文化、旅游、生态等于一体。使用者通过该APP可以了解县委、县政府中心工作，了解连南风土人情、美景、美食和最新动态。该APP是关注民生和社会热点问题、发挥舆论监督、维护社会稳定的主流媒体之一。

【石漠公园及科普宣教馆开工】 2020年4月9日，连南万山朝王国家石漠公园暨森林生态综合示范园科普宣教馆正式奠基开工。该项目总投资3000多万元，建成后将成为广东首个以石漠化为主题的自然科普教育基地，同时也是广大学生了解自然的特殊“课堂”和自然“博物馆”。广东省林业局副局长吴晓谋，清远市政府副秘书长钟朝灶，连南县委书记刘泽和、县长唐金文等为项目挥铲奠基。

【《瑶族文化（连南）生态保护实验区总体规划（2020—2035）》获批】 为进一步做好创建国家瑶族文化（连南）生态保护实验区工作，连南瑶族自治县制订《瑶族文化（连南）生态保护实验区总体规划（2020—2035）》，2020年4月获得广东省文化和旅游厅批复。

【广东省民族地区高质量发展现场推进会召开】 2020年5月26日，广东省民族地区高质量发展现场推进会在连南召开。会议深入学习贯彻习近平总书记关于民族地区发展的重要论述和重要指示批示精神，总结分析《中共广东省委、广东省人民政府关于推动广东省民族地区加快高质量发展的意见》（以下简称《意见》）贯彻落实情况，研究部署下一步工作。会议要求要切实提高政治站位，用心用情用功推动广东省民族地区加快高质量发展；要履职尽责狠抓落实，切实将《意见》政策红利转化为民族地区高质量发展成果；要主动担当作为抢抓机遇，为民族地区高质量发展提供有力保障。广东省政府分管领导，省直有关部门负责人，韶关、河源、惠州、肇庆、清远市等地负责人，广州、深圳、东莞市有关区镇负责人，3个自治县和7个民族乡主要负责人，碧桂园、恒大、敏捷、万科、珠江投资、佳兆业、星河湾、平安保险、农行广东分行9家大型企业负责人50余人参加会议。

【国道G323线县城段改建工程通车】 2020年8

月12日，国道G323线连南县城段改建工程（原称绕城段）项目正式竣工通车。该项目是市重点项目，起点位于连南与连州交界的狮子山下，与国道323线连州段相接，终点接连南县城团结大道。

【2020清远市文化科技卫生“三下乡”主场活动】 2020年8月25日，2020年清远市文化科技卫生“三下乡”主场活动在连南瑶族自治县顺德文化广场举行。该活动由清远市委宣传部、市科协、市卫生健康局、市农业农村局、中共连南县委、连南县政府，连南科协等单位联合举办。来自宣传、科技、卫生、教育、农业等部门的专家和志愿者开展义务咨询、义诊、体验活动等服务，通过现场讲解、摆放宣传展板、发放宣传资料等方式，向过往群众宣传科技、文化、卫生等方面内容。现场还有文艺表演、有奖知识问答、禁毒知识科普、3D科普流动影院、科普航模飞行等活动。

【开唱节】 2020年8月23—30日，连南瑶族开唱节活动在连南千年瑶寨举行。开唱节是连南瑶族传统节日，每年农历七月七，各排各寨的瑶族男女老少身着盛装，聚集在山坡上，尽情高歌，憧憬美好的生活。开唱节当天，瑶族同胞向外界展示其神秘独特的开歌、开舞祭祀活动。千年瑶寨的传统吊脚楼、古屋和民族服饰以及瑶族歌舞，加上火把巡游、瑶族婚俗展演、竹竿舞、篝火晚会等节目，精彩纷呈，高潮迭起，现场欢呼声此起彼伏。千年瑶寨依托互联网+非遗举办开唱节活动，提振旅游市场复苏，助力连南脱贫攻坚。

【2020“中国农民丰收节”系列活动暨广东·连南第七届“稻鱼茶文化活动周”活动】 2020年9月22—27日，2020“中国农民丰收节”系列活动暨广东·连南第七届“稻鱼茶文化活动周”活动在连南举行，活动内容包括捉稻田鱼、瑶族文艺会演、斗茶大赛、农产品展销等系列活动，展现投资2.24亿元的稻鱼茶省级现代农业产业园建成运营成果，助推连南经济社会高质量发展。9月22日，在连南瑶族自治县举办2020“中国农民丰收节”暨广东·连南第七届“稻鱼茶文化活动周”开幕式，清远市委书记殷昭举出席开幕式并宣布“稻鱼茶文化活动周”开幕，广东省委统战部副部长、广东省民族宗教委党组书记、主任李秀英出席开幕式并讲话，广东省民族宗教委二级巡视员叶民文、符永培，广东省农业科学院副院长何秀古，清远市领导刘汉球、陈焕雄、邵军、陈丽霞，连南县领导刘泽和、唐金文等参加开幕式。

【第十二届连南“盘王节·耍歌堂”瑶族文化艺术活动】 为歌颂2020年抗击新冠肺炎疫情战役中广大人民群众的自觉自律，展现中华民族的凝聚力和战斗力，总结“十三五”期间连南民族文化工作取得的成绩，展现少数民族自治县的文化自信，夯实“天下瑶寨·醉美连南”的旅游形象，充分发挥连南瑶族文化资源优势，推动创建全域旅游各项工作，2020年11月27—28日，连南举办第十二届连南“盘王节·耍歌堂”瑶族文化艺术活动。活动内容包括第四届原生态长鼓舞大赛、抗疫题材文艺作品暨瑶族原创文艺作品展演、开幕式文艺晚会暨舞剧《瑶山那抹红》专场、原生态瑶族“耍歌堂”等。

【第四届广场舞比赛】 2020年12月22日，“舞动瑶山”连南县第四届广场舞比赛在县民族体育馆拉开帷幕，15支代表队将广场舞与民族、地方特色结合，纷纷亮出“绝活”，为在场观众献上一场具有民族特色、时代感、力量感的广场舞盛宴。

【盘王大歌2021新年音乐会】 2020年12月31日晚，连南瑶族自治县在三排油岭歌堂坪举办盘王大歌2021新年音乐会。音乐会在《瑶鼓庆丰收》中拉开帷幕，随后《盘王歌》《竹竿舞》《瑶山宝贝，加油鸭》《篝火踩歌堂》等39个节目轮番上演。来自广西富川、湖南江华和广东韶关乳源等地的文化同仁、瑶族同胞登台为连南群众表演极具当地特色的歌舞节目，获得现场观众的阵阵掌声。

特载

在县委十三届十二次全会第一次全体会议上的报告

（2020 年 1 月 15 日）

中共连南瑶族自治县委书记 刘泽和

一、坚持抢抓机遇、担当实干，自治县经济社会发展不断取得新进步

2019 年，全县以习近平新时代中国特色社会主义思想为指导，全面贯彻中共十九大和十九届二中、三中、四中全会精神，深入贯彻落实习近平总书记视察广东重要讲话和重要指示批示精神，立足“一核一带一区”区域发展新格局，围绕“生态与文化立县·全面高质量发展”新时代目标和“149”发展布局，担当作为、狠抓实干，自治县各项事业取得了新的进步。预计全县实现地区生产总值增长 3%，地方一般公共预算收入增长 20.06%，城乡居民人均可支配收入增速高于 GDP 增速，城镇登记失业率控制在 2.21%；环境空气质量优良率为 94.5%，空气综合质量指数为 2.77，全市排名第二；水质（地表水、饮用水）监测达标率为 100%，声环境质量监测达标率为 100%，单位 GDP 能耗下降 3.17%，较好完成了经济社会发展主要目标任务，全面建成小康社会的基础更加扎实。

一年来，我们重点抓了以下几方面工作：

一是扎实开展“不忘初心、牢记使命”主题教育。按照“守初心、担使命，找差距、抓落实”总要求，坚持先学先改，部署开展“思想大解放”讨论活动，一体推进学习教育、调查研究、检视问题、整改落实。认真学习习近平新时代中国特色社会主义思想、习近平总书记视察广东重要讲话、党的十九届四中全会精神等，引导全县党员干部运用“学习强国”平台学习达 9942 人，推动全县开展专题学习党员大会 2260 多次、组织生活会 1000 多次。围绕基层党建、生态建设等 30 个课题开展调研，聚焦 8 个方面突出问题开展专项整治，带动全县党员干部解决群众实际困难

859个。通过开展主题教育，进一步坚定理想信念、筑牢为民初心、锤炼党员党性、提振干事创业精气神、强化宗旨服务意识。

二是圆满完成新中国成立70周年系列庆祝活动和维稳安保工作。突出思想宣传引导，运用“两大两小”[1]、歌堂坪讲堂等宣传方式，举办学习宣传活动1487场次，受众达9万多人次。广泛开展“我和我的祖国”群众性主题宣传教育活动，精心打造公共环境爱国主义景观，构建全县各族人民爱党爱国的最大同心圆。认真落实意识形态工作责任制，确保全县意识形态安全。深化平安连南建设，深入推进扫黑除恶专项斗争，加强全民禁毒、扫黄打非、社会矛盾化解等工作，实现了“四个不发生”“五个坚决防止”目标。

三是认真贯彻全省推动民族地区加快高质量发展工作现场会精神和《关于推动我省民族地区加快高质量发展的意见》（以下简称《意见》）。坚持高位推动，县委专门成立工作领导小组及10个专项工作组。细化责任落实，制定《工作对接任务分解表》，推动《意见》中10个方面、82项具体工作落实落细。主动前往华南农业大学、粤海控股、广之旅等帮扶单位对接、协商帮扶工作。建立定期督查督办机制，将《意见》分解任务列入重要督查督办事项，确保取得实效。

四是全力做好省委巡视连南各项工作。全力配合省委第八巡视组巡视连南，制订我县对接十二届省委第四轮巡视工作方案，按时保质完成巡视组交办任务。抓实抓细省委巡视整改“后半篇”文章，对巡视现场（书面）反馈的11个问题做到即知即改、立行立改，对巡视正式反馈的5个方面30个具体问题，逐一细化分解，认真制定任务清单，对标对表全面整改落实。目前，完成整改20个，完成阶段性整改并长期坚持10个。

一年来，连南党的建设和各项事业发展取得显著进步：

一是生态文明建设成果丰硕。突出“巩固、提高、优化、创新”导向，推动生态文明建设提质增效。板洞省级自然保护区猕猴视频素材被中央电视一台《秘境之眼》收录播放，大鲵省级自然保护区成功实现仿自然生态繁殖。严格落实生态环保责任，将生态审计纳入领导干部离任审计范畴。投入2307万元建设万山朝王国家石漠公园，完成瑶排梯田国家湿地公园水源涵养修复等工作。深入实施引花入城、森林围城工程，县城“一路一花、一季一花、环城皆花”的生态景观提升受到群众普遍认可。坚决打好污染防治攻坚战，河长制、矿山复绿、耕地治理修复等工作扎实开展。

二是文化保护发展亮点纷呈。文化传承保护持续加强，完成6452件（套）文物征集和藏品整理入库。主题创作活动成果丰硕，推出具有瑶族特色的“阿贵哥”“莎腰妹”系列表情包，《打旺都》获评第25届中国电视纪录片年度收藏作品，《丰收的布袋》《掌嚯归》在第十一届全国民运会上分别获得一、二等奖，瑶族博物馆荣获“广东省优秀研学旅行目的地”。文化创意产业发展迅速，设计开发了盘王印摆件、潮流服饰等66类文创产品，原创排瑶手鼓荣获2019年度广东十佳“非遗新造物”。实施文化惠民，广场舞《魅力瑶山》获得全省广场舞联赛中年组特等奖。

三是“九大工程”创建扎实有力。巩固深化全国森林旅游示范县创建成果，开展森林旅游中长期发展规划编制。不断夯实民族团结进步工作，被国家民委授予“全国民族团结进步示范区（单位）”称号，是广东率先获得该荣誉的自治县。国家卫生县城创建顺利，递交了阶段性申报材料。国家全域旅游示范区创建力度加大，全域旅游大数据中心建设、精品路线打造等工作扎实开展。其他5项创建工作有序推进。

四是经济高质量发展持续向好。招商稳商不断加强，县经济产业大楼投入使用，累计160家总部经济企业落户连南，缴纳税金2.14亿元，同比增长322%。实体经济同步发展，鹿鸣小镇等项目稳步推进。28个市县重点项目完成投资

[1]“两大两小”即大篷车巡回播放、大喇叭定点广播、民族文艺小分队专场演出、宣传小资料进家入户。

6.69亿元，其中6个市重点项目完成年度投资计划161.52%。旅游品牌形象全面跃升，成功举办半程马拉松赛、稻田鱼文化节、第十一届瑶艺节等体育赛事和特色节庆，获年“2019中国最美县域”。“天下瑶寨·醉美连南”“瑶寨乡村度假之旅”路线被纳入省级旅游精品线路，千年瑶寨荣获“广东省十佳研学旅行目的地”。全年接待游客350.1万人次，旅游综合收入13.6亿元，比2019年分别增长13.2%、14.5%。

五是乡村振兴发展步伐加快。聚焦“八有一稳”要求和“两不愁三保障”突出问题，持续深化越秀对口帮扶连南工作，全面落实医疗、教育、产业、就业等帮扶举措，全县1929户5361人贫困人口全部实现脱贫。推进“3个三工程”和“一村一品、一镇一业、一县一电商平台”项目建设，成功申报为2020年省级电子商务进农村综合示范县。稻鱼茶省级现代农业产业园31个子项目全面完成建设，进度排在全省前列。深入开展“千村示范、万村整治”，589个自然村100%完成人居环境综合整治，省级新农村连片示范建设6个核心村完成进度79.17%，镇级污水处理设施建设进度排在全市第一。

六是民生保障服务水平不断提高。认真办好民生实事，扎实做好森林防灭火、生态移民搬迁等工作。投资1.5亿元、可提供2160个学位的县城石泉小学高起点开办，全面启动寨岗中学征地扩建工作，优化整合地处偏远、办学规模小“麻雀”学校23所，实现校车服务全覆盖，平安护航2805名学生上下学。深化医共体建设，投入7503万元升级建设县人民医院，成功申报为国家级紧密型县域医共体建设试点县。扎实推进“厕所革命”、垃圾无害化处理等工作。推动县城、寨岗镇区扩容提质，县城道路黑底化、323国道线县城改建工程、石泉山文化体育公园、塘冲水库等民生项目即将完工，四好农村路（年度任务）、大兵山旅游公路等项目全面完成建设。

七是全面从严治党不断纵深发展。旗帜鲜明讲政治，不断树牢党员干部增强“四个意识”、坚定“四个自信”、做到“两个维护”。顺利完成党政机构、事业单位改革。支持人大、政协依法依章程履行职能，代表建议、政协提案办理满意率均为100%。落实党管武装工作，实现连续58年无责任退兵。加强对统战、审计、群团组织的领导，各领域党建工作不断夯实。认真落实加强党的基层组织建设三年行动计划，深入实施“头雁”、党员先锋工程，全县69个行政村、148个自然村党支部100%完成规范化建设。从严正风肃纪反腐，完成5个党组织政治巡察，全县开展谈话提醒1533人次，受理信访举报101件，处置问题线索131条，立案59宗，给予党纪政务处分74人，诫勉处理22人，移送司法机关2人。

一年来，全县各地认真履行职责、狠抓实干，成效明显：三江镇加快鹿鸣小镇项目征地拆迁、基础设施建设，为全县旅游发展打下坚实基础；寨岗镇积极推动投资1亿元的大广农牧生态猪场项目建设，将有效促进富民兴村；三排镇聚力推动大兵山旅游公路、南岗至横坑扩宽公路顺利实现通车，旅游路网更加通达便利；大麦山镇深入开展主题教育，解决了群众反映热点难点问题60余个；大坪镇不断深化“党组织+瑶老制+先生公”基层治理模式，积极营造共建共治共享社会治理格局；香坪镇充分发挥大昌超市销售网络优势，让优质农产品精准对接高端市场；涡水镇成功举办“枫林·瑶寨生态旅游（摄影）体验”活动，枫树林成为连南又一张亮丽名片。

在看到成绩的同时，我们也清醒认识到，连南新时期改革发展还面临不少的困难和挑战，主要表现在：学习贯彻习近平新时代中国特色社会主义思想仍需进一步深化；发展不平衡不充分问题仍然突出，生态优先、绿色发展之路需持续推进；乡村振兴发展步子迈得还不够大，脱贫长效机制尚不健全；人才总量不足，质量有待提升，引才留才用才机制不够完善；部分巡视反馈问题整改需长期坚持，一些重大民生工程项目建设、基础公共服务有待加强；全面从严管党治党成果需要巩固提升，党的基层组织建设仍要进一步强化，党风廉政建设必须持续发力，等等。对上述存在问题，我们将突出问题导向，认真研究解决。

二、牢记初心使命、感恩奋进，在推动连南“149”发展布局深入实施中展现新作为、干出新业绩

2020年，是全面建成小康社会和“十三五”规划收官之年，是“两个一百年”奋斗目标的历史交汇点，是具有里程碑意义的一年。当前，连南已经进入城乡统筹、动能转换、三农迭代、治理创新、破难突围的重要时期。基于上述形势判断，做好今年和今后一个时期工作，务必要把握大局大势，坚定信心决心，提高站位、解放思想、凝聚共识，全面强化“十个意识”：

一要强化政治引领意识。牢牢把握正确政治方向，坚持和加强党的全面领导，把学深悟透习近平新时代中国特色社会主义思想作为最大的理论武装，把树牢“四个意识”、坚定“四个自信”、做到“两个维护”作为最大的政治，不断锤炼党性修养，坚定理想信念，以实际行动体现对党的绝对忠诚。二要强化“两个大局”意识。面对中华民族伟大复兴战略全局和世界百年未有之大变局，要始终保持清醒头脑，发扬斗争精神，提高斗争本领，从形势和条件的发展变化中把握方向、用好机遇、创造条件、驾驭全局，确保在推进工作中有效应对重大挑战、抵御重大风险、克服重大困难、解决重大矛盾。三要强化团结奋斗意识。坚持共同团结奋斗、共同繁荣发展，巩固提升民族团结进步工作成果，弘扬爱国主义精神和中华优秀传统文化，铸牢中华民族共同体意识。四要强化生态优先意识。坚定生态发展定位，践行新发展理念，实事求是、尊重规律，不被经济指标短期变化牵着鼻子走，保持定力，从全局高度谋划问题、从长远角度解决问题，坚持和把握好稳中求进工作总基调，扎扎实实办好自己的事。五要强化探索创新意识。面对外部风险挑战加剧、竞争激化的大环境，我们的工作压力持续加大，越是这个时候越要用好探索创新关键一招，要传承和发扬好连南探索创新基因，充分挖掘潜能、释放潜能，做到越是艰险越向前。六要强化破难意识。发展中的问题绕不开、避不了、躲不掉，必须破字当头，迎难而上。破难是对连南工作最直接、最实际的考验，要敏于发现问题，敢于直面问题，善于破解问题，全力以赴破发展之难、突竞争之围。七要强化争先意识。目标引领发展方向，态度决定事业成败。要始终保持争先创优的奋发精神，坚持最高标准、最严要求、最实作风，和强者比、与能者赛、向高处攀，各条战线、各项工作都要当先锋、争一流、做样板，在比学赶超、争先进位中创造一流业绩。八要强化统筹意识。县域工作千头万绪，必须整体谋划、科学统筹，落实“战略规划一张图、资源要素一本账、工作推进一盘棋”要求，建立规划、土地、资金、项目的“四个统筹”机制，确保整体工作推进有序、有力、有效。九要强化项目意识。项目是抓发展的关键所在，是强实力的核心变量，更是破难题、突重围的路径抓手。要以重点项目为抓手，推动固定投资、企业投资、民间投资相互促进、稳步增长，切实通过大抓项目、抓大项目，促进产业转型，增强发展后劲。十要强化民生意识。让连南人民生活更美好，是党委政府一切工作的出发点和落脚点。要坚持以人民为中心的发展思想，紧扣群众最关心最直接最现实的问题，千方百计为全县各族人民提供更好的公共服务，干一件就成一件，干一件就让老百姓满意一件，不断增强人民群众的获得感、幸福感和满意感。

今年全县工作总体要求是：以习近平新时代中国特色社会主义思想为指导，全面贯彻中共十九大和十九届二中、三中、四中全会及中央经济工作会议、中央纪委四次全会精神，认真贯彻省委十二届八次、九次全会和全省推动民族地区加快高质量发展工作现场会、市委七届十次全会精神，紧扣全面建成小康社会目标任务，围绕“生态与文化立县 · 全面高质量发展”新时代目标和“149”发展布局，坚持稳中求进总基调，坚持新发展理念，坚持差异化、特色化、高质量发展，主动融入“双区”建设[2]，认真贯彻省委、省政府《关于推动我省民族地区加快高质量发展的意见》，统筹推进优生态、兴文化、稳增长、促

[2]“双区”建设即粤港澳大湾区建设、深圳建设中国特色社会主义先行示范区。

改革、调结构、惠民生、防风险、保稳定，确保全面建成小康社会和“十三五”规划圆满收官，得到人民群众认可、经得起历史检验。

县委考虑，今年经济社会发展主要预期目标是：地区生产总值增长3%左右，地方一般公共预算收入增长10%，固定资产投资实现正增长，社会消费品零售总额增长8%，城乡居民人均可支配收入增速略高于GDP增速，城镇登记失业率控制在3%以内，环境空气质量优良率保持95%以上，水环境、声环境质量监测达标率均保持100%，节能减排降碳约束性指标完成省市下达的年度计划。

2020年，我们要着力抓好以下几方面工作：

（一）深入实施“149”发展布局，持之以恒、久久为功抓好连南发展蓝图

“149”发展布局，是连南新时期破解难题、推动发展的总抓手，全县上下要善于结合实践变化、发展导向、群众需要，不断进行优化、充实、提升，坚持一张蓝图干到底。当前，“九大工程”正在紧锣密鼓推进，但是一些部门担当不强、闯劲不足，没有按照县委既定的目标要求推进，大多数创建工作仍然停留在制订方案、编制规划阶段。希望全县上下坚定信心决心，明确方向，以钉钉子精神，一项一项抓落实，把蓝图变为现实。

一要明确主攻方向。今年要重点抓好国家全域旅游示范区、国家卫生县城、国家出口食品农产品质量安全示范区、国家森林城市、国家紧密型医共体建设这几件大事。各级各部门要把“149”发展布局摆在全局工作的突出位置，加大各方资源力量统筹力度，用足用好用活上级扶持政策，在干部力量上优先调配、在要素配置上优先满足、在资金投入上优先保障、在公共服务上优先安排，确保干一件成功一件，推动业务工作与创建工作有机结合，实现两手抓、两促进、两提高。二要坚决落实责任。各牵头部门要切实担起统筹之责，敢于较真碰硬，下硬功夫、下“绣花”功夫，督促和协调相关部门按时保质完成各项创建任务。各级各单位要提高政治站位，主动对接、全力配合开展创建工作，切实增强创建合力。三要广泛凝聚共建力量。注重宣传引导，发挥群众主体作用，组织开展形式多样、生动活泼的“九大工程”系列主题宣传活动，强化先进典型引领，搭建有利于广大群众参与的载体和平台，实现全民共创共建。四要健全工作落实制度。完善“九大工程”日常管理、定期督查通报等工作制度，及时发现、研究、解决创建工作中的重点、难点问题。加强对各创建单位的综合考评，推动综合考评和专项考核相结合。县高质量发展办公室要实行创建工作进度排名末位季度通报制度，按县委既定的时限要求，定期对创建工作开展督查，重要时间节点加大督查力度，压茬推进“九大工程”创建工作。

（二）主动融入“双区”建设，在筑牢粤北生态屏障、提供高质量生态供给上展现更大作为

粤港澳大湾区建设、支持深圳建设先行示范区是习近平总书记、党中央总揽全局、面向未来、运筹帷幄谋划的重大决策部署。我们要立足“一核一带一区”区域发展新格局，找准新时期生态发展的目标定位，精准对接“双区”市场需求，进一步筑牢粤北生态屏障、提供高质量生态供给。

一是率先探索建设国家公园示范县。国家公园是指由国家批准设立并主导管理，边界清晰，以保护具有国家代表性的大面积自然生态系统为主要目的，实现自然资源科学保护和合理利用的特定陆地或海洋区域。它与国家政府部门主管的国家森林公园、湿地公园以及地质公园等保护区，属于不同的概念。

绿水青山是连南的最大优势，探索建设国家公园示范县，是县委在充分调研、广泛征求意见的基础上形成的工作思路，是连南走生态优先、绿色发展之路的必然选择，是符合顶层设计、连南发展、群众需要的，必须一以贯之把绿水青山这一优势坚持好、发展好。一要加快开展可行性研究，自然资源部门要牵头推动国家公园示范县建设工作，聘请第三方专业机构开展实地调查，全面掌握土地利用现状、人类活动、自然资源资

产等方面资料，进一步论证推动国家公园示范县的范围边界、功能区划等可行性研究，编制好我县建设国家公园示范县的总体规划。二要积极争取上级政策支持，在满足国家公园建设标准的前提下，争取将连南纳入南岭国家公园范围，并作为广东省国家公园示范县（试点）进行建设，切实用好现有自然保护地资源，或结合我县当前自然保护地建设分布、生态资源进行综合分析，争取将重要自然保护地、新增非保护地但资源价值较高的地区，连片规划、串联起来申报创建国家公园。三要在创新管理体制机制上先行先试，按照“一个保护地、一块牌子、一个管理机构”的统一管理目标要求，整合各类自然保护地管理机构，健全自然资源管理制度，划清所有权边界，加强资产统一管理，建立数据库和登记体系，形成自然资源现状“一张图”、登记“一个库”、管理“一张网”。四要推动生态移民搬迁，结合脱贫攻坚、城镇化发展，积极争取上级政策和社会各界支持，稳步推动自然保护地、高寒山区、“两不具备”地区群众集中安置，减少人类活动对生态平衡的破坏。五要完善生态保护制度，加强国家公园空间用途管制，研究出台保护国家公园的专门条例，严禁不符合保护和规划要求的建设项目进入，确保国家公园建设成效常态长效。

二是坚决打好污染防治攻坚战。去年，我县环境空气质量优良率虽然排在全市第二，但尚未达到全省平均水平，环保工作依然任重道远。要加强蓝天保卫，突出问题导向，认真研判去年环境空气质量下降原因，找准病灶、对症下药。加强对施工运输扬尘、秸秆焚烧等现象的监管，推动秸秆环保回田。重点开展县域生物质锅炉、餐饮油烟、烟花爆竹燃放、柴油货车尾气排放等专项治理，确保环境空气质量持续排在全市前列。要加强碧水攻坚，强化水源地保护，抓好城乡污水处理设施建设和管理，严厉打击无证排污、超标排放等行为。要加强净土防御，结合环保督察反馈问题和巡视整改要求，大力推进断源整治，加强危废、“低小散”企业日常监督管理，抓好固体废弃物处理（堆存）场整改、畜禽养殖清理整治工作，坚决打击非法转移、倾倒固体废弃物等违法行为，切实解决土地污染防治突出问题。

三是推动生态文明建设成果转化。当前，生态优先、绿色发展理念已经深入人心、形成共识，要一鼓作气推动形成绿色发展方式、生活方式，以生态文明建设推动发展转型、成果转化。要树牢绿色思维方式。着眼构建集约、绿色、低碳、循环发展的县域经济体系，全面节约和高效利用生态资源、文化资源，巩固提升引花入城、森林围城成果，加快万山朝王国家石漠公园、瑶排梯田国家湿地公园建设，把生态优先、绿色发展理念贯穿自治县改革发展全过程，实现经济发展和生态环境双赢、人与自然和谐共生。要加快发展绿色产业。坚持聚焦主导产业，加快发展壮大特色经济林、林下经济、森林旅游等产业，争取上级支持我县建设一个以兰花、食用菌为主的省级现代农业产业园或农业公园。要倡导绿色生活方式。围绕推动林农转型发展，加强绿色环保宣传教育，引导全县党员干部群众树牢生态、低碳、节约、环保意识，使绿色生活、绿色消费成为每一个公民的习惯。

（三）以社会主义核心价值观引领，扎实推动民族文化旅游事业繁荣发展

一是加强新时代精神文明建设。坚定贯彻社会主义核心价值观，以全国县级文明城市创建工作为抓手，扎实推进新时代精神文明建设，提高自治县文明程度和品质内涵。深入实施公民道德建设工程，提升志愿服务制度化水平，以新时代文明实践中心（所、站、点）为阵地，深化群众性精神文明创建工作。广泛开展爱党爱国、健康文明、积极向上的群众性主题活动，推动瑶族非物质文化、民族歌舞进校园、进社区、进农村等文化惠民工作，不断满足人民群众的精神文化需求。

二是加强民族文化传承保护。围绕创建国家（瑶族）文化（连南）生态保护实验区目标，抓好非物质文化遗产传承保护，开发具有民族特色的文化创意产品和歌舞节目。坚持开展好民族文化主题活动，借助音乐、歌舞创作专业力量，打造一批具有代表性的民族特色文化作品，通过南

方+、微信、抖音等影响广、受众多、市场反响好的平台传播出去，切实丰富民族文化内涵。推动保护与开发相结合，充分挖掘连南历史文化、非物质文化遗产的潜力，做好刘禹锡、韩愈、李来章等与连南息息相关的历史名人史料整理，谋划建设思贤祠、举办“高峰会”，讲好民族团结文化故事。

三是推动文化旅游产业高质量发展。以创建国家全域旅游示范区为抓手，围绕“衣食住行游购娱”七大要素，拓宽文化旅游内涵和发展空间。加强产业规划引导，围绕打造民族文化创意产业园，推动瑶药、瑶鼓等商品化市场化，构建民族文化产品生产、加工、销售、消费产业链，提升民族文化旅游产业竞争力。做强文旅主导项目，整合优化旅游资源单体，升级改造千年瑶寨、瑶族博物馆、《瑶颂·瑶族舞曲》实景演出项目，加快推动鹿鸣小镇、万山朝王国家石漠公园等景区建设，盘活寨南温泉旅游资源。打造精品旅游路线。加快完善基础设施配套建设，深入打造“天下瑶寨·醉美连南”“瑶寨乡村度假之旅”等精品旅游路线。做优节庆赛事品牌。坚持办好8大特色节庆、7个体育赛事，丰富特色歌舞互动、非遗产品定制等节庆赛事消费体验形式，推动《瑶山那抹红》《丰收的布袋》等民族歌舞剧市场化运作，打造具有综合效益的节庆赛事品牌。

（四）坚定不移贯彻新发展理念，推动全县经济社会持续高质量发展

一是对标对表推动《意见》落地见效。《意见》是省委、省政府近年出台扶持民族地区高质量发展“干货”最多、力度最大、涉及范围最广的重大政策利好。落实好《意见》是推动我县经济社会快速发展的重要法宝。要吃透政策精神，从宏观上全面、系统、准确地把握政策精神和要求，读懂弄通每一条政策措施的内涵和外延，结合政策导向、发展需要、群众诉求，科学谋划好《意见》落地及“十四五”规划，最大限度释放政策红利。要加强对接沟通。目前，《意见》分解的19个责任单位中，仅有7个单位主动与省市部门进行沟通对接。其他县直各有关单位务必高度重视，结合今年工作，对省市已经明确支持的项目，列好任务清单，做好跟踪落实。对省市尚未明确的政策拓展，要主动请示汇报、对接沟通，争取最大力度的政策倾斜支持。要加强督查反馈。县委统战部、县民宗局要切实履行牵头协调、跟踪落实的职责，及时向上级部门反映落实政策存在的问题和建议。县高质量发展办公室要细化督查督办工作，确保各项政策措施落细、落实、落地见效。

二是深入实施创新驱动发展战略。认真贯彻中央《关于营造更好发展环境支持民营企业改革发展的意见》和国务院《优化营商环境条例》，全面激发各种所有制企业、广大企业家和人才的创新力创造力。突出“招财”“招丁”导向招商引资，加大省市扶持政策宣传力度，大力发展总部经济，吸引更多的优质企业、游客到连南投资消费。用好科技项目、人才项目资源，引进和培育高新技术企业，提高县域重点企业创新研发和科技成果转化能力，加快促进产业发展升级。深化人才队伍建设，围绕服务“149”发展布局，不断完善引进培养人才机制，加大重点行业领域技术技能人才激励力度，形成广纳贤才、人尽其才的制度机制。

三是积极破解城乡二元结构。按照“小县大城”定位，强化县城、寨岗副中心“双翼”驱动，谋划好县城特色化改造、寨岗城北新区等重大项目建设，全面提升经济和人口的承载能力，引领带动全县经济社会加快发展。优化县域协调发展政策导向，加强差异化政策顶层设计，按照县域主体功能定位细化政策单元，宜山则山、宜水则水、宜农则农、宜工则工。深化农村土地制度改革，加强农村承包地整治整合。推进工作机制创新，突出“闭环、高效、落实”导向，完善“乡镇吹哨、部门报到”工作机制，构建责任明晰、履责有序、评责有效、问责有据的闭环落实机制。

（五）坚持农业农村优先发展，加快推动乡村振兴

一是全面决胜脱贫攻坚。巩固提升脱贫成效，深化越秀对口帮扶连南工作，全面落实产业、

就业、医疗、教育、安全住房等帮扶措施，严格按照退出标准和退出程序，确保贫困人口在2020年6月前全部退出。抓好脱贫成果巩固提升，落实摘帽不摘责任、不摘政策、不摘帮扶、不摘监管“四不摘”要求，持续做好跟踪服务，确保贫困人口退出经得起历史检验。加强扶贫产业建设，培育长效扶贫项目。深入推进就业扶贫，打造贫困人口就业“绿色通道”。推进优质农产品对接“双区”大市场，引导大湾区消费群体优先选购扶贫产业产品。紧密对接“百企帮百村”精准扶贫行动，调动各方力量参与脱贫攻坚。

二是提档升级建设美丽乡村。着力抓好“千村示范、万村整治”工程，确保2020年年底全部自然村达到整洁村标准，50%以上自然村达到示范村标准。加快推进生活污水设施建设、垃圾分类处理、“厕所革命”等工作。深化梯度创建布局，加大力度推动高速公路、国省道、河流沿线、梅茼古驿道、旅游景区等周边村庄升级创建美丽乡村，全域改善提升农村发展面貌。

三是大力发展富民兴村产业。壮大特色农业产业，巩固发展农业“3个三工程”和“一村一品、一镇一业、一县一电商平台”产业体系，发展规模化、标准化农业生产基地和农产品加工业。加大引进、合作、孵化力度，培育一批市级以上农业龙头企业。加强农业品牌建设，确保今年成功申报2个以上粤港澳大湾区（含广东省）“菜篮子”基地、1家以上粤港澳大湾区加工企业，创建2个以上国家地理保护标志产品、1个以上省级名特优新农产品。推动农业产业现代化，结合建设省级电子商务进农村综合示范县，推动农业产业信息化，发挥稻鱼茶省级现代农业产业园平台作用，促进全县农业现代化发展。

（六）大力改善民生福祉，不断增强人民群众获得感幸福感安全感

一是加快补齐基础设施短板。持续加大对民生领域财政投入，科学谋划建设市、县重点项目。推动交通均衡通达，积极争取广清永高铁项目在连南开设站点，推进“四好农村路”全国示范县创建。不断改善群众生产生活环境，加快补齐基础设施短板，抓好三大灌区、塘冲水库、供水管网、高标准农田建设，加快建设5G网络全覆盖，推动城乡基础设施一体化发展。

二是健全公共服务体系。聚焦民生大事难事急事精准发力，继续办好十件民生实事。健全城乡基本公共服务均等化机制，深化学校布局调整，推动“党教融合”发展，破解办学难题、提升教育教学质量。启动国家紧密型医共体建设，全域提升医疗卫生服务水平。健全分级分类投入机制，实现城乡公共服务基础设施统一规划、统一建设、统一管护。

三是扎实织牢社会保障网。坚持应保尽保，认真落实政策性困难群众全部纳入城乡居民养老保险，健全社保扩面征缴长效机制。实施民生就业工程，抓好“广东技工”“粤（瑶）菜师傅”“南粤家政”技能培训和新型企业学徒制工作。推动精准就业创业，加强职业教育与企业用人对接机制建设，结合连南产业发展形势、群众就业创业需要，帮助农村富余劳动力、中职学生等重点群体实现就业。

（七）建设高水平的平安法治连南，全力营造共建共治共享社会治理格局

一是深入推进全面依法治县。支持人大依法履职，不断夯实县乡人大工作基础。强化立法导向，提高立法质量，加快推动特色化改造、基层治理等方面的立法工作，加快修改《自治条例》等地方性法规，推进社会治理能力现代化。支持县政协发挥好专门协商机构作用，做到有事多商量、遇事多商量、做事多商量，提升民主协商效果。开展大统战工作格局试点，提升多党合作制度效能。抓好依法行政重大决策的贯彻落实，确保全面依法治县工作落细落小。加大普法宣传教育力度，加强依法行政，严格规范公正文明执法，深入推进一村（居）一法律顾问工作，使法治成为全民的共同信仰和行为准则。

二是强化社会矛盾纠纷化解。健全矛盾纠纷排查化解和社会稳定风险预警机制，落实复杂疑难、重大矛盾纠纷由党政领导班子包案制度，深化“党组织＋瑶老制＋先生公”基层治理效能。

推进社会矛盾专项治理，重点解决涉农、劳资、环保、房地产、金融、军退人员、征地拆迁等领域和群体的突出问题，确保不发生重大群体性事件和规模性聚集事件。

三是全力维护社会安全稳定。深化平安连南建设，加强全民禁毒工作，加快综治“中心＋网格化＋信息化”建设，织紧织密立体化防控网。深入推进扫黑除恶专项斗争，严打涉黑涉恶势力、“保护伞”，坚持“打财断血”“打伞破网”。强化安全生产“一岗双责”，坚决防范较大及以上生产安全事故。

三、坚定不移加强党的全面领导，为全面建成小康社会提供坚强政治保障

一是深入学习贯彻习近平新时代中国特色社会主义思想。狠抓学习教育，加强习近平新时代中国特色社会主义思想、党的十九届四中全会精神的学习培训和宣传宣讲，运用“两大两小”、歌堂坪讲堂等方式，推动党的创新理论家喻户晓、入脑入心。巩固拓展主题教育成果，把“不忘初心、牢记使命”作为加强党的建设的永恒课题和全体党员干部的终身课题，推动学习贯彻习近平新时代中国特色社会主义思想常态化制度化。坚持学做结合，强化理论运用，把学习成果转化贯穿到连南工作各领域。

二是强化政治建设。以党的政治建设为统领，认真落实党对人大、政府、政协、法院、检察院、民主党派、工商联、人民团体、国有企业、学校、有关社会组织实施领导的制度规定，坚持定期听取县人大常委会党组、县政府党组、县政协党组工作汇报，扎实抓好巡视整改“后半篇”文章。加强党对武装工作的领导，高标准完成国防动员、兵役征集、民兵调整改革、国防教育等各项任务。推动管党治党政治责任落实，完善各级党委（党组）工作制度，建立健全党委（党组）领导各项事业的具体制度。加强政治能力建设，严明政治纪律和政治规矩，增强全县党员干部政治敏锐性和政治鉴别力，做到“三个决不允许”。

三是抓好意识形态工作。认真落实意识形态工作责任制，紧扣全面建成小康社会加强正面宣传，构建大宣传工作格局。强化阵地管理，健全分析网络舆情研判处置机制，提高风险防范能力，筑牢意识形态安全“护城河”“防火墙”。全面完成融媒体中心建设，打造成“媒体＋政务＋服务”综合性平台。扎实推动“扫黄打非”五大专项行动，持续净化文化市场。加强农村宣传工作，把新时代文明实践中心打造成综合性宣传教育阵地，培养代言民族文化、旅游、农业产品的“网红”，运用好“腾讯为村”“乡村新闻官”等推动党的理论、新闻资讯、农事信息入村入户，以正向引导释放正向能量。

四是加强基层党组织建设。强化大抓基层的鲜明导向，深入贯彻加强党的基层组织建设三年行动计划，落实“减负”“赋能”要求，统筹推进各领域党建工作。完善抓基层党建工作制度，建立基层党委书记党建档案，发挥基层党委“龙头”作用。深入实施“头雁工程”，选树一批致富带头人。加强“四库”对象培养，深入实施“党员人才回乡计划”。加强和规范村（组）党组织党群服务（活动）中心功能建设。提前谋划部署2021年村级换届工作，加大调整撤换“四不”村（社区）党组织书记力度，确保行政村（社区）100%实现党组织书记、村委会主任、集体经济组织负责人“三个一肩挑”。对标整改提升，巩固软弱涣散党组织整顿成果，确保2020年年底100%摘帽验收。

五是优化干部队伍建设。坚持党管干部原则，落实好干部标准，不折不扣贯彻选人用人政策法规。认真贯彻《2019—2023年全国党政领导班子建设规划纲要》精神，探索从村干部转任事业编制干部机制，加大学校教师、企业高层次人才到党政机关交流任用力度，统筹使用好年轻干部、女干部、少数民族干部和党外干部，切实优化干部队伍结构。深化“育苗”工程，加大干部培养交流力度，通过向镇村、向上级、向南部地区选派挂职锻炼，让干部在合适岗位磨炼成才。强化正确选人用人导向，优先提拔使用德才兼备、实绩突出、群众公认、担当作为的干部，突出职务与职级并行、公务员考核、绩效考核等激励惩戒作用。坚持从严管理干部，用好干部监督制度机制。

六是维护风清气正的政治生态。认真落实管党治党主体责任，一以贯之、坚定不移推动全面从严治党向基层延伸，强化对权力运行的制约和监督，紧盯“关键少数”、重点领域和重要岗位，坚持抓早抓小，做实做细日常教育、管理监督工作。坚守政治巡察定位，不断完善巡察工作制度，强化问题整改跟踪督导。坚决贯彻中央八项规定精神及其实施细则，巩固拓展作风建设成效，推动纪风成俗、成为习惯。一体推进不敢腐、不能腐、不想腐，加大力度查处工程建设、扶贫民生、执法监管等领域腐败问题，坚决惩治涉黑涉恶腐败和“保护伞”，巩固发展反腐败斗争压倒性胜利。加强警示教育，以钟志文严重违纪违法案为鉴，扎实推进“以案促改”，营造风清气正的良好政治生态。加强纪检监察干部队伍建设，一体推动、落实纪检监察体制各项改革任务，打造忠诚坚定、担当尽责、清正廉洁的纪检监察铁军。

（中共连南瑶族自治县委办公室）

政府工作报告

——在连南瑶族自治县第十五届人民代表大会第五次会议上

（2020年6月4日）

连南瑶族自治县人民政府县长 唐金文

一、2019年，我们感恩奋进、实干逐梦，在全面小康、高质量发展征程中迈出坚实步伐

一年来，在市委、市政府和县委的正确领导下，在县人大及其常委会、县政协的监督支持下，我们坚持以习近平新时代中国特色社会主义思想为指导，深入贯彻习近平总书记对广东重要讲话和重要指示批示精神，坚持稳中求进工作总基调，深入贯彻新发展理念，紧紧抓住省市党委政府推动民族地区加快高质量发展的重大机遇，坚定生态发展区定位，主动融入"双区"[1]建设，围绕"生态与文化立县·全面高质量发展"新时代目标，统筹做好稳增长、促改革、调结构、惠民生、防风险、保稳定各项工作。全面建成小康社会取得重大进展，将民族地区高质量发展推向新起点，发展成果亮点纷呈，获评全国民族团结进步示范区、中国最美县域，入选国家紧密型县域医共体建设试点县，三江镇金坑村获评中国少数民族特色村寨，三排镇荣获"中国民间文化艺术之乡"（耍歌堂）称号，寨岗镇杜屋村获评广东美丽乡村特色村，"天下瑶寨·醉美连南"风情精品线路获评20条广东美丽乡村精品线路之一，"瑶寨乡村度假之旅"被纳入首批广东省乡村旅游精品线路名单，"基于云技术的省县医联体创新与应用"项目获广东省科技进步奖二等奖。

一年来，我们主要做了以下工作。

（一）聚焦政策引领"加速度"，经济发展注入澎湃动力。充分用好民族政策，招商引资战果辉煌，新引进总部企业47家，累计160家，纳税2.14亿元，同比增长322%。实体经济逐项落地见效，总投资1亿元的大广农牧集团有限公司生态猪场项目投产运营，荣芳鞋厂、益鲜美生物科技公司投入1931万元实施技改增效，全县技改投资同比增长5.8%。持续优化营商环境，深化"放管服"[2]改革，对企业政务服务依申请类事项办理时间压减56%，金融改革扎实推进，连南农商行挂牌开业，县属国有"僵尸企业"[3]出清重组55家，促进企业新陈代谢、结构优化。全面落实减税降费政策，全年共减免各项税费1.4亿元，让企业轻装上阵。市场主体活力明显增强，全县各类市场主体6285户，同比增长8.3%。通过产业带动城镇新增就业1401人，城镇登记失业率控制在2.22%。坚持稳中求进，全县经济逆势上扬，全年完成生产总值53.46亿元，同比增长3.0%；规模以上工业增加值1.28亿元，同比增长32.2%；农林牧渔业增加值完成10.69亿元，同比增长3.6%；地方一般公共预算收入1.55亿元，同比增长20.06%；地方一般公共预算支出18.07亿元，同比增长9.02%；社会消费品零售总额完成10.85亿元，同比增长8.6%；城乡居民人均可支配收入19732.5元，同比增长9.2%。

（二）聚焦项目建设“顶梁柱”，发展基础不断夯实。围绕“打基础、补短板、优生态、强弱项、惠民生”，发挥政府投资“四两拨千斤”作用，推动一系列基础设施和产业投资项目落地建设，自治县发展后劲进一步增强。28个市县重点建设项目完成投资6.69亿元，其中塘冲水库、荣芳鞋业、金瑶峰度假村等6项市重点建设项目完成年度计划投资的161.52%。石泉小学、稻鱼茶省级现代农业产业园、石泉公园等11个较大项目如期建成。瑶排梯田国家湿地公园、县人民医院、越秀桥等一批新建、续建项目加快推进，万山朝王国家石漠公园、鹿鸣小镇、寨岗城北新区等多个区域带动性强的重大项目全面动工建设。

（三）聚焦提质扩容“辐射力”，城乡面貌焕然一新。围绕“天下瑶城·小县大城[4]”发展定位，坚持规划先行，推动县城提质扩容。城镇建设步伐加快，建成石泉公园一二期、一河两岸亮化、稻鱼茶体验馆、三产融合发展中心等工程，全面动工建设14.6公里市政道路黑底化、22公里三江河段碧道、县工人文化宫（建滔楼）、瑶山商业步行街改造工程等民族特色化建设项目，城镇建设民族文化元素不断丰富，城市管理水平随“创文创卫”工作的深入推进得到进一步提升，“天下瑶城”形象逐步显现。城镇建设带动力、辐射力不断增强，寨岗镇以城北新区开发为抓手的县域副中心建设全面展开，三排镇村容村貌的民族特色更加浓郁，大麦山镇、大坪镇、香坪镇、涡水镇结合乡村振兴推进城乡建设取得明显成果，老城新貌、古寨新颜，城乡融合发展新格局正在形成。

（四）聚焦绿色发展“北屏障”，生态保护水平再提升。污染防治攻坚战取得明显实效，节能减排降碳约束性指标完成省市下达的年度任务，能耗“双控”[5]目标全面实现，“散乱污”工业企业[6]有效整治，镇级垃圾处理场全部销号，县级以上集中式饮用水水源全部达到Ⅱ类水质标准，地表水省考断面水质优良率100%，空气综合质量指数达2.77，全市排名第二。河长制湖长制工作取得明显实效，水清岸绿的优质环境基本形成。生态品牌建设取得明显实效，投入1.2亿元的万山朝王国家石漠公园全面开工建设，国家生态文明建设示范县、国家森林城市创建和瑶排梯田国家湿地公园建设顺利推进，大鲵省级自然保护区成功实现仿自然生态繁殖，引花入城、森林围城工程深入实施，三排镇横坑瑶里坪绿美古树乡村、涡水河县级湿地公园两个项目启动建设；超额完成省下达的营林生产任务，完成造林2.2万亩、中幼林抚育6.6万亩、碳汇抚育0.7万亩。生态管护取得明显实效，查处森林违法案件56宗、环境违法案件5宗。百里瑶山千村美，万山朝王万山绿，人与自然和谐共生的生态文明观全面贯彻落实。

（五）聚焦乡村振兴“大战略”，农业农村生机勃发。全年投入美丽乡村建设资金1.34亿元，建成美丽乡村95个（生态村1个、特色村14个、示范村24个、整洁村56个），全县589个自然村100%完成人居环境整治，其中489个达到整洁村以上标准，省级新农村连片示范建设项目有序推进，生态宜居美丽乡村建设成果丰硕；群众出行难、饮水难等问题得到进一步解决，全年投资1.03亿元建成120公里农村道路硬底化项目、426公里道路安全防护工程，年度“四好农村路”[7]任务全面完成，在全市排名前列；累计投资1.22亿元、受益人口达15.7万人的村村通自来水工程基本完工；农村清洁工程取得实效，“厕所革命”扎实推进，新建农村公厕98座，农村卫生户厕普及率达98.15%；农村垃圾分类工作同步铺开；镇级污水处理设施实现全覆盖，298个村级污水处理系统投入运作，走在全市前列，受到市委、市政府表扬；富民兴村产业蓬勃发展，总投资2.24亿元的稻鱼茶省级现代农业产业园31个子项目基本完工，联农带农9237户，“稻鱼茶”品牌建设基础进一步夯实；食用菌、果蔬、兰花等农业主导产业更具规模，连民农业发展有限公司的蔬菜基地获得粤港澳大湾区“菜篮子”基地认证。

（六）聚焦全域旅游“潜力板”，醉美连

南魅力无穷。文旅融合蹄疾步稳，旅游宣传推介不断拓展，“粤省事”平台少数民族旅游服务专区（连南）上线，设计开发66类具有瑶族特色的摆件、餐具等文创产品。“旅游+”品牌不断打响，千年瑶寨、瑶族博物馆荣获广东省十佳研学旅行目的地，原创排瑶手鼓获评广东十佳“非遗新造物”，瑶族文化艺术团队先后参演首届全国少数民族乡村春晚等大型活动，成功举办第十一届“瑶艺节”、2019连南半程马拉松赛等节庆赛事活动。民族文化不断出新出彩，《丰收的布袋》荣获第十一届全国少数民族传统体育运动会竞技类一等奖，《掌嚯归》荣获综合类二等奖，纪录片《打旺都》荣获第25届中国电视纪录片“年度收藏作品”。旅游基础设施不断完善，大兵山至千年瑶寨旅游公路全线贯通，全域旅游大数据中心和智慧云讲解系统基本完工，金瑶峰度假村顺利开业，新建、改建旅游厕所9座，“热点”“堵点”问题得到有效解决。旅游富民成效不断扩大，2019年全县接待游客350.1万人次，同比增长13.2%，旅游综合收入13.6亿元，同比增长14.5%，旅游支柱产业的战略地位进一步夯实。

（七）聚焦脱贫攻坚“硬任务”，小康进程不断加快。截至2019年，全县投入精准扶贫专项资金7357.60万元、整合其他精准扶贫精准脱贫类资金1.04亿元，派出7个驻镇工作组、69个驻村工作队共2611人全力推进脱贫攻坚工作。贫困人口的生活水平得到较大幅度提高，全县建档立卡贫困户1929户5361人全部脱贫，有劳力贫困户1146户人均可支配收入13695.84元，超过脱贫标准线，无劳动力783户通过政策兜底脱贫。贫困户的生产生活条件得到较大改善，“两不愁三保障”[8]政策全面落实，2019年完成危房改造75户。就业和产业扶贫成效明显，贫困人口1621人实现外出务工并稳定就业，建立5个就业扶贫车间和基地吸纳就业41人，通过保洁、护林等公益性岗位安置就业55人，建立茶叶、食用菌、兰花等7类主导扶贫产业23个，带动593户贫困户人均增收超6300元，脱贫攻坚取得决定性胜利。

（八）聚焦民生保障“普惠度”，社会事业全面进步。民生投入持续加大，2019年全县民生事务支出达13.75亿元，占公共财政预算支出的76.12%。年度民生实事持续惠泽各族群众，投入2.17亿元完成十件民生实事28项任务，就业、教育、医疗、住房等保障措施惠及城乡。底线民生坚持做到“应保尽保”，最低生活保障、救助保障、价格临时补贴等资金如期足额发放。教育卫生条件大幅提升，石泉小学、民族高级中学附设初中部等为县城新增学位2700个，县财政补贴172.15万元开通乡村校车运营专线46条护航2800多名学生安全上学；县域医共体[9]改革试点工作顺利推进，县域医共体总医院正式挂牌。平安建设成果丰硕，扫黑除恶、全民禁毒、扫黄打非等工作有力推进，恶性事件零发生；应急指挥统一平台、县镇村三级应急救援指挥信息化建设扎实推进，挂牌督办消除重点安全隐患10处，安全生产四项指标全面下降；食品药品安全工作取得实效，县级以上医疗机构100%完成药房规范化建设；群众就业发展条件有效改善，“南粤家政”“粤菜师傅”工程得到群众积极响应，开展各类技能培训3624人次，返乡下乡创业一次性创业资助政策全面落实；县城区域及行政村光网、4G覆盖率达100%，人民群众获得更多的幸福感。各项事业实现健康快速发展，国防动员、双拥共建、统战、民族宗教、质量强县、粮食、审计、机关后勤、统计、政府代建、保密、气象、史志、妇女儿童、残疾人、红十字会等工作水平不断提升。

一年来，我们深入开展“不忘初心、牢记使命”主题教育活动，全面落实省委第八巡视组反馈问题整改工作，全面完成县级机构改革。牢牢树立过紧日子思想，“三保”[10]支出优先足额保障，一般性支出较年初预算压减6.18%；防范化解重大风险攻坚战取得实效，政府债务保持在可控范围；县会计核算中心建成使用，93个单位完成进驻核算。认真落实县人大及其常委会各项决定，主动接受县政协民主监督，依法办理人大代表建议意见64件、政协提案50件。全面开展法治建设，坚持依法行政，深入推进法治政府建设，实行常年法律顾问制度，严格执行行政决策法定程序。全面推行行政执法“三项制度”[11]，严格规范公正文明执法。紧抓政府系统廉政建设和意识形态建设，开展政府机关作风转变“百日攻坚行动”，政府自身建设不断加强。

我们也清醒地认识到，当前连南发展仍然面临不少困难和问题：一是受新冠肺炎疫情影响，重点项目开工、企业复工复产延迟，整体社会消费受挫，正常生产经营秩序恢复相对迟缓，经济下行压力加大。二是将生态优势转化为经济效益的途径不多、成果彰显不足，生态产业发展仍需突破，林下经济[12]刚刚起步，农业生产增长减缓，绿色生态农业没有形成产业规模和有影响力的品牌，在有效对接珠三角、大湾区等高端大市场上还要持续发力。三是乡村振兴与民族文化的结合度不高，省级新农村连片示范项目建设相对滞后，美丽乡村建设效果不明显，生态旅游、文化旅游还没培育成为支柱型产业。四是经济指标增长主要依靠总部经济和水电行业拉动，税源不稳定，上年度固定资产投资下降明显。五是基本公共服务仍存在不少短板，优质教育、医疗、文化等资源供给不足、配置不均衡。六是政府部门作风建设有待加强，个别部门、少数干部不敢担当、不作为，影响了工作的推进。以上困难和问题，需要充分重视，采取针对性措施加以克服和解决。

二、2020年，我们只争朝夕、不负韶华，全力决胜全面建成小康社会，奋力谱写高质量发展新篇章

2020年，是决胜全面建成小康社会和“十三五”规划收官之年，也是我县创建国家全域旅游示范区的验收之年。当前，“双区”建设的国家战略、《中共广东省委 广东省人民政府关于推动我省民族地区加快高质量发展的意见》全面贯彻实施，清远列入建设国家城乡融合发展试验区，将进一步释放发展动能。与此同时，随着几年来的转型发展，我县生态经济、文化旅游产业发展基础不断夯实，发展后劲不断充盈，因此，我们要坚定发展的信心和决心，抢抓加快发展的重大历史机遇，努力推动连南全面高质量发展。

2020年，我们遭遇了严重的新冠肺炎疫情公共卫生事件挑战。面对疫情，在以习近平同志为核心的党中央坚强领导下，全县各级党员干部众志成城、齐心协力打好疫情防控阻击战、总体战，全县各族人民群众同舟共济、群防群控，百里瑶山新冠肺炎疫情防控工作实现了“零输入、零疑似、零感染”“三零”的突出战果，有效维护了自治县社会大局稳定和各族人民群众的生命健康。当前，我们在推进疫情防控常态化的基础上，坚持全力以赴抓发展，全面落实援企稳岗政策，推进各行各业复工复产、复商复市，县域经济企稳回暖迹象日趋明显。第一季度全县企业复工率97.14%，部分经济指标实现逆增长，地方一般公共预算收入5762万元，同比增长103.75%；地方一般公共预算支出5.81亿元，同比增长22.44%；固定资产投资同比增长26.5%；规模以上工业增加值较1—2月回升6.7个百分点。

各位代表，习近平总书记在十三届全国人大三次会议内蒙古代表团审议时指出，“做好统筹疫情防控和经济社会发展工作，要紧紧依靠人民。这次疫情给我国经济社会发展造成了较大冲击和影响，但某种程度上也孕育了新的契机。我国经济稳中向好、长期向好的基本面没有改变”。综合研判当前形势和自治县经济社会发展实际，我们决定坚定信心决心，保持县委十三届十二次全会确定的预期目标不变，与全县广大干部群众一道，顶住国际国内复杂形势和疫情带来的冲击影响，勠力同心、负重前行，全力决胜全面建成小康社会，用实际行动践行初心和使命。

今年政府工作的总体要求是：以习近平新时代中国特色社会主义思想为指导，全面贯彻中共十九大和十九届二中、三中、四中全会及中央经济工作会议、中央纪委四次全会精神，认真贯彻省委十二届八次、九次全会和全省推动民族地区加快高质量发展工作现场会、市委七届十次全会、县委十三届十二次全会精神，紧扣全面建成小康社会目标任务，围绕“生态与文化立县·全面高质量发展”新时代目标和“149”发展布局，在疫情防控常态化前提下，坚持稳中求进总基调，坚持新发展理念，认真贯彻《中共广东省委 广东省人民政府关于推动我省民族地区加快高质量发展的意见》，推动差异化、特色化、高质量发展，主动融入“双区”建设，扎实做好“六稳”[13]工作，落实“六保”[14]任务，统筹推进优生态、兴文化、稳增长、促改革、调结构、惠民生、防风险、保稳定，确保全面建成小康社会和“十三五”规划圆满收官，得到人民群众认可、经得起历史检验。

今年经济社会发展主要预期目标是：地区生产总值增长3%左右，地方一般公共预算收入增长10%，固定资产投资实现正增长，社会消费品零售总额增长8%，城乡居民人均可支配收入增速略高于经济增长，城镇登记失业率控制在3%以内；社会保障、资源环境保护、节能减排及安全生产完成市定目标。

为实现上述目标，我们将重点抓好八个方面工作。

（一）坚持稳中求进发展总基调不动摇，全面推动高质量发展。

抓实疫情防控，确保经济社会平稳运行有坚强保障。统筹推进常态化疫情防控和经济社会发展工作，坚持“外防输入、内防反弹”，慎终如始、科学精准，完善落实常态化防控机制，突出抓好复工复产、复商复市、复学复课防控措施落实，全力保持“零输入、零疑似、零感染”战果。全面落实“六稳”“六保”任务，兜实民生底线，活跃市场消费，尽快恢复正常经济社会秩序，努力把疫情造成的损失降到最低。积极争取抗疫特别国债，加大卫生和防疫软硬件建设投入，加快补齐防疫短板。科学谋划好疫情防控“后半篇文章”，利用生态优势做好养生、瑶医瑶药等健康产业布局谋划，夯实大健康产业发展的基础，着力化危为机。

突出招商重点，确保生态经济发展有新突破。用好民族政策，加大招商力度，做大经济总量。通过精准招商、靶向招商，提高招商实效，带动经济增长和群众就业增收再上“新台阶”，招商引资新增税收力争翻一番。加快引入葛师傅竹盐等环保型工业企业在连南投资建厂，引进雅居乐集团、广东天泰集团等优质企业在连南注册公司，推动实体经济与总部经济齐头并进。利用良好生态和瑶医瑶药等资源，发展好康养旅游、休闲度假、高端农业等生态产业，加快油岭瑶寨田园综合体、三排老排瑶山逸康生态养生园等项目落地。

提升服务质效，确保营商环境有大提升。积极克服新冠肺炎疫情带来的影响，全力支持企业复工复产达产，落实减税降费各项政策，降低中小微企业综合融资成本，协助企业办理动产抵押及股权出质。发挥产业经济大楼阵地作用，优化服务，帮助企业降成本减负担、解压力激活力，以优质服务助推企业轻装上阵，以暖商行动推动“以商招商”。深化“放管服”改革，破除项目审批难点、堵点，压缩全流程审批时间，推动项目建设提速。抓好“数字政府”建设，推动更多服务事项一网通办，做到企业开办全程网上办理。推进商事制度改革，提高注册审批效率，放宽小微企业、个体工商户登记经营场所限制，便利各类创业者注册经营、及时享受扶持政策。以“双随机、一公开”[15]检查、建立企业失信名单为抓手，维护公平竞争，全力打造一流的法治化营商环境。

精准对接市场，确保入珠融湾有新作为。深化农业供给侧结构性改革，精准对接大湾区、珠三角市场需求，培育特色农产品，打造好特色农产品品牌，做精、做大、做强我县优势农业产业，做实大湾区、珠三角的“米缸子”“菜篮子”“茶罐子”“果盘子”。进一步发挥好“3+1”帮扶[16]机制作用，利用华南农业大学、省农业科学院等科研院所的技术力量推动农产品升级改造，加快打造茶叶、有机稻、稻田鱼、食用菌、兰花等农业支柱产业品牌，积极推进农业信息化建设，打通品牌农产品与电子商务、大湾区高端市场对接渠道。发挥连民农业发展有限公司蔬菜基地的粤港澳大湾区“菜篮子”基地示范引领作用，带动发展更多的大湾区优质农产品供应基地。

（二）坚持狠抓项目建设不松劲，全力筑牢高质量发展基础。

积极谋划一批项目。充分发挥投资对稳增长、补短板的关键作用，利用好国家扩内需政策，争取申报政府专项债、公共服务补短板、中央预算内投资项目45个，申请专项资金20.53亿元。积极推动广州（经连南）至重庆高铁项目落地。立足自治县发展定位、思路和基础，明确目标任务，科学编制好县“十四五”发展规划，统筹谋划一批强县惠民新项目。

加快推进一批项目。抓好预计总投资8.56亿元的利长远、补短板、惠民生重点项目建设，掀起新一轮项目建设新高潮。全力推进省道S262线寨岗段改建工程、垃圾无害化处理中心、县工人文化宫（建滔楼）等29项市县重点项目建设，确保完成7.14亿元的年度投资计划。加快推进鹿鸣小镇基础设施、万山朝王国家石漠公园、寨岗城北新区、塘冲水库、越秀桥等重大在建续建项目建设进度，力争尽快建成投入使用。

全面启动一批新项目建设。交通方面，抓好2020年“四好农村路”、Y681线内田至大龙段升级改造工程、县城民族桥至沿陂村路面改造工程等项目，进一步提升道路通行水平、改善群众出行条件。水利方面，抓好新旧自来水厂、板洞食用水工程双主管及供水管网改造、官坑灌区改造等项目，进一步提高供水质量，改善供水格局。教育方面，抓好寨岗中学扩容提质等项目，持续优化教育布局，增加学位供给。旅游方面，抓好全域旅游县城民族特色化外立面改造、Y699线三排（云海花谷路口）至油岭村段旅游公路、X397线三排连水至千年瑶寨黑底化工程等项目，进一步推动全域旅游提质发展。

在项目建设过程中，加强规划、立项、招标、征地等项目建设全过程监管，确保全面建成阳光工程。项目启动后，既要想方设法、铆足干劲大干快上，也要科学施策、规范施工，保安全保质量，努力建设精品质量工程。

（三）坚持打好打赢“三大攻坚战”不松懈，决胜全面建成小康社会。

如期打赢脱贫攻坚战，确保全面小康路上一个不少。坚持对标对表、精准施策，确保现行标准下1929户5361人相对贫困人口全部稳定脱贫，如期全面完成脱贫攻坚任务。严格落实“四不摘”[17]要求，持续加大产业扶贫、就业扶贫、消费扶贫和保障性扶贫力度，在巩固提升帮扶实效、增强贫困户自我发展能力上持续发力。建立专门机构，成立专业公司，对全县扶贫产业进行归口管理，做大做强扶贫产业。加强与广清帮扶、越秀对口帮扶连南工作的协调，积极对接“百企帮百村”工作，深化产业扶贫协作、劳务协作、消费扶贫，凝聚脱贫攻坚合力。及时做好返贫人口和新发生贫困人口的监测、帮扶，健全长效机制，帮助群众守住脱贫成果。

打好污染防治攻坚战，推动更高水平生态保护建设。坚持山水林田湖草一体化保护和修复，突出源头防控、长效管理，保护好连南的蓝天碧水净土。全面完成中央和省环保督察整治项目。加大对建筑施工扬尘、露天焚烧行为等整治力度，确保空气优良率超过省市下达指标。严格落实河长制，加强水土流失预防和治理，推进饮用水水源保护区规范化建设，进一步提升河湖治理水平。着力防控土壤环境风险，筹备建设畜禽养殖废弃物资源化利用中心，严厉打击非法倾倒固废等违法行为。抓好垃圾分类、污水处理设施建设等工作，推动环境保护深入延伸。积极创建国家生态文明建设示范县和国家森林城市，以万山朝王国家石漠公园、瑶排梯田国家湿地公园两个国字号项目为抓手，以自然保护地整合优化为契机，全面提升生态建设水平。推进矿山有序退出，县级审批矿业权到期一个退出一个。加强生态管护力度，充实森林生态管护队伍到60人，组建镇村半专业森林消防队伍，提高森林资源管护水平。

坚决防范化解重大风险，保持经济社会持续稳定健康发展。着力防范政府性债务风险，积极化解存量债务，严格控制新增债务。发挥好县会计核算中心作用，聘请第三方会计师事务所对行政村财务进行代管，加强财政资金使用和监管。牢固树立过紧日子思想，严格削减不必要开支，非急需非刚性支出压减50%以上，着力把有限资金用在刀刃上，优先保障“三保”支出。着力防范金融领域风险隐患，严厉打击非法集资等违法违规金融活动。牢牢绷紧安全生产这根弦，推动隐患排查治理制度化、规范化、经常化，压实安全生产主体责任，坚决防范遏制各类安全生产事故。推进应急管理体系建设，着力提高防灾减灾救灾能力，全力保障人民群众生命财产安全。

（四）坚持重农固本不偏移，深入实施乡村振兴战略。

着力突出特色，大力推进民族特色美丽乡村建设。深入推进“千村示范、万村整治”[18]工程，全县100%自然村全部建成整洁村以上标准，50%以上行政村达到示范村及以上标准，省级新农村连片示范建设项目全面建成接受验收。按照美丽乡村创建“五个梯度”[19]，年内将三排镇南岗古排、油岭庆丰村及涡水镇装鹅洞村建成生态村，将三江镇沿陂村、寨岗镇寨岗凹村、大坪镇大古坳村、大麦山镇庙应岗村、香坪镇石古洞村等建成特色村。支持各镇镇区风貌整治和“四沿”[20]村庄民族特色化改造。全力推进省级“四好农村路”示范县创建，完成192公里省定建设任务，努力实现全县农村公路等级公路比率达到100%。深入推进农村各项改革，着力加快房地一体农村宅基地和集体建设用地确权登记工作，积极盘活利用闲置宅基地和闲置农房。

着力围绕绿色，大力推进特色有机农业品牌建设。围绕国家出口食品农产品质量安全示范区、省级电子商务进农村综合示范县创建工作，以稻鱼茶省级现代农业产业园建设为龙头，推动有机稻、大叶茶、稻田鱼等特色农业提质增效，积极申报“连南大叶茶”“连南稻田鱼”两个农产品地理保护标志产品，示范引领“一村一品、一镇一业[21]、一县一电商平台”建设，力争创建我县第二个林下经济省级现代农业产业园。力推大叶茶产业品牌化发展，扩大种植规模，建设千年瑶寨、金坑、大古坳等5个生态示范茶园。讲好茶故事，投入3000万元突出抓好寨南马留带“万亩茶园”建设，打造AAA级茶园景区，延伸扩展茶文化旅游等产业。做好茶文章，着力提升茶叶包装特色和品质，拓展营销模式和渠道，集中力量打造好野生茶、古树茶、高山茶三个茶叶品牌。

着力不改底色，大力推进多元化生态产业发展。利用生态环境优势，适度发展光伏等绿色产业，积极培育瑶医瑶药、健康养老等新业态。坚持因地制宜，聘请华南农业大学和省农业科学院制定全县农业产业发展规划，结合区域特点做强富民兴林产业，大力发展食用菌、兰花、有机蔬菜、中草药材种植和稻田鱼养殖等生态农业[22]、有机农业[23]，培育林下经济、森林旅游、特色经济林等产业，力争种植食用菌150万棒以上。重点支持三江镇扩大金坑片区香菇、兰花种植面积和打造金坑森林旅游小镇。支持寨岗镇扩建兰花基地和打造柑橘水果产业示范园区。支持三排镇连水墩龙瑶寨水果基地建设，发展观光农业。试点推进智慧农业[24]，提升农业信息化水平，拉动农林一、二、三产业的融合发展，积极推动以林业碳汇[25]为主要内容的碳普惠项目[26]申报工作，提高综合效益。抓好新型农业经营主体培育和“三农”人才培养工作。积极通过“公司+基地+农户”“合作社+基地+农户”等经营模式，促推农业产业化发展，稳定农户收益。

（五）坚持城乡融合发展不掉队，全力推动一核一中心和美丽瑶乡建设。

推进县城扩容提质，凸显核心地位。坚持“天下瑶城·小县大城”发展定位，拓展城市框架，提高承载能力。优化空间布局，按照“东融北拓南进西保中提升”的发展思路，东部重点强化与连州城市建设的互联、互动性，拓宽连接两县的道路和沿河碧道，推动同城化、差异化建设，互补型发展，打造粤湘桂边界城市带。北部着重围绕“高铁新城”建设做提前谋划，抓好县国土空间规划和中心城区控制性详规编制工作，为高铁等重点项目落地预留发展空间。南部重点打造两大县城“旗舰”旅游项目，推进万山朝王国家石漠公园、三江源串联建设AAAAA级生态文化度假区，建好鹿鸣小镇。西部以西北山生态公园建设为核心，精心保护、合理利用，实施绿化提升改造工程，种植景观林带、完善上山栈道，打造集休闲登山、生态观光于一体的县城绿色大屏障。中部着力推动中心城区品位提升，加快县城民族特色化改造，完成5公里县城府前路、团结大道、顺德大道等主要街道两侧建筑外立面特色化改造、14.6公里主要道路黑底化、7.4公里三江河段碧道工程等项目建设。开展石泉公园三期工程建设，讲好客家文化、古人类文化、抗战文化故事。提高公共服务水平，完成县人民医院升级建设、新旧自来水厂改造等项目建设，推进全国县级文明城市、国家卫生县城创建工作。

发挥寨岗镇县域副中心作用，深入推进城乡融合发展。寨岗镇着重抓好新区建设和老城提质改造，加快寨岗城北新区项目进度，年内建成新区主街道，有序盘活土地资源，推进酒店等配套项目落地。抓好市政基础设施建设，开工建设市政道路、同心桥提升工程。完善教育、医疗等公共服务配套，建成县中医院（瑶医医院）并投入使用，启动寨岗中学扩容提质项目建设。明确寨岗镇县域产业中心定位，发挥老工业区作用，争取三大产业园区列入市级产业园区，按照“一县一园区”要求，逐步完善园区配套，吸引企业入驻。积极发挥寨南温泉等乡村特色优势，大力发展旅游产业。通过优化城镇化建设和产业布局，使寨岗镇成为吸纳周边区域人口转移和就业的产业中心，逐步使寨岗主城区达到5万人口的规模。

大力提升各镇融合发展能力，全域推进特色乡镇建设。加快完善各镇基础设施和公共服务配套，打造区域特色产业品牌，积极推进城乡融合发展。努力争取各方支持，谋划出台鼓励移民进城政策，鼓励引导高寒山区、地质灾害点及边远山区群众向城镇迁移。支持三排镇突出民族文化资源优势，全面推进旅游景区、高速公路沿线村庄特色化改造，打造民族文化旅游小镇。支持大麦山镇利用茶叶、梯田、古榕树等资源和自然人文景观，建设一批富有地方和民族特色的美丽乡村。支持大坪镇突出稻鱼茶产业资源，提升大古坳等美丽乡村建设，实施国道G323线沿线村庄特色化改造。支持香坪镇依托大鲵省级自然保护区、盐夫关蔬菜基地等，提升生态保护和发展水平，推进边城建设。支持涡水镇挖掘盘古王文化资源，弘扬瑶族文化历史，建设装鹅洞民族生态村，实施县道X396线沿线村庄特色化改造。

（六）坚持全域旅游建设不止步，全面推动旅游业大发展。

抓创建指标落实，打响全域旅游品牌。安排专项资金1450万元，对标对表国家全域旅游示范区验收标准，对各项创建软、硬指标认真开展查漏补缺，及时补短板、强弱项，扎实打牢创建基础，确保年内全面完成创建工作。

抓核心景区提质，夯实全域旅游基础。坚持高端规划引领，以核心景区建设为支撑，打响“天下瑶寨·醉美连南”品牌。千年瑶寨景区要充分发挥龙头引领作用，按照AAAAA级景区标准，以生态村建设为抓手提升景区整体风貌和品质。县瑶族博物馆要抓好周边环境整治，融入稻鱼茶省级现代农业产业园进一步丰富景区内涵。《瑶颂·瑶族舞曲》实景演出要想方设法加快推进全面升级改造，结合县工人文化宫（建滔楼）建设、盘古王文化园、西北山生态公园整体打造AAAA级景区，尽快形成品牌，引入社会资本投入运作。将万山朝王国家石漠公园、稻鱼茶省级现代农业产业园三江源区“三千亩农田”、龙腹陂及周边村庄一体打造国家和省级农业公园，按照AAAAA级景区进行规划，建设生态文化度假区。突出抓好万山朝王国家石漠公园项目，投入1.2亿元完成绿道、科普宣教馆等项目建设，以打造动物天堂、植物大观园为切入点，引入猕猴、松鼠等动物，丰富园区小鸟种类，广泛种植观赏性珍稀植物，打造全国石漠化治理和生态保护发展的模范样板，构筑起人与自然和谐共处、动与静相得益彰的生态空间。年内力争将金坑中国少数民族特色村寨、万山朝王国家石漠公园·三江源生态文化度假区、石泉公园创建成为AAA级景区。

抓文旅融合铸魂，丰富全域旅游内涵。坚持高起点谋划，讲好全域旅游连南故事，擦亮瑶族特色文化名片，以创建国家（瑶族）文化（连南）生态保护实验区为切入点，精心打造好系列节庆活动和体育赛事，突出重点抓好“瑶艺节”、稻田鱼文化节和“瑶马”（马拉松）三个核心品牌；深挖历史文化资源，对连南八排古村落、三江镇石泉山古人类文化遗址、三江古时八景、东汉时期珠江水系第一个人工拦河筑坝工程三江河龙腹陂等一批自然遗产和文化遗址进行整理保护和开发；积极申报牛蹄、大龙糍等多项非遗项目及传承人，保护好、传承好、弘扬好优秀民族传统文化，推动文化与旅游深度融合发展，逐步形成一批富有地域性、民族性和独创性的旅游体验产品和服务品牌。

抓精品线路布局，促进全域旅游整合。着力培育一批乡村旅游精品线路，织密拉动各景区强强联合的多彩纽带，促进区域整体旅游服务能力和质量提升，推动形成村村是景区、处处是景点、一年四季都有新看点的旅游景观带。重点打造三排艺术之乡风情线（天下瑶寨·醉美连南风情线），三江金坑森林小镇旅游线，寨南温泉度假线，寨岗、大麦山红色旅游线，大麦山九寨梯田线，涡水盘古王养生谷风景线，大坪瑶排梯田国家湿地公园线，香坪生态农业体验线等8条美丽乡村精品路线（片）。培育金坑“云上瑶寨”、寨岗石径唐屋村、三排墩龙瑶寨、大坪大古坳“云上梯田·鱼米瑶乡”、大麦山白芒榕树、涡水小横龙村等乡村旅游网红打卡点，着力构建景区景点优势互补、错位发展的全域旅游新格局。

抓营销推介兴势，引燃全域旅游市场。精准对接大湾区旅游消费需求，量身打造好一日至三日游线路和旅游产品，为大湾区游客推介更加丰富的民族文化和生态休闲旅游精品。充分利用广州岭南集团有限公司帮扶契机，提高全媒体营销应用水平，综合利用各类现场活动、媒体平台渠道的信息推广优势，通过动静结合，大力宣传我县文化旅游景区景点、精品线路、文化产品和品牌赛事节庆活动，充分展示连南文旅融合发展新形象，为全域旅游扬名气、聚人气、生财气，激发旅游市场新活力。

（七）坚持民生为先不忘本，不断增进民生福祉。

聚力增强群众获得感，推动公共服务水平再提升。继续办好年度十件民生实事。推进教育布局调整。抓好县职业技术学校改扩建和县教师发展中心项目建设。增加普惠性学前教育资源供给，改扩建三江镇中心幼儿园。深化与越秀、顺德教育帮扶、交流，加强教育队伍建设。推进教育教学改革，多措并举提高办学质量。以国家紧密型县域医共体建设试点县为契机，完善县域医疗卫生服务体系，提升基层医疗卫生服务能力，做好重大疾病和传染病防控。推进疫苗冷链配送和预防接种标准化建设，提升疫苗使用管理和预防接种服务水平。加强教育、医疗类紧缺人才“订单式”培养。深入实施文化体育惠民工程。推进县文化馆全面开展国家级文化和旅游公共服务机构功能融合试点。

聚力增强群众幸福感，推动社会保障再加强。落实就业优先战略和积极就业政策，做好职业技能提升工作，深入实施“广东技工”“粤菜师傅”“南粤家政”工程，突出抓好退伍军人、城镇困难人员等重点群体就业工作。强化底线民生保障，提高低保、特困人员、孤儿基本生活补贴、残疾人两项补贴和机关事业单位工作人员死亡后遗属生活困难补助保障水平。加强农村留守儿童和妇女、老年人关爱服务，推进特困人员供养服务机构公建民营社会化改革，让各族群众享受到更多的发展实惠。

聚力增强群众安全感，推动社会治理再细化。推进“平安连南”建设，以扫黑除恶专项斗争为主抓手，全面推进全民禁毒、扫黄打非等工作，开展民生领域专项整治，深挖根源，坚决杜绝教育医疗、环境保护、食品药品安全等领域群众利益受到威胁和侵害的问题；加强全民普法和公共法律服务，做细信访工作，积极稳妥化解矛盾纠纷，营造风清气正、和谐有序的社会环境。加强国防教育、双拥共建等工作。抓好“平安连南·瑶山鹰眼”[27]项目。做好防汛抗洪、森林防灭火和防范各类重大自然灾害工作，推进地质灾害隐患点综合治理，持续提升人民群众的安全感和满意度。

（八）坚持勤政为民不停歇，努力建设人民满意政府。

持续加强政治建设。把政治建设摆在首位，以习近平新时代中国特色社会主义思想为指导，不断增强“四个意识”、坚定“四个自信”、做到“两个维护”，坚持不懈抓好党内政治生态建设。严守政治纪律和政治规矩，坚决贯彻党中央、省、市决策部署，做到令行禁止。坚定理想信念，巩固深化“不忘初心、牢记使命”主题教育成果，动员全县上下以时不我待、只争朝夕的紧迫感和责任感，抢抓机遇、顺势而上，奋力开创自治县高质量发展新局面。

深化法治政府建设。坚持依法行政，用好政府法律顾问机制，执行法制审核制度，坚决把政府行政决策和部门行政执法纳入法治化轨道，不断提高依法行政工作能力和水平。自觉接受人大法定监督、政协民主监督、社会舆论监督，广泛听取工商联、无党派人士和人民团体意见，高质量办好人大代表建议和政协委员提案，推进专题协商议政工作。

狠抓廉洁政府建设。落实全面从严治党要求，切实履行“一岗双责”。围绕重点领域、重点部门、关键少数、关键环节，加强审计监督检查，健全政府采购和工程建设领域决策、审批、实施等全程监管制度，坚决防范和遏制廉政风险。着力促进政府系统政风作风转变，严格落实中央八项规定及其实施细则精神，完善落实省委巡视组反馈意见整改工作长效机制，力戒形式主义、官僚主义。

不断提升政府治理能力。在统筹推进常态化疫情防控和经济社会发展工作中，着力提升政府治理能力和水平。深入推进政府系统作风建设，健全行政问责制度，加快完善尽职免责机制，推动广大干部勇于担当、主动作为，持续提高政府系统服务质量和行政效能，优化营商环境。深化“放管服”改革，推进“数字政府”建设，持续提升政府网上履职能力；围绕重点领域加大政府信息公开力度，强化对行政权力的制约和监督；用好政务新媒体，落实意识形态工作责任制，着力打造阳光型政府、服务型政府。

名词解释

［1］“双区”：粤港澳大湾区、深圳建设中国特色社会主义先行示范区。

［2］“放管服”：“放”即简政放权，降低准入门槛；“管”即创新监管，促进公平竞争；“服”即高效服务，营造便利环境。

［3］“僵尸企业”：指丧失自我发展能力，必须依赖非市场因素即政府补贴或银行续贷来维持生存的企业。

［4］小县大城：旨在发挥政府资源综合配置和生产要素整合功能，以县城和中心城镇为发展增长极，通过优化组合各类要素资源，着力破解城乡二元结构，推动城乡融合发展。

［5］能耗“双控”：指控制能耗增量和单位产值能耗。

［6］“散乱污”企业：不符合国家或省产业政策，不符合当地产业布局规划，不能稳定达到排放标准，未依法办理发改、经信、土地、规划、环保、水利、工商、质监、安监、电力等相关审批或登记手续的企业。

［7］“四好农村路”：指要求农村公路建设要因地制宜、以人为本，与优化村镇布局、农村经济发展和广大农民安全便捷出行相适应，要进一步把农村公路建好、管好、护好、运营好，逐步消除制约农村发展的交通瓶颈，为广大农民脱贫致富奔小康提供更好的保障。

［8］“两不愁三保障”：“两不愁”指稳定实现农村贫困人口不愁吃、不愁穿；“三保障”指保障其义务教育、基本医疗和住房安全。

［9］医共体：是农村开展医联体建设的主要模式。重点探索以“县医院为龙头，乡镇卫生院为枢纽，村卫生室为基础”的县乡一体化管理，

构建县、乡、村三级联动的县域医疗服务体系。

［10］“三保”：保工资、保运转、保基本民生。

［11］行政执法“三项制度”：行政执法公示制度、执法全过程记录制度、重大执法决定法制审核制度。

［12］林下经济：指以林地资源和森林生态环境为依托，发展起来的林下种植业、养殖业、采集业和森林旅游业，既包括林下产业，也包括林中产业，还包括林上产业。林下经济是在集体林权制度改革后，集体林地承包到户，农民充分利用林地，实现不砍树也能致富，科学经营林地，而在农业生产领域涌现的新生事物。它是充分利用林下土地资源和林荫优势从事林下种植、养殖等立体复合生产经营，从而使农林牧各业实现资源共享、优势互补、循环相生、协调发展的生态农业模式。

［13］“六稳”：稳就业、稳金融、稳外贸、稳外资、稳投资、稳预期。

［14］“六保”：保居民就业、保基本民生、保市场主体、保粮食能源安全、保产业链供应链稳定、保基层运转。

［15］“双随机、一公开”：指在监管过程中随机抽取检查对象，随机选派执法检查人员，抽查情况及查处结果及时向社会公开。

［16］“3+1”帮扶：省委省政府《关于推动我省民族地区加快高质量发展的意见》（粤发〔2019〕18号）明确要求，由一家省属大型企业、一家科研院所、一所高等院校共同结对帮扶1个自治县。

［17］“四不摘”：指摘帽不摘责任、摘帽不摘政策、摘帽不摘帮扶、摘帽不摘监管。

［18］“千村示范、万村整治”：简称“千万工程”，是“绿水青山就是金山银山”理念在基层农村的成功实践。根据2019年4月清远市印发的《清远市关于深入推进“千村示范、万村整治”工程的行动方案》精神，目标是到2019年年底，全市村庄完成环境基础整治任务，60%以上村庄达到干净整洁村标准；到2020年年底，全市80%以上村庄达到干净整洁村标准，40%以上行政村达到美丽宜居村标准；到2022年年底，全市60%以上行政村达到美丽宜居村标准，全市建成50个以上特色精品村。

［19］美丽乡村创建“五个梯度”：指清远市美丽乡村创建工作按照整洁村、示范村、特色村、生态村、美丽田园“五个梯度”开展。

［20］四沿：沿交通线、沿省级边界、沿景区、沿城市郊区。

［21］“一村一品、一镇一业”：以村为基本单位，使一个村（或几个村）拥有一个（或几个）市场潜力大、特色鲜明、附加值高的主导产业和产品；通过专业村的发展，打造区域特色优势明显、市场前景较好、组织化程度较高、主导产业突出的专业镇。

［22］生态农业：是按照生态学原理和经济学原理，运用现代科学技术成果和现代管理手段，以及传统农业的有效经验建立起来的，能获得较高的经济效益、生态效益和社会效益的现代化高效农业。它要求把发展粮食与多种经济作物生产，发展大田种植与林、牧、副、渔业，发展大农业与第二、三产业结合起来，利用传统农业精华和现代科技成果，通过人工设计生态工程、协调发展与环境之间、资源利用与保护之间的矛盾，形成生态上、经济上两个良性循环，经济、生态、社会三大效益的统一。

［23］有机农业：是指在生产中完全或基本不用人工合成的肥料、农药、生长调节剂和畜禽饲料添加剂，而采用有机肥满足作物营养需求的种植业，或采用有机饲料满足畜禽营养需求的养殖业。有机农业的发展可以帮助解决现代农业带来的一系列问题，如严重的土壤侵蚀和土地质量下降，农药和化肥大量使用对环境造成污染和能源的消耗，物种多样性的减少等；还有助于提高农民收入，发展农村经济，有极大的发展潜力。

［24］智慧农业：指将物联网技术运用到传统农业中去，运用传感器和软件通过移动平台或者电脑平台对农业生产进行控制，使传统农业更具有“智慧”。除了精准感知、控制与决策管理外，从广泛意义上讲，智慧农业还包括农业电子

商务、食品溯源防伪、农业休闲旅游、农业信息服务等方面的内容。旨在通过生产领域的智能化、经营领域的差异性以及服务领域的全方位信息服务，推动农业产业链改造升级，实现农业精细化、高效化与绿色化，保障农产品安全、农业竞争力提升和农业可持续发展。

[25]林业碳汇：指通过市场化手段参与林业资源交易，从而产生额外的经济价值，包括森林经营性碳汇和造林碳汇两个方面。其中，森林经营性碳汇针对的是现有森林，通过森林经营手段促进林木生长，增加碳汇。造林碳汇项目由政府、部门、企业和林权主体合作开发，政府主要发挥牵头和引导作用，林草部门负责项目开发的组织工作，项目企业承担碳汇计量、核签、上市等工作，林权主体是收益的一方，有需求的温室气体排放企业实施购买碳汇。

[26]碳普惠项目：碳普惠制是指为小微企业、社区家庭和个人的节能减碳行为进行具体量化和赋予一定价值，并建立起以商业激励、政策鼓励和核证减排量交易相结合的正向引导机制。

[27]“平安连南·瑶山鹰眼”：在乡村主要道路卡口、学校、幼儿园、广场、宗教场所、景区景点、林区入口等人员密集场所及群众公共活动场地安装视频监控和喇叭，完善县、镇、村视频监控平台，实现公共安全视频联网及应用。

(连南瑶族自治县人民政府办公室)

大事记

1月

1日 由新疆博尔塔拉蒙古自治州文化体育广播电视和旅游局主办，广东瑶族博物馆、尔塔拉蒙古自治博物馆承办的“瑶岭长歌——瑶族文化图片展”在新疆博州博物馆展出。

3日 连南瑶族自治县举行县体育场揭牌仪式，标志着连南县又一公共体育基础设施的正式落成并投入使用。该体育场位于三江镇石泉小学背后，2017年4月动工兴建，2019年11月30日落成。总投资1500万元，占地面积22402平方米，其中体育场地面积16802平方米，场内设有3000个固定座位的看台，1个人造草标准足球场，8条400米标准田径赛道以及附属配套设施。

14日 县委书记刘泽和赴县人武部慰问，随后到战斗英雄潘卫国、参战残疾军人杜建初、下岗患病退役军人陈光辉家中慰问。当日，县委书记刘泽和还到三江镇敬老院（县福利院）慰问。

15日 中国共产党连南瑶族自治县第十三届十二次全体（扩大）会议在县会议中心召开，会议以习近平新时代中国特色社会主义思想为指导，全面贯彻中共十九大和十九届二中、三中、四中全会精神，深入贯彻落实习近平总书记视察广东重要讲话和重要指示批示精神，回顾总结2019工作，研究部署2020年任务。

16日 中共连南瑶族自治县委召开县委政协工作会议，县委书记刘泽和出席会议并作讲话，县长唐金文主持会议。

19日 国家级试点的连南县县域医共体启动大会在县人民医院召开。县长唐金文、副县长沈碧霞，广药附一院党委书记何兴祥、副院长冯铁军、副院长董群伟，连南县域医共体建设领导小组成员单位主要负责人等出席。

23日 县委常委、常务副县长潘康凯，县人大常委会副主任王群英，副县长房春华，县政协副主席房剑辉等相关领导出席石泉公园开园揭牌仪式并为石泉公园开园揭牌。石泉公园是连南县十项民生实事重点工程，也是三江镇文化生态旅游精品工程，规划总用地面积2.5万平方米，投资约1300万元，主要建设公园牌坊、中心广场、环山绿道、停车场、景观亭、登山道路护栏改造等工程。

25日 县长唐金文带队到二广高速公路出口、清连高速公路出口慰问体温检测点工作人员，详细询问检测情况。

26日 县委书记刘泽和带队到二广高速公路收费站出口、清连高速公路收费站出口、连南汽车客运站联合检疫点慰问工作人员，详细询问检测情况。随后，刘泽和书记主持召开新型冠状病毒肺炎疫情防控工作专题会议。

26日 县委书记刘泽和召集县防控工作领导小组成员收听收看清远市疫情防控工作电视电话会议，并部署连南县下一步疫情防控工作。

27 日 县委书记刘泽和深入寨岗、大麦山、涡水等基层一线督导新型冠状病毒肺炎疫情防控工作，走访慰问一线检疫点值勤工作人员。

28 日 县委、县人大、县政府、县政协领导分别带队深入基层一线检查督导新型冠状病毒肺炎疫情防控各项工作。县委书记刘泽和先后到县人民医院、县城生活垃圾压缩中转站检查疫情防控工作落实情况。县长唐金文先后到县疫情防控指挥部，三江镇和寨岗镇长途汽车客运站、中心市场，大麦山镇白芒村等地检查指导重点关键环节疫情联防联控工作。县人大常委会主任刘少伟到大坪镇、县政协主席李春益到三江镇及东和村、沿陂村，检查督导新型冠状病毒肺炎疫情防控工作。

29 日 县长唐金文到三江镇二广高速公路和清连高速公路连南站出入口，三排镇千年瑶寨、油岭歌堂坪、东芒村等地检查指导疫情防控工作。

30 日 佛山市北奥清洁用品有限公司捐赠 43 箱 172 瓶 84 消毒液，清远市壹号香猪公司捐赠口罩 1 万余只。

31 日 县志愿者协会将 2000 只医用口罩送到抗疫一线。

31 日 县长唐金文到三江镇天顺山庄、碧桂园、帝豪广场、县城高寒山区移民新村、华景雅苑、丽景城等居民小区检查指导新型冠状病毒肺炎疫情防控和安全用火用电用气等工作。

2月

2 日 县委书记刘泽和主持召开县委常委会（扩大）会议暨县委理论学习中心组会议，会议传达学习习近平总书记关于疫情防控重要讲话和重要指示批示精神，以及中央、省、市有关疫情防控工作文件及会议精神，研究部署全县疫情防控工作。

3 日 县长唐金文主持召开县政府全体成员（扩大）会议，对连南县新型冠状病毒感染的疫情防控工作进行再安排再部署，并研究部署下阶段各项工作。

4 日 佛山连南商会疫情防控医疗物资捐赠仪式在县行政服务中心四楼会议室举行。

7 日 县长唐金文先后到三江镇金坑村、县人民医院、疾控中心、三江卫生院等地检查指导疫情防控工作。

14 日 举行香港清远连南同乡联会捐赠 10000 只口罩捐赠仪式，这批口罩在香港清远连南同乡联会名誉会长林双来的对接下顺利送到连南。

15 日 在县人民医院行政综合楼一楼大厅举行仪式，欢送县域医共体援助湖北医疗队邓都一妹、房秀凤、丘楚珊 3 名医护人员。

15 日 “甘美连南”APP（Android 版）正式上线。“甘美连南”APP 集连南瑶族自治县社会、经济、文化、旅游、生态等于一体 APP，通过该 APP 可以了解县委、县政府中心工作，了解连南风土人情、美景、美食和最新动态，APP 将关注民生、社会热点问题，是发挥舆论监督、维护社会稳定的主流媒体 APP。

20 日 县委书记刘泽和深入大麦山镇中心岗村、兰花基地检查指导复工复产复学工作，要求要坚持防疫和生产两手抓两不误，统筹抓好“五复一支撑”工作。

25 日 清远市乳联食品配送有限公司爱心物资捐赠仪式在县顺德希望小学举行，清远市乳联食品配送有限公司经理邓晶娟、财务总监骆燕琼、主管郑少华，县教育局局长邓海锋出席捐赠仪式。捐赠物资有口罩 10000 只，消毒液 40 箱，牛奶 400 箱，总价值 52920 元。

25 日 县委书记刘泽和主持召开县委常委会（扩大）会议，会议认真学习贯彻落实中央、省、市关于统筹做好疫情防控和经济社会发展工作部署会议精神，对全县疫情防控和经济社会发展工作进行研究部署、推动落实。

26 日 县委书记刘泽和到县疾控中心调研指导工作，走访慰问驰援湖北医护人员家属，深入大坪镇大坪村调研指导疫情防控、复工复产、春季农业生产工作。

26日 根据《广东省民政厅关于公布2019年度广东省社会工作优秀案例评选结果的通知》文件，连南瑶族自治县三排镇社工站提交的《瑶乐振兴、公益乡村》项目获得一等奖，成为8个一等奖案例中的一个。

3月

2日 连南瑶族自治县召开2020年环境保护委员会第一次会议，总结2019年全县环境保护工作，研究部署2020年工作。县长、县环委会主任唐金文出席并作讲话。

12日 县四套班子领导、各镇、各系统党委干部职工在三江镇西北山、三排镇南岗千年瑶寨开展义务植树活动，以实际行动履行全民植树义务，为建设生态通道增新添绿。

14日 连南瑶族自治县县域医共体医疗队再出发，选派六名护士参加疫情防控医疗队，奔赴广州白云国际机场，支援疫情防控工作。

19日 县委书记刘泽和主持召开探索推进国家公园示范县建设工作推进会，要求进一步筑牢粤北生态屏障，在提供高质量生态供给上展现更大作为。

20日 清远市委书记郭锋到连南调研脱贫攻坚、春耕生产、企业复工复产、安全生产、疫情防控等工作，先后到荣芳鞋业、三排镇连水农业综合产业园扶贫基地调研。市委副书记许红，市委常委、市委秘书长、市委政法委书记陈焕雄，副市长雷玉春，县委书记刘泽和等市县有关领导参加调研。

20日 蒙牛学生饮用奶（清远）推广中心向连南教育系统捐赠一批总价值20000元的防疫物资，包括医用口罩2000只、背负式手动消毒喷雾器30多个、84消毒液24桶、学生饮用奶100多件。

20日 省住建厅党组书记赵坤带队到三江镇红星移民新村调研农村危房改造工作，县长唐金文等领导参加调研。

23日 连南召开推动民族地区加快高质量发展工作座谈会。县委书记刘泽和出席会议并作讲话，县长唐金文主持会议。

25日 清远市委常委、统战部部长刘汉球带队到连南督导推进“百企帮百村”精准扶贫行动。

25日 举行清远市乳联食品配送有限公司爱心物资捐赠仪式，捐赠物资有口罩10000只、消毒液40箱、牛奶400箱，总价值52920元。其他一些企业机构和个人也陆续捐赠物资支援抗疫，其中：在省民宗委的倡议下，广东省潮商会向连南县捐赠100套防护服、口罩12500只、体温计100支、消毒液50升等防护物资；中和实业集团先后两次捐赠18000只口罩、290副护目镜；广东益鲜美生物科技公司捐赠一次性手套3200双、口罩100只；广东蒙牛乳业销售有限公司连州振华购销部捐赠价值1万元的蒙牛牛奶200件；热心人士捐赠医用手套49双、暖宝宝24盒、普通外科口罩15只、体温计17支；连南大美圆融生态农业发展有限公司捐赠一次性口罩9000只，学生口罩2000只，测温枪6支。

27日 连南瑶族自治县、台山市两地签订全域旅游共建合作备忘录，旨在发挥两地旅游优势，全面加强全域旅游合作，促进经济社会的共同发展。台山市委常委、宣传部部长罗海华，连南县副县长房春华，两地相关部门负责人以及当地旅游相关企业代表参加签约仪式，就未来旅游发展进行交流和探讨。

4月

3日 连南瑶族自治县为参加清远第三批支援湖北医疗队的邓都一妹、房秀凤和丘楚珊3名队员举行简短而隆重的欢迎仪式。

4日 连南瑶族自治县顺德广场降半旗、鸣响防空警报、路上车辆按响喇叭，表达对抗击新冠肺炎疫情斗争牺牲烈士和逝世同胞的深切哀悼。

7日 县委书记刘泽和带队先后到大坪镇大

掌村、三江镇红星移民新村安置点调研指导地质灾害、移民搬迁安置工作，并走访慰问大掌村转移安置的群众。

8日 县委书记刘泽和带队先后到县救灾物资储存仓库、县三防物资储存仓库、三江镇三防物资储存仓库检查物资储备管理工作情况，随后前往牛路水水库检查防汛备汛工作。

9日 连南万山朝王国家石漠公园暨森林生态综合示范园科普宣教馆正式奠基开工。该项目总投资3000多万元，建成后，将成为广东首个以石漠化为主题的自然科普教育基地，同时也是广大学生了解自然的特殊“课堂”和自然“博物馆”。省林业局副局长吴晓谋，清远市政府副秘书长钟朝灶，县委书记刘泽和、县长唐金文等为项目挥铲奠基。

10日 深圳市清远商会、深圳市连南商会将价值4.2万元的1400多只鸡苗运到大坪镇军寮村，并送到53户有劳动能力贫困户手中，助力脱贫攻坚。

10—12日 省委统战部副部长、省民族宗教委主任李秀英一行到连南开展专题调研，重点了解民族地区贯彻落实《中共广东省委 广东省人民政府关于推动我省民族地区加快高质量发展的意见》情况。

13日 收听收看全省、全市打赢污染防治攻坚战工作推进会后，连南立即召开打赢污染防治攻坚战工作推进会。县委书记刘泽和出席会议并作讲话，县长唐金文主持会议。

15日 清远市副市长邵军一行到连南调研复学前准备工作和疫情防控工作。

15日 县委书记、县委财经委员会主任刘泽和主持召开县委财经委员会第一次会议，学习贯彻中央财经委员会第六次会议、省委财经委员会第三次会议和市委财经委员会第一次精神会议，研究部署2020年全县经济工作。会议审议《中共连南瑶族自治县委财经委员会工作规则（试行）》《中共连南瑶族自治县委财经委员会办公室工作细则》《中共连南瑶族自治县委财经委员会2020年工作要点》。

19日 县委书记刘泽和带队先后到三排镇百斤洞、山溪村督导贫困户安全住房、安全饮用水等“八有一稳”指标完成情况。

21日 县新冠肺炎疫情防控指挥部在县田家炳民族中学举办疫情防控应急演练。

21日 省农业科学院到连南开展农业产业发展调研指导工作，县长唐金文、省农科院院长陆华忠签订帮扶框架协议，副市长雷玉春参加签约仪式。

23日 县长唐金文带队到顺德希望小学、三江镇中心小学和县民族高级中学调研疫情防控和学生返校前准备工作。

24日 县委书记刘泽和率队先后到县民族高级中学、福华三排中心学校调研指导疫情防控和学生返校前准备工作。

24日 中共连南瑶族自治县委召开县委理论学习中心组暨全县统筹推进新冠肺炎疫情防控和经济社会发展工作会议，县委书记刘泽和主持会议并作讲话，县长唐金文就经济工作进行部署。

27日 连南县高三、初三年级学生返校复课。

29日 连南瑶族自治县召开2020年全县武装工作会议暨国动委全体会议，县委书记、人武部党委第一书记刘泽和出席会议并讲话。

29日 连南瑶族自治县召开县文明委成员单位（扩大）会议，县委书记、县文明委主任刘泽和出席会议并讲话，县长、县文明委常务副主任唐金文主持会议。

29日 县委书记刘泽和带队到塘冲水库建设工地、二广高速与国道G323连接点以及三排千年瑶寨开展“五一”前安全生产检查工作。

4月30日 县长唐金文带队深入危化、民爆、工贸等领域企业寨岗镇洪锋加油站、和联民爆公司和燊昌塑胶金属有限公司开展“五一”前安全生产检查工作。

5月

7日 中国共产党连南瑶族自治县第十三届

纪律检查委员会第五次全体会议在县会议中心召开，县委书记刘泽和出席并讲话。

9日 大坪镇旺洞越秀小学举行落成庆典仪式。越秀驻连南帮扶工作队队长、县委常委、副县长陈哲，县人大常委会副主任王群英，县教育局、大坪镇主要领导等40多人参加庆典活动。

11日 连南县初一、初二、高一、高二年级和小学4至6年级学生12180人分期、分批、错峰返校。

18日 连南县第三批即小学一至三年级学生返校，全县中小学生全面返校复课。

22日 连南瑶族自治县召开2020年文化旅游工作暨创建国家全域旅游示范区迎检攻坚大会，县委书记刘泽和出席会议并讲话。刘泽和强调，全县上下要全面贯彻落实好党中央决策部署和省市推动民族地区加快高质量发展的政策，切实把文化旅游产业做优做强，按时保质完成各项创建指标，确保验收高质量过关，促进连南文化旅游产业高质量发展。

26日 广东省民族地区高质量发展现场推进会在连南瑶族自治县召开。

6月

1日 县委书记刘泽和到南岗中心学校和县石泉小学开展“六一”慰问活动，为小朋友们送上节日问候。

3—4日 政协第十一届连南瑶族自治县委员会第五次会议在三江召开。

4—5日 连南瑶族自治县第十五届人民代表大会第五次会议在三江召开。

5日 清远市生态环境连南分局联合连南县委宣传部、团县委、县自然资源局、县水利局、县农业农村局、三江镇人民政府及志愿者协会等单位在连南富邦商业广场开展“6·5”世界环境日环保宣传活动。

7日 县长唐金文带队到寨岗镇廻龙桥、大麦山镇塘凼村指导防汛救灾工作。

11日 广州市越秀区委书记王焕清带领区相关职能部门到连南县调研对口帮扶工作。

11日 连南瑶族自治县召开县党委政府主要领导任期经济责任审计以及自然资源资产任中审计现场进点会议。

11日 省民族宗教委党组成员、省民族宗教研究院院长黄心怡，省民族宗教研究院民族研究所所长盘小梅一行到连南，围绕民族地区少数民族大学生助学政策实施情况、乡村基督教信仰情况、少数民族古籍文献收集与保护、少数民族优秀文化传承与保护、《瑶族通史》广东部分修编准备情况等方面开展专题调研。

12日 市委常委、宣传部部长崔建军带队到连南检查督导工作。

12日 连南瑶族自治县青少年体育俱乐部在体育场举行揭牌仪式。

16日 连南县人民医院新冠病毒核酸检测实验室正式启用。

17日 金坑红色旅游线路在金坑村红色教育基地揭幕，县长唐金文参加揭幕仪式。

16日 中国环境科学研究院生态文明中心副研究员舒昶一行到连南开展创建国家生态文明建设示范县核查工作。

18日 连南瑶族自治县政法系统召开“不忘初心使命、打造政法铁军”思想教育专题活动动员大会。县委书记刘泽和出席此次会议并讲话。

28—29日 生态环境部华南环境科学研究所党委书记胡克梅率队赴连南调研粤港澳大湾区生态网络观测点建设、党建共建和扶贫助学等工作。县委书记刘泽和、县长唐金文参加调研。

29日 清远市副市长雷玉春一行在县长唐金文陪同下到寨岗镇调研乡村振兴、农业产业等工作，先后到新寨万亩茶园、大广农牧、益鲜美等地指导工作，并到称架、阳爱看望老党员。

30日 连南瑶族自治县在民族体育馆举办以“决胜脱贫攻坚，助力乡村振兴”为主题的连南县2020年“广东扶贫济困日”活动启动仪式，县长唐金文作动员讲话。

7月

1日 清远市委常委、宣传部部长崔建军到连南开展“七一”慰问困难党员活动，并调研了解连南县脱贫攻坚、实施乡村振兴战略、意识形态安全、全域旅游等工作。

1日 在四川农业大学（成都校区）举行的“蒙顶山杯”第五届中国黄茶斗茶大赛上，广东杰茗原生态茶业有限公司和广东省农业科学院茶叶研究所选送的“房杰茗”牌连南黄汤在安徽、四川、湖南、浙江、广东、湖北等地选送的90个茶样中脱颖而出，获黄小茶中的金奖。

2日 连南瑶族自治县召开领导干部纪律教育大会，县委书记刘泽和出席会议并讲话，县长唐金文主持会议。

3日 县委书记刘泽和到县民族高级中学调研高考准备工作。4日，县长唐金文到连南县三排镇东芒村开展脱贫攻坚调研。

6日 连南县召开推进市纪委暗访连南扶贫领域发现问题整改工作专题会，县委书记刘泽和、县长唐金文出席会议并作讲话。

7日 县长唐金文到三江镇新和村夜访贫困户，核实建档立卡贫困户“八有”政策落实情况。

16日 县委书记刘泽和、县长唐金文参加县人大常委会组织在连南居住和工作的清远市七届人大代表开展的“更好发挥人大代表作用”主题调研活动。

20日 县长唐金文到南岗中心学校考点巡视检查初中学业水平考试工作。

22日 市委常委、统战部部长刘汉球到连南三排镇督导脱贫攻坚工作。

22日 县委书记刘泽和、县长唐金文带队前往省中医药局，汇报连南县瑶医瑶药大健康产业传承创新发展工作。

24日 县长唐金文先后到三江镇城西村参观革命故居、到石泉山公园调研外立面改造工作。是日，县长唐金文到县城周边检查环境污染防治工作。

27日 县委书记刘泽和带队到清远军分区，向官兵们致以“八一”节日问候。

27日 连南瑶族自治县召开2020年第二次环委会暨打赢污染防治攻坚战推进会议，县环委会主任、县长唐金文参加会议并讲话。

29日 连南召开精神文明建设工作推进会，县委书记刘泽和出席会议并讲话，县长唐金文主持会议。

30日 县委书记刘泽和率慰问团到武警清远市支队第三大队、武警连南县中队开展“八一”拥军慰问；县长唐金文率队到县消防救援大队开展“八一”拥军慰问；县人大常委会主任刘少伟率队到中国人民解放军总装备部驻广州地区军代室和县人武部开展“八一”拥军慰问。

30日 广州岭南国际企业集团有限公司考察组到歌堂坪瑶族文化传承基地、稻鱼茶三产融合发展中心、国家石漠公园事务中心等考察文化旅游资源和农特产品，县长唐金文陪同考察。

8月

16—19日 2020年清远市中小学生乒乓球比赛暨清远市青少年锦标赛在连南瑶族自治县民族体育馆举行。此次锦标赛由清远市教育局和清远市文化广电旅游体育局主办，县教育局、县文化广电体育旅游局承办。

20日 县长唐金文主持召开连南瑶族自治县新旧自来水厂改造项目推进会。

是日 县长唐金文主持召开连南瑶族自治县2020年垦造水田项目工作推进会。

24日 县长唐金文到三江镇调研高铁项目规划情况，要求相关部门要依法依规做好前期准备工作。

24—25日 县长唐金文参加县教育局在县人才驿站举办的2020年中小学校领导干部读书班暨研修提高培训活动，并在培训班上作思政辅导专题讲座。

25日 2020年清远市文化科技卫生“三下乡”

主场活动在连南顺德文化广场举行。

28日 民政部慈善事业促进和社会工作司陈军副司长到连南瑶族自治县三排镇社工站调研。

9月

2日 县委书记刘泽和主持召开县委理论学习中心组第13次学习（扩大）会暨《习近平谈治国理政》学习研讨班开班动员会。

3日 市委常委严志明、县长唐金文陪同广州市副市长黎明一行在连南考察广清连南万亩茶园，洽商相关扶贫帮扶项目。

8日 市委书记郭锋到连南调研脱贫攻坚和乡村振兴工作，副市长雷玉春、县委书记刘泽和等领导参加调研。

9日 县委书记刘泽和主持召开广州经清远至永州高铁项目连南段工作领导小组会议。

9日 县长唐金文到寨岗镇山联村调研公路建设、安全生产工作。

10日 连南瑶族自治县召开庆祝第36个教师节暨星河湾奖教奖学颁奖大会，县长唐金文主持会议，县委书记刘泽和出席并作讲话。

15日 连南瑶族自治县召开全县卫生健康工作暨应对秋冬季新冠肺炎疫情防控工作部署会议。县长唐金文主持会议，县委书记刘泽和出席会议并作讲话。

17日 连南瑶族自治县举行道路安全“9·15”专项行动启动仪式，县委书记刘泽和出席启动仪式做动员讲话。

17日 省国资委主任李成带队到连南瑶族自治县开展推进民族地区高质量发展对口帮扶调研活动，县委书记刘泽和陪同调研。

22—27日 2020“中国农民丰收节”系列活动暨广东·连南第七届“稻鱼茶文化活动周”活动在连南举行，活动内容包括捉稻田鱼、瑶族文艺汇演、斗茶大赛、农产品展销等系列活动，展现总投资2.24亿元的稻鱼茶省级现代农业产业园建成运营成果，助推连南经济社会高质量发展。

22日 广东省民族团结进步宣传月暨“送法下乡”专场普法活动在连南瑶族自治县举行。

22日 市委书记殷昭举到连南县，就深入学习贯彻习近平总书记重要讲话和重要指示批示精神，以及省委书记李希调研清远讲话精神进行专题调研。

27日 县长唐金文带队到清远市德耀校车服务有限公司、县祥盛混凝土有限公司、省道S261线顺德小学路口、东塘路口开展中秋、国庆节前道路交通安全生产检查。

28日 县中医院（瑶医医院）暨瑶医瑶药研究中心举行揭牌仪式，清远市卫生健康局局长梁金鉴、广州市越秀区卫生健康局局长黄甫初、连南县委书记刘泽和等领导参加。

30日 连南瑶族自治县在寨岗镇连南革命烈士纪念碑广场举行2020年烈士纪念日公祭活动。

10月

20日 连南瑶族自治县妇女第十二次代表大会在县会议中心开幕，县委书记刘泽和出席并讲话。

21日 清远市见义勇为基金会、连南瑶族自治县见义勇为协会对王援广等6人见义勇为行为进行表彰，并颁发见义勇为证书和奖励金。

22日 中共连南瑶族自治县委在县会议中心召开县委理论学习中心组2020年第16次学习（扩大）会暨全县传达学习贯彻习近平总书记出席深圳特区建立40周年庆祝大会和视察广东重要讲话指示精神干部大会。

22日 连南瑶族自治县举行广东省农业科学院与连南瑶族自治县对接“3+1”结对帮扶框架协议签订仪式，华南农业大学校长刘雅红、县长唐金文等领导参加签订仪式。

24—25日 县长唐金文率队先后到石漠公园、三排老寨以及大坪镇等地开展重阳节期间安全生产、森林防灭火检查督查工作。

11 月

6 日　连南瑶族自治县召开传达学习贯彻中共十九届五中全会精神会议暨全县领导干部党章党规党纪教育培训班，县委书记刘泽和出席会议并讲话，县长唐金文在培训班上传达上级有关会议精神。

18 日　市委常委、统战部部长刘汉球到连南三排镇开展脱贫攻坚挂牌督战工作，县委书记刘泽和，参加此次活动。

21 日　万科集团行政与公共事务合伙人、党委办主任肖敏琦、公共事务合伙人吴轩一行应邀到连南参观考察，县长唐金文陪同考察。

27 日　“天下瑶寨 • 醉美连南”2020 年连南瑶族自治县“抗疫”文艺作品暨瑶族原创文艺作品展演在县民族体育馆精彩上演，县长唐金文出席活动。

27 日　“天下瑶寨 • 醉美连南”第十二届连南“盘王节 • 耍歌堂”瑶族文化艺术活动开幕。

27 日　连南瑶族自治县召开会议，传达学习贯彻省委十二届十一次全会及全省、全市村（社区）“两委”换届工作电视电话会议精神，县委书记刘泽和出席会议并讲话。

27—28 日　连南瑶族自治县举办第十二届连南“盘王节 · 耍歌堂”瑶族文化艺术活动，活动内容包括第四届原生态长鼓舞大赛、抗疫题材文艺作品暨瑶族原创文艺作品展演、开幕式文艺晚会暨舞剧《瑶山那抹红》专场、原生态瑶族“耍歌堂”活动等。

30 日　由中国社会福利基金会、东风日产、南方周末联合发起的 2020 年“阳光关爱 • i 读计划”广东站走进大麦山镇上洞小学。此次活动为上洞小学捐赠一批价值逾 20 万元的“阳光关爱 • i 读计划”大礼包。

30 日　连南瑶族自治县开始对县城主干道两旁的建筑外立面进行民族特色化改造。

12 月

9 日　连南瑶族自治县召开县安全生产委员会 2020 年第四次全体会议暨道路交通安全工作专题会议，县委书记刘泽和出席会议并讲话，县委副书记、县长唐金文主持会议。

10 日　连南瑶族自治县举办全县正科干部学习贯彻习近平总书记出席深圳经济特区建立 40 周年庆祝大会和视察广东重要讲话重要指示精神暨学习贯彻中共十九届五中全会精神专题研讨班，县委书记刘泽和作动员讲话暨主题报告，县委副书记邱金水主持开班式。

16 日　连南瑶族自治县召开县预防道路交通事故“第二轮百日攻坚行动”工作部署推进会议，县长唐金文出席会议并讲话。

17 日　连南县委书记刘泽和主持召开“十四五”规划建议起草工作专题会议。

22 日　“舞动瑶山”连南瑶族自治县第四届广场舞比赛在县民族体育馆拉开帷幕，15 支代表队将广场舞与民族、地方特色结合，纷纷亮出“绝活”，为在场观众献上一场具有民族特色、时代感、力量感的广场舞盛宴。

23 日　清远市副市长、市公安局局长毕洪波带队到连南检查督导“第二轮百日攻坚行动”工作开展情况，县长唐金文参与督导工作。

30 日　连南瑶族自治县召开县委第十三届第十三次全体（扩大）会议，县委书记刘泽和主持会议并作全会工作报告，并就《中共连南瑶族自治县委关于制定国民经济和社会发展第十四个五年规划和二〇三五年远景目标的建议（稿）》作说明，县长唐金文就《关于深入学习贯彻习近平总书记出席深圳经济特区建立 40 周年庆祝大会和视察广东重要讲话重要指示精神推动连南高质量发展的工作方案（稿）》作说明。

31 日　连南瑶族自治县在三排油岭歌堂坪举办盘王大歌 2021 新年音乐会。晚会在《瑶鼓庆丰收》中拉开帷幕，随后《盘王歌》《竹竿舞》《瑶山宝贝，加油鸭》《篝火踩歌堂》等39个节目轮番上演。来自广西富川、湖南江华和广东韶关乳源等地的文化同仁、瑶族同胞登台为连南群众表演极具当地特色的歌舞节目，获得现场观众的阵阵掌声。

31日 “盘王大歌”民族音乐座谈会在广东瑶族博物馆召开。国家民协副主席、省民协主席李丽娜，县政协主席李春益等领导以及来自广西、湖南、韶关、连南等地的研究盘王大歌专家学者、文艺爱好者参加座谈会。

连南概览

建置·区划

【建置沿革】 连南瑶族自治县境域，是1953年由阳山县辖的寨岗汉区、连县的三江汉区和原连南县所辖的3个瑶族地区组成。究其历史，连南设县，始于1946年。在这之前，领属辖地几经变更。

连南地域，春秋战国时期属楚国。秦朝属长沙郡。两汉属桂阳郡。三国、两晋属始兴郡。南北朝属阳山郡。隋朝属熙平郡。唐朝、两宋属连州。元朝属连州路。明朝属连州。至清康熙四十二年（1703），在三江城设理瑶同知，专理瑶务，属广州府，行政区域分属连县（今连州市）、连山县、阳山县管辖。清雍正七年（1729），改理瑶同知为理瑶军民直隶同知，仍属广州府。清嘉庆二十二年（1817），又改理瑶军民直隶同知为连山绥瑶军民直隶同知，官府迁往连山县（今连山壮族瑶族自治县太保镇旧城），此时连山县改为连山绥瑶直隶厅。

1912年，连山绥瑶直隶厅复改为连山县，县府内设“瑶务处”，管辖瑶族地区。1927年，设“连阳化瑶局”，隶属广东省国民政府。次年分置三江、寨岗、太保3个办事处，综理瑶族事务。但民事刑事案件仍分属连山、连县、阳山3县处理。1935年5月改“连阳化瑶局”为“连阳安化管理局”，局址驻连州，管辖瑶族地区。民国28年（1939）迁入三江城。民国35年（1946）三月，撤“连阳安化管理局”，置连南县，县府驻三江城，统辖瑶族地区。当时设3个区、20个乡、94个保，连南之名第一次出现。

中华人民共和国成立后，于1950年5月16日，成立连南县人民政府，县府驻三江，管辖瑶族地区。1953年1月25日，连山、连南两县合并，成立连南瑶族自治区（县级），把原连县的三江地区和阳山的寨岗地区划入自治区版图。1954年3月，原连山辖地划出，恢复连山县建置。1955年6月，连南瑶族自治区改称连南瑶族自治县。1958年12月，与连县、连山、阳山县合并为连阳各族自治县，县府设在连州镇。1960年10月，阳山县划出后，连阳各族自治县改称为连州各族自治县。1961年10月，撤销连州各族自治县，恢复连县、连山县、连南瑶族自治县建置，属韶关地区管辖。1983年地、市合并后，由韶关市辖。1988年1月划入清远市管辖。

【行政区划】 2020年，连南瑶族自治县辖7个镇、69个村委会、2个社区居委会，617个自然村，852个村（居）民小组，总人口176845人（其中乡村人口131042人），党员7346名，其中农村党员3620名。

【行政区域界线勘定】 2020年，连南瑶族自治县的行政区域界线全长561.9千米。其中：省界（湘粤线）1段，界线全长10.8千米，无界桩；市界（清肇线）1段，界线全长32.2千米，界桩3个；县界3条，界线全长299.73千米，界桩9个（阳山连南线88.4千米，界桩3个；连南连州线74.2千米，界桩4个；连山连南线137.13千米，界桩2个）；县内乡镇界线17条，界线全长193.42千米。县级三交点1个，乡镇级三交点9个。

2020年连南瑶族自治县行政区域简表

表1 单位：个

镇	村委	居委	村居小组	居民小组	备注
三江镇	10	1	153	8	—
寨岗镇	23	1	266	4	—
三排镇	10	—	174	—	—
大麦山镇	9	—	63	—	—
大坪镇	5	—	64	—	—
香坪镇	6	—	73	—	—
涡水镇	6	—	47	—	—
合计	69	2	840	12	—

2020年连南瑶族自治县各镇面积、人口、村（居）委员会数据明细表

表2

镇别	面积（平方千米）	人口（人）	村（居）民委员会（个）	村（居）民小组数（个）
三江镇	218.88	42880	11	161
寨岗镇	330.41	51082	24	270
三排镇	149.57	28073	10	174
大麦山镇	143.48	20560	9	63
大坪镇	95.14	13753	5	64
香坪镇	167.66	12111	6	73
涡水镇	135.77	8386	6	47
合计	1240.91	176845	71	852

自然地理

【位置面积】 连南瑶族自治县位于广东省西北部，总面积1240.91平方千米，地处北纬24° 17′ 16″—24° 56′ 2″，东经112° 2′ 2″—112° 29′ 1″之间。东北与连州市交界，东南与阳山县相连，南面紧接怀集县，西部毗邻连山壮族瑶族自治县，西北部与湖南省江华瑶族自治县接壤。县城三江镇距省会广州市230千米，距清远市区170多千米。

【地质】 连南瑶族自治县内出露地层以古生界为主，中新生界地层次之。下古生界的震旦系、寒武系由浅变质的浅海相碎屑组成，主要分布于大坪镇、香坪镇、涡水镇、三江镇（金坑片区）。上古生界由浅海相碳酸盐沉积为主，浅海及海陆交互相碎屑沉积及含煤碎屑沉积次之，呈小面积分布于三江镇、三排镇。中生界仅在寨岗镇、大麦山镇白芒村有少量三叠系大冶群分布，为浅海相碳酸盐沉积。新生界有第三系陆相红色碎屑岩沉积，呈小型盆地分布于大麦山镇白芒村、寨岗镇；第四系广泛零星分布于河流冲积洼地及堆积阶地。

【地貌】 连南瑶族自治县境内山丘广布，北有大龙山，西有大雾山，南有起微山，地形南北长，东西狭。整个地势特征北高、西高、南高，向东部丘陵倾斜，东部低平。地貌主要有沿河冲积平原、山间冲积谷地、丘陵、山地等类型。冲积平原和山间冲积谷地占全县总面积的5.03%，主要分布在三江镇、寨岗镇及河流两岸；丘陵占33.40%；山地占61.57%，主要分布在三排镇、寨岗镇、三江镇、香坪镇、大坪镇、涡水镇等地。丘陵、山地占全县总面积的94.97%，有“九山半水半分田”之说。

【土壤】 连南瑶族自治县自然土壤有黄壤、红壤、红色石灰土、黑色石灰土、酸性紫色土5个土类，面积173.7254万亩，占全县总面积的91.60%。

旱地土壤　根据不同成土母质、地形地貌、剖面性态及理化性质，连南瑶族自治县旱地土壤分为黄壤、红壤、红色石灰土、黑色石灰土和酸性紫色土5个土类、8个土属，面积3.52024万亩，占1974年全县耕地面积的38.39%，零星分布于各乡镇山坡或大小河溪两旁。

稻田土壤　连南瑶族自治县水稻耕地面积5.64884万亩，占全县总面积的2.98%，占1974年耕地面积的61.6%，主要由花岗岩、砂页岩、紫色砂页岩、石灰岩母质发育而成，并在人为作用下形成耕作土壤，分为6个亚类、20个土属，46个土种。

【山脉】 连南瑶族自治县山脉走向主要是北向西南。境内海拔1000米以上的山峰有161座，山峰属于南岭山脉南侧的余脉。

大雾山　位于三江镇西部，由北向西延伸，与连山交界，海拔1659米，是全县最高的山峰。

起微山　位于大麦山镇白芒村中部，海拔1591米。

孔门山　位于大麦山镇白芒村南部，海拔1564米。

茶坑顶　位于寨岗镇西南部，与怀集县交界，海拔1384米。

天堂山　位于大麦山镇白芒村南部，海拔1364米。

烟介岭　位于大坪镇的西南部，海拔1472米。

探文别　位于涡水镇东部，海拔1240米。

老鸦顶　位于大麦山镇白芒村九寨村北部，海拔1194米。

大帝头顶　位于香坪镇南部，海拔1314米。

大粟地顶　位于三江镇西部，海拔1381米。

大龙山　位于三江镇西部，与连山壮族瑶族自治县及湖南省江华瑶族自治县交界，海拔1574米。

【河流】 连南瑶族自治县地处北江上游，各河流属北江水系，境内河分布纵横，水资源充沛，集雨面积100平方千米以上的河流7条：

大龙河（新庙水）　属于连江的三级支流，

发源于连南县大龙境内的大雾山（海拔1659米），流出县界时，与小龙水汇合，至连州市共和村入二级支流东陂水，河长29千米。集雨面积147平方千米（其中连山县占18平方千米，连南县占124平方千米，连州市占5平方千米），河道平均坡降17‰。

三江河（三江水） 属连江二级支流，发源于连南县境内起微山（海拔1591米），流经涡水镇，至沿陂与其支流太保河汇合后流经三江镇，至连南县大墩村汇入连江，干流长65千米（其中本县境内占56.44千米），流域面积680平方千米（其中连南县占402平方千米），河道平均坡降6.23‰。

太保河（太保水） 属连江的三级支流，发源于连山境内的皇后山（海拔1405米），流经连山太保，出鹿鸣关，至沿陂汇合三江河，干流长30千米，流域集雨面积179平方千米，河道平均坡降14.3‰。

同灌河（同灌水、白芒河） 属连江的二级支流，发源于连南黄连凹（海拔1470米），流经连南白芒至寨岗与称架水汇合后，流经阳山黎埠至同灌口注入连江，干流长57千米（其中连南34千米），集雨面积655平方千米（其中连南占410平方千米），河道平均坡降4.09‰。

称架河（称架水） 为连江的三级支流，发源于连南石川顶上（海拔1230米），流经寨南，至寨岗注入同灌河，主河道长32千米，集雨面积189平方千米，河道平均坡降20‰。

庙公坑河 属连江的二级支流，发源于连南山联大队境内的红图顶（海拔1390米），流经阳山大崀，至阳山饭背江注入连江，河流长29千米（其中连南占4千米），集雨面积166平方千米（其中连南占19平方千米），河道平均坡降20.59‰。

凤岗河（凤岗水） 属绥江的二级支流，发源于连南板洞大队境内的天堂山，流经怀集县洽水，凤岗至怀集上集注入绥江，河流长102千米（其中连南占14千米），集雨面积1222平方千米（其中连南占48平方千米），河道平均坡降3.5‰。

【气候】 2020年，全年气候总体特征表现为：气温偏高，高温天气突出；降水总体偏多，但时空分布不均，前汛期强对流、强降水频发，且影响范围广；后汛期台风影响偏晚偏轻；秋冬季持续干燥少雨，10月起出现持续性干旱天气，气象干旱发展。

2020年低温阴雨和“倒春寒”天气属偏重年景，不利于早稻的秧田育秧和移栽。低温霜冻天气虽不突出，但出现寒露风天气，对经济、农业生产有一定影响。低温天气偏少，全年总降水量偏多，2到9月小水电生产效益明显。全年高温天气突出，10月起干燥少雨天气持续，不利于火险指数降低和小水电生产效益。全年出现一次暴雨洪涝灾害，对各行各业造成较大影响。

气温 2020年，连南平均气温20.4℃，较历年平均值偏高0.7℃，极端最低气温–0.3℃（12月31日），极端最高气温38.4℃（7月14日）。全年日最高气温≥35.0℃的高温炎热天气37天，较历年偏多6.8天；≤5℃低温日数19天，较历年偏少11天；无霜期336天。

降水 年总降水量1814.7毫米，较历年同期略偏多6%。全年暴雨日数5天，开汛日正常（3月31日）。第一场暴雨出现在2月15日，最后一场暴雨出现在9月5日。全年最大日降水量119.8毫米（6月8日），≥0.1毫米降水日数157天。前汛期雨量为735.7毫米（较常年平均偏少4%）。后汛期雨量为441.5毫米（较常年平均偏多1%）。

【空气质量】 2020年，连南瑶族自治县有两个环境空气质量自动监测站点，分别为：县政府1号楼子站（连南城东站）和民族高级中学子站（连南城西站），主要对县城及县城周边的空气质量进行24小时不间断监测。两个站点有效天数为366天，空气质量指数2.49，全市空气质量排名第二。空气质量指数（AQI）达标天数为363天，其中优为266天，良为97天，优良率为99.5%。轻度污染为2天，占0.5%，无中度污染及以上。2020年连南县大气中各污染物年平均浓度为：二氧化硫为8微克/米^3、二氧化氮为12微克/米^3、颗粒物 PM10 为 33 微克 / 米 ^{3}、颗粒物 PM2.5 为 21 微克 / 米 ^{3}、臭氧日最大 8 小时滑动平均值第 90 百分位数为 119 微克 / 米 ^{3}、一氧化碳日均值第 95 百分位数为 1.0 毫克 / 米 ^{3}。各污染物年平均值均低于国家环境空气质量二级标准限值，属优良空气质量。

【水环境】 2020 年，连南瑶族自治县主要河流为三江河和寨岗河，县级饮用水源地 1 个，乡镇饮用水源地 9 个。县环保部门按要求分别对以上河流和水源地进行监测。三江河在陂头段、新村段设置两个断面取样监测分析，各监测指标均可达到《地表水环境质量标准》（GB 3838—2002）的Ⅱ类标准，属清洁水质。寨岗河设置五个断面取样监测分析：香车断面、明华厂断面、新寨桥断面、四村断面、二村断面，各监测指标均可达到《地表水环境质量标准》（GB 3838—2002）的Ⅱ类及Ⅲ类标准，属清洁水质；县城饮用水源地为牛路水饮用水水源地，经设置断面取样监测分析，各项监测指标均达到《地表水环境质量标准》（GB 3838—2002）的Ⅱ类标准，属清洁水质；乡镇饮用水源地有三江镇西北山饮用水源、涡水镇良东坑饮用水源、三排镇大东坑饮用水源、大坪镇大布洞饮用水源、大麦山镇新寨亚贵饮用水源、香坪镇大何饮用水源、寨岗镇板洞水库饮用水源、寨岗镇新埠田冲山饮用水源、寨岗镇白水坑饮用水源 9 个饮用水源地，经设置断面取样监测分析，各项监测指标均达到《地表水环境质量标准》（GB 3838—2002）的Ⅱ类标准，属清洁水质。

【城市声环境】 2020 年，连南瑶族自治县城镇区域环境噪声有效网格 108 个，监测结果显示：城镇区域环境噪声一类区有效网格最大值为 53.2 分贝、最小值为 48.0 分贝、平均值为 50.8 分贝；二类区有效网格最大值为 59.4 分贝、最小值为 42.2 分贝、平均值为 53.0 分贝；三类区有效网格最大值为 64.3 分贝、最小值为 52.3 分贝、平均值为 57.8 分贝。从监测结果看，无网格超标，均达到《声环境质量标准》（GB 3096—2008）中的 2 类标准，达标率为 100%，说明连南县城镇区域环境噪声情况良好。城市道路交通噪声：县城 5 条主要交通干线 22 个点位，经监测，各点位监测结果等效声级在 57.9—69.5 分贝区间范围，总平均值为 65.0 分贝。全县道路交通干线噪声监测路段总长为 5850 米，其中达标路段长度为 5850 米，达标率为 100%。从监测结果对照看，均可达到《声环境质量标准》（GB 3096—2008）中的 4a 类标准。

资源物产

【土地资源】 2020 年，连南瑶族自治县总面积 1240.91 平方千米，其中，耕地 110.12 平方千米，占总面积的 8.87%；园地 3.34 平方千米，占 0.27%；林地 1020.54 平方千米，占 82.24%；其他农用地 15.67 平方千米，占 1.26%；城镇村及工矿地 31.28 平方千米，占 2.52%；交通运输用地 5.19 平方千米，占 0.42%；水域及水利设施用地 14.77 平方千米，占 1.19%；其他土地 40 平方千米，占 3.22%。

【水资源】 连南瑶族自治县有 100 多大小河流和 260 多条山溪，其中集雨面积 100 平方千米以上的河流有三江河、同灌河、太保河、称架河、大龙河、凤岗河、庙公坑河 7 条。

【矿产资源】 连南瑶族自治县地处粤北山区，境内赋存矿产资源丰富，品种较多，境内发现有铁、铅、锌、钼、铜、钨、银、锡、金、锰、铋、稀土、石英、硅石、萤石、石灰石、大理石、云母、煤、地热水、矿泉水、陶瓷土 22 种。矿产资源区域分布较为集中，不同的地质地貌表明不同的地质成矿背景。

【森林面积与蓄积量】 2020 年，连南瑶族自治县林业用地面积 102054.43 公顷，占土地面积的 82.24%，其中有林地面积 87994.69 公顷。活立木总蓄积量 8532554 立方米，乔木林总蓄积量

8331152 立方米。全县森林覆盖率 80.95%，林木绿化率 81.77%。

2020 年连南瑶族自治县森林、林木面积、蓄积量统计表

表 3　　单位：公顷、立方米

林种	杉	松	阔叶林	阔叶混交林	针叶混交林	针阔混交林	木本果和其他经济林	合计
面积	45499.05	3508.89	24779.74	3313.33	2414.83	4144.32	234.55	83894.71
蓄积	5225587	317118	1843917	278405	252463	410631	3031	8331152

说明：表中各树种数据含乔木林地、疏林地，不含散生木

2020 年连南瑶族自治县有林地面积、蓄积量分布统计表

表 4　　单位：公顷、立方米

单位	有林地面积	活立木总蓄积量
三江镇	12788.59	1704277
涡水镇	11396.57	1311254
大坪镇	7213.41	569225
大麦山镇	7493.36	912451
寨岗镇	23332.91	1585655
三排镇	3992.79	329305
香坪镇	11739.66	1529282
大龙山场	2359.53	201315
合计	80316.82	8142764

【野生动植物资源】 2020 年，根据文献资料记载，连南瑶族自治县的陆生野生动物有 30 目、76 科、333 种，其中两栖类 32 种、爬行类 53 种、鸟类 200 种、哺乳类 48 种。属国家重点保护的野生动物同时也是珍稀濒危的动物有 39 种，占广东省珍稀濒危的动物总数（117 种）的 1/3。国家一级保护动物有 4 种（云豹、豹、黄腹角雉、蟒蛇），国家二级保护动物有 35 种（猕猴、穿山甲、白鹇、虎纹蛙、大鲵等）。根据华南农业大学林学院专家调查及文献资料记载，全县有野生维管植物 193 科、615 属、1182 种，超过广东省野生维管植物的 1/6。其中蕨类植物 26 科、39 属、66 种，裸子植物 7 科、10 属、12 种，被子植物 160 科、566 属、1104 种。属于国家一级保护植物的有 2 种（南方红豆杉、伯乐树）、属于国家二级保护的植物有 10 种（金毛狗、广东五针松、福建柏等）、属于珍稀濒危植物的有 20 种（油杉、沉水樟、半枫荷、吊皮锥等）。

【旅游资源】 连南瑶族自治县旅游资源非常丰

富，类型多样，其中以瑶族文化旅游资源最为突出。根据《旅游资源分类、调查与评价》（GB/T 18972—2003）对连南旅游资源单体进行调查统计，连南县旅游资源有 8 个主类、19 个亚类、36 个基本类型，计 133 处景观。其中，自然旅游资源 13 个基本类型、30 个资源单体，人文旅游资源 23 个基本类型、103 个资源单体。根据资源单体打分评价，连南县拥有 2 处五级旅游资源：要歌堂和油岭老排；8 处四级旅游资源：千年瑶寨、瑶族刺绣、瑶族长鼓舞、瑶族博物馆、实景演出、万山朝王、石洋坑温矿泉、野生娃娃鱼保护区。另有三级旅游资源 7 处，二级旅游资源 4 处。

组织机构及负责人（2020 年）

【中共连南瑶族自治县委员会】

书　记：刘泽和
副书记：唐金文
　　　　邱金水
常　委：梁卫平（任至 2020 年 10 月）
　　　　房志荣
　　　　吴一民（任至 2020 年 3 月）
　　　　黄素梅
　　　　王炜强
　　　　任文生（任至 2020 年 4 月）
　　　　俞华军
　　　　李一贵
　　　　潘康凯
　　　　何际平（2020 年 3 月任职）
　　　　卢元伟（2020 年 10 月任职）
　　　　陈　哲（2020 年 4 月任职）
县委办主任：房志荣（兼任）
县委组织部部长：卢元伟（兼任）
县委宣传部部长：王炜强（兼任）
县委统战部部长：黄素梅（兼任）
县委党校校长：梁卫平（兼任至 2020 年 10 月）
　　　　　　　卢元伟（2020 年 10 月兼任）
县委机构编制委员会办公室主任：张文雄

【连南瑶族自治县人大常委会】

主　任：刘少伟
副主任：房　华
　　　　王群英
　　　　房瑶任一（任至 2020 年 6 月）
　　　　甘国越
　　　　潘党恩
　　　　唐铁荣
　　　　盘志辉（2020 年 6 月任职）
县人大办公室主任：
　　周小明（2020 年 1 月至 2020 年 12 月）
　　陈　强（2020 年 12 月任职）
县人大办民宗委主任：邓桂荣
县人大农村委主任：赵翔辉
县人大选联委主任：莫雪芳
县人大科教委主任：欧永强
县人大财经委主任：李　洪
县人大法制委主任：沈买到一

【连南瑶族自治县人民政府】

县　长：唐金文
副县长：潘康凯
　　　　黄桂棠（任至 2020 年 4 月）
　　　　刘志刚
　　　　沈碧霞
　　　　徐小东
　　　　房春华
　　　　陈　军（2020 年 7 月任职）
　　　　陈　哲（2020 年 5 月挂任）
县政府办公室主任：谢伟玉（任至 2020 年 4 月）
　　　　　　　　韩　鹏（2020 年 4 月任职）

【中国人民政治协商会议连南瑶族自治县委员会】

主　席：李春益
副主席：房婧婧
　　　　沈俊辉
　　　　陈锦叶
　　　　唐海英
　　　　赖　斌
　　　　房剑辉

县政协秘书长：钟德明（2020年6月任职）
县政协办公室主任：钟德明
县政协民族宗教委主任：陈海光
县政协提案文史委主任：唐国荣

【中国共产党连南瑶族自治县纪委监委】
书记（主任）：吴一民（任至2020年3月）
何际平（2020年3月任职）
副书记（副主任）：盘志辉（任至2020年3月）
包晓军
纪委常委：孔记锋
盘振云
范文斌
房伟涛
监委委员：孔记锋
房伟涛
邵艳云
邓伟明

【群团组织】
县总工会主席：潘党恩
团委书记：邓祎强（任至2020年11月）
县妇联主席：房媛艳
县文联主席：罗明辉
县工商业联合会主席：潘景星
县工商业联合会常务副主席：潘军强
县侨联主席：邓昌房
县残联主席：邓广兰
县科协主席：潘木祥
县红十字会办公室主任：房国荣

【政法】
县委政法委书记：李一贵（兼任）
县公安局局长：黄桂棠（兼任至2020年4月）
陈　军（2020年7月兼任）
县消防救援大队长：刘　峰（任至2020年10月）
石成江（2020年7月任职）
县人民检察院党组书记、检察长：
金绍辉（任至2020年1月）
黄令诚（2020年1月任职）
县人民法院党组书记、院长：曾宪全
县司法局局长：唐小洪

【军事】
县武警中队长：王健延

【经济监督管理】
县经济发展促进局局长：甘向荣
县市场监督管理局局长：
黄　忠（任至2020年9月）
邓海锋（2020年11月任职）
县审计局局长：黎钟罗
县统计局局长：邓亚明

【农林水】
县农业农村局局长：黄伟欣
县渔政大队队长：潘卫彝（任至2020年6月）
县气象局局长：林扬海
县水利局局长：沈峻
县水利事务中心主任：曾海雄
县林业局局长：唐剑华（兼任）
县扶贫办主任：黄伟欣（兼任）
县公安森林分局局长：叶云峰
板洞省级自然保护区管理处主任：沈峻
国营小龙林场场长：周书忠

【工业】
广东电网连南供电局党委书记、副总经理：
罗建军
县经济事务中心主任：潘春林
县产业园区事务中心主任：罗绮
县板洞水电集团公司总经理：房海明

【交通运输和邮政】
县交通运输局局长：邓伟强
县邮政局党支部书记、总经理：黄立新
中国电信连南分公司副总经理（主持全面）：
陈敏雄（任至2020年10月）

黄广文（2020年10月任职）
中国移动连南分公司总经理：黄杰雄

【信息】
县网络舆情信息中心主任：黄文瑾

【城建、土地、环保】
县住房和城乡建设局局长：房慧梅
县自然资源局局长：唐剑华
县代建项目事务中心主任：黄　宇
县市政局局长：唐思忠
县公共资源交易中心主任：蒋海秀
县土地开发储备中心主任：邱国文
清远市生态环境局连南分局负责人：黄子宁

【经贸流通】
县行政服务中心主任：陈滔源
县粮食和物资储备局局长：甘向荣（兼任）
县供销社副主任（主持全面）：房国林
县烟草专卖局局长：王红周（任至2020年10月）
邵永雄（2020年10月任职）

【财税、金融】
县财政局局长：杨建明
县公共资产管理中心主任：
陈　强（任至2020年11月）
伍文胜（2020年11月任职）
县税务局党组书记、局长：柳平宇
中国人民银行连南支行行长：
江青洪（任至2020年10月）
中国建设银行连南支行行长：
罗伟锋（任至2020年11月）
向晓东（2020年11月任职）（副行长，主持工作）
中国工商银行连南支行行长：
陈　军（任至2020年10月）
欧阳云明（2020年10月任职）
中国农业银行连南支行行长：温泳滔
连南瑶族自治县农村信用合作联社理事长：
李世峰（任至2020年10月）
连南瑶族自治县农村商业银行党委书记、行长：
张树华
人保财险连南支公司经理：王预赛
中国人寿连南支公司总经理：
杨君文（任至2020年10月）
肖　锋（2020年10月任职）

【教育】
县教育局局长：邓海锋（任至2020年11月）
卢德成（2020年11月任职）
县职业技术学校校长：潘康才
县民族高级中学校长：朱国河
县田家炳民族初级中学校长：盘金生

【民族文化旅游】
县民族宗教事务局局长：房戈道
县文化广电旅游体育局局长：房润生
县瑶族博物馆馆长：唐学情
县档案馆馆长：古志年
县融媒体中心（广播电视台）主任：班广全
县地方史志办主任：王依灵

【卫生】
县卫生健康局局长：陈武兵（任至2020年11月）
黄　忠（2020年11月任职）
县医疗保障局局长：丁卫月
县人民医院院长：危智盛
县疾病预防控制中心主任：李志强
县妇幼保健和计划生育服务中心主任：陈秋萍

【社会生活】
县人力资源和社会保障局局长：周冬兰
县社会保险基金管理局局长：欧志伟
县民政局局长：房六斤
县机关事务局局长：徐志军

【镇】
三江镇党委书记：张其誉

三江镇人大主席：房明生
三江镇人民政府镇长：罗云毅
寨岗镇党委书记：马海荣
寨岗镇人大主席：潘思勇
寨岗镇人民政府镇长：罗绮
三排镇党委书记：邓茂林
三排镇人大主席：曾集锐
三排镇人民政府镇长：房春红
大麦山镇党委书记：唐永春
大麦山镇人大主席：唐八斤
大麦山镇人民政府镇长：房秋明
大坪镇党委书记：李心怡
大坪镇人大主席：房恩明（任至2020年6月）
房锦波（2020年6月任职）
大坪镇人民政府镇长：房志雄
香坪镇党委书记：罗桂远
香坪镇人大主席：唐新华
香坪镇人民政府镇长：房远宏
涡水镇党委书记：黎艳霞
涡水镇人大主席：房四贵
涡水镇人民政府镇长：唐金华

（中共连南瑶族自治县委组织部）

经济社会发展

【概况】 2020年，连南瑶族自治县地区生产总值57.01亿元，同比增长4.1%。其中，第一产业增加值为11.65亿元，比上年增长4.1%；第二产业增加值为14.17亿元，比上年增长10.9%；第三产业增加值为31.19亿元，比上年增长1.6%。固定资产投资增长4.8%；社会消费品零售总额9.69亿元，比上年下降9.0%；地方一般公共预算收入1.79亿元，增长15.14%；城乡居民人均可支配收入21272元，增长7.8%；规模以上工业增加值1.45亿元，比上年下降7.1%。是年，有73家总部经济公司落户，累计241家，招商引资企业纳税约5.64亿元，比上年约增长163%，新引进的总部经济企业包括雅居乐地产、大广实业、佛山兆利集团等一批实力强、规模大的优质企业。年初受新冠肺炎疫情影响，旅游业受到严重冲击，随着各项复工复产政策措施有力推进，在疫情可控下旅游业逐步恢复，接待游客210.9万人次，下降53.3%，降幅比一季度收窄41.2个百分点。旅游总收入12.2亿元，下降36.5%，降幅比一季度收窄58.4个百分点。全县组团出游人数9876人次，景（区）点接待国内外游客71.6万人次。

【产业结构优化】 2020年，连南瑶族自治县三次产业结构为20.4∶24.9∶54.7。自治县抓好“3个三工程”建设，围绕打造以茶叶、优质稻、食用菌、果蔬等为主的农业主导产业发展目标，因地制宜发展适度规模化经营，发展特色生态农业。稻鱼茶省级现代农业产业园项目建成全面运营，联农带农9200多户，推广稻田养鱼面积7000亩。“连南大叶茶”和“连南高山稻香米”获评国家级名特优新农产品名录。成功获评第四批国家生态文明建设示范县，成功创建由国家林业和草原局授牌的“全国森林旅游示范县”。

【重点项目建设】 2020年，连南瑶族自治县重点项目建设领导小组办公室落实强化管理措施，优化协调服务，协同各方力量推动项目落地建设，全县31个重点建设项目，总投资259147万元，年度计划投资70762万元，全年完成投资81124万元，完成年度计划投资的114.64%，比上年提高37.48%。其中，列入市重点项目建设计划10个，年度计划投资39014万元，全年完成投资58266万元，完成年度计划投资的149.3%，进度在全市排名第三，年度考核在全市位列第二档。

【营商环境优化】 2020年，连南瑶族自治县成立优化营商环境综合改革领导小组，制订《连南瑶族自治县优化营商环境综合改革行动方案（试行）》，统筹推进全县营商环境工作。深入推进“放管服”改革力度，压减企业设立审批时间，行承诺审批制，对新开设的市场主体承诺自受理之日起1个工作日内办结，压缩审核环节，缩短办理证照时间。网上办理 244 项相关涉税事项，逐步实现全程网上办税。落实办税费事项“最多跑一次”“一次不用跑”清单等便民办税服务措施。提供不动产登记、交易和缴税“一窗受理、并行办理”服务，全县“一窗受理”比例达到 100%，最多跑一次比例为 98.28%。

（连南瑶族自治县经济发展促进局）

精神文明建设

【概况】 2020 年，连南瑶族自治县精神文明建设工作紧紧围绕新时期精神文明建设工作主线和“149”发展布局，开展各项精神文明创建活动。通过深入学习贯彻习近平新时代中国特色社会主义思想和中共十九大及十九届二中、三中、四中、五中全会精神，围绕庆祝新中国成立 71 周年、建党 99 周年、脱贫攻坚、抗击疫情等主题，组织系列主题活动 1000 多场，其中，依托新时代文明实践阵地开展新时代文明实践活动 18 项，组织活动 900 余场，累计受众人数为 10 万人次。

【全国县级文明城市创建】 2020 年，连南瑶族自治县深入推进全国县级文明城市创建。召开县文明委成员单位（扩大）会议，印发《创建全国文明城市“9+2”提升行动方案》。明确各部门职责，形成合力，共同提升创建全国文明城市水平。根据《全国文明城市（县级）测评体系操作手册（2020 年版）》指标要求，县创文办进一步研究细化工作任务，分解下发到各个责任单位。并组织培训，指导各责任单位按时按质上交材料，确保网申资料及时上报。围绕“使用公筷 文明用餐 健康生活”“文明健康 有你有我”宣传主题，组织在机关单位、酒店车站、公交楼宇、公共广场、主次干道、公园景区、街道社区、建筑围挡等公共场所显眼的位置制作专题宣传栏、广告牌，张贴海报，悬挂标语、电子屏显示；县融媒体中心、两微一端、单位公众号等以平面广告、广播电视广告、动漫短视频新媒体广告等形式，多样化进行刊播和展示，形成浓厚宣传氛围。抓好实地点位督查。组建创文实地督查工作组、责任区交叉督查组和乡镇交叉检查组，根据重点创文九大提升行动工作、考察点位和责任区卫生进行定期督查。及时召开连南创文宣传志愿服务活动培训会，组织志愿者在县城各社区（小区）开展入户问卷调查和摆摊宣传。通过“小手拉大手、文明我传递”主题实践教育活动，实现学校、家庭、社会三位一体宣传网络格局，提升连南县群众对创文工作的知晓度和满意度。

【文明创建】 2020 年，文明创建工作是精神文明建设的重要内容之一，文明创建工作的有效执行为全面推进精神文明建设工作打下坚实的基础。根据市文明办相关文件要求，结合人居环境综合整治、美丽乡村建设等工作，以文明城市创建为龙头工程，各部门共同发力，大力开展文明家庭、文明单位、文明村镇、文明校园创建活动，有 40 所中小学被评为清远市文明校园。省级文明单位 2 个，市级文明单位 4 个。全县 69 个行政村中，68 个村县级文明村达标，覆盖率 98.50%。以培育文明乡风、良好家风、淳朴民风为落脚点，深入学习贯彻习近平总书记“注重家庭、注重家教、注重家风”的重要指示精神，积极动员各基层妇联组织常态化开展家庭文明建设工作。2020 年，房瑶冷三尔家庭获评全国“最美家庭”，邓都一妹家庭获评广东省“最美家庭”。组织推荐 2020 年清远市道德模范（身边好人）评选活动，连南县全年有 14 名抗疫先进典型，1 人被评为清远市道德模范。设立道德模范长廊，充分发挥榜样作用，把道德模范与最美人物转化为人民群众的生动实践，在全社会形成崇德向善、见贤思齐的浓厚氛围。

【未成年人思想道德建设】 2020 年，以培育和践行社会主义核心价值观为主线，以“扣好人生第一粒扣子”为主题，在全县中小学广泛开展未成年人思想道德教育实践活动。广泛开展“抗疫”主题征文（绘画）、线上开学典礼、线上升国旗、学雷锋志愿服务活动、义务植树、线上清明祭英烈、公勺公筷使用等“扣好人生第一粒扣子”主题实践活动。积极组织广大中小学生参与学校、社区和公共文化设施等各类志愿服务活动。持续开展经典诵读和戏曲、书法、传统体育等进校园活动，加强未成年人中华优秀传统文化教育并取得较好的成效。充分发挥学校主阵地作用，抓好学校教育。中小学校100%开足开齐德育课程，并按标准开展德育活动和共青团、少先队活动，落实劳动教育要求。印发《连南瑶族自治县2020年深入开展文明校园创建活动实施方案》。截至2020年8月，全县完全小学以上40所学校100%创建为清远市文明校园。推进乡村学校少年宫建设。印发《2020年连南瑶族自治县乡村学校少年宫建设实施方案》和《2020年连南瑶族自治县乡村学校少年宫建设任务分工》等文件，扎实推进学校乡村学校少年宫项目建设，在2017年实现7个镇乡村学校少年宫100%覆盖后，努力推进乡村学校少年宫管理制度的进一步规范和活动项目多样化。

（连南瑶族自治县精神文明建设委员会办公室）

民俗文化

婚 俗

【排瑶婚俗】 订婚 排瑶男女订婚，有两种方式：一种是父母包办、媒人撮合；另一种是自由恋爱，俗称“讴莎瑶”。前者多是“订小亲”，或称童婚。

“订小亲”：男子长到五六岁时，父母便为其物色年龄相当的女子，然后请媒人（一般由男子叔父或伯父充当）到女家求婚。如果女方父母同意，便可以请“先生公”（瑶族宗教活动主持者）择日订婚，是谓“订小亲”。此俗多半悔婚，终成眷属者少，主要分布于三排镇。

“讴莎瑶”，“讴”意为唱，“莎瑶”指未婚姑娘，意思是以唱的方式向姑娘求婚。男青年看中某姑娘后，晚上到该姑娘卧室窗前，把自己的家门、身世、抱负以及对姑娘的爱慕之心，通过唱歌对姑娘倾诉。如果姑娘对求婚者有好感，便会在屋内与其对唱、谈情、递烟送茶。反之，则装聋扮哑，不予理睬，让其自讨没趣而离去。也有通情达理的姑娘，虽对窗外求婚者无意，但也以歌应对，劝其另觅芳草。

订婚与送“盐包钱”：经过“讴莎瑶”，双方情投意合，便会互送信物。女赠男刺绣挂袋，男赠女性耳环、手镯、丝巾等。然后由男方请媒人向女方求婚，大多数女方父母都不会拒绝。

订婚之日，男方要准备猪肉、酒、豆腐、鸡等礼物（各排的礼物品种、数量不一），由媒人送往女家。

过去，订婚后至结婚前，征得女方父母同意，男方举行一次送“盐包钱”仪式，确定结婚日期。男方准备食盐两包（每包重约12两）、茶两包、灯芯四条、茶油若干两、猪肉十二斤、酒十二斤、白银七两二钱（现为人民币72元，“盐包钱”的数量各排大同小异），由媒人送往女家。当天，男女双方均在家宴请亲朋好友，称“盐包钱酒”。同时商定结婚日期。

完婚 择日：请“先生公”择定结婚日期。结婚的日期多数在立秋后至春节期间。

送聘礼与炒黄豆：结婚前一天，男家杀鸡宰猪（富裕者还要宰牛），筹办给女家的礼物。礼物各排不一，大坪火烧排有“七十二礼”之说。礼品包括二十斤猪肉（肉的切法是部分切成条块，必须有一块猪头肉、一条不脱毛的猪尾巴和两只不脱壳的猪蹄，意味着有头有尾，否则，女方家人便会挑剔，并要罚男方多送酒肉才能了事），二十斤酒，七两四钱白银（现为七十四元），两只阉鸡和一只小雌鸡。礼品由媒人和舅父家的两个人送到女方家。挑礼品的扁担要选用十二个节的竹子做成，如是闰年，则要选用十三个节的竹子。礼品送到女家，由女方的舅父验收。

炒黄豆是排瑶婚俗中极有趣的习俗。姑娘出嫁的前一晚，小伙子由伴郎陪着，到出嫁的姑娘家“炒黄豆”，姑娘也找相好的姐妹在闺房做伴，前后两次，亲手炒黄豆、泡浓香茶，款待小伙子和伴郎，通宵达旦，一起吃喝，唱歌说笑。

送嫁当天，女家请“先生公”在厅堂前念吉祥如意经，然后由亲婶、亲嫂给新娘梳妆打扮，戴上瑶族特有的头饰，倒穿鞋准备出门。“先生公”交给新娘一把“避邪”的纸伞，由媒人带路，并用雨伞挑着一个红鸡笼，内装一只小雌鸡（俗称“带路鸡”）。送嫁的亲戚（最少18人，多则男女老少80人）和迎亲的亲属，挑着嫁妆跟在后面。

新郎和新娘走在送嫁队伍中间。新娘身穿自己刺绣的花衣和花裙，手拿一把半撑开的纸伞，途中每逢过桥、过河，新娘则乘机刁难新郎，站在桥头或河边不走，待新郎背着过，送嫁人则借此逗乐。

送嫁的队伍到达男家的山寨村口时，男家的歌手抬着酒拦住路口，与女家的歌手进行一番对歌比赛，互相敬酒，送嫁队伍才能进村。

到新郎家门，新娘要重新梳妆打扮，换上新布鞋，请先生公念过“避邪经”，由家姑领着进新郎家。新郎家大摆酒席。喜宴中，要举行“洗脸”认亲仪式。男方至亲逐个洗脸，并送一个红包，祝福新婚夫妇。宴席间，亲属以对歌的形式，教育新婚夫妇勤俭持家，互敬互爱，白头偕老。当天下午，送嫁的人返回家。

婚礼期间，新郎新娘不得同房，分别由伴郎、伴娘陪睡。第三天，新郎带着鸡、肉、酒等礼品，陪同新娘一起回娘家，称为“回面”。到娘家后，夫妇一起敬祖先，并向父母行拜礼，当天返回夫家，开始过正常的夫妻生活。

【过山瑶婚俗】连南过山瑶，过去多实行“招郎”的传统婚俗，即男青年到女青年家，终生不回自己家定居。男嫁女后，不受歧视，享受女家宗族男子的同等待遇。婚后生男育女，第一孩跟女方姓，第二孩跟男方姓，第三孩又跟女方姓，以此类推。

婚姻组合，大部分是在“做堂”（即唱歌堂）时相识，男女双方对歌，唱到情投意合时，即互相赠送纪念品。然后，双方经父母同意，即议定某一方托媒（一般是男方托媒），请媒人向双方父母圆说，圆说得好，就可举行定亲仪式。另一种不经唱歌，直接请媒人说合之后办定亲手续。

定亲是“讲亲家”，多在女方家举行。参加定亲的是双方父母和村里有威望的长者，一边饮酒，一边议定婚期、聘礼数量、举行婚礼程序等。议定后，不得反悔，男方变卦解除婚约，必须放鞭炮，给女方挽回名誉，名曰“解衰运”。

订婚后，由女方选定良辰吉日，以红包、槟榔为信物，通知男方。男方做好出嫁的准备，邀请亲戚朋友送嫁。这时，必须办一桌“搭房酒”，请媒人向双方长辈介绍“搭红桥”的经过，长辈们则教导“新人”如何处事为人，如何持家立业，如何孝顺父母兄嫂等。

男出嫁叫“出门”，出门时间在早上。出门前由一位有子有女“命好”的中年妇女为新郎打扮。接着由一个“命好”的中年男子扶着新郎拜祖先、拜父母；父子间讲些吉利话，父母即慢步送新郎出门，出门后不能回头看，由“伴郎”（堂兄弟）打伞，送嫁兄弟姐妹赠送花带、花袋、毛巾等礼物，挑起棉被衣箱柜等嫁妆，护送新郎上路。到女方寨前，女方“迎新队”吹着唢呐“迎新调”，烧鞭炮，敲着铜锣迎候，举行“接行礼”，接新郎接嫁妆，互相道喜。之后，带着送嫁队伍朝太阳出山的方向走，拐道进女家。

入门由女方“命好”的中年男子扶新郎，入厅堂坐在左侧，唢呐、鞭炮、锣声齐鸣，大闹一场。开始饮酒，酒席分“搭房酒”“正席酒”“亲家会面酒”“教言酒”“拜堂酒”“敬酒”。酒席过程中，新郎新娘给长辈、亲友敬酒，打洗脸水，表示孝敬。长辈给红包还礼。

拜堂是婚礼的主要仪式。拜堂时，堂中放一张草席、一张台，台上摆酒菜，并点红烛一对，新郎新娘在席上，向长辈们拜堂，每个长辈按亲疏、年纪轮流接受拜礼，新郎一拜，新娘一揖，每拜三十六拜或七十二拜为一休，一休后又一拜。长辈们必须向新郎新娘挂彩，红布十二尺或六尺，放一个红包于桌上盘里。拜堂有中午堂、晚堂、三夜堂、七夜堂，以家庭经济条件许可而定。拜长辈们后，新人相敬酒互拜，喝过交杯酒，天长地久，白头偕老。新郎新娘入洞房，有男女青年对新郎新娘打趣问俏，闹洞房至深夜。

第二天，新郎新娘在门前送客，给客人一拜，客人再给一个红包，祝福新娘新郎。三朝之内，女家不关门闭户，新郎新娘不过街串门。三朝之后，一对新人拿着酒菜等礼物回男家祭拜祖先和看望父母兄弟，后回女家开始新生活。

随着社会的发展，连南过山瑶婚俗逐渐发生变化，除“男嫁女”形式外，还有“女嫁男”“嫁半边”等形式。所谓“嫁半边”，又称“两头行”，是婚后夫妻两人对双方的父母都承担照顾、赡养的义务，经常往返参与两家的农事和社会活动，所生的子女分别跟父母姓。过山瑶不存在重男轻女的现象，兄弟、妯娌之间团结和睦，离婚现象较少。

【客家人婚俗】 媒人介绍：中华人民共和国成立前，汉族客家人普遍实行“父母之命，媒妁之言”的封建包办婚姻制度，在媒人的说合下，经男女双方家长同意，媒人即将女方姓名、出生年月日时（八字）的“年庚”送到男家，男家将男女配偶的“年庚”压在神台香炉底下，若三天内平安无事，即可订婚。也有请算命先生“合八字”，相合者即订婚，相冲者则作罢。男方给女方送去礼金（含稻谷、猪肉、鸡、酒、现金等），称为“落定”。待男家择日定下婚期后，女方家即备嫁妆。

过去，有坐轿出嫁的习俗。婚嫁前一天，男家将酒、肉、鸡、鸭等礼品送给女家，称为“过礼”。女家次日早上设宴招待长辈、亲朋，赴宴人给出嫁人赠送衣物布料或红包。新娘坐着轿到男家，由四名轿夫抬着去。新娘轿后面还有两座凉轿，一凉轿坐着新娘的女性长辈，另一凉轿坐着新娘的弟弟或侄儿。由八人组成的八音乐队奏乐随后跟进。男家迎亲时，媒人坐凉轿引路。

新人拜堂：到新郎家后，新郎新娘同入大厅拜堂。厅堂里，八音奏乐，新郎新娘随着音乐节奏向祖宗们行三跪九叩大礼，然后向父母长辈们行参拜礼，最后新郎新娘互拜。中午酒宴，新郎新娘逐一给亲朋敬酒，由陪人介绍长辈亲朋，被敬者赠一红包给新娘。

闹洞房：晚宴后，男家亲朋开始闹洞房。当新郎新娘送一种糖、果或其他食品给亲朋品尝时，“闹洞头”（闹洞房的主持人）必须吟唱一首内容吉利的五言或七言诗。尝过糖、果等食品后，主持人或在座亲朋出节目给新郎新娘，由他俩共同完成，如用线缚住一长条形糖中间吊起来，要他俩同时各咬一半；或要新郎新娘同时在盛水的盆里用筷子夹泥鳅；或要新郎新娘同站在一条凳的两头，然后互换位置……整个过程气氛热烈，笑声不绝。

中华人民共和国成立后，提倡“自由恋爱”“婚姻自由”，只要双方满意，女方到男家看家庭情况（主要看住房和家人的品性），合意的话，即可办理结婚手续。

排瑶丧葬

排瑶丧葬习俗，其礼仪视死者的年龄、婚姻状况、身份和死因等而有别，分正常死亡、非正常死亡、殇逝和特殊身份四类。

【寿终正寝的“尸椅葬”】 寿终正寝分已婚男女、在家中因病不治或无病而终和生前经过“打道箓”起有法名。上述死者视为正常死亡。丧礼如下：

报丧：家中有人逝世，于宅前鸣三声铳炮，但非正常死亡的，不宜用铳炮报丧，而用铜锣报丧，也不得在正堂陈尸。村民闻炮声或铜锣声，就循声陆续到丧家帮忙，安慰死者家属。同时派人到死者舅父家报丧，告知死因，舅父必须带十二斤酒或十二斤米和两只鸡来吊丧。

陈尸吊唁：病者断气后，其子女即把尸体扶起，端坐在床沿，两脚悬空下垂。然后，在尸体对面安放一张凳子，点燃一盏油灯，照着死者。待死者亲生子女到齐后，即用温水为死者沐浴、剃头。为其换上事前准备好的寿衣（用有色绸布制成长袍式样，件数不论，视经济情况而定），外加一件红布制的“法衣”，下身穿一条绣绒花的裤子（死者如是女的则穿上绣花裙），穿上新的布袜、布鞋。随后把尸体扶坐于“仙椅”（即靠背椅），用布带将其捆定在椅上，两脚垂地，犹如活人坐着。死者头戴用硬纸制作的“⌣”形冠，一条约四尺长的红布沿冠绕两圈。在死者的舌头下塞上一块银币，称“断命钱”。装扮停当，即将尸体停放在厅堂，让亲属及村民们吊唁。灵堂门口放置大量的酒，供吊唁的人饮用。

打斋：当晚，请“先生公”举行打斋仪式。有“上桥斋”“中桥斋”和“下桥斋”。具体打何斋，由死者的年龄、婚姻状况和死因决定，但各地排瑶略有不同。如在大坪一带，未婚男女身故者，打“上桥斋”；已婚男女正常死亡者，打“中桥斋”；非正常死亡者，打“下桥斋”。南岗排，正常死亡的成年人打“上桥斋”，非正常死亡者则打“中桥斋”或“下桥斋”。

打斋仪式程序如下：

修好：死者断气后，“先生公”用香烛祭过，说一些好话让死者瞑目。

诵经：由四位“先生公”手持道鞭、邪刀、铜铃、杯筊等法器，在灵堂内绕圈走动，念诵《立九州》《造桥》《会兵》《发牒》等24部经书（需5—6小时）。

架桥：用白布或纸链挂在灵堂（一头搭在灵堂门口的花棍上，另一头沿至神龛下），象征通往地府或天堂的桥。

十二盏灯：将12个饭碗倒置，在花棍下、烧香公神位前、厢房里死者换寿衣时坐过的凳子上各放一个，其余9个放在白布或纸链两边。在每个碗脚上各点燃油灯，由先生公将12个纸阄（其中一个写有“三十三殿”和死者的生辰八字）分别扣在12只碗内。开阄时，写有字的如放在花棍下，表示死者“做人成人，做鬼成鬼”，是个有能耐的人；如放在白布或纸链边的表示一般；如放在烧香公神位前的表示没本事；如放在凳子上的则表示为饿死鬼。后两种情况时，油岭、九寨、涡水行此仪式时点18盏灯，所放的位置不一样，含义相同，均是预卜死者到阴间的命运。

指路：“先生公”诵“指路经”告诉地府、王府，告诉死者从哪个方向走去地府或天堂。此仪式点燃6盏油灯。

谢罪：“先生公”向天、地、人谢罪，祈求赦免死者生前的罪过。

各排流传的经书不一，加上“先生公”师承不同而形式、程序各异，故打斋的具体过程和内容，各不尽相同。

出殡：除特殊情况，瑶人死后第二天出殡。出殡一般择时上午九、十点钟，有的择时中午或午后。送葬时，除死者配偶外，其余亲属及村寨的人都可以参加。

出殡前，要在“尸椅”上绑一把撑开的油纸伞，“先生公”手持法刀，口中念念有词，把一口酒喷洒在地面，挥刀将倒盖在灵堂门口的饭碗砍成两半。由死者的4个亲属将“尸椅”抬出门口（抬“尸椅”前面的必须是死者舅家的人，后面不论。三排、南岗、油岭一带则由侄辈抬）。将“尸椅”抬至村边例定的地方停下，“先生公”送死者“过州”。

“过州”时在地上插9支竹子，“先生公”口念“九州经”，绕着竹子间隙穿行而过，是为死者灵魂通往阴间开辟道路。完毕后，出殡队伍便开始起行。

由死者的亲生女儿（没有亲女的，可以由孙女）擎一“招灵”竹幡引路，竹幡上挂着一条十几丈的白布，死者的女性亲属（三代内）肩搭白布成一字队列（为死者架天桥通往阴间）。大女儿背着一个白布袋随后。布袋内装有祭奠死者的纸钱、香烛和供死者到阴间进行生产用的稻谷和黄豆等种子，以及死者生前用过的衣服、烟袋等随葬品。“尸椅”由几个男性轮流抬。

出殡的队伍缓步而行，沿途燃放鞭炮。经过三岔路口时，要停下进行“路祭”，鸣放铳炮，女性亲属一路唱“哭丧歌”，孙辈们则撒下纸钱，意为“买路钱”。

入殓：送殡队伍到达墓地后，由孝女重新给

死者卸冠梳头。待墓坑挖好，把棺材抬进墓坑（棺材于出殡前由挖墓坑的人抬至墓坑旁），在棺材内铺上色纸、白布，并用3只碗铺成枕头或9块瓦片做枕头。然后由孝子将尸体背到墓坑（一般由长子背，没有儿子的，由女婿背），仰身平放，尸体上覆盖亲属送的白布、衣服等殉葬品，然后盖上棺盖。

掩土成坟：入殓后，死者的亲属每人都夹一点米饭和猪肉装进一个瓦罐，并放在棺材尾部，有的放在棺材的头部（据说是祭祀死者周围的鬼友，以期得到关照），然后用泥土掩埋。掩埋完毕后，将纸伞以及死者生前"打道箓"时用过九州的竹子插在坟墓上，孝子女和亲友燃烧纸钱香烛祭奠一番，最后由"先生公"念一次"退公经"，送葬的人即可回家。当晚，丧宅要摆设酒宴款待送葬的人，以示谢意。

【隆重的"先生公"葬礼】 在排瑶，"先生公"是受人尊敬的人，因此，其丧葬礼异常隆重。

"先生公"死后，丧家要杀两头大猪、1头牛、36只鸡作打斋用，由6位"先生公"念经送鬼魂。出殡时，要为其穿上红色的绣花衣和红色的法衣，戴上特别的桂冠。出殡时，"先生公"的2—4名徒弟分别坐在尸椅的扶手及靠背上，手执钢刀、道鞭、铜铃等法器。其中一位手撑黑纸伞，捧着经书，沿途念诵经文。在送葬的队伍里，有3个小伙子扮演"黑面人"（用锅底烟灰涂抹脸部），头戴牛皮制的宽边帽，一路装神弄鬼，任由送葬人殴打取闹。其他仪式与正常死亡仪式一样。

无论是正常死亡或非正常死亡，在这一年里，逢新春佳节，子女及亲戚们要给死者送饭。下葬一百天，还要为死者做"百日"，请"先生公"念经打斋，亲友们汇集丧家，参加纪念活动。到春节的早上，亲友们各自带上酒肉到坟地，与死者过第一个年。头三年要在每年的忌日为死者举行一次隆重的纪念活动，并每年要到墓地挂纸，以后一年一次，持续不断。

节 日

【春节耍年】 瑶家、汉人一样过春节。排瑶每年农历十二月十五始，各山寨吹响牛角，敲起铜锣，以示迎接新年的来临。从即日起，至正月十五期间，债主不得追债，违者罚酒，罚的酒供全寨人饮用。十二月二十起，各家各户开始备年货。添置新衣服新鞋袜，宰猪杀牛，将肉割成一块块吊在火炉塘上熏烤，并动手蒸酒。除夕，家家宰鸡杀鸭，磨豆腐，炸糍粑，祭祖先，在门前贴春联和各种色纸，燃放鞭炮。当晚，山寨响彻牛角、鞭炮、铜锣声，人们吃喝唱歌至天亮。年初一开始拜年，探亲访友，出嫁的女儿回娘家看望父母。未婚男女青年上山谈情说爱。南岗、油领、三排、金坑等地的瑶族民间艺人，组成牛角队、长鼓队、铜锣队、金狮队走村过寨表演，迎春娱乐，每到之处，主人包"利市"相赠，备酒肉款待。到正月初八拜年活动结束。

【排瑶情人节】 "情人节"是排瑶一个特别有情趣的传统节日。于每年春节的初二至初四举行，排瑶语称之"温沾"或"温东"。节日期间，各山寨的未婚男女青年都盛装打扮，兴高采烈地汇集到一个俗定的山坡上，嬉闹、对歌，无拘无束，纵情玩乐。小伙子用戈帮（一种用小竹子制作的噼啪筒）追打相中的姑娘。美丽而勤劳的姑娘，往往引来许多小伙子的追打，而姑娘则从中挑选喜欢的小伙子。当小伙子打戈帮时，姑娘不喜欢他，就用头帕或花伞挡住；如喜欢，则站住让他打。两人相识后，就双双走到树荫下、花丛中，逗趣取笑，对唱情歌。建立感情后，姑娘就送一只绣花袋给小伙子，而小伙子回送一副银质的项圈或手镯，作为恋爱的信物。"情人节"后，他们将自己的恋人告诉父母，一般情况，父母都不干涉儿女的恋爱，绝大多数的男女青年都能实现意愿，结成婚姻。"情人节"期间，可以不受家庭的约束，自由地到山坡上对歌叙旧，互诉思念之情，别人绝不能干扰和非议。节日过后，男女外出相会又被禁止。这个节日被称为“开禁节”或“玩坡节”，至今仍在排瑶地区流传。

【元宵节】 农历正月十五为元宵节，亦称“上元节”，汉族人及瑶人习惯过此节，一般以鸡、猪肉等奉祀祖宗、神庙。在汉区，凡在节日前生男孩者，须到祠堂“上花灯”以示“添丁”。在三江，旧俗于农历正月十二、十三、十四日连续三晚举行“舞火狮”活动。有趣的是，十四日晚间可随意到菜园偷菜，称为“偷青”，任何人不得干涉，到十五日，“偷青人”被主人“痛骂”，才算吉利。寨岗地区部分姓氏因照顾妇女十五日吃斋，提前在十四日过节。汉区旧俗于十五日晚吃糯米汤圆，寓意全家团圆吉利。

【开耕节】每年农历二月初二，为排瑶“开耕节”，又称“踏青节”，意为一年春耕开始。瑶家当天杀鸡、磨豆腐、敬奉土地神和祖先神灵，祈求当年风调雨顺，五谷丰登。有些排瑶则请“先生公”选择吉日良时，作排内的“开耕节”，到择定日辰，全排人同时出门，鸣炮开耕。开耕节后，不准晚上去“讴莎瑶”唱情歌。

【起愿节】农历三月初三，为排瑶的节日。这天，瑶家各户都做糯米糍粑、杀鸡、买猪肉、磨豆腐，敬奉祖先。各排亦派人到盘古庙祭祖许愿，祈求祖先保佑当年风调雨顺，五谷丰登，因此称为“起愿节”。

【端阳节】 农历五月初五为端阳节，又称“天中节”“端午节”“五月节”，是汉族人的传统节日。俗有吃糯米粽习惯，家家户户门口悬挂菖蒲、艾叶，屋内洒雄黄水，中午吃饭时，成年人要饮一杯雄黄酒，小孩在额头、心口处用雄黄酒洒画上红圈，称为“避邪”，以保平安。排瑶无过端阳节习惯。过山瑶有人过此节日，称之为“洗牛脚”，意谓插完中造禾，农忙告一段落，买猪肉，磨豆腐，聚一餐。

【尝新节】 农历六月初六，为排瑶“尝新节”。此时早造稻谷快成熟了，农家于此日买回猪肉，或杀鸡，并采几串稻穗，到盘古庙祭祀，表示对谷魂和祖先神灵的感恩。过此节，正式进入夏收夏种大忙季节。汉族人中操四会方言的居民也习惯过此节。

【开唱节】 农历七月初七，相传是盘古王的生日。盘古王是瑶家始祖，开天辟地，造人丁五谷，造瑶经瑶歌。为纪念盘古王，排瑶这天大唱《盘古王歌》，赞颂盘古王的哺育抚爱之恩情，称为“开唱节”。节日除祭祀祖先、喝酒吃肉外，各排选出两位善歌唱的老人，在排顶的盘古王庙轮流唱歌，将瑶歌传给年轻人，使瑶歌代代相传，经久不衰，流传于世。此节后，到次年的开耕节，瑶人可以随便在山寨唱歌。开唱节前，为避免影响正常的生产生活，一般不准夜晚在山寨“讴莎瑶”唱歌。

【中秋节】 农历八月十五，为“中秋节”，汉区和过山瑶都习惯过此节日。汉区较隆重，普遍在节日前后给长辈亲友赠送月饼、果品等礼物，晚上吃石螺赏月。中华人民共和国成立前，三江、寨岗两圩镇有燃放“孔明灯”习惯；中华人民共和国成立后，为防火灾，禁止放“孔明灯”。过山瑶过中秋节仅备猪肉、豆腐，一般不送礼请客。

【盘王节】 农历十月十六相传是盘古王婆诞辰日，又相传盘古王于这天仙逝，故称“盘王节”。有的排又称“收割节”或“还愿节”。是日，排瑶各寨均在盘古王庙举行以姓氏为单位的隆重的祭祖还愿、庆祝丰收的活动，推选数位老歌手唱《盘古王歌》。各户皆以酒肉、豆腐、糍粑等丰盛食品过节。过山瑶于三月三择日，一般选择农历十月十六以后的吉日举行还愿活动。每家捐大米 3 公斤，黄豆 1 公斤，香纸钱 4 元左右，每人捐猪肉 1 公斤，由推选出来的“总理”综理一切节日事务。还请师公4—6人做法事。活动举行三天两夜，第一晚及第二天做请神、拜神、念经等法事，第二晚男女对唱山歌，唱《盘王歌》。在唱歌过程中，有歌师、歌嫲领唱，还有16岁以下的未婚少年三男三女对唱对拜。歌词内容是向盘古王还愿，叙述瑶族迁徙时过州漂海历程的艰辛，感谢神灵及祖先的庇佑等。

【冬至节】 汉区客家人和过山瑶习惯过农历“冬至”节，客家人有“冬至大过年”的俗语。是日，亲朋好友都来过节，欢聚一堂，十分热闹。清朝时，三江协衙门放假一天，并加发一个月粮饷。过山瑶以野味、腊味为主食，欢度节日。

歌 舞

【长鼓舞】 是排瑶人民世代相传的民间传统舞蹈。每逢春节、三月三、十月十六盘王节、耍歌堂等喜庆场合，排瑶的男子都喜欢跳起长鼓舞来庆贺。

长鼓，瑶语叫“旺嘟”，约4尺长（约1.33米），鼓身细长，两头大，呈喇叭状，用沙桐木制成，两端蒙上牛皮或羊皮作鼓面。表演形式分单人舞、双人舞或群舞（有时数十人一起跳，场面非常壮观），有36套和72套表演程式，内容丰富多彩。舞时，长鼓横挂胸腹间，右手五指并拢，以掌拍鼓，左手持一竹片，敲打鼓面，发出“咚啪咚啪”之声。舞蹈动作刚劲有力，粗犷洒脱，时而腾空旋转，时而如猛虎扑地。尤其是双人表演，犹如两虎相斗，又像双龙戏珠，妙趣横生，把瑶族人民上山下岭、勤劳勇敢和雄劲刚强的性格表现得淋漓尽致、惟妙惟肖。连南排瑶的长鼓舞，分为油岭排歌堂长鼓、南岗排欢乐长鼓、军寮排团圆鼓、大坪排十二姓鼓、大掌排砍种树鼓、大麦山斗鸡鼓等。

在排瑶，旧时只有男子跳长鼓舞，女子不参加，只在旁边观看。排瑶跳长鼓舞，有一段美丽动人的爱情故事。传说很久以前，盘古王的女儿房沙十三妹从天庭下到凡间，爱上勤劳英俊的阿贵唐冬比，两人结为夫妻。冬比的哥哥是个贪婪狠毒的坏蛋，他想方设法要害死冬比，霸占房沙十三妹。十三妹战胜冬比哥哥的魔法，使冬比哥哥的阴谋没有得逞，但十三妹私奔人间的事被盘古王知道，便责怪她在人间惹事，把十三妹召回天庭。十三妹和冬比怎么也舍不得分离，可又不能抗拒盘古王的御旨。临别时，十三妹向冬比传授上天相会的办法。冬比按照十三妹的嘱咐，不畏艰难险阻，跋山涉水，战胜途中的毒蛇猛兽，来到南山，寻得琴树，做成长鼓。在十月十六日盘古王婆诞辰这天，他打起长鼓，跳三十六个旋圈，终于使自己像山鹰一样向天庭飞去，得与十三妹团圆。从此，人们为纪念十三妹和冬比的忠贞爱情，把长鼓舞世世代代相传下来。

长鼓队除在瑶山村寨跳长鼓舞欢庆佳节和迎接宾客外，还应邀到北京、上海、广西、广州、香港等地区和附近汉区表演，所到之处，受到观众热烈的欢迎。瑶族长鼓舞于2008年6月被列入国家第二批非物质文化遗产名录。

【花鼓舞】 又称“小长鼓舞”，是连南过山瑶民间舞蹈，流传广泛，历史悠久。

花鼓用桐木制作而成，中间空，两端蒙以牛皮或黄猄皮。舞蹈时，一手握持花鼓、另一手敲击，动作柔和尔雅，节奏明快，别有情趣。

相传花鼓舞过去有72套动作，现在瑶区流传的仅有24套。每套动作都有一定的程序规范和位置。由两人或四人表演。表现程序从拜四方开始，接着是找屋地、量地基、挖屋基、伐木、背木、立柱、架码、上梁、盖屋、安神位、拜谢行礼等模拟性的表现动作。把建屋的全过程，以舞蹈动作表现出来。表演时，多以唢呐和锣鼓声伴奏。

连南过山瑶的花鼓舞动作概括起来有屈、弯、蹲、转、矮、柔，这些特点与长期的山区劳作和生活习惯有关。因瑶民长年累月翻山越岭，山路崎岖，特别是在茂密的森林和草丛中，弯腰、屈膝、下蹲、爬行等姿态，成为舞蹈的模拟动作。

相传花鼓舞在明代已在瑶区盛行，至今已流传数百年的历史。这种舞蹈能在瑶山代代相传，是因为它真实地、艺术地反映过山瑶的历史生活。中华人民共和国成立前，过山瑶人民长期过着迁徙不定的游耕生活，每搬迁一处，都要重新盖起以木板为墙、杉皮为瓦、独具风格的木屋。所以建造木屋是花鼓舞表现的主要内容。通过舞蹈表演的二十多套动作，真实而又形象地表现建造木屋的过程，反映过山瑶频繁迁徙的游耕生活。花鼓舞是过山瑶人民特别喜爱的一种娱乐活动。

【瑶族民歌】 连南瑶族人民十分喜欢唱歌，歌唱活动浸透于社会和生活的各个方面。恋爱、结婚、丧葬、祭祀、待客、劳动等，无不以歌唱来表达思想感情。逢喜庆或节日，寨寨摆歌堂，纵情歌唱，通宵达旦。排瑶的民歌，内容十分丰富，种类有：

古歌，是排瑶史诗性的叙事长歌，歌词的格式长短不一，不拘押韵，诗体自由。主要叙述瑶族历史来源和迁徙的苦难遭遇，歌颂民族英雄等。流传较广的有《水淹天》《八排来历歌》《甘基王》《里八峒》等。

歌堂歌（又称“优嗬歌”），是排瑶男子集体在“耍歌堂”中唱的歌。油岭等排称之为“优海歌”，以歌唱中的衬词“优呵海”而得名。内容是歌颂盘古王，反映瑶民获得丰收后“耍歌堂”的喜悦。一人领唱、众人和唱，伴之牛角号声、口哨声，气氛非常热烈。

情歌，排瑶有几种：一种是白天在山野外唱的，被称为“行路歌”（又称“讴波咧”）；一种是夜晚在姑娘家窗门口唱的，被称为“天黑歌”（又称“讴莎瑶”）；还有一种被称为“格乐堂歌”，只在油岭和三排一带流传。“格乐堂”是一近似风车的玩具，歌名以此而得。未婚女子将彩色纸花插在小竹竿上，让风吹着转动，唱着“格乐堂歌”去寻找心爱的男子对歌。歌词是互相表示爱慕和互表家庭身世等。

劳动歌，在山野劳动时唱。有《打猎歌》《伐木歌》《收山禾歌》《气节歌》等。

风俗歌，有《嫁女歌》《敬酒歌》《哭丧歌》《贺喜歌》《妇女养小孩歌》；作法事唱的《祭祀歌》。从声乐分为放声歌唱、吟诵哼唱两大类。

过山瑶民歌，有历史歌、山歌、风俗歌等。历史歌有《盘王歌》《千家峒歌》，山歌有《劳动歌》《情歌》《苦歌》等，风俗歌有《祭祀歌》（又称《还愿歌》）、《敬茶歌》、《敬酒歌》、《迎亲歌》等。

过山瑶的歌唱主要有：一是祭祀活动中的歌唱。祭祀是祭祖，祭祖即“还盘古王愿”。还愿的一个内容是唱歌，只唱《盘王歌》。歌词有近万行，由师公领唱，众人帮唱，场面十分庄严肃穆，表现出一种神秘的宗教气氛。师公祭祀完毕后，人们自由选择歌唱内容。其中有相当多的情歌。二是“坐歌堂”歌唱，是过山瑶在厅堂围火唱歌的一种形式。过山瑶人过去居住分散，集体娱乐活动少。逢年过节或农闲时大家走到一块儿，主客双方就用对歌的方式来互相表达情谊，在“坐歌堂”唱的歌主要有《纳发歌》和山歌等。

中华人民共和国成立后，瑶族歌手们创作许多欢庆解放、歌颂共产党和毛泽东，歌唱新生活和民族团结的新民歌。如排瑶有《共产党来天光亮，赛过开天盘古王》，过山瑶有《毛泽东是恩人》等。

【唱春牛】 唱春牛是连南汉族地区的民间歌舞。于农历春节期间穿乡过寨在地坪上表演，表演者装扮成新郎、新娘、提牛者、犁手（又称长工）、返讨婆（后娘）等。新郎挑水桶，新娘挑花篮，提牛者提一篾扎纸糊的牛，犁手用一木制小犁，返讨婆用一把大葵扇（往往扮成丑旦），众人围一圆圈，表演者在锣鼓声中载歌载舞。据说这种民间歌舞于明代传入。

【唱马灯】 是流传于连南汉族地区和大麦山镇中心岗瑶区的民间歌舞。于春节期间的夜晚演唱。表演者扮新郎、新娘，各骑一匹篾扎纸糊的白马，两男童各持一“郎伞”，还有一人装扮成何仙姑，一人装扮李铁拐，各骑马鞭和花巾，大家围一个圆圈，在锣鼓声中旋转起舞，一人领唱，众人和唱，周而复始。据说唱马灯约在明末清初期间流传。

【采茶戏】 流传于连南汉族地区，是广大群众喜闻乐见的地方戏。据说传入有一百多年了。传统剧目有《打鸟》《阿三戏公爷》《补背褡》等。采茶戏曲调丰富，优美动听。载歌载舞，活泼谐趣，沿用客家话，富有地方色彩。伴奏乐器有胡琴、三弦、二胡、箫、鼓板等。

【舞火龙】 新春佳节，夜幕降临，瑶山上响起欢乐的锣鼓声，分散居住在各座山岭上的瑶胞，扶老携幼，从四面八方蜂拥而来，聚集在山腰地坪上，观看表演舞火龙。

舞火龙在金坑瑶山和过山瑶地区流传，具有浓郁的瑶族特色。表演时，全场其他人灭灯熄火，火龙随着有节奏的锣鼓声，时而屈曲盘旋；时而腾空飞舞；时而翻身滚地；闪展腾挪，变化无常。灵活多样的舞姿，令人目不暇接，叹为观止。

舞火龙在夜晚进行，不需要道具，只要八九个人，每人手拿两扎点燃的香火。随着欢快的锣鼓声，艺人步调整齐的舞技，成为一条生动逼真的火龙。更有趣的是，如果从远处观看，只见火龙翻腾，不见其人和周围景物，更显得活灵活现。

相传，舞火龙能驱鬼、驱邪，是吉祥的预兆。每到新春佳节，舞龙队便翻山越岭，到各个村寨舞火龙拜年，每到一个村寨都受到欢迎。火龙进寨，主人点燃爆竹迎接，赏给表演者每人一碗米酒，并摆出果糖、糍粑慰劳。送一个“红封包”，点燃爆竹欢送，整个瑶寨一片欢腾，喜气洋洋。汉区也有舞火龙，意义和表演形式与瑶区舞火龙大同小异。

排瑶“耍歌堂”

【概况】 瑶族“耍歌堂”是连南排瑶世代相传的民间民俗文化活动。瑶族“耍歌堂”在瑶语中叫“挨歌堂”，“挨”是做的意思，“歌堂”是唱歌的地方。“挨歌堂”意谓举行唱歌活动。学术界译作“耍歌堂”，现已成为专用名词。“耍歌堂”是连南境内排瑶最盛大的传统活动，也是排瑶文化最重要的组成部分。其活动天数，各区域、各姓氏不同，天数不等。大掌排十二天（前九天为“小歌堂”，后三天为“大歌堂”），大麦山九寨一带则一连两天两夜。间隔时间不尽相同。九寨、大坪军寮和火烧坪是五年一次；大掌是三年一次；三排南岗是五年一次的为“大歌堂”，三年一次的为“小歌堂”。均为全排性活动。活动时间和间隔时间各地不一，具体日期、内容及程序等都大同小异。

【择日】“耍歌堂”这年，先要择定举行“耍歌堂”的具体日期。在六月初六（南岗是二月初二），由掌庙公和“先生公”商量决定后，把日期通知到大家，以便筹备，并通知亲朋好友。每届日期不尽相同，多择在农历十月十六前后。

【修庙髹公】 修葺大庙，将祖公偶像重髹。每户要编织两张茅草排，将大庙顶盖重新换盖。偶像油漆时，如发现有霉烂破损的，请“先生公”择日，用樟木重新雕刻。

【打旗号】 当年的农历九月二十“打旗号”。即用一根长竹竿，顶端绑上一稻草扎成的假人，外穿姑娘们用红绒线绣成的衣服，然后竖立在大庙高处显眼的地方，以便让大家知道当年本排或本姓氏要“耍歌堂”。

【抢公】 是“耍歌堂”第一天活动。在规定的时间内（从零时至早上八时），各房、姓的人把本房的祖先偶像从大庙抬回本房祠堂内（对供奉在大庙的偶像，不管是善鬼、恶鬼，出于对鬼的敬畏心理，人们绝对不能把它抬进屋内），同时也可以把其他房或姓的祖先偶像抢先抬回。按惯例，当其他房、姓的偶像被抬到本房祠堂后，若还未放铳炮，则可抢回；如已鸣铳炮，就不能用强硬手段夺回，只能老实地用酒肉和糍粑向对方赎回。为避免祖公被别人抢走，故各房、各姓都尽早把自己的祖先抬回来。“抢公”是一种喜剧性的谐趣活动，目的在于增添节日的热闹气氛，未闻有因“抢公”而引起的纠纷。

【告祖公】 是“耍歌堂”最重要的活动内容。第一天，主持仪式的“先生公”“掌庙公”齐集大庙。大庙的神龛上，供奉着盘古王及各房、姓始祖的偶像及历代祖先牌位。神龛前有一拜桌，上摆有鸡、肉、酒、五谷及一个水牛头等祭品。到择定的时辰，在大庙门口鸣放三声铳炮“告祖先”。先由掌庙公点燃香烛，总“先生公”（公认道行最高的“先生公”）祷告祖先，祈求保佑村寨平安、人畜兴旺、丰衣足食、五谷丰登。然后由四位“先生公”在神龛前念诵《歌堂书》，数名长鼓手则在大庙内起舞，没有长鼓的村落，则击鼓打锣。

【游神】 “游神”的队伍，由四位体强力壮的小伙子擎着两支竹幡（竹幡长十几米，竹尾带枝叶，顶端挂红布、若干色纸条、玉米、谷物）开路。数位“先生公”跟在竹幡后面，分别拿着经书、神杖、道鞭、邪刀、钱格印等法器。随后是一罗伞幡和一面大红旗，旗上书“某某年某某排耍歌堂敬祖先”等字样。红旗在后面，跟着各房、各姓参加“耍歌堂”的队伍（按抽签的顺序排列）。游行队列是身着盛装的各房、各姓的男女老少。其中一位成年男子拄着拐杖，扮成老人，由两位年轻人搀扶，几位妇女用襁褓背负婴儿，以纪念祖先迁徙的艰辛。随后是长鼓队、芒笛队、铜锣队、牛角队等。最引人注目的是“法真”，传说法真是瑶族的英雄，打仗时很勇敢，刀枪不入，遭朋友嫉妒而被害。死后变鬼，经常显灵，保佑族人打胜仗，故后人把其当作神明敬奉。活动中法真被两人用椅子抬着，“法真”手捧一只鸡，一口将鸡头咬断，让血沿路洒滴。

“游神”队伍浩浩荡荡，沿着俗定的路线，巡游街巷。沿途锣鼓喧天，牛角声、芒笛声、铳炮声交织在一起，热闹非凡。到“歌堂坪”（村外田野或开阔的地带）稍休息后，开始唱歌。按例由两位长者领唱，其他人和唱。若没有长者带头，其他人是不能唱的。同时，各房姓的长鼓手击鼓起舞。小伙子们三五成群，对围观的姑娘唱歌，显示自己的才能，以博取大家的欢心。

“歌堂坪”活动完后，“游神”队伍将祖先偶像抬回村寨祠堂供奉。第二天仪式如头一天。

【退公】 是“耍歌堂”最后一天。人们在歌堂坪载歌载舞，尽兴娱乐之后，总“先生公”宣布该届“耍歌堂”圆满结束，各房姓开始退公，把祖先偶像抬回盘王大庙，按原位供奉。

排瑶“耍歌堂”活动，历史悠久，是排瑶集纪念祖先、追忆历史、庆祝丰收、酬谢还愿、传播知识和群众性娱乐活动等于一体的最隆重、规模最大的传统活动，是连南排瑶世代相传、继承和弘扬瑶族优秀文化的主要载体。2006年，耍歌堂被列入国家首批非物质文化遗产名录。

语 言

世居境内的民族有瑶族、汉族、壮族，使用的语言主要为瑶语和汉语两种。其中，瑶语分为八排瑶（藻敏）语和过山瑶（优勉）语两个土支（方言）；汉语分为客家、粤语两大方言、6个土支。

境内汉族，主要是客家支系，有部分古粤族，主要聚居在寨岗、三江两镇的低丘陵地带。

客家支系，遍居境内汉区，讲客家方言，因此，客家方言为境内通用语言。连南客家方言，从语调、声韵母的差异上，又分为三江话、寨岗话、潘姓话、河源话四种。

古粤语，境内讲古粤语的汉族，分布在三江镇的东和、寨脚、新岩，寨岗镇的阳爱、社墩、城头冲、官坑、安田、山心、回龙、金光等村寨，大多从广州、南海、顺德等珠江三角洲地带迁来。

（连南瑶族自治县地方史志编纂委员会办公室）

党务政务

中共连南瑶族自治县委

综 述

【概况】 2020年，连南坚持以习近平新时代中国特色社会主义思想为指导，认真贯彻落实中央决策部署和省、市工作要求，围绕“生态与文化立县·全面高质量发展”新时代目标和“149”发展布局，统筹推进疫情防控和经济社会发展，确保如期决胜脱贫攻坚、全面建成小康社会，组织召开县委常委会（扩大）会议38次，县委理论学习中心组（扩大）会议20次。

【县委全会和县委工作会议】 县委十三届十二次全体（扩大）会议 2020年1月15日，连南瑶族自治县在县会议中心召开中国共产党连南瑶族自治县十三届十二次全体（扩大）会议，会议深入贯彻落实习近平总书记视察广东重要讲话和重要指示批示精神，立足“一核一带一区”区域发展新格局，围绕“生态与文化立县·全面高质量发展”新时代目标和“149”发展布局，推动全县各项事业取得新的进步。

【县委十三届十三次全体会议】 2020年12月30日，中共连南瑶族自治县第十三届委员会第十三次全会召开。会议深入学习贯彻习近平总书记重要讲话重要指示精神、党的十九届五中全会精神，认真贯彻落实省委十二届十一次、十二次全会和市委七届十一次全会部署，研究提出《中共连南瑶族自治县委关于制定国民经济和社会发展第十四个五年规划和二〇三五年远景目标的建议》，科学制订《关于深入学习贯彻习近平总书记出席深圳经济特区建立40周年庆祝大会和视察广东重要讲话重要指示精神推动连南高质量发展的工作方案》，动员全县上下围绕“生态与文化立县·全面高质量发展”新时代目标和“149”发展布局，团结一致、感恩奋进，奋力开启连南全面建设社会主义现代化新征程。

【“不忘初心、牢记使命”主题教育总结大会】 2020年1月13日，连南瑶族自治县召开“不忘初心、牢记使命”主题教育学习大会，庆祝中国共产党成立99周年，深入学习宣传贯彻习近平新时代中国特色社会主义思想和中共十九大精神，传承和弘扬党的优秀革命传统和革命文化，不断推动“不忘初心、牢记使命”主题教育常态化。

【重要决策和重要活动】 立法机制建设完善 2020年，连南瑶族自治县出台地方立法、听证等5项工作制度，稳步推动森林资源保护管理、南岗千年瑶寨保护管理、农村耕地流转管理等立法工作，提高立法质量。坚持全面依法治县，推进法治政府建设，全面落实行政执法“三项制度”，确保严格规范公正文明执法。深化普法宣传，开展疫情防控、《中华人民共和国民法典》等法律知识宣传活动。

疫情防控 2020年，连南瑶族自治县坚持人民至上、生命至上，突出党建引领，充分发挥党组织战斗堡垒和党员先锋模范作用，组织400多个基层党组织和7000多名党员参与一线防控工作，累计出动党员干部（含志愿者等）7万多人次。坚持权威发布稳人心、舆论引导筑同心、正面宣传振信心，凝聚全民防控、全面战“疫”的强大力量。加强网格化管理，以“党组织＋瑶老＋先生公”等模式迅速形成群防群控格局，全县构建网格521个，组建“三人工作小组”240个，累计排查60多万人次，其中排查中高风险地区到连南人员1000多人次。因时因势调整防控要求，抓实常态化疫情防控工作，社会秩序全面快速恢复。全县未发现疑似病例、确诊病例，实现零输入、零传播、零感染的“三零”战果。

实施乡村振兴战略 2020年，连南瑶族自治县589个自然村全部完成人居环境整治，创建美丽乡村495个，纳入“千村示范、万村整治”工程1个镇、5个行政村完成创建任务，省级新农村连片示范建设主体村514个项目全部完工。镇级污水处理设施实现全覆盖，走在全市前列。稻鱼茶省级现代农业产业园建成运营，联农带农9200多户，在2020年全省现代农业产业园推进工作电视电话会议上得到省委领导点名表扬。乡村振兴人才“四库全书（册）”持续完善，储备四类后备人员608人。构建农村基层三级党建网格，组建网格518个。

社会事业发展 2020年，连南瑶族自治县坚持稳定就业，推进“粤菜师傅”“广东技工”“南粤家政”三项工程，城镇登记失业率控制在2.47%。实施全民参保计划，健全社保各项待遇确定和正常调整机制。优化教育资源布局，民族职业教育中心、寨岗中学提质扩容、县域幼儿园扩容改造等项目有序推进。建成县人民医院门诊医技楼暨120急救指挥中心、PCR核酸检测实验室，群众就医、健康、医疗急救服务进一步优化。推动城乡扩容提质，县城主要道路黑底化全覆盖，三大灌区改造、万里碧道、四好农村路等民生项目有序推进。

平安建设 2020年，连南瑶族自治县坚持防风险、保安全，全面贯彻总体国家安全观，坚决维护政治安全稳定。深化扫黑除恶专项斗争，顺利通过打“伞”工作重点县和涡水镇扫黑除恶后进镇的摘帽检查验收。深入推进全民禁毒，社区戒毒（康复）人员分类定级率、入格率、执行率均100%。制订《连南瑶族自治县推进全国市域社会治理现代化工作实施方案》，加快推进社会治理体系和治理能力现代化建设。深化平安建设，扎实抓好道路交通、森林防灭火、地质灾害治理等安全生产工作，坚决防范化解各领域重大风险，全年处理网格事件3.25万件、办结率100%。

（中共连南瑶族自治县委员会办公室）

组织工作

【概况】 2020年，连南瑶族自治县有党员7346名，其中农村党员3620名。县级党委及下属基层党组织数量427个，其中镇（街）党（工）委及其下属基层党组织数量283个，机关事业单位基层党组织118个，县属国有企业（一级）党组织2个，中小学校党组织数量24个。“两新”组织党组织28个。全县行政村党组织69个，社区党组织2个。参加县级集中轮训党组织书记427人，培训党员数量4501人，培训入党积极分子322人。发展党员167人，完成进度100%。

【干部选拔任用】 2020年，县委认真落实《2019—2023年全国党政领导班子建设规划纲要》，加强领导干部队伍建设，突出政治标准选人用人，选优配强领导班子。2020年县委研究任免干部286人次，其中提拔31人次，交流调整54人次，晋升职级150人次。大力实施优秀年轻后备干部“育苗工程”，坚持基层导向，选拔第三批17名优秀年轻后备干部（基层干部13人），通过跟班学习、负责重点工作“压担子历练”、列席班子会等方式进行综合培养，推动基层年轻干部想干事、会干事、能干事蔚然成风。注重统筹抓好“四类干部”培养选拔工作，进一步优化领导干部队伍结构、增强整体功能。充分发挥职务与职级并行、公务员考核、绩效考核等机制激励干部担当作为，对表现优秀的150名领导干部晋升职级，有力提振全县干部干事创业整体士气。

【干部教育监管】 2020年，连南瑶族自治县委组织部继续完善和落实从严管理监督干部工作。认真落实《干部选拔任用监督检查与责任追究办法》，强化对全县领导干部的政治监督，落实“凡提四必”制度，坚决防止“带病提拔”。深入落实干部选拔任用征求意见制度，将干部监督和部门联审深度融合，对拟任免的干部广泛征求纪检监察、计生、综治维稳以及分管县领导、上级有关部门意见，不断规范议事规则和决策程序，严把干部选拔任用讨论决定关。从严日常管理监督，开展选人用人“一报告两评议”工作，提高全县领导干部选拔任用工作质量水平和选人用人公信度。畅通“12380”干部监督举报平台，落实年度考核、干部试用期、任期经济责任审计、信访监督员、全程纪实、离任责任交接等干部监督制度，形成齐抓共管的监督合力。

【公务员管理】 2020年，连南瑶族自治县招录公务员66人，上报2021年选调生及县直、乡镇机关招录计划65人。县公务员局根据省、市有关部门工作要求，结合连南县工作实际，落实《公务员职务与职级并行规定》，实现职级与薪酬待遇挂钩，全县1254名公务员进行基本工资套改。

【干部培训】 2020年，连南瑶族自治县围绕贯彻《干部教育培训工作条例》，持续强化干部教育培训，提升干部队伍素质。选派科级以上领导干部参加市级以上专题培训135人次，选派6人到上级跟班或挂职锻炼。采取就地、异地、网络、挂职跟班等形式大力开展干部培训，提高干部职工的整体素质。举办各类培训班221期，培训党员、公务员、事业单位工作人员、村干部等12000多人次，干部教育培训较好实现科学化、规范化、常态化。

【人才培育管理】 2020年，连南瑶族自治县制定《连南瑶族自治县机关事业单位工作人员学历及专业技术资格提升奖励办法》，提高人才队伍素质水平，打造学习型干部人才队伍。新增清远市第五类紧缺适用高层次人才1人，聘请“清远市特聘专家”2名。与省农科院形成“3+1”结对帮扶机制，省农科院2名博士入驻连南服务1年，并派出1名博士长驻三江镇大龙村指导香菇生产。县人才驿站大力培育乡村人才振兴“工匠型”人才，组织农业技术、电商领域、林下经济等人才培训活动21期，培训各类人才1397人次，接待超过5000名各界人士到连南考察、调研。成功举办全县高层次人才座谈会、举办“弘扬爱国奋斗精神建功立业新时代”抗疫先进典型人物巡回宣讲报告会、“连南大叶杯”斗茶大赛等，组织高层次人才服务基层、助力乡村振兴。

【基层组织建设】 2020年，连南瑶族自治县结合少数民族本土实际，整理《中国共产党支部工作条例（试行）》、精准扶贫工作要点以及扫黑除恶工作重点等内容，编印下发《连南瑶族自治县党员干部口袋读本》5000份，开展全县基层党员大会2490次、组织生活会1000余次。打造安田、大竹湾具有民族特色的农村党建示范基地；积极推进三江镇金坑村、寨岗镇安田“红色村”党建示范村建设；建成官坑村“党建主题公园”。推广“腾讯为村”工作，建立7个“腾讯为村”智慧平台示范点（一镇一示范点），让党的创新理论、方针政策“飞入寻常百姓家”。全面完成软弱涣散党组织整顿。严格落实县委书记挂点重点、难点村，县委常委挂点一般软弱村和“第一书记”五天四夜驻村制度，严格落实“四清楚”“四必到”“四必审”整顿工作职责，确保全县6个软弱涣散党组织顺利完成整顿评估，占比100%。有条不紊推进村（社区）“两委”换届选举工作，创新“双大双语双敲”宣传方式，完成12批、981人次资格联审，11个重难点村均整改销号。全县71个村（社区）顺利完成党组织换届工作，妇女干部配备率100%，较上届当选人员实现学历、年龄“一升一降”。村（居）委会换届扎实推进。依据时间节点高质量推进农村基层党建示范创建工作，制定印发“五大示范”50条镇村工作指南及示范创建“明白卡”，打造2个农村基层党建示范镇、9个农村基层党建示范村，辐射带动34个非示范村创建工作，逐步实现“整镇推进、整县提升”。修订《连南瑶族自治县自然村级党建工作经费管理实施意见》，规范自然村级党建工作经费预算开支项目、开支标准，合理设计相关会计核算科目，确保规范使用管理。开展扶持壮大村集体经济试点工作。大力扶持2019—2020年申报成功的5个村开展壮大村集体经济试点工作。实施发展壮大村集体经济奖励办法。制定《连南瑶族自治县发展壮大村集体经济奖励实施细则》，设立村集体经济发展增量奖、保持奖和总量奖，进一步激励村“两委”干部带头壮大村集体经济。全县69个行政村有32个村表决通过实施该奖励办法。制定印发《连南县贯彻落实清远市创建全省农村基层党建示范市工作方案（2020—2021年）任务清单》《连南瑶族自治县创建农村基层党建示范点工作方案》和“五大示范”50条镇村工作指南，及时召开县镇村三级动员和培训会议进行部署讲解。重点打造2个农村基层党建示范镇、9个农村基层党建示范村，制订“一示范点双品牌实施方案”，同时重点打造34个非示范村，要求以寨岗镇官坑村、大麦山镇中心岗村为样板，制定“一村一优势打造方案”，逐步实现“整镇推进、整县提升”。制定“示范点创建跟踪台账”，县委组织部班子领导与组织口跟踪人员“一月一督导一分析”，做到底数清、情况明，并形成每月分析小结。划拨市级创建工作经费10万元、创建镇委党校示范点专项经费5万元，县级第一批示范点创建经费13万元，确保创建工作有充足“军粮”。编印一周一工作简报，印发13期，着力营造浓厚宣传氛围。

【党员队伍建设】 2020年，连南瑶族自治县编印《发展党员纪实簿》2000册，制定全县发展党员工作档案材料归档41项指引说明，实现发展党员“一人一簿，一人一档”，全程纪实管理。建立发展党员“五册”，及时动态管理更新，准确掌握全县党组织党员队伍数量、结构、分布等情况，有效规范和提高全县发展党员工作质量。深入实施农村党组织“头雁”工程。结合村级换届储备人选工作，调整更新乡村振兴党员干部人才库，继续储备后备头雁、后备党员、后备人才、后备干部597人；按照不低于1∶2的比例，储备行政村（社区）党组织书记后备干部144人、自然村党组织书记后备干部314人。结合“青苗培育工程”，实施“大学生党员回乡计划”，累计吸收114名大中专毕业生充实到村“两委”班子整体老化村、党组织软弱涣散村和工作薄弱村担任副书记或聘用干部，选派38名村级党组织（副）书记、后备干部到县、镇机关跟班锻炼。继续推进公务员、事业单位定向招录村（社区）“两委”干部。严格审查村（社区）“两委”干部人选资格，2020年撤换“四不”书记23名、“四不”干部8名，并按程序完成补选工作。排查清理“三类人员”1名。印发《连南县行政村（社区）党组织书记备案管理实施意见》，参照干部档案管理工作办法，制定村干部履历表，将任免职文件等10项材料纳入归档范围，实行“一人一档”精细化管理。同时，落实村（社区）“两委”干部因私出国（境）管理制度及个人重大事项登记报告制度，实行动态管理，切实加强日常监管。建强农村基层“行政村党组织+自然村（村民小组）党支部+党小组”三级党建网格，全县7个镇在自然村（村民小组）一级党支部下设党小组291个，组建“一村一支突击队”、组建“一村一支志愿队”，开展志愿党员联系农户、承诺践诺等经常性服务活动。大力开展“思想大解放”讨论活动，认真履行“第一议题”学习制度，制订《2020年连南县党员学习教育计划表》，继续将习近平新时代中国特色社会主义思想纳入县镇党校培训、党组织专题学习、组织生活会、“主题党日”活动的必修内容，督促基层党组织严格落实学习培训计划。2020年全县各级党组织开展相关专题学习13001场次、主题党日活动1049次。成立疫情防控专项考察组，建立副部长包干联系制度，兵分多路开展实地考察，将考察情况建档立卡、分析研判。2020年以来开展实地考察292人次，对表现突出、防控有力的221名党员领导干部建立“战疫名录”，为一线战士“记战功”。结合一贯工作和疫情防控表现，提拔重用、晋升职级12人次，推荐1人获“广东省优秀共产党员”“抗击新冠疫情先进个人”称号，对56名表现突出的领导干部2019年度考核评为优秀等次，占优秀等次的91.8%，对56名科级干部、86名优秀年轻干部纳入储备库，加强跟踪培养，为2021年县镇村换届储备干部人才。激励关爱疫情防控一线人员。结合一线考察评价情况，通报表扬一批疫情防控一线正面典型，表彰5个先进基层党组织，11名先进个人。同时，突出一线人文关怀，在及时下拨上级党费23万元的基础上，配套县管党费5万元投入疫情防控工作，全县累计慰问疫情防控一线的医护人员322人、县直机关党员干部510人、镇村党员干部193人，购买防控物资14.34万元。实施南粤党员先锋工程。扎实做好年度发展党员工作，落实“村培、镇管、县审”发展党员制度，开展上年度发展党员工作“回头看”，严格排查发展党员违规违纪问题，确保发展党员工作质量。2020年全县完成发展党员167名，完成率100%。着力做好疫情防控一线发展党员工作，积极动员94名疫情一线人员向党组织递交入党申请书，并按照程序及时确定为入党积极分子。同时，加强村级党员干部教育培训工作，将村（社区）“两委”干部、自然村党支部班子成员、后备干部以及全体党员纳入县镇党校培训范围，培训内容涵盖乡村振兴发展、农村基层治理、农村党风廉政建设、党建业务知识、财会业务知识等，实现党员培训全员覆盖。2020年全县开展相关培训140期，累计培训1.08万人次。

（中共连南瑶族自治县委组织部）

宣传工作

【概况】 2020年，连南瑶族自治县委宣传部深入学习贯彻习近平总书记重要讲话精神，以习近平新时代中国特色社会主义思想为指导，围绕“生态与文化立县·全面高质量发展”新时代目标，全面实施“149”发展布局，着力在理论学习、舆论引导、意识形态安全、疫情防控宣传、精神文明建设、文化服务建设、全域旅游创建等方面狠下功夫，确保全面建成小康社会和“十三五”规划圆满收官提供坚强保证。新冠肺炎疫情防控宣传开展8场宣讲活动，当地新媒体推送资讯消息3289篇，阅读量2948695人次。在7个镇开展“大榕树下的小讲堂”“歌堂坪讲堂”“乡村新闻官”宣传宣讲1931场次，受众219510人次。县委理论学习中心组开展集中学习18次，各基层党委（党组）理论学习中心组开展理论学习795场。乡村新闻官开展宣讲198场次，受众31178人次，全县录制播出“乡村新闻官”播报26期，有“乡村新闻官”77人，参加6个上级组织的活动。做好“学习强国”推广，连南有学员9966人，向“学习强国”平台供稿695篇，“学习强国”广东省平台采用318篇，“学习强国”平台采用16篇。中央、省、市上级媒体10多批次、近50人指导和宣传连南。在连南4个融媒体平台开设“走向我们的小康生活·决战脱贫攻坚”专栏。通过《南方日报》等3家媒体对外宣传连南县3场重要节庆日。指导县5个部门的软件正版化工作。“扫黄打非”办组织专项行动、联合行动50余次，出动执法人员400余人次，检查经营单位600余家次，发放宣传资料5000余份，收缴非法出版物1700余份，收缴非法音像制品795张，办结“扫黄打非”案件39宗。

【新冠肺炎疫情防控宣传】 2020年，连南瑶族自治县印发《连南县新型冠状病毒感染的肺炎防控宣传引导工作方案》等文件，统筹全县防疫宣传工作。以“双大双语双敲”宣传模式加强疫情防控科普知识的宣传。2020年“学习强国”广东学习平台采用疫情防控信息86篇，“学习强国”平台采用3篇。6月16日，在县新时代文明实践中心举行“战疫情·最可爱的人”先进事迹报告会，讲述抗疫英雄邓都一妹、房秀凤、丘楚珊在武汉江汉开发区方舱医院艰苦抗疫35天的感人故事，谷军辉、梁颖欣、石文彬、邓洪标4位用他们精彩的宣讲展示发生在自己和身边的党员干部群众的“抗疫”故事。印发《在全县开展新冠肺炎疫情常态化防控的宣讲工作方案》，组建县新冠肺炎疫情防控常态化防控宣讲团到各镇开展新冠肺炎疫情常态化防控巡回宣讲。2020年开展8场宣讲活动，充分利用网站、微信公众号、微博等平台播放《清远市新冠肺炎疫情防控常态化防控20条措施》宣讲视频。充分发挥媒体融合优势，推介连南县疫情防控类文章，疫情防控期间被南方+采用50篇，通过本地新媒体推送资讯消息3289篇，阅读量2948695人次。

【宣传宣讲】 2020年，连南瑶族自治县委印发《关于开展2020年“大篷车”“大喇叭”宣传工作的通知》，通过“大篷车”、“大喇叭”、流动宣传车、气象广播播放瑶汉双语音频，做好各主体宣传工作。同时利用“两微一端”平台、LED电子屏、广告牌、横幅、宣传栏等载体，在城乡主干道、繁华商业街、学校等进行中共十九届四中全会等主题的广泛宣传。春节前，利用春节期间各村开展的文体活动、乡村春晚、茶话会、传统拜祭习俗、外嫁女回家的习俗等活动对中共十九届四中全会、习近平新时代中国特色社会主义思想进行宣传。春节后受疫情影响，利用“大榕树下的小讲堂”“歌堂坪讲堂”等微讲堂，在田间地头、大街小巷、村头村尾，因地制宜、机动灵活地开展理论宣传工作。同时利用“两微一端”平台开展网络宣讲，线上线下宣讲活动同步进行，做好农村理论宣讲。1月13日至14日，香坪镇、大坪镇开展中共十九届四中全会精神连南“瑶老·先生公”“大榕树下的小讲堂”宣讲进农村活动的视频被“学习强国”平台采用。据统计，2020年各村群众业余文艺团队演出83场，受众28530人次。7个镇开展“大榕树下的小讲堂”“歌堂坪讲堂”“乡村新闻官”宣讲等宣讲1931场次，受众219510人次。发布10期《学习新思想》《清远市新冠肺炎疫情防控常态化防控20条措施》《新时代公民道德建设实施纲要》等视频开展网络宣讲活动。

【学习教育】 2020年，连南瑶族自治县把党委（党组）理论学习中心组学习作为一项重要工作来抓，组织好县委理论学习中心组学习，抓好各基层党委（党组）中心组理论学习。县委宣传部联合县委组织部印发《县委理论学习中心组2020年度学习计划安排》《2020年党委（党组）理论学习中心组专题学习重点内容安排》，要求各基层党委（党组）严格按照学习计划开展党委（党组）理论学习中心组集中学习。

【乡村新闻官】 2020年，连南瑶族自治县发挥乡村新闻官“三传一助”作用，组织乡村新闻官开展各种理论、乡村文明等宣讲活动。5月12日，印发《连南瑶族自治县乡村新闻官原创视频稿酬支付办法（试行）》，提高乡村新闻官拍摄视频的能力和水平。组织乡村新闻官参加上级组织的“广清一家亲·同心迎小康——2020年清远市乡村新闻官爱心年货节”、广东卫视630扶贫日带货直播等活动。全县录制播出“乡村新闻官”播报26期，有乡村新闻官77人（新增乡村新闻官16人）。乡村新闻官开展宣讲198场次，受众31178人次。参加6个上级组织的活动。

【“学习强国”推广】 2020年，连南瑶族自治县做好“学习强国”推广、供稿等工作，连南有学员9966人，人均积分23.6分，在全市13个学习管理组中排第2名；向“学习强国”平台供稿695篇，“学习强国”广东省平台采用318篇，“学习强国”平台采用16篇。9月28日，由县委宣传部和县扶贫办主办的2020年“决战小康·奋斗有我”学习强国知识竞赛在县新时代文明实践中心举办，来自全县各基层党委的17支代表队参加竞赛。税务局党委获得一等奖，直属机关党委、教育系统党委获得二等奖，自然生态系统党委、政法系统党委、香坪镇党委获得三等奖。

【新闻宣传】 2020年，连南瑶族自治县印发《连南瑶族自治县新闻宣传报道制度》，规范全县重大活动和会议以及媒体采访的新闻宣传报道。加大同上级媒体联系，精心组织开展县外媒体采访活动。中央、省、市上级媒体10多批次，近50人指导和宣传连南。做好中央、省、市、县重大会议精神活动宣传工作。深入宣传中共十九届五中全会、中央纪委四次全会、全国两会、中央经济工作会议、省委全会、省纪委全会、省两会、市委全会、市两会以及县委全会、县两会等重要会议精神。做好深圳经济特区建立40周年庆祝大会、纪念中国人民志愿军抗美援朝出国作战70周年等主题教育等活动的宣传报道。主持召开2020年扫黑除恶新闻发布会。

【媒体宣传】 2020年，连南瑶族自治县围绕民族传统节庆活动开展对外宣传。9月22—27日，举办2020年“中国农民丰收节”系列活动暨广东·连南第七届“稻鱼茶文化活动周”；11月27—29日，第十二届连南“盘王节·耍歌堂”瑶族文化艺术活动；12月31日，举办“盘王大歌”音乐沙龙活动。邀请省市主流媒体记者到连南采访报道，提高特色连南的知名度、美誉度；尤其是在“盘王节·耍歌堂”瑶族文化艺术活动中，借助省委机关党报《南方日报》的独特优势，采用多平台、多形式宣传，累计点击量近千万次；通过南方+客户端对开幕式和“耍歌堂”活动进行两场直播，点击率达128多万次；连续两天在《南方日报》主报上刊登新闻，送达全省160多万订阅读者；依托新华网、中新社两家央媒宣传，点击量突破80多万次；邀请两位网红（抖音平台）到连南直播，直播点击量50多万次，网红直播点赞及评论数30多万条；其余媒体点击有300多万条。整个活动期间，累计曝光近1000万次。围绕非遗文化开展对外宣传。通过中央媒体加大连南县长鼓舞、瑶族刺绣等非遗文化传承的宣传力度。新华社客户端刊发《长鼓奏响“脱贫”新乐章》，点击量75.1万次。新华访谈推出视频《瑶族刺绣：针线绣出脱贫梦》。

【脱贫攻坚宣传】 2020年，连南瑶族自治县开设“决战决胜脱贫攻坚”专栏。在电视“连南新闻”，新媒体“甘美连南”“微说连南”“无线连南”的主要版面开设“走向我们的小康生活·决战脱贫攻坚”专栏，采取消息、通讯、特写、故事等形式，做好连南县“小康百村行”主题采访活动，推出一批脱贫攻坚典型经验宣传。与省市主流媒体合作，加强连南县脱贫攻坚工作宣传。县委宣传部与《南方日报》《清远日报》合作，参与《南方日报》“脱贫奔康 清远担当”特刊和《清远日报》“脱贫奔康 清远答卷”特刊，充分展示连南县脱贫攻坚工作成绩和工作亮点。开展脱贫攻坚系列主题活动。通过微说连南等积极宣传以脱贫攻坚为主题的摄影比赛、征文比赛、学习强国知识竞赛等活动。

【出版版权】 2020年，连南瑶族自治县开展打击网络侵权盗版专项治理“剑网行动”，协助县城综局查办1宗使用非正版软件案件。开展版权宣传教育活动，做好版权宣传周活动，县委宣传部指导县5个部门的软件正版化工作，完成市版权局抽查考核，在2020年清远版权考核中获得105分。12月初，举办2020年连南瑶族自治县政府机关软件正版化工作会议暨正版软件培训班。县直及上级驻连南43个有关单位负责软件正版化工作分管领导和工作人员80多人参加会议。

【“扫黄打非”】 2020年，连南瑶族自治县“扫黄打非”办采取联合检查、错时检查、突击检查等方式，加强市场巡查和执法检查，全面清查市场，不留死角。多次组织开展“固边”“清源”“秋风”“护苗”“净网”五大专项行动和清查政治性出版物及反宣品等专项行动，抓住网吧、歌舞娱乐厅、报刊亭（书店）、音像制品经营店等重要点位，加强巡查，坚决不让非法出版物和淫秽色情音像制品在连南县发行和传播。2020年组织专项行动、联合行动50余次，出动执法人员400余人次，检查经营单位600余家次，发放宣传资料5000余份，收缴非法出版物1700余份，收缴非法音像制品795张，办结“扫黄打非”案件39宗，“扫黄打非”工作效果明显，震慑力得到增强。推进“扫黄打非”进基层建设，连南县的大麦山镇白芒村、大麦山镇新寨村、大坪镇大坪村等被评选为2020年清远“扫黄打非”进基层示范点。连南县“扫黄打非”办公室、县委统战部、县公安局等被评为2020年清远市“扫黄打非”成绩突出集体。唐罗勇、沈丽萍、刘润陶等被评为2020年清远市“扫黄打非”成绩突出个人。黄健波、罗昊霆、龙细英等评为2020年清远市“扫黄打非”优秀信息员。连南县“扫黄打非”办科员唐罗勇获评2020年广东省“扫黄打非”先进个人。

（中共连南瑶族自治县委宣传部）

统一战线工作

【概况】 2020年，连南瑶族自治县加强党委对统一战线工作的领导，建立并完善领导干部联系非公有制重点企业和代表人士制度，做好统一战线成员政治思想培训工作和政协委员选拔推选工作，增补5名政协委员。应邀参加港澳乡亲社团和友好社团活动1批次4人、商会的联谊活动3批47人次。

【党外人士队伍建设】 2020年，连南瑶族自治县落实新型政党制度要求，支持党外人士参政议政，引导党外人士为推动连南经济社会高质量发展多做贡献。1月14日，召开连南县无党派人士参政议政专题调研成果汇报暨人才工作座谈会，县高层次人才、民营企业家和无党派人士60人参加会议，与会围绕优化教育资源、加强师德建设、加强医疗卫生人才队伍建设、企业融资、旅游景区发展、关注并重视社会工作等问题进行讨论发言，积极建言献策。引导党外人士撰写提案建议，县工商联引导各基层商协会、异地商协会及广大民营企业家中的政协委员，开展调查研究，撰写提案材料4篇、议政材料1篇。配备配强党外领导干部，人大、政协专门委员会按规定配备党外领导干部。引导新的社会阶层人士有序参与政治安排，组织市新的社会阶层人士联合会理事、县政协委员潘海锋参加政协第十一届连南瑶族自治县委员会第五次会议。增补5名政协委员。

【成员培训】 2020年11月9日，连南瑶族自治县在英德市连樟乡村振兴学院举办党外人士、新的社会阶层人士及统战系统干部综合培训班，39人参加，提升统一战线成员理论素养和综合素质。

【港澳联谊】 2020年，连南瑶族自治县加强港澳联谊工作，增进连南港澳青少年对国家的认同、民族的认同、文化的认同、家乡的认同。县委常委、统战部部长黄素梅、统战部副部长莫异海约见同乡联会第一任、第二任会长及会董20人次。2020年1月，县委常委、统战部部长黄素梅率工作组前往香港，开展春节前慰问香港清远连南同乡联会工作。新冠肺炎疫情防控期间，为香港清远连南同乡联会550名会员送去家乡土特产，指导同乡联会发放8750只口罩给旅港连南乡亲；关心在连南工作生活的港人，为他们送上口罩等疫情防控物资。协助开展爱心团体和人士在连南开展慈善事业，香港道德会委托广东侨心慈善基金会向连南县贫困户捐赠冬衣100件，香港连南同乡联会向连南县捐赠口罩10000只。

【对台工作】 2020年，连南瑶族自治县对台工作专职干部先后6次到2家台资企业，帮助台商台胞排忧解难。1月10日，为传播社会正能量，县委统战部、台港澳办与台商一起录制“万众一心，抗击疫情”的微视频。2月17日，县委常委、统战部部长黄素梅带队走访台资企业清远市连南瑶族自治县荣芳鞋业有限公司和连南瑶族自治县万达通机动车检测有限公司，督导复工复产和疫情防控情况。9月3日，县委常委、统战部部长黄素梅率统战部副部长、工商联党支部书记潘军强和统战部副部长莫异海到台资企业进行走访调研，了解新冠肺炎疫情防控期间企业生产经营情况。开展困难台属中秋、春节慰问工作，2020年1月发放春节慰问金3000元，体现党和政府对台属的关心。

【侨务工作】 2020年，连南瑶族自治县做好困难归侨慰问工作和归侨侨属的信访工作，发放中秋节困难归侨慰问金1000元，办理华侨来访诉求1宗。

（中共连南瑶族自治县委统战部）

党　校

【概况】 2020年，连南县委党校举办7期学习贯彻习近平总书记出席深圳经济特区建立40周年庆祝大会和视察广东重要讲话、重要指示精神和学习贯彻中共十九届五中全会精神专题培训班，2期干部大讲坛，邀请省、市专家教授进行专题授课。将《习近平谈治国理政》（第三卷）、中共十九届四中全会精神和习近平重要讲话精神作为各类培训班的必修课程。全年开设专题授课19门，培训党员领导干部3097人次，到机关单位、镇、村宣讲14场次，受众547人次。

【教学设施提升】 2020年，连南县委党校在县组织部支持帮助下，于2020年6月建成“县镇党校远教视频教学系统”，实现与7个镇委党校远程直播授课。7月举办的全县村（社区）党组织书记、主任能力提升示范培训班首次通过远程直播至镇委党校，实现全县村“两委”委员同步进行培训。

【示范教学点建立】 2020年，连南县委党校与寨岗镇山联村合作利用党校校园樟树种植招商引资项目铁皮石斛，在校内建立林下经济现场教学点，助力脱贫攻坚、乡村振兴。与广东瑶族博物馆、三江镇金坑村共同建立党性教育、廉政教育、红色教育现场教学点，并现场教学，全年组织10批次940人次到教学点进行培训，取得良好效果。

【调研交流学习】 2020年，连南县委党校紧抓市委党校常务副校长朱志诚、校委委员刘梦怡到党校调研指导工作为契机，围绕《中国共产党党校（行政学院）工作条例》做好党校管理工作。邀请市委党校陈震教授、清新区党校副校长张焕岚在科级干部学习贯彻中共十九届五中全会精神培训班进行专题授课，借鉴学习上级部门、兄弟县党校的教学方式方法。

【干部教育培训】 2020年，连南县委党校先后举办公务员初任培训班，行政村（社区）党组织书记、主任培训班，脱贫攻坚扶贫干部培训班，农村基层党组织“后备头雁”示范培训班，县直机关及“两新”组织党支部书记培训班，党员发展对象（积极分子）培训班，学习贯彻习近平总书记出席深圳经济特区建立40周年庆祝大会，视察广东重要讲话重要指示精神和学习贯彻中共十九届五中全会精神培训班（研讨班）等23个班次40期培训，超出计划班次21%，培训学员4785人次。组织乡村振兴能力提升培训班、党外人士及统战系统干部培训班到英德市连樟乡村振兴学院异地培训。选派1名教师参加为期一个月的广东省委党校2020年“党校系统骨干教师理论研修班”。选派2名教师参加为期5天的“2020年全省党校系统学习贯彻习近平总书记出席深圳经济特区建立40周年庆祝大会和视察广东重要讲话重要指示精神暨学习贯彻中共十九届五中全会精神师资培训班”。

【镇级党校业务指导】 2020年，连南县委党校主动联系7个镇委党校并听取2019年镇委党校办班总结及2020年办班计划。组织骨干教师编印适合连南县干部教育培训教材《党的十九届四中全会学习汇编》《他山石——党员干部教育课件选编》《〈习近平谈治国理政〉（第三卷）学习汇编》，同时指导各镇委党校根据这些教材内容进行备课并开展培训，建立重大课题集体备课机制。开展“送教下乡”“送课上门”活动，派出骨干教师11人次到镇、村教学点授课，惠及听课人数700多人次。各镇委党校举办培训班164个，培训9389人次，培训班次主要有入党积极分子、党风廉政教育、《习近平谈治国理政》第三卷专题、乡村振兴、扶贫和美丽乡村建设、人口普查工作培训、党代表履职业务培训、普法培训等。

（中共连南瑶族自治县委党校）

机构编制

【概况】 2020年，连南瑶族自治县完成乡镇体制改革，镇级事业单位改革，公益二、三类事业单位改革。9月，印发《关于县直部门派驻各镇事业单位和镇级事业单位改革的通知》，将现有的镇级事业单位进行整合优化，重新设置。将县自然资源局派驻在各镇的林业站和县水利局派驻在各镇的水利所下放各镇管理。7月，印发《连南瑶族自治县深化公益二、三类和经营服务类事业单位改革实施方案的通知》，印发《连南瑶族自治县公益二、三类及经营服务类事业单位改革人员安置的指导意见》等6个配套政策文件。改革后，3个事业单位性质、财政补助标准和经费不变；5个事业单位性质不变，财政适当调高差额补助的比例和额度；撤销事业单位3个；调整事业单位类别3个，实行转企改制1个。

【机构编制管理】 2020年，连南瑶族自治县召开编委会议4次，提交编委会讨论机构编制事项79项，确定转任（流动）人员267人次。根据《中国共产党机构编制工作条例》第八条“各部门党组（党委）可以动议机关及其所属事业单位机构、职能、编制、领导职数等事项调整，报本级机构编制委员会及其办公室”和第九条“机构编制工作的动议应当由党委（党组）领导班子集体讨论决定”。1月13日，印发《中共连南瑶族自治县委机构编制委员会办公室关于规范机构编制动议申报材料的通知》，要求各镇、各单位提交机构编制动议时应充分论证必要性、合理性、可行性和提交相关材料等方面作出规定，规范机构编制管理。

【单位机构更改调整】 2020年，连南瑶族自治县将县自然资源局（县林业局）下属事业单位县林业生态管理中心更名为县森林防火事务中心，加挂县林业生态管理中心牌子，增加森林防火相关职能。调整县委组织部、县委宣传部（县文化广电旅游体育局）、县公共资产管理中心、县文化馆、县瑶族博物馆、县老干部活动中心、县住建局、农业农村局等行政事业单位的内设机构14个。

【实名制系统监督检查】 2020年，连南瑶族自治县开展超审批权限设置机构自查自纠工作。自查行政机构46个，事业单位机构199个，内设机构377个。正科级领导职数110名，副科级领导职数276名，正股级职数399名，副股级职数215名，全面梳理机构编制问题，提高超审批权限设置机构问题、超规格超职数配备领导干部问题和自行设置领导职务名称问题的预判能力。完成改革期间机构编制文件在实名制系统中的调整和更新完善实名制系统数据以及台账文件，完成编制卡扫描上传268份，人员流动调整267次，减员操作98次，保证系统数据的准确性和时效性。

【事业单位法人统一社会信用代码“三证合一”管理】 2020年，办理事业单位法人证书设立3个，变更56个，注销19个，拟注销公告8个。机关群团统一信用代码证书赋码2个，变更15个。通过“广东省事业单位登记管理网”系统随机抽取县残疾人联合会、县供销合作社联合社、县鹿鸣关水利工程管理所等8家事业单位，对其贯彻执行《事业单位登记管理暂行条例实施细则》情况、开展事业单位法人年度报告、事业单位开展业务活动等情况进行实地核查。

（中共连南瑶族自治县委机构编制委员会办公室）

连南瑶族自治县人民代表大会

【概况】 2020年，连南瑶族自治县人大常委会召开县人民代表大会1次，县人大常委会会议11次，主任会议26次，开展专题调研28次，听取和审议专项工作报告21项，组织代表视察18次，任免国家机关工作人员33人次，受理人民群众来信16宗，来访30人次，县人大十五届五次会议期间收到人大代表提出建议47件。

【人大重要会议】 县第十五届人民代表大会第五次会议　2020年6月4—5日，县第十五届人民代表大会第五次会议举行。会议按照法定程序，听取和审议县人民政府工作报告；审查县2019年国民经济和社会发展计划执行情况与2020年计划草案的报告，批准县2020年国民经济和社会发展计划；审查县2019年预算执行情况和2020年预算草案的报告，批准县2020年本级预算；听取和审议县人大常委会工作报告；听取和审议县人民法院工作报告；听取和审议县人民检察院工作报告；票决县2020年十项民生实事项目；选举县人大常委会部分组成人员；选举县监察委员会主任；选举县人民检察院检察长；表决通过县第十五届人民代表大会社会建设委员会、教科文卫委员会组成人员人选。

县第十五届人大常委会35次会议　县十五届人大常委会于2020年1月8日召开第35次会议。此次会议应到会县人大常委会组成人员22人，实际到会21人。会议由县人大常委会主任刘少伟主持，会议主要内容：任命黄令诚为连南瑶族自治县人民检察院检察员、检察委员会委员、副检察长；接受金绍辉辞去连南瑶族自治县人民检察院检察长职务；免去黎钟罗的连南瑶族自治县人民代表大会常务委员会财政经济工作委员会主任职务；免去周小明的连南瑶族自治县审计局局长职务；黄令诚代理连南瑶族自治县人民检察院检察长；任命周小明为连南瑶族自治县人民代表大会常务委员会办公室主任；任命黎钟罗为连南瑶族自治县审计局局长；接受黎钟罗辞去连南瑶族自治县第十五届人民代表大会常务委员会委员职务。

县第十五届人大常委会36次会议　县十五届人大常委会于2020年2月6日召开第36次会议。此次会议应到会县人大常委会组成人员21人，实际到会18人。会议由县人大常委会主任刘少伟主持，会议主要内容：任命李洪为连南瑶族自治县人民代表大会常务委员会财政经济工作委员会主任；审议县人大常委会2020年工作要点；讨论决定召开县十五届人大第五次会议有关事项；审议接受房春华、潘启情、房二妹、曾庆平辞去县十五届人大代表职务的报告；审议关于建议在有关选区补选部分县十五届人大代表的议案；审议接受曾庆平、房二妹县十五届人大常委会委员辞去县十五届人大常委会委员职务的报告；审议补选部分县十五届人大常委会委员的议案。

县第十五届人大常委会37次会议　县十五届人大常委会于2020年3月20日召开第37次会议。此次会议应到会县人大常委会组成人员19人，实际到会18人。会议由县人大常委会主任刘少伟主持，会议主要内容：学习习近平总书记在《求是》杂志署名文章《为打赢疫情防控阻击战提供强大科技支撑》和2020年2月24日第十三届全国人大常委会第十六次会议关于全面禁止非法野生动物交易、革除滥食野生动物陋习、切实保障人民群众生命健康安全的决定（书面）；审议县人民政府关于提请审议调整2019年财政预算的议案；审议关于补选张其誉、黎艳霞、潘思勇、曾集锐、唐新华、唐京口一、周小明、李洪、邓茂林、黄永清为县十五届人大代表的代表资格审查报告；审议县人大常委会2020年立法计划；审议县地方立法工作制度、县人大常委会制定地方性法规年度立法计划编制制度和县人大常委会地方性法规清理制度等三项立法相关制度；接受刘宪宽辞去清远市人大代表职务的报告；补选程静雄为清远市第七届人大代表；任命李洪县十五届人民代表大会财政经济委员会副主任委员职务；任命黎钟罗、吴月明县十五届人民代表大会财政经济委员会委员职务；免去黎钟罗县十五届人民代表大会财政经济委员会副主任委员职务；免去童瑶华县十五届人民代表大会财政经济委员会委员职务；免去黄保长的连南瑶族自治县人民法院审判委员会委员、审判员职务。

县第十五届人大常委会38次会议 县十五届人大常委会于2020年4月29日召开第38次会议。此次会议应到会县人大常委会组成人员19人，实际到会18人。会议由县人大常委会主任刘少伟主持，会议主要内容：学习习近平总书记在湖北省考察新冠肺炎疫情防控工作时的讲话精神；听取和审议远程医疗信息化工作情况的报告；听取和审议宗教工作情况报告；审议依法治县工作推进情况报告（书面）；审议扫黑除恶专项斗争工作情况报告（书面）；审议县人大常委会工作报告；接受房瑶任一辞去连南瑶族自治县人民代表大会常务委员会副主任和县第十五届人民代表大会代表职务；接受房恩明辞去连南瑶族自治县第十五届人民代表大会代表职务；接受吴一民辞去连南瑶族自治县监察委员会主任职务；免去盘志辉的连南瑶族自治县监察委员会副主任职务；免去任文生的连南瑶族自治县人民政府副县长职务；免去黄桂棠的连南瑶族自治县人民政府副县长、连南瑶族自治县公安局局长职务；免去谢伟玉的连南瑶族自治县人民政府办公室主任职务；免去谭丽娟的连南瑶族自治县人民法院刑事审判庭庭长职务；任命何际平为连南瑶族自治县人民监察委员会副主任；决定何际平代理连南瑶族自治县监察委员会主任；任命陈哲为连南瑶族自治县人民政府副县长；任命谭丽娟为连南瑶族自治县人民法院综合审判庭庭长；审议在部分选区补选县第十五届人大代表的议案。

县第十五届人大常委会39次会议 县十五届人大常委会于2020年5月20日召开第39次会议。此次会议应到会县人大常委会组成人员18人，实际到会17人。会议由县人大常委会主任刘少伟主持，会议主要内容：讨论决定召开县十五届人民代表大会第五次会议有关事项；审议关于补选盘志辉、房锦波为县十五届人大代表的代表资格审查报告；任命韩鹏为连南瑶族自治县人民政府办公室主任；免去胡彩萍的连南瑶族自治县人民法院审判员、民事审判第二庭庭长、审判委员会委员职务。

县第十五届人大常委会40次会议 县十五届人大常委会于2020年7月2日召开第40次会议。此次会议应到会县人大常委会组成人员22人，实际到会17人。会议由县人大常委会主任刘少伟主持，会议主要内容：学习习近平总书记在6月16日出版的第12期《求是》杂志发表的署名文章《充分认识颁布实施民法典重大意义 依法更好保障人民合法权益》；听取和审议县文化广电旅游体育局关于建立县旅游大数据中心、推进旅游服务的智慧化和信息化情况报告；听取和审议县瑶排梯田国家湿地公园事务中心关于湿地公园建设工作报告；审议全县禁毒情况工作报告（书面）。

县第十五届人大常委会41次会议 县十五届人大常委会于2020年7月15日召开第41次会议。此次会议应到会县人大常委会组成人员22人，实际到会18人。会议由县人大常委会主任刘少伟主持，会议主要内容：任命陈军为连南瑶族自治县人民政府副县长、公安局局长。

县第十五届人大常委会42次会议 县十五届人大常委会于2020年8月31日召开第42次会议。此次会议应到会县人大常委会组成人员22人，实际到会20人。会议由县人大常委会主任刘少伟主持，会议主要内容：学习《习近平谈治国理政》（第三卷）之《坚持和完善中国特色社会主义制度、推进国家治理体系和治理能力现代化》；听取和审议县审计局关于县财政2019年度预算执行和其他财政收支审计情况报告；听取和审议县人民政府关于2020年上半年县级财政预算执行情况报告；审查批准2019年县级财政决算（草案）报告；听取和审议县人民政府关于2020年上半年国民经济和社会发展计划情况报告；听取和审议县社会保险基金管理局关于2019年社保基金征集、管理和使用情况的报告；审议县人民政府《关于调整2020年财政预算的议案》；审议《连南瑶族自治县民生实事项目人大代表票决制实施办法（草案）》；审议关于确定修改《连南瑶族自治县森林资源保护管理条例》立法立项的议案。

县第十五届人大常委会43次会议　县十五届人大常委会于2020年10月29日召开第43次会议。此次会议应到会县人大常委会组成人员22人，实际到会17人。会议由县人大常委会主任刘少伟主持，会议主要内容：学习贯彻习近平总书记出席深圳经济特区建立40周年庆祝大会和视察广东重要讲话重要指示精神；听取和审议县公共资产管理中心关于国有资产管理情况的报告；听取和审议2020年环境质量状况和环境保护目标完成情况的报告；审议全县扫黄打非工作报告（书面）；审议县人民检察院创建“五好”基层检察院工作情况报告（书面）；审议县人民政府《关于提请审议2020年抗疫特别国债资金预算支出项目的议案》；审议县人民政府《关于提请审议2020年特殊转移支付使用安排的议案》；接受房璟玲辞去清远市第七届人大代表职务的报告；接受李甘其一辞去县第十五届人大代表职务的报告。

县第十五届人大常委会44次会议　县十五届人大常委会于2020年11月27日召开第44次会议。此次会议应到会县人大常委会组成人员22人，实际到会19人。会议由县人大常委会主任刘少伟主持，会议主要内容：学习《关于开展“读原著、学原文、悟原理”学习活动的通知》精神；评议县住房和城乡建设局工作报告；评议县应急管理局工作报告；审议县人民政府《关于提请审议2020年政府新增专项债券项目调整的议案》；审议县人民政府《关于提请审议2020年政府新增资金进行预算支出项目安排的议案》；审议《连南瑶族自治县森林资源保护管理条例》第二次修正案（草案）；免去周小明的连南瑶族自治县人民代表大会常务委员会办公室主任职务；免去黄忠的连南瑶族自治县市场监督管理局局长职务；免去邓海锋的连南瑶族自治县教育局局长职务；免去陈武兵的连南瑶族自治县卫生健康局局长职务；免去徐连芬的连南瑶族自治县人民法院审判委员会专职委员、审判委员会委员、审判员职务；任命陈强为连南瑶族自治县人民代表大会常务委员会办公室主任；任命卢德成为连南瑶族自治县教育局局长；任命黄忠为连南瑶族自治县卫生健康局局长；任命邓海锋为连南瑶族自治县市场监督管理局局长；审议关于补选个别人大代表的议案。

县第十五届人大常委会45次会议　县十五届人大常委会于2020年12月31日召开第45次会议。此次会议应到会县人大常委会组成人员22人，实际到会18人。会议由县人大常委会主任刘少伟主持，会议主要内容：学习习近平总书记在中央全面依法治国工作会议讲话精神；听取和审议县人民政府关于县十五届人大五次会议建议意见办理情况及十件民生实事落实和完成情况的报告；审议县人民政府《关于调整2020年财政预算的议案》；听取和审议县审计局关于审计查出问题整改情况的报告；审议《连南瑶族自治县森林资源保护管理条例》第二次修正案（草案）；听取县人民法院基本解决执行难工作情况报告（书面）；听取县人民检察院关于公益诉讼情况报告（书面）；听取国有资产管理情况的报告（书面）；听取2020年地方政府债务管理情况的报告（书面）；听取2020年规范性文件备案审查报告（书面）；免去杨秋凡的连南瑶族自治县人民法院民事审判第一庭庭长职务；任命房志雄为连南瑶族自治县退役军人事务局局长；任命陈伟林为连南瑶族自治县人民法院审判员；任命欧颖为连南瑶族自治县人民法院审判员。

【人大重要活动和主要工作】　人大监督　2020年，县人大常委会首次听取审议全县行政事业性和国有企业国有资产专项报告，进一步摸清家底。常委会两名副主任分别兼任县高质量发展办公室副主任和推进民族地区高质量发展工作专班办公室主任，牵头组织专项督查，全力推动全县高质量发展重点工作任务落实。听取审议依法治县工作情况报告，促进全县各级行政机关牢固树立依法办事法治思维，建设人民群众满意的法治政府。

强化人大对公正司法的监督，审议县人民检察院关于公益诉讼情况报告、县人民法院关于基本解决执行难工作情况报告。审议县扫黑除恶工作报告，督促职能部门始终把扫黑除恶专项斗争工作作为重要的政治任务抓紧抓实，完善长效常治机制。加强对禁毒工作的监督，督促相关职能部门切实发挥牵头部门和主力军作用，采取有效措施，确保禁毒成效持续提升。受理人民群众来信16宗来访30人（次）。

人大代表工作 2020年，县人大常委会坚持邀请代表列席常委会会议，参加常委会组织开展的立法、监督、调研视察、执法检查等各项活动，扩大代表对常委会工作的参与；举办1期人大代表联络站建设与运行管理业务专题培训班，使代表掌握履职必备的基本知识，提高依法履职水平；拓宽人大代表履职平台，累计建成48个人大代表联络站，成功创建18个星级人大代表联络站，以镇人大代表中心联络站为主，村级人大代表联络站为辅的代表联系群众阵地建设网格化体系逐渐完善；做好代表建议办理，对县十五届人大五次会议期间代表提出的47件建议进行交办、督办，已解决、部分解决、采纳和列入计划解决有41件。

立法工作 2020年，县人大常委会再次启动《连南瑶族自治县森林资源保护管理条例》修订工作，11月27日在连南瑶族自治县第十五届人民代表大会常务委员会第四十四次会议上通过一审，12月31日在连南瑶族自治县第十五届人民代表大会常务委员会第四十五次会议上通过二审，形成《连南瑶族自治县森林资源保护管理条例》第二次修订（草案）。出台《连南瑶族自治县人民代表大会常务委员会立法听证制度》《连南瑶族自治县人民代表大会常务委员会立法意见反馈工作制度》等5项立法工作制度。

人事任免 2020年，县人大常委会任免本会机关和“一府一委两院”国家机关工作人员33人（次）。组织由县人大及其常委会选举任命的国家工作人员向宪法宣誓，增强国家机关人员的宪法法律意识。

（连南瑶族自治县人大常委会办公室）

连南瑶族自治县人民政府

【概况】 2020年，连南瑶族自治县实现地区生产总值57.01亿元，比上年增长4.1%；固定资产投资保持正增长；地方一般公共预算收入1.79亿元，比上年增长15.14%；城乡居民人均可支配收入21272元，比上年增长7.8%；农林牧渔业总产值16.95亿元，比上年增长4.7%；社会消费品零售总额完成9.69亿元，比上年下降9.0%。全县贫困人口1896户5321人全部脱贫，其中有劳力1122户4163人，人均可支配收入17593元，贫困人口退出比例100%。全县617个自然村全部完成人居环境整治，306个达到美丽宜居村标准。全年空气质量优良天数比例创历史新高，达到99.5%。县级饮用水源水质保持100%达标，镇级污水处理设施建设走在全市前列，成功创建国家生态文明建设示范县。投入4802万元完成46个村庄约1382户农房民族特色风貌改造。接待游客210.9万人次，比上年恢复46.7%，旅游综合收入12.2亿元，比上年恢复63.5%。全年新增总部企业73家，累计引进241家，全年缴纳税金5.64亿元，比上年增长163%，拉动税收收入增长62.4个百分点。全县31项重点项目全年完成投资8.11亿元，其中10项市重点项目完成年度计划投资的149%。

【重要会议】 县政府常务会议 2020年，县政府为研究经济社会发展和其他重大事项，召开23次县政府常务会议，讨论处理问题325项，主要包括：学习习近平总书记在“不忘初心、牢记使命”主题教育总结大会上的重要讲话精神，习近平总书记在十九届中央纪委四次全会上的重要讲话精神和中央、省、市研究部署统筹做好疫情防控和经济社会发展工作会议精神；审议《连南瑶族自治县2020年美丽乡村建设行动方案》《连南瑶族自治县省级电子商务进农村综合示范县建设工作实施方案》《连南瑶族自治县扶贫资产管理工作实施方案（试行）》《连南瑶族自治县农村饮水工程运行管理实施办法》《连南瑶族自治县2020年农村“厕所革命”奖补实施方案（试行）》等新时期乡村振兴有关方案；研究调整2019年第二批省级少数民族发展资金建设、特殊转移支付资金（直达资金）使用计划、解决省级新农村连片示范建设项目核心村建设资金、三江镇已开工或准备开工项目资金缺口问题、连南瑶族自治县职业技术学校教学实训综合楼建设项目造价和配套设施项目建设等一批数额较大的资金使用事项；研究未成年人思想道德建设工作、县域医共体建设、农村危房改造困难群众住房安全补助经费有关问题，审议《连南县〈广州市对口支援工作领导小组支持清远市民族地区加快高质量发展的实施方案〉对接工作计划分解表》《连南瑶族自治县深化农村公路管理养护体制改革实施方案》《连南瑶族自治县落实中小学教师工作待遇“两个不低于或高于”实施方案》《关于公布2020年度连南瑶族自治县住房保障对象标准及条件的通告》等一批民生保障重大事项；审议《瑶族文化（连南）生态保护实验区总体规划（2020—2035）》《连南瑶族自治县林下经济发展规划（2020—2025年）》《连南瑶族自治县文化馆创建国家级文化和旅游公共服务机构融合试点实施方案》《连南万山朝王森林生态综合示范园科普宣教馆布展工作实施方案》等一批事关民族文化生态保护的重大举措。

县政府专题会议　2020年，县政府为处理政府日常事务召开县政府专题会议155次，讨论处理问题377项，主要对创建国家生态文明示范县工作、建设县应急指挥系统、石泉公园三期工程项目规划建设、三江镇中心幼儿园异地改扩建、国省道三类桥梁加固维修升级改造建设、县人民医院感染楼项目、县疾病预防控制中心能力提升项目建设、2020年“四好农村路”建设、垦造水田项目、农村削坡建房隐患排查整治、广清连南万亩茶园建设项目、广清永高铁项目等一批需要统筹协调的事项进行研究、处理、组织实施。

上半年全县经济形势研判会议　2020年7月30日，在县行政综合大楼四楼会议室召开2020年上半年全县经济形势研判会议。会议由县委副书记、县长唐金文主持，县政府班子成员、县政府党组成员、县政府办公室主任和县政府工作部门主要负责同志出席，县政府办公室副主任、县政府办公室党组成员、县直有关单位主要负责同志、省市驻连南有关单位主要负责同志和各镇镇长列席会议。会议的主要任务是分析2020年上半年经济运行情况，研究解决当前经济运行中面临的突出问题，部署做好下半年经济工作，推动经济持续平稳健康发展。会议的主要任务是总结2020年上半年来工作，部署下阶段工作，努力完成全年经济社会发展目标任务，动员各镇各部门统一思想、提高认识，鼓足干劲、真抓实干，决胜全面建成小康社会、决战脱贫攻坚，加快推动自治县高质量发展。县政府各副县长就各自分管的工作进行安排部署。县长唐金文要求全县上下要紧紧围绕《政府工作报告》确定的目标任务，齐心协力，贯彻落实18号文，抓好招商引资、重点项目、脱贫攻坚、疫情防控、安全生产、全域旅游、美丽乡村和特色农业等工作落实。

【重要政事和决策】　《连南瑶族自治县人民政府常务会议“三重一大”事项集体决策制度（试行）》制定　2020年，连南瑶族自治县贯彻执行民主集中制原则，结合实际制定《连南瑶族自治县人民政府常务会议“三重一大”事项集体决策制度（试行）》，规范县政府“三重一大”（重大事项决策、重要干部任免、重大项目安排和大额度资金使用）事项集体决策机制，加强对权力的制约监督，实现县政府决策的科学化、民主化、制度化。该制度自发布之日起实施。

农村“厕所革命”　2020年，连南瑶族自治县贯彻落实《中央农村工作领导小组办公室 农业农村部关于做好农村“厕所革命”整村推进财政奖补政策组织实施工作的通知》《财政部 农业农村部关于开展农村“厕所革命”整村推进财政奖补工作的通知》及《关于全域推进农村人居环境整治建设生态宜居美丽乡村的实施方案》精神，深入实施乡村振兴战略，加快改善农村人居环境、补齐农村基础设施短板，推进农村“厕所革命”工作，出台《连南瑶族自治县2020年农村“厕所革命”奖补实施方案（试行）》，该方案主要目标任务是：到2020年年底，全县完成改建的农村户用卫生厕所5675户，无害化卫生厕所普及率100%；2020年全县计划新建（改建）卫生公厕29座。

《连南瑶族自治县深化农村公路管理养护体制改革实施方案》通过 2020年，连南瑶族自治县贯彻落实《国务院办公厅关于深化农村公路管理养护体制改革的意见》文件精神，推进农村公路管理养护体制改革，建立农村公路管理养护长效机制，制订《连南瑶族自治县深化农村公路管理养护体制改革实施方案》，并经县政府十五届第86次常务会议审议通过。该实施方案明确总体要求、工作目标、养护体制与养护资金保障以及工作要求的管理等有关内容。该方案从2020年7月1日起执行。

《连南瑶族自治县人民政府森林防火禁火令》出台 2020年，连南瑶族自治县根据《中华人民共和国森林法》《森林防火条例》《广东省森林防火条例》等相关法律法规的规定，出台《连南瑶族自治县人民政府森林防火禁火令》，进一步明确禁火时间、禁火区域、禁止野外用火行为等有关问题。该通告自2020年10月30日起施行，至2025年9月30日止，有限期为5年。

《连南瑶族自治县政府投资项目“一站式”服务工作方案》制订 2020年，连南瑶族自治县转变政府职能，提高审批效率，优化营商环境，推动全县政府投资项目加快落地建设，投产达效，全面推行政府投资项目“一站式”服务模式，制订《连南瑶族自治县政府投资项目“一站式”服务工作方案》。该方案的主要目标任务是：按照“一个机构+各审批部门合作，全审批流程跟踪、协调”的总体机制，由政府投资项目“一站式”服务中心全审批流程服务项目单位办理、跟踪审批事项，全县所有投资项目涉审事项一律纳入“一站式”服务内容，落实涉审相关部门代表和专业人员按照现行政策规定主动提供专业化指导意见，按照最快的政务服务标准履行审批职责，进一步提高全县政府投资项目效率和服务质量。

出台《连南瑶族自治县职业技能提升行动实施方案（2019—2021年）》 2020年，连南瑶族自治县为深入学习贯彻习近平新时代中国特色社会主义思想和中共十九大精神，以及习近平总书记对广东重要讲话和重要指示批示精神，全面提升劳动者职业技能水平和就业创业能力，根据《关于印发广东省职业技能提升行动方案（2019—2021年）的通知》《清远市人民政府办公室关于印发清远市职业技能提升行动实施方案（2019—2021年）的通知》，出台《连南瑶族自治县职业技能提升行动实施方案（2019—2021年）》。该预案的主要目标任务是：2019—2021年全县开展各类补贴性职业技能培训3000人次以上。到2021年年底，全县技能劳动者占就业人员总量的比例12%以上，高技能人才占技能人才的比例达1.2%以上，基本建立覆盖城乡劳动者的终身职业技能培训制度，劳动者整体技能素质明显提升，技能人才待遇明显提高，技能人才政策环境明显改善，为自治县高质量发展提供坚实的技能人才支撑。

《连南瑶族自治县畜禽养殖禁养区划定调整方案》制订 2020年，连南瑶族自治县为加强连南瑶族自治县优化畜禽养殖业的空间结构布局，以促进现代畜牧业可持续发展，解决畜禽养殖业环境污染问题，依据《畜禽规模养殖污染防治条例》《水污染防治行动计划》《畜禽养殖禁养区划定技术指南》以及《清远市水污染防治行动计划实施方案》等系列相关文件，结合县城市总体规划，在《连南瑶族自治县畜禽规模养殖区域布局规划方案》的基础上，结合实际制订《连南瑶族自治县畜禽养殖禁养区划定调整方案》。该方案划定畜禽养殖禁养区是连南县生态文明建设重要的基础性工作，科学合理划定畜禽禁养区范围并制定落实相应的法律法规、管控措施及制度建设，对促进畜牧业生产与生态环境的全面协调发展，推进全县环境优美、生态文明建设目标的全面实现具有重要的现实意义和深远影响。

《连南瑶族自治县县级集中式饮用水水源

地应急预案》制订 2020年，连南瑶族自治县为贯彻落实全国生态环境保护大会精神和党中央、国务院关于打好水源地保护攻坚战的决策部署，进一步做好集中式饮用水水源地环境保护工作，切实保障饮用水水源地水质安全，根据《突发环境事件应急预案管理暂行办法》《广东省突发事件应急预案管理办法》《广东省突发公共事件总体应急预案》《广东省突发事件应对条例》《广东省突发环境事件应急预案》《集中式地表水饮用水源地突发环境事件应急预案编制指南》《广东省生态环境厅 广东省水利厅关于进一步做好集中式饮用水水源地环境保护工作的通知》《清远市人民政府办公室关于进一步做好集中式饮用水水源地环境保护工作的通知》等文件精神及相关法律法规，结合实际制订《连南瑶族自治县县级集中式饮用水水源地应急预案》。旨在建立健全应对集中式饮用水水源突发环境事件的应急机制，提高政府应对突发事件的能力，维护社会稳定，保障公众的生命健康，高效、有效地组织预防、控制和解除突发事件危机，切实做好县行政区域内县级集中式饮用水水源地突发环境事件风险预警及应急工作，确保供水安全。

【秘书工作】 2020年，连南瑶族自治县人民政府办公室修订印发《连南瑶族自治县人民政府工作规则》，确保全面正确履行职能，建设人民满意的法治政府、创新政府、廉洁政府和服务型政府。修订完善县政府办公室保密工作制度，进一步规范办公室保密工作，提升办公室的保密工作管理水平。协调好县政府领导的工作，确保各项工作任务顺利开展。做好县政府领导交办的工作，按质按量及时完成领导交办的工作任务，确保政令畅通，工作顺利开展。做好领导请（休）假报批报备工作，确保县领导及时掌握各镇各部门领导的工作动态。做好各级文件的收文办文及以县政府、县政府办公室名义的发文、汇报等，按程序呈批、转办，推动全县经济社会发展。为前来办事的基层单位提供服务，做好解释指引工作，促进基层单位顺利办理各种事项，确保圆满完成工作任务，如疫情防控、县党政主要领导任中审计、第七届稻田鱼活动周、第十二届瑶族文化艺术节等。办理好属县部门和乡镇的来文，做好服务群众工作，促进全县各项工作的顺利运转。截至年底，办理421人次请（休）假报批报备手续，办理各级文件10892件，发出各类材料2129件，办理县属部门文件3553件、乡镇来文412件，帮助协调解决企业事项3件。

【综合调研】 2020年，连南瑶族自治县人民政府办公室紧扣县委县政府发展战略目标，围绕乡村振兴战略实施、脱贫攻坚、全域旅游、生态文明建设等问题深入乡镇、部门有针对性、有目的、有重点地开展调查研究，深化对全县工作中的一些重大问题的现状及相关的探索与思考，及时把握形势、了解社情民意，为县领导科学决策提供服务；负责县政府日常文件办理、重要文件起草以及重大会议、重要活动的文字材料工作，完成《政府工作报告》等重要材料；负责县政府常务会议、县政府专题会议的记录、纪要及批复草拟工作；做好政务信息报送，展示连南政府工作风貌和成效，信息工作在全市排名第四。做好人大建议意见和政协提案办理工作。撰写全县性汇报材料240篇，草拟请示21份、批复225份、办函32份、会议纪要125份、政务信息65篇、各类通知129份，督办人大议案和建议52件、政协提案54件。

【督查协调】 2020年，连南瑶族自治县人民政府办公室认真做好会务工作，为1214场会议提供会务服务，其中会议中心27次，电视电话会议193次，中小型会议活动994余次，协助举办大型活动4场。做好省市督办件的落实工作，及时按照上级部门要求认真抓好市委常委会、市政府常务会议、市委重点督查事项、市政府重点工作任务及市领导批示件等落实情况的督查，上报市委、市政府相关材料27份。对县政府工作报告、县政府常务会议决定事项、十件民生实事460项进行实地督查、电话跟踪、座谈交流，全年开展实地督查8次，其中全县重点工作督查2次，县政府领导交办（6项）督查6次；形成4期县政府常务会议决定事项落实情况通报、3期县十件民生实事落实情况通报。

【外事工作】 2020年，连南瑶族自治县人民政府办公室加强业务培训，选派3人次工作人员前往清城区、广东南岭干部学院参加疫情防控常态化涉外工作培训、全省县（市、区）外事部门人员保密培训，进一步提高外事工作人员的政治理论素质和工作水平，更好推进新时代外事工作。做好常态化疫情防控涉外工作，做好境外疫情“防输入”涉外工作，成立县内外语人才志愿者外事服务小组，开展“防输入”涉外事务处理，提供翻译服务。开展疫情防控正面宣传，协助市委外办向县内涉外企业派发清远市疫情防控期间惠企政策汇编，宣传海外领事保护，及时转发《防控境外疫情输入涉外工作指引》《在清外籍人员健康服务管理10条工作指引》等相关政策规定。

【信访工作】 2020年，连南瑶族自治县人民政府办公室做好重大会议、重大活动保障工作。根据上级要求，集中开展治理重复信访、化解信访积案专项工作，开展网上信访工作。2020年，全县群众来信来访200件263人次，办结率100%；排查县领导包案信访事项27宗，办结率100%；上级领导包案化解信访事项4宗，办结率100%。

【信息事务】 2020年，连南瑶族自治县人民政府办公室根据权责清单和政务服务事项，在重大项目、公共资源交易、义务教育等26个试点领域编制基层政务公开标准目录，梳理出服务事项1455项在政府门户网站进行公示。加大力度抓好政策解读、政府公报、财政信息、基层政务公开标准目录等的栏目建设，通过政府网站向社会各界公开重点领域信息公开专栏14个栏目，发布危房改造、安全生产、扶贫资金信息等314条；发布其他专栏信息101条；发布政务要闻、部门动态、乡镇动态、政务要闻、气象信息、视频新闻等栏目发布信息1823条。同时做好政务新媒体的管理，连南县现有政务新媒体均在全国政务新媒体平台报备。

（连南瑶族自治县人民政府办公室）

【机关事务管理】 概况 2020年，连南瑶族自治县机关事务管理局突出抓好工作标准化、信息化建设，主动服务，优质高效保障，科学规范管理，提升机关事务管理能力，抓好党政机关机构改革办公用房调配工作，扎实推进公务用车管理工作、高质量做好各类会议会务，抓好重要活动的安全保卫，做好县行政综合大楼和县行政服务中心办公楼正常运转的后勤保障工作，做好机关后勤管理工作，负责机关食堂的日常管理工作。

机关管理服务 2020年，连南瑶族自治县机关事务管理局承担全县行政事业公务用车管理职能，积极推进全县工作用车管理工作，进一步完善公务用车管理数据，落实全县公务车辆编制、标准、更新、购置配备等管理以及加强县四套班子公务用车平台建设和“广东省公务用车网上办公系统”和“广东省公务用车信息管理平台”管理工作。精心做好会务服务保障，提升服务质量，为各项会议提供优质、高效的会务服务，全年服务各类会议1142场37537人次。加强保安、保洁队伍管理，强化安防、维稳日常巡查制度执行和应急处置预案管理，推动各安防、保洁区域服务管理制度化、规范化、科学化。加强照明、水电、空调等其他项目服务日常检查和维修，切实保障各种硬件设施的正常运行，确保各办公区域正常、安全运作。成立以分管副局长为组长的县机关食堂管理领导小组，负责机关食堂的日常管理，在新冠肺炎疫情防控期间，累计为全县各个疫情检疫点检疫人员送餐15398份，解决他们的实际困难，切实做好后勤服务保障工作。

后勤配套建设 2020年，投入40余万元完成县行政综合大楼413会议室高清视频改造和增加县会议中心高清视频会议功能，提高工作效率；投入340万元重建配电房，确保县行政综合大楼的各种设备正常使用。投入7万元购置疫情防控红外线测温仪两台，实时测量体温，降低检测人员的接触风险和被测试人员的等待时间，为做好新冠肺炎疫情防控工作提供重要保障。

（连南瑶族自治县机关事务管理局）

政协连南瑶族自治县委员会

【概况】 2020年，政协第十一届连南瑶族自治县委员会召开全体委员会议1次，常务委员会议4次，开展专题调研、视察调研合计22批次，提交调研报告21篇，为党委政府决策提供参考。

【政协重要会议】 县政协全体委员会议 2020年，政协第十一届连南瑶族自治县委员会第五次会议于6月3—4日在县会议中心召开（因新冠肺炎疫情防控需要延后召开）。会议听取并审议通过县政协主席李春益所作的县政协常委会工作报告和副主席房婧婧所作的提案工作报告；与会委员列席连南瑶族自治县第十五届人民代表大会第五次会议，听取并讨论县人民政府工作报告及其他报告。会议表扬县政协十一届四次会议以来优秀提案、承办提案先进单位和优秀政协委员。会议听取房富珍、赵洁敏、房秀芳、房秀英、唐斌贤、丁卫月6位委员分别代表县政协专题考察组、经济工作组、提案工作组、社会与法制工作组、文史资料工作组、教科文卫体工作组所作的《借鉴雷州市十贤祠经验，扩大连南县历史名人影响》《关于推进我县瑶族特色“夜游经济”发展的建议》《关于进一步推进我县创建全国文明城市工作的建议》《打造瑶区养老精品，促进连南康养发展》《关于提升县城居民饮用水质量的建议》《关于加强我县野生中草药资源保护的建议》等议政发言，审议第五次会议提案审查情况报告；会议审议通过县政协十一届五次会议决议。收到提案63件，立案54件，转意见建议6件，撤案3件。县委书记刘泽和、县政协主席李春益在闭幕大会上讲话。

县政协常务委员会会议 2020年3月31日，县政协党组书记、主席李春益主持召开政协第十一届连南瑶族自治县委员会常务委员会第十三次会议。协商县政协十一届五次会议事项等有关工作。县政协副主席房婧婧、沈俊辉、陈锦叶、唐海英、赖斌、房剑辉，党组成员房小亮、钟德明及常委委员出席会议，不是常委的工作组长、各委室正副职列席会议。会议传达学习“习近平总书记出席二十国集团领导人应对新冠肺炎特别峰会重要讲话”精神，协商通过《政协连南瑶族自治县委员会常务委员会2020年工作要点》。会议讨论《常委会工作报告》《提案工作报告（征求意见稿）》，确定报告人。协商确定县政协十一届五次会议议程、日程安排，通过表扬2019年优秀提案及履职优秀委员名单，变更、增补本届委员，提名部分常委会组成人员人选。会议讨论《政府工作报告（征求意见稿）》，县政府副县长刘志刚到会听取意见和建议。会议还邀请县人民法院、县人民检察院主要领导到会通报工作情况。

县政协常务委员会会议 2020年6月2日，县政协党组书记、主席李春益主持召开政协第十一届连南瑶族自治县委员会常务委员会第十四次会议，会议审议政协第十一届连南瑶族自治县常务委员会工作报告及有关文件；听取县政协十一届五次会议有关筹备工作情况报告；协商增补张文康、吴锦林为政协第十一届连南瑶族自治县委员会委员，同意盘志辉辞去政协第十一届连南瑶族自治县委员会委员职务。会议还传达学习全国政协十三届三次会议、市政协七届四次会议精神。

县政协常务委员会会议 2020年9月11日，县政协党组书记、主席李春益主持召开政协第十一届连南瑶族自治县委员会常务委员会第十五次会议。会议对小区物业管理进行专题协商议政。县政协民族宗教委主任陈海光代表专题调研组汇报县城小区物业管理工作调研情况，指出各小区不同程度存地在脏乱差、业主委员会组建滞后、物业服务企业小弱散、物业收费难、创文创卫气氛不浓等问题，并提出相应工作建议。与会委员协商提出解决小区物业管理存在问题的意见建议。县住建局、县城综局、县自然资源局、县市政局、县司法局、县消防大队、连南气象局、三江镇、三江居委等单位应邀参加会议，分别结合各自工作职能发言。副县长房春华到会听取协商议政情况并给予充分肯定，认为政协关注的焦点也是政府要解决的热点，县政府将尽快成立专题小组推进这项工作，争取三个月内主动向县政协通报阶段性工作成效。会议指出，专题调研组要充分吸收协商成果，进一步修改完善、形成高质量的调研报告，供县政府及职能部门在提升小区乃至社区管理效果方面决策参考。会议还学习《习近平谈治国理政》（第三卷）之《决胜全面建成小康社会，夺取新时代中国特色社会主义伟大胜利》，学习习近平总书记在中共中央召开党外人士座谈会上的讲话；学习省委十二届十次全会精神；传达全市政协工作交流会暨政协党的建设工作座谈会精神，学习市政协加强和改进调研工作实施办法；听取县经促局、县教育局、县农业农村局等工作情况通报。下午，常委会成员实地视察连南稻鱼茶省级现代农业产业园三产融合发展中心、旅游集散服务中心、三江镇无花果特色基地和兰花种植示范基地等项目。会议就下一步工作提出要求：一是加强提案办理督办工作，促进提案成果转化；二是抓好文史资料收集出版工作；三是按年度安排抓好视察调研工作；四是谋划好明年例会议政发言材料征集工作；五是继续做好机关疫情防控及各项工作。

县政协常务委员会会议 2020年12月29日，县政协党组书记、主席李春益主持召开政协第十一届连南瑶族自治县委员会常务委员会第十六次会议。会议分两节进行，第一节学习贯彻习近平总书记出席深圳经济特区建立40周年庆祝大会和视察广东重要讲话、重要指示精神暨中共十九届五中全会以及省委市委最近召开的全会精神；分别听取2020年县十件民生实事、文化旅游、自然资源等工作情况通报；第二节组织常委会成员实地视察民生实事和文化旅游项目，先后视察全域旅游县城民族特色化外立面改造、越秀桥建设、牛栏洞至千年瑶寨与X397线南岗至油岭连接线旅游公路等工程项目。会议要求，各工作组、各委室要认真谋划好2021年工作，既要有重点也要有亮点；要抓好专题协商、基层协商，不断提高协商效果；要通过提案、调查报告等形式在文化旅游、生态保护、县城品质提升等方面建言资政；要结合中国共产党成立100周年做好文史工作；要结合实际开展公益活动、文艺活动。

【视察调研】 2020年，县政协提案工作组委员分别到三江社区居委会和寨岗社区居委会实地视察调研，并召集县委组织部、县政法委、县财政局、县民政局、县公安局、县人社局、县应急局、县卫健局、县城综局、团县委10个单位相关负责人开展社区治理调研专题协商；经济工作组委员到寨岗企业开展对县内总部经济落实情况及企业享受民族地区税收优惠政策情况调研，到县民政局、退伍军人事务局开展退伍军人就业情况视察调研；农林水工作组委员到三江镇、寨岗镇进行对县农业种植产业规模化发展情况进行视察；文史工作组委员在三江镇开展“三江八景”调研活动、县城小区物业管理工作调研视察、万山朝王国家石漠公园建设项目视察，并形成调研视察报告材料，为政府推进上述工作提供参考；教科文卫体工作组开展如何加强职业教育工作调研视察、开展如何加强公共卫生体系建设调研；社会和法制工作组开展关于县中小学校法制教育工作情况专题调研；民族社会和三胞工作组开展关于帮助连南应届毕业生就业情况专题调研、关于进一步加强工商联基层组织建设工作的视察调研。组织县政协常委到贵州、福建、海南、浙江、潮州等兄弟省市调研考察民族文化旅游、美丽乡村建设、茶叶种植与制作、特色小吃、香菇精深加工技术等工作。撰写《聚焦社区工作短板，破解民族地区县域社区治理困局》《 关于县职业教育工作的调研报告》《关于连南县总部经济落实情况的视察调研报告》《关于对我县中小学校法制教育工作情况调研报告》《关于对连南县城“三江八景”的视察调研报告》《连南瑶族自治县

2020年普通高校毕业生就业情况调查报告》《关于我县农业种植业规模化发展情况的视察报告》《关于我县灌区改造工程项目进度情况的视察报告》《海南民族文化与旅游岛建议的考察调研报告》《福建省考察美丽乡村建设调研报告》《茶叶产业发展调研报告》《关于地方特色小吃打造的调研报告》《连南县政协专题调研组赴闽、浙、赣等地考察食用菌精深加工的专题报告》等一批调研报告供县委县政府决策参考。

【提案工作】 2020年，县政协十一届五次会议以来收到提案63件，立案54件；转意见建议6件；撤案3件。征集、编印大会议政发言材料，采用13篇，其中台上发言6篇。为集中展示本届县政协委员通过提案、议政、调研等形式履职的优秀成果，同时为新一届县政协委员履职提供参考，县政协收集整理此届优秀提案、议政材料、调研报告，编写、审核、修改、校对10万字以上。

【文史资料编辑】 2020年，县政协开展两期特聘文史委员培训，召开文史资料调研座谈会12次，走访20多人次。做好《连南八排民族志》的调研、编纂、出版等工作。组织聘请有关瑶族文史专家，成立编审工作组，召开编审专家座谈会，对《连南八排民族志》西五排调研编纂初稿审核；成立工作小组开展八排民族姓氏溯源调查；从9月中旬开始，开展东三排的田野调查和资料搜集工作；开展《连南八排民族志》八排古村落视频摄制和制作工作；开展《盘王大歌》田野调查和资料收集工作，协助县委县政府举办2021“盘王大歌”新年音乐会；开展《清远政协》（连南专辑）组稿工作，完成16万字、70幅照片的图文稿件编纂上报出版；做好清远市政协关于《记忆·清远茶》7篇、“驻村第一书记扶贫纪实”5篇、“县政协委员石文彬武汉战疫经历”等文史资料及图片组稿编纂上报工作。收集其他文史资料3万多字，与中南民族大学民族学与社会学学院联系，协调做好《连南八排民族志》的调研编纂工作。

【联谊交流】 2020年，县政协做好各级政协到连南县考察调研交流工作。省政协副主席马光瑜率领的调研组到连南开展省政协重点督办提案《关于保护民族文化生态，建设少数民族特色村镇的提案》调研；省政协副主席郑振涛率领的视察团到连南视察调研，进一步推动《关于推进我省民族地区加快高质量发展的意见》落地见效；市政协首次到连南召开全市政协工作交流会暨政协党的建设工作座谈会，学习贯彻习近平总书记重要讲话暨全国“两会”精神和全省政协系统交流会精神，以及交流学习贯彻中央、省市党委政协工作会议精神经验做法；市政协主席、省运会筹委会常务副主任兼指挥部总指挥梁志强率队到连南调研省运会场馆筹备及基层政协疫情防控等工作情况。县政协接待各级政协、友好联谊会到访连南400多人次。密切与港澳社团和企业家代表人士联系，进一步增强港澳委员的国家意识、爱国情感、民族情怀。县政协领导率队赴珠三角连南商会和连南政协委员企业走访调研，慰问企业，听取委员和连南籍人士对连南建设的意见和建议。

（连南瑶族自治县政协办）

纪检监察

【概况】 2020年，连南瑶族自治县纪检监察系统受理信访举报135件，处置问题线索247件，运用处置方式222次（其中谈话函询79次，初步核实143次），立案审查调查67件67人，给予党纪政务处分51人，双重处分2人，其中科级干部15人，开除党籍13人，开除公职1人。持续推进省委巡视整改工作，处置省委第八巡视组和市纪委监委移交（转办）问题线索40件，办结34件，完成率85%，立案9件9人，结案6件处分6人。常态化开展政治巡察，开展3批33个单位常规巡察，4轮专项巡察，发现问题402条，向纪检监察机关移交线索21条、其他单位2条。

【管党治党责任落实】 2020年，连南瑶族自治县各基层党组织开展党内谈话1579人次、日常廉政谈话1376人次、任前谈话23人次、提醒谈话107人次、诫勉谈话18人次、警诫谈话55人次。运用“四种形态”处理党员干部178人次，其中第一、二、三、四种形态分别处理122人次、36人次、15人次、5人次。组织5名党委（组）书记在县纪委全会上作述责述廉报告。协助县委制定实施《纪检监察试点改革实施方案》《派驻机构改革实施方案》和《派驻机构改革方案》，组建4个派驻纪检监察组对县直10个系统党委72个正科单位党组织的监督全覆盖。召开全县领导干部纪律教育大会，县委主要领导集体廉政约谈新任科级干部2次48人。回复党风廉政意见2230人次，审查换届人选1085人次。

【中央八项规定精神落实】 2020年连南瑶族自治县查处违反中央八项规定精神问题17起32人，结案处分17人，诫勉处理12人。印发《连南县2020年机关作风专项治理工作实施方案》等方案措施，整治不作为、慢作为、乱作为等突出问题。对公车私用、公款吃喝、脱贫攻坚、节假日值班情况等开展明察暗访68次，发现问题14起，提出整改要求及建议14条。协助县委制定印发《关于进一步加强建设工程招标投标领域监督管理工作的意见》，处理工程建设领域违规收受礼金礼品9件，立案5人，处分4人、诫勉处理2人、谈话提醒2人。

【廉政警示教育】 2020年，连南瑶族自治县召开全县领导干部纪律教育大会，县委主要领导集体廉政约谈新任科级干部2次48人。开展纪律教育学习月活动，举办全县领导干部党章党规党纪教育培训班、“清风杯”篮球赛等系列活动。协助县委开展钟志文严重违纪违法案以案促改工作，督促推动相关党委（党组）纳入年度民主生活会。

【常规巡察开展】 2020年，连南瑶族自治县制定巡察工作计划，开展3批33个单位党组织的常规巡察、1轮扶贫领域专项巡察、2轮村级党组织专项巡察、1轮落实省委巡视连南反馈问题专项巡察、1轮领导干部因私出国（境）机动巡察，做好3批市委县级交叉巡察保障工作。完成对全县83个巡察单位的政治巡察，覆盖率89.2%，推动完成71个村级党组织巡察全覆盖，提前完成市委要求覆盖率80%的目标任务，发现问题402条，向纪检监察机关移交线索21条、其他单位2条。

【基层正风反腐】 2020年，连南瑶族自治县排查基层党员干部违纪违法线索159件，立案42件，处分13人。深化扶贫领域腐败和作风问题专项治理，全县立案查处扶贫领域腐败违纪违法案件16件，处分15人。坚持“一案双查”，严肃追究扶贫领域、美丽乡村建设失职失责问题2件10人，处分2人、诫勉处理2人、提醒谈话4人。100%完成市纪委扶贫领域专题暗访反馈整改工作，延伸开展专题暗访，排查贫困户888户，推动筹措资金835.71万元。处置涉黑涉恶问题线索24件，初核线索22条，立案12件12人，给予党纪政务处分9人。

（连南瑶族自治县纪律检查委员会）

群众团体

工 会

【概况】 2020年，连南瑶族自治县总工会申报连南县工人文化宫建设项目，争取省、市总工会对文化宫的资金补助，完成工程主体部分的施工。组建晟达钙业厂工会委员会，发展新会员86名。制订《连南瑶族自治县社会化工会工作者工作实施方案》和《连南瑶族自治县社会化工会工作者管理制度》，完成7名社会化工会工作者招聘工作，分配到7个镇协助开展工会工作。创建稻鱼茶产业园区工会联合会“职工之家”、荣芳鞋业有限公司“职工之家”、爱心妈妈小屋。做好“粤工惠”会员实名注册登记工作，83个基层工会登记注册，占已建工会92%；2865名会员注册登记，占会员人数86.71%。县总工会打造特色劳动竞赛品牌，指导稻鱼茶产业园区工会联合会开展茶叶品茶、斗茶劳动竞赛。做好劳模评先评优工作，县民族初级中学谭石林被评为广东省劳动模范。实行对各类劳模微机档案管理，制定完善劳模各项优惠待遇，组织6名劳模参加疗养活动，免费为24名省级以上劳模进行体检。

【工会维权】 2020年，连南瑶族自治县工会发挥沟通广大职工的桥梁纽带作用，维护职工合法权益。健全工会劳资纠纷应急处置机制，协助信访、劳动监察大队做好职工上访、职工欠薪等侵害职工权益事件。推行民主管理工作，指导企业开展厂务公开、职代会制度和签订平等协商集体合同，增强职工参政、议政能力和实行民主权利。完善劳动争议诉调工作室，打造“法院＋工会”维权新模式，发挥劳动争议诉调对接工作机制。开展职工普法活动，通过法律宣讲、送法到企业、送法上门等形式到企业开展职工法律法规宣传教育宣讲2场次。

【工会帮扶解困】 2020年，连南瑶族自治县工会开展“春节送温暖”活动，慰问困难职工11户，发放慰问金1.6万元；开展“夏送清凉”活动，慰问高温作业一线职工，发放清凉饮料525箱；开展金秋助学、医疗救助、生活救助活动，资助困难职工68名，发放救助金12.5万元；推进职工医疗互助保障工作，为238名职工办理“二次医保”，为27名职工办理赔付手续，理赔金额22.6万元；开展新冠肺炎疫情防控工作，先后抽调6人参与疫情防控工作；到荣芳鞋业有限公司、美莲华礼服有限公司、稻鱼茶产业园区调研指导企业复工复产和疫情防控工作，向3家企业工会分别送上5000元慰问金；开展慰问赴湖北医护人员家属活动，为3户医护人员家属分别送上慰问金3000元；为县属企业购买手套、口罩、消毒水等防疫物资14860元。

（连南瑶族自治县总工会）

共青团

【概况】 2020年，中国共产主义青年团连南瑶族自治县委员会新发展500名共青团员，现有团组织249个，团员数3995人。邓秋平被推选为全国青联第十三届委员会委员协商人选；沈建豪被推选为中国少年先锋队第八次全国代表大会少先队员代表及被评为“全国优秀少先队员”；房文奇、梁煜、沈金燕被评为2019—2020年度“广东省优秀共青团员”；县田家炳民族中学团委被评为2019—2020年度“广东省五四红旗团委”；莫懿慊同学被评为2019—2020年度“广东省优秀少先队员”；方桂莲老师被评为“广东省优秀少先队辅导员”；少先队清远市连南瑶族自治县寨岗镇中心小学大队被评为“广东省少先队红旗大队”；少先队连南瑶族自治县石泉小学大队三（5）中队被评为“广东省少先队红旗中队”。县志愿者协会郑夏辉、吴庆峰，青年团员石文彬被评为清远市“身边好人”。连阳山品大学生新农创业项目（连南）在第七届“创青春”广东青年创新创业大赛暨第三届粤港澳大湾区青年创新创业大赛中获（农业农村组）二等奖。

【青少年思想教育】 2020年，中国共产主义青年团连南瑶族自治县委员会组织形式多样的“绽放战疫青春·坚定制度自信”主题团课、社会主义核心价值观教育实践活动，引领青少年坚定不移坚持党的领导。

【青年帮扶救助】 2020年，中国共产主义青年团连南瑶族自治县委员会开展“两帮两促”行动，给160名贫困优秀大学生、中小学生发放青少年教育关爱基金助学金149100元；开展“希望工程”行动，资助84名中小学生18404元；组织115名贫困学生参加夏令营活动；依托县青少年宫开展“福彩圆梦”2020年清远市福彩育苗计划活动，开设绘画、健美操、中国舞3个公益课程，面向留守少年儿童、异地务工人员子女、生活困难少年儿童、孤残儿童和各类家庭寄养的孤儿提供80个公益学位；组织5支志愿服务队开展“七彩假期”活动，为留守儿童开展“一对一”教学辅导；开展“青春情暖”“健康直通车”“阳光助残”等活动。

【青年就业创业】 2020年，中国共产主义青年团连南瑶族自治县委员会开展“展翅计划”、暑期三下乡等活动，联合20个单位（企业）开发实（见）习岗位105个，为服务青年大学生成长成才提供广大的平台。落实小额贴息贷款优惠政策，向5名农村创业青年发放贷款100万元。推出“领头雁”农村创业青年培养人才工程之就业帮助活动，组织200多名农村青年参与培训。

【青年志愿服务】 2020年，连南瑶族自治县在i志愿平台注册志愿者人数有18948人，志愿者服务组织及团体数有181个。配合省市县等各单位部门联合开展志愿服务活动工作，县志愿者协会结合新冠肺炎疫情防控、精准扶贫、创文创卫、关爱留守儿童、预防青少年违法犯罪、普法宣传等工作，发布志愿活动数68次。根据连南县委组织部指导意见，将志愿服务工作纳入年底党建绩效考核内容，规范志愿服务活动。

【青年权益维护】 2020年，中国共产主义青年团连南瑶族自治县委员会深化青少年法治宣传教育等项目，重点加强青少年禁毒文化产品创作及传播，开展禁毒宣传“三进”活动。签订《关于构建连南瑶族自治县未成年人检察工作社会支持体系合作框架协议》，推动建设青少年社会工作服务机构，开展未成年人法治宣传工作。常态化开展预防青少年违法犯罪宣传，开展“三进”宣传活动30余场，通过派发宣传资料、开宣讲会等方式增强青少年学法、守法、用法意识和自觉性，预防青少年违法犯罪。探索与社工机构合作开展青少年预防违法犯罪工作模式，开展青少年违法犯罪个案心理咨询、辅导等工作，依托青年之家成立青少年学习社、个案工作室，为各类青少年及其家庭提供个案咨询和管理服务，促进个人或家庭的成长和谐。

【新冠肺炎疫情防控工作】 2020年，中国共产主义青年团连南瑶族自治县委员会组建青年志愿者突击队，协助开展入户核查、检疫点执勤、宣传引导、送温暖等工作。突击队员协助社区入户核查4709户25702人，派发疫情防控宣传资料5000余份，开展疫情防控志愿活动125次，累计1580人次参与疫情防控志愿服务活动。组建爱心助农志愿服务队助力复工复产，协助农村贫困创业农户采摘1000千克香菇、250千克桑葚、协助销售1300千克柑橘等。组建4支爱心护校志愿服务队助力复学复课。

（中国共产主义青年团连南瑶族自治县委员会）

妇联

【概况】 2002年，连南瑶族自治县妇女联合会团结、动员广大妇女参与经济建设和社会发展，代表和维护妇女儿童合法利益，促进男女平等。召开连南瑶族自治县妇女第十二次代表大会，选举产生县妇联第十二届执委33人、常委13人，房媛艳当选为主席，罗焕霞当选为副主席，唐嘉娜当选挂职副主席，黄敏珍、邓瓔、房伟艳当选为兼职副主席。巩固提升村（居）“会改联”成果，各村（居）妇联执委人数经调整优化后不少于15人，县级部门机构改革后，县直系统成立妇委10个、单位妇女小组70个、“四新”领域妇联组织20个，并举办妇女干部业务提升班，进一步提升基层妇女干部的能力素质和工作水平，推动妇联组织建设。

【“巾帼建新功”工作】 2020年，连南瑶族自治县妇女联合会推进“巾帼创业”和“巾帼建功”系列巾帼创建活动。清艳瑶绣农民专业合作社被清远市妇联授予“2020年清远市巾帼创业创新示范基地”称号。大坪镇牛路水村党总支委员、村委委员、妇联主席房奕玲被省妇联授予“广东省三八红旗手”称号。石泉小学教师吴静家庭被清远市精神文明委员会授予“清远市文明家庭”称号。县人民医院邓都一妹（援鄂护士）家庭，县人民检察院潘洪波（驻村第一书记）家庭，县融媒体中心唐加霖（参与抗疫工作）家庭被清远市妇联授予“2020年清远市最美家庭”称号。县融媒体中心唐加霖（参与抗疫工作）家庭被广东省委宣传部、广东省精神文明办、广东省妇联授予“2020年广东百户最美家庭”称号。

【妇女儿童服务】 2020年，连南瑶族自治县新增2个省级“妇女之家”示范点（2020—2022三年期）、1个市级“妇女儿童之家”、2个市级“儿童友好示范社区”。县妇女联合会开展以“家家幸福安康工程”为总抓手，号召全县各级妇女组织开展寻找“最美家庭”等各类特色家庭；组建以最美“逆行者”援鄂医护人员邓都一妹、“最美家庭”唐加霖等为代表的巾帼宣讲团，在全县各地开展讲好“最美家庭故事”宣讲活动；联合县关工委、教育局等部门组建家教讲师团，以“家长学校”“妇女儿童之家”为载体，开展“家庭教育大讲堂”进村居、进校园活动30场；联合县图书馆开展“妙笔生花 绘出你的本事”庆“六一”亲子阅读活动，弘扬好家风好家训。针对新冠肺炎疫情，向全县家庭发出1万份公开信，号召广大家庭万众一心，齐抗疫情。“三八”期间，推出“致敬，广东最美她力量”同步亮灯活动，集中宣传展示在防控疫情一线的女医护工作者代表和各行各业妇女典型。开展“您家的菜我来送”公益活动，为赴鄂抗疫医护人员家庭送上新鲜果蔬，各级妇联也为防控一线、返乡、援鄂等人员提供慰问关怀、心理疏导等35人次。支持牛路水村妇联开展“瑶绣作品送抗疫医护人员”活动，协调帮助该村将瑶绣作品赠送给钟南山院士。多措并举助力各级巾帼示范基地、巾帼合作社、创业妇女在做好新冠肺炎疫情防控常态化工作下复工、复产、复耕。

【妇女儿童关爱工作】 2020年，连南瑶族自治县妇女联合会开展“康乃馨”送温暖、援助活动。

县委常委黄素梅、副县长沈碧霞等县领导率队进村入户走访慰问贫困妇女儿童，送上慰问金、慰问品，价值3.6万元；支持寨岗镇廻龙小学、涡水镇马头村教学点5000元；开展巾帼妇女“两癌”免费筛查及救助工作，1600名妇女参加免费筛查活动。获得清远市妇联1.5万元救助金，帮助5名因病因灾致贫单亲特困母亲改善生活条件；镇村妇联干部一对一结对监护帮扶37名困境残疾女童，为农村留守儿童等提供新冠肺炎疫情防控期间心理疏导等关爱服务。

【妇儿工委工作】 2020年，根据广东省妇女儿童发展规划统计监测系统统计，连南县对比清远市妇女儿童发展规划127项可比量化指标达标率为94.49%，其中妇女发展规划74项达标率为94.59%，儿童发展规划53项达标率为94.34%。规划目标、指标完成情况良好。

（连南瑶族自治县妇女联合会）

科 协

【概况】 2020年，连南瑶族自治县科学技术协会（以下简称县科协）为贯彻《全民科学素质行动计划纲要》，开展科普进校园活动，组织幼儿组、小学组、初中组、高中组参加清远市科协在清城区新北江实验学校举办的2020首届广东青少年机器人大挑战清远选拔活动，派出7支代表队参加比赛，获得1个冠军、3个亚军。其中在狮王争霸中学组项目中，田家炳民族中学代表队勇夺冠军，县顺德希望小学获该项目小学组二等奖；在环保接力项目中，县民族幼儿园代表队获幼儿组二等奖；在丛林挑战项目中，县石泉小学夺得小学组二等奖。

【科普宣传培训】 2020年，县科协培训工作重心下移到村（区）、协会、基地，联合有关部门在三江镇城西举办农村实用技术培训班，邀请农技师围绕桑果高产栽培技术、太空莲、桑果田间管理、小农户与大市场融合等方面，全年开展农村能人综合能力培训、农业种养技能培训、科学养猪技能培训、电子商务培训（电商概论、电商运营及网店引流等基础性知识培训）8期，540人参加。

【科技科普服务】 2020年，县科协与县融媒体中心在每天《连南新闻》前后播放电视科普栏目，有新冠肺炎疫情防控指南、科学养生和科学种植养殖等科普知识。从1月1日起开播，每天播放七期，每期15分钟，循环播放科学科普知识短视频4000多条。编印和下发《新型冠状病毒肺炎公民防护指南》手册、发放专题疫情防控知识挂图等宣传资料，深入寨岗镇廻龙村、三江镇城西村、新和村、三江社区等进行新冠肺炎疫情防控宣传。县科协发放疫情防控科普知识宣传资料5000余份，制作科普防疫知识宣传手册1本印制5000册；在县、镇、村制作宣传专栏100块、在县电视台循环播放疫情防控科普知识视频4000多条，疫情防控科普知识宣传实现县、乡镇（街道）、村（社区）全覆盖。开展文化、科技、卫生“三下乡”活动，派发农业技术、科普知识、扫黄打非、扫黑除恶、金融业务、防假币、禁毒、食品安全、公共卫生、文明出行、气象灾害防御等宣传册约800套，环保宣传袋600份、雨伞600把，悬挂横幅20条，接受咨询人数约1000人次。

【学（协）会活动】 2020年11月26日至27日，由广东省青少年科技教育协会、广东院士联合会、清远市科协主办，连南县科协协办，开展2020年院士专家广东校园行科普报告活动，来自中国科学院的夏青、王邦平等老科学家在县民族小学、石泉小学、田家炳中学、三江中心小学等8所学校开展以《物理的魅力》《航天与气象小故事》《导航卫星就在你身边》等内容的科普讲座，参加人员2000人次。在“5·12”国际护士节期间，护理学会开展以“疫情无情，天使有爱”为主题的诗歌朗诵活动。5月26日，广东省兰花协会会长、秘书长一行3人，到连南指导兰花协会建设，并指导连南种植兰花。

（连南瑶族自治县科学技术协会）

侨　联

【概况】 2020年，连南瑶族自治县归国华侨联合会（以下简称县侨联）开展侨情摸底调查，全县有归侨23人，侨眷2100人。

【侨联基层组织建设】 2020年，县侨联制订工作方案，将原有基层侨联组织（站、组、小组）所在农村基层党组织优化设置，创建石坑崀村“为侨服务示范点”。

【培训交流】 2020年8月27至28日，侨眷刘向锋等2人到英德参加清远市侨务干部暨归侨侨眷创新创业技术培训班。

【华侨事业费发放】 2020年，县侨联开展归侨调查，制订扶贫救助补助资金发放工作方案，12月，救助困难归侨9人，发放临时救助资金21500元。

【疫情防控工作】 2020年，县侨联全力参与新冠肺炎疫情防控工作。向海外华侨华人发出《致海外清远侨胞一封信》，向侨界做好疫情防控宣传。

（连南瑶族自治县归国华侨联合会）

工商联

【概况】 2020年，连南瑶族自治县工商业联合会（以下简称县工商联）有企业会员10个，团体会员8个（其中镇商会3个，行业协会3个，个私协会各1个），直属会员130人，个人会员524人；县工商联执委38人，其中主席1名，常务副主席1名，副主席19名（其中1名副主席于12月23日因病逝世），秘书长1名。执委中，担任市人大代表1人，市政协委员1人，县人大常委1人，县人大代表1人，县政协常委2人，县政协委员20人。有商会6个（即县商会1个、镇商会3个，异地商会2个），行业协会5个。发展和壮大工商联基层组织和会员队伍，吸收荣芳鞋业、珠江燃气、丹霞单采血浆站、连城建设工程4家公司为企业会员；吸收宏盛农业发展有限公司总经理卢川、寨岗迎宾馆总经理曾春晓、雅鹰柰李种养农民专业合作社负责人唐金朋、名族鼓艺坊总经理唐买社吊、康城车行李木高5人为个人会员。

【会员企业服务】 2020年11月9—12日，县工商联组织民营企业家代表杜汉堂、唐罗伟等6人到广州参加企业经营管理培训班，旨在提高民营企业家的经营管理水平和驾驭企业的能力。县领导干部通过调研走访企业，收集问题12个、建议4条。处理落实问题8个，正在协调处理4个。企业提出的4条建议均由责任单位提出具体的指导意见和作出合理的答复。

【对外联谊活动】 2020年6月28日至7月15日，县委常委、统战部部长黄素梅率领县委统战部、县工商联、基层商会等一行9人分别到深圳市、佛山市连南商会，中山市、肇庆市连南联谊会，开展走访调研和交流活动。9月15日至17日，县工商联组织基层商（协）会、异地连南商会、香港连南同乡联会等的民营企业家一行30人赴贵州省独山县和剑河县考察学习，重点考察学习种植养殖、实体企业经营管理、少数民族特色村寨建设等方面的先进做法和经验，县委常委、统战部部长黄素梅带队并参加考察活动；10月30日，县工商联与检察院联合举办“服务‘六稳’‘六保’护航民企发展”检察开放日活动，有7位企业家代表参加此次活动。

【光彩事业活动】 2020年，县工商联捐赠资金

15.64 万元，捐赠防控医疗物资折款 65 万余元。其中县工商联名誉主席、县中和实业集团董事长杜万青捐赠一次性口罩 28000 只、护目镜 530 副、84 消毒液 1 吨，折合人民币 18.26 万元；县工商联副主席、三排镇商会会长、佛山市北奥清洁用品有限公司总经理房江捐赠“84 消毒液”212 加仑 15 箱，折合人民币 3 万多元；6 月 16 日，县工商联组织执委以上民营企业家开展“6·30”扶贫济困募捐活动，合计捐款 81737 元。其中按照募捐者（民营企业家）意愿在募捐款中拿出 51637 元，用于资助福华三排中心学校、寨岗中学、寨南中心学校品学兼优的贫困学生 144 人；30100 元投入挂点村扶贫工作，为村委决战决胜脱贫攻坚工作提供保证。在八一建军节到来之际，县工商联组织基层商协会、工商联执委到县消防大队开展慰问活动，支持购置健身设备资金 10000 元，以表达民营企业家对消防救援人员的深切情怀和对消防工作的大力支持。

【百企帮百村】 2020 年，清远市 65 家商协会和民营企业对连南县 67 个行政村有劳动力贫困户 1229 户开展结对帮扶行动，投入帮扶资金和捐赠帮扶物资折价合计 277.241 万元，帮扶受益人数 5252 人。

（连南瑶族自治县工商业联合会）

文 联

【概况】 2020 年，连南瑶族自治县文学艺术界联合会有 7 个团体会员，会员 330 人。举办各类文艺活动 30 场次，其中展览 9 场次，进社区、进学校 17 场次，文艺赛事 2 场次；结集出版作品集 1 本；在市级以上报刊杂志发表或获奖的文艺作品 100 多篇。

【文艺创作活动】 2020 年，1 月份连南瑶族自治县文学艺术界联合会组织书法协会骨干会员举行送“福”送春联活动 14 场（5 日三江镇城西村，11 日上午文化广场、下午县移民新村，12 日三排镇油岭村，13 日三江镇大龙村，14 日上午大麦山镇白芒村、下午大麦山镇中心岗村，15 日寨岗镇政府，16 日上午三江镇东塘村、下午涡水镇小横龙村，18 日锦绣书苑，19 日上午香坪镇盘石村、下午大坪镇大掌村，20 日三排镇政府），送出“福”字 2000 多幅，春联 3000 多副。7 月 30 日，在月亮湾创建“县文联文艺创作基地”，并挂上“文艺创作基地”牌子。8 月 1 日，组织书法协会骨干会员到涡水镇小横龙村开展书写新思想活动，现场书写书法作品送给当地村民。9 月 2 日，到三江镇中心小学参加新生入学开笔仪式，并现场挥毫书写中国汉字“人”字。12 月 9 日，协助清远市“红色文艺轻骑兵”巡演在寨岗中学演出。

【文艺创作成果】 文学协会 2020 年，刘庆辉作的诗歌《平民英雄》获清远市社会主义核心价值观征文诗歌组优秀奖。房丽珍作的报告文学《鼓王唐桥辛二公》获清远市社会主义核心价值观征文报告文学组优秀奖，散文《三江老街 悠悠岁月美如歌》《世内桃源梅村》《里八峒——宁静的古瑶寨》在《清远日报》上发表。盘鹃作的散文《贫困户眼中的第一书记》获清远市社会主义核心价值观征文散文组优秀奖，报告文学《爱的另一种表达》获市作协“以笔为援”报告文学组优秀奖，散文《玩坡节，延续千年的瑶族记忆》在《源流》上发表，散文《又到瑶山春耕时》《油岭瑶寨：千年马头昂首鸣！》《长在岁月中的名字》在《清远日报》上发表。周富庭作的《法治之花，瑶山绽放》获清远市第二届法治文化节文艺创作组“优秀法治文化精品奖”。赵洁敏作的散文《连南南岗千年瑶寨——值得探寻的千年记忆》在《清远日报》上发表。盘金生作的诗歌《坪地，我回来》《梦回九寨》《我在金子山等你》入选《2020 中国散文诗年选》。罗穆良作的散文《“汪嘟”声声绕山梁》《天塘传奇》《竹灯挂》《京观之殇》《九曲三珠》在《清远日报》上发表，散文《连山鹿鸣关“却金祠”碑记》《连南三江城西的四方古井》《全国三八红旗手黄秀英》在《清远古今》上发表。房春桥作的歌曲《家里的事情交给我》获清远市社会主义核心价值观原创歌曲展播二等奖，《从善如登》在《贵港日报》上发表，《端午至兮诗人归》《让我记住你的脸》《宁静，也能点亮人生的精彩》《红与黑：述说瑶家婚宴的今昔》《长长红头巾：缠绕瑶歌千古流传》在《清远日报》上发表。刘向阳作的诗歌《以爱的名义画一个圆》《行走在四月的山间》《在桃花林里轻盈地漫步》在《鸭绿江》上发表，《关不住的春色》获市2020年抗疫作品新诗类优秀作品奖。盘芸作的《村里那口山泉》《流光溢彩三江河》《伏兔春莺——石泉山》在《清远日报》上发表，《探寻文人墨客——雷州徐闻行》在南粤作家微刊上发表。许文清作的《连南民俗大观》由四川师范大学出版社出版。

书法协会　2020年，班照的书法作品入选市书协抗疫作品展、市总工会职工书画大赛作品展。罗锦荣的书法作品入选市书协抗疫作品展、市总工会职工书画大赛作品展。梁春燕的书法作品入选市书协抗疫作品展、入选清远市中华优秀传统文化教育——书法进校园活动作品展、获2020年清远市第二届中小学生美育节教师组一等奖。卢存铭的书法作品入选市书协抗疫作品展。房一贵的书法作品入选清远市首届军民共建书画展、获2020年清远市第二届中小学生美育节教师组二等奖。房志荣的书法作品入选市书协抗疫作品展，黄时有的书法作品入选市总工会书画展。罗明辉的书法作品获市总工会职工书画大赛二等奖、入选清远市书协抗疫作品展。

摄影协会　2020年，朱志敏的《好日子》入选省文联主办的"广东脱贫攻坚·全面建成小康社会"摄影展。赵洁敏的《人呢？》获市文化馆手机摄影大赛入围奖，《用歌声传递爱》入选《清远市抗疫摄影作品集》。房丽珍的《细心呵护》入选广东"战疫"影像网络展，《和谐医患，从心开始》入选全国卫生健康系统"战疫"纪实摄影大赛，《送医下乡》在"广东医生家园情"系列主题活动中获摄影大赛优秀奖，《豆腐飘香》获"我们的节日"幸福生活清远美食习俗手机（相机）摄影大赛三等奖，《捐赠援武汉抗疫防护服》《逢过必检》获清远新冠肺炎疫情防控期间人民群众日常生活手机（相机）摄影比赛二等奖。房楚鹏的《家有喜乐》获"我们的节日"幸福生活清远美食习俗手机（相机）摄影大赛获二等奖，《泣而拥抱》获清远新冠肺炎疫情防控期间人民群众日常生活手机（相机）摄影比赛获一等奖。房昭娱的《排瑶先生公》入选"2020中国民族影像志摄影双年展"，《文化扶贫之送书下乡》《瑶村喜事》《清远市生态村——连南金坑村》入展清远脱贫攻坚摄影大赛，《瑶族先生公》获清远市首届声像档案征集摄影大赛铜奖，《省级非遗——瑶族刺绣》《瑶族婚俗》获清远市首届声像档案征集摄影大赛收藏奖，《妇女美食节》获市"我们的节日"幸福生活清远美食习俗手机（相机）摄影大赛二等奖。谢海明的《瑶山晨曦》获清远脱贫攻坚摄影大赛优秀奖。

音乐舞蹈协会　2020年，唐罗古五作的歌曲《家里的事情交给我》《抗击疫情广电人》在2020年清远市弘扬社会主义核心价值观原创歌曲创作大赛分别获得二等奖、最佳歌曲奖，歌曲《不醉不归还》在清远市第五届群众艺术花会（音乐舞蹈）比赛获金奖，在广东省群众艺术花会（音乐舞蹈）比赛获铜奖。何卫民（总导演）、韦树安（副总导演）的舞剧《瑶山那抹红》参加第十四届广东省艺术节获二等奖。房积旺（编导）、何卫民（编导）、韦树安（辅导）的舞蹈《阿贵参军》参加清远市第五届群众艺术花会（音乐舞蹈）比赛获金奖。钟利（编导）、韦树安（编导）、房积旺（编导）的舞蹈《瑶绣情丝》参加清远市第五届群众艺术花会（音乐舞蹈）比赛获银奖。房积旺（编导）舞蹈《天下瑶寨　最美连南》在清远市第十九届广场文化艺术节广场舞大赛获金奖。韦树安（编导）的舞蹈《稻田鱼香》在清远市第十九届广场文化艺术节"脱贫奔康·幸福新农村"比赛中获金奖。

【文艺作品展览】　2020年1月21日，县文学艺术界联合会在县文化馆举办2020年春联展。2月

18日，举办“战‘疫情’，连南书法家在行动”网络书法展。3月4日，举办“抗‘疫’：连南作家在行动”——县文学协会会员抗疫作品网络展示。3月5日，举办连南美协战“疫”作品在线展。3月10日至5月20日，文学协会举办抗疫征文比赛。8月1日，清远市百名书法家书写新思想开展“六进”活动书法巡展（连南站）在文化馆举行开幕仪式。9月22日，县文联和文化馆联合举办的“抗疫·奔康”2020年连南县美术·书法·摄影作品展在瑶族博物馆开展。9月30日，连南书法协会小品展在县文化馆开展。

（连南瑶族自治县文学艺术界联合会）

残联

【概况】 2020年，连南瑶族自治县有持证残疾人5618人，其中视力残疾406人、听力残疾248人、言语残疾85人、肢体残疾3263人、智力残疾315人、精神残疾737人；一级残疾713人、二级残疾2647人、三级残疾1543人、四级残疾715人。办理二代残疾证884人，其中视力残疾28名；听力残疾25名；言语残疾13名；肢体残疾600名；智力残疾64名；精神残疾56名；多重残疾98名；其中431名属于重度残疾。

【残疾人文体活动】 2020年，连南瑶族自治县选送28件残疾人手工、绘画、书法、摄影作品参加第八届广东省残疾人美术作品大赛，有2件手工类作品获得省级三等奖、2件获得辅导奖。送33名残疾人运动员到清远市实验学校参加试训，在广东省第九届残疾人运动会上连南获得3金、6银、4铜，并获体育道德风尚奖。

【残疾人康复】 2020年，连南瑶族自治县精准康复系统服务558人，康复服务率100%，其中获得辅具230人，辅具适配率100%。发放辅具318件，其中普通轮椅52辆，坐便轮椅12辆，高靠背轮椅2辆，儿童轮椅5辆，腋拐18副，护理床8张，四脚拐杖27个，助行架9台，沐浴凳22张，坐便椅42张，滤光镜1个，语音盲文电饭煲5个，语音电磁炉1个，盲杖2个，助听器27个，假肢装配8例，矫形器装配52例等。

【残疾人就业】 2020年，连南瑶族自治县残疾人联合会开展春风行动暨就业援助月，根据新冠肺炎疫情防控工作的要求，采取线上宣传及动员形式。争取残疾人自主创业扶持资金，为2名残疾人争取清远市残联创业扶持资金2万元。对符合申请条件的26名自主创业残疾人发放补助7.6万元。开展2020年的按比例安排残疾人就业年审工作，截止到9月，年审企事业单位54户，年审单位申报安排残疾职工数86人，系统计算安排合计人数为111人。

【残疾人技能培训】 2020年，连南瑶族自治县残疾人联合会推荐3名残疾人参加广东省岗位精英职业技能竞赛，清远市残联推荐连南1名残疾人参加广东省的刺绣培训，展现连南残疾人的风采。5名残疾人参加广东省“南粤扶残·碧桂园助力计划系列残疾人技能培训班”。9月，在涡水镇政府开办一期残疾人农村实用技能培训班，有20名残疾人或家属参加培训。在连南县残疾人康复中心举办连南县青壮年文盲扫盲培训班，帮助7名残疾人脱盲。

【残疾人补贴】 2020年，连南瑶族自治县有40914人次残疾人享受重度残疾人护理补贴，15212人次残疾人享受困难残疾人生活补贴，发放两项补贴金额12336820元，使残疾人享受到国家的惠民政策，缓解残疾人的生活困难。2020年发放机动轮椅车燃油补贴28人、7280元。

【残疾人教育】 2020年，连南瑶族自治县残疾人联合会做好2021年普通高考残疾考生报名考试工作，报名参加2021年普通高考的残疾学生1名。做好2020年培英职业技术学校的招生工作，有1名残疾人报名就读培英职业技术学校。做好清远市2020年秋季入学高中残疾学生信息报送工作，将符合条件的4名残疾学生信息表上报市残联。做好2020年秋季适龄残疾儿童少年入学工作。做好2020年度“南粤扶残助学工程”工作，3名残疾学生上报市残联，使残疾学生及时受益国家政策，顺利完成高等教育。做好2020年度中央彩票公益金残疾儿童助学项目工作，为21名残疾儿童发放助学金2.1万元。

【残疾人居家无障碍改造】 2020年，连南瑶族自治县残疾人联合会对全县7个镇、80户残疾人开展重度残疾人居家无障碍改造工作，提高他们居家康复和生活自理的能力。

【出台改革方案】 2020年，连南瑶族自治县残疾人联合会按照《中共中央关于加强和改进党的群团工作的意见》，根据省、市残联工作安排，协调县残工委有关单位，推进县残联改革方案的起草、征求意见和定稿发文工作，于11月底由县政府办印发《连南瑶族自治县残疾人联合会改革方案》。

（连南瑶族自治县残疾人联合会）

红十字会

【概况】 2020年，连南瑶族自治县红十字会开展红十字“博爱送温暖活动”、重大疾病救助、新冠肺炎疫情防控、博爱家园项目建设跟进等工作。争取到省、市红会下拨博爱家园项目资金6万元，物资价值16280元；争取到大病救助资金“生命燃料卡”23.4万元。接受社会各界爱心人士捐赠资金30450元，及价值6000元慰问物资。

【博爱送温暖活动】 2020年，连南瑶族自治县红十字会开展博爱送温暖活动，宣传红十字“人道、博爱、奉献”精神。1月14日，到三江镇五星村、联红村、寨岗镇廻龙村开展2020年博爱送万家活动。1月17日，县红十字会到涡水镇大竹湾村博爱家园项目点慰问6户困难群众。是日，协助爱心企业约克广州空调冷冻设备有限公司到大麦山镇后洞村开展访贫慰问活动，慰问30户贫困户，发放慰问金19850元，发放棉被、衣服、食用油等价值6000多元慰问品。全年博爱送温暖活动发放慰问物资价值22280元、发放慰问金30450元，受惠户数85户，受惠人数292人。

【新冠肺炎疫情防控】 2020年，连南瑶族自治县红十字会开展新冠肺炎疫情防控工作，组织红十字会志愿服务队伍，参与到连南县疫情防控一线工作中。印发《关于募集连南县疫情防控工作资金和物资的倡议书》，募集到防护服、消毒液、口罩等物资折价6.05万元，资金27.618万元，全部划拨给县新冠肺炎疫情防控指挥部统一调配使用。开展疫情防控宣传工作，订购20本《新冠肺炎防控手册（漫画版）》（城镇版、农村版）科普宣传资料。做好援鄂医疗队专属营养卡发放工作，4月28日，为参加援鄂医护人员邓都一妹、房秀凤、丘楚珊等人，发放内蒙古伊利实业集团股份有限公司捐赠的伊利牛奶专属营养卡。

【重疾病救助】 2020年，连南瑶族自治县红十字会开展小天使救助活动，为白血病患儿唐新篇申请小天使救助金3万元。开展贫困家庭先天性心脏病儿童术前筛查活动，连南、连山两地8名患儿参加免费筛查体检，1名符合手术条件的患儿申请“李家杰珍惜生命基金”贫困出生缺陷（含先心病）儿童救助项目救助。开展重度地贫救助活动，许玉林等18名重度地贫儿获得清远市重症“地贫儿”救助行动第九期“生命燃料卡”23.4万元资助。

【“博爱家园”项目】 2020年，连南瑶族自治县红十字会抓好涡水镇大竹湾博爱家园项目建设，划转6万元项目资金到村委，在小横龙、沙田自然村制作安装3个宣传栏，用于宣传博爱家园人道、博爱、奉献的红十字精神，以及减灾避险。

（连南瑶族自治县红十字会办公室）

法 治

政法委与综治

【概况】 2020年，连南瑶族自治县重点深化扫黑除恶专项斗争，抓好维护社会稳定、平安连南建设、法治连南建设，为连南县经济社会持续健康发展创造良好的社会环境和法治环境。

【扫黑除恶专项斗争】 2020年，连南瑶族自治县围绕扫黑除恶专项斗争收官之年的目标任务，各镇各部门协调联动，做好宣传发动以及线索摸排上报、分析研判、协调对接等工作，不断推动专项斗争深入开展。开展专项斗争以来，各行业主管部门持续开展行业治乱专项行动，对行业乱象作出行政处罚717宗。组织部门对6个软弱涣散农村基层党组织进行精准整顿，全部通过省市的检查评估“摘帽”。破获恶势力犯罪集团2个，恶势力犯罪团伙9个，破获涉黑涉恶案件32宗，抓获涉黑恶犯罪嫌疑人83人，逮捕55人；查封冻结扣押涉案资产2776.88万元；立案查处“保护伞”问题6人；百分百把涉恶在逃人员缉拿归案。

【“平安连南·瑶山鹰眼”项目】 2020年，连南瑶族自治县建设“平安连南·瑶山鹰眼”项目。项目通过搭建县镇村“瑶山鹰眼”监控系统平台，完善县镇村三级联网平台，实现“瑶山鹰眼”项目监控摄像头与各镇自行建设的监控摄像头整合对接及共享应用。该项目通过分布在乡村主要道路卡口、学校、广场、景区景点、林区入口等场所密集的监控摄像头，助力群防群治，对不法分子形成极大威慑，提升群众安全感。县镇村各级通过“瑶山鹰眼”第一时间掌握安全隐患，有助于开展矛盾纠纷化解、巡逻防控、应急信息发布、重大气象信息发布、平安法治宣传、环境卫生检查等工作，为基层社会治理增添科技力量。

【严重精神障碍患者救治救助】 2020年，中共连南瑶族自治县委政法委指导督促各职能部门健全完善特殊人群服务管理体系建设，特别是完善严重精神障碍患者肇事肇祸管控机制。各镇、卫健、公安、民政、村（居）等有关部门组成严重精神障碍患者监护小组，与监护人全面落实监测、预警、救治、救助、服务、管理等工作措施，落实“应治尽治、应管尽管、应收尽收”工作。购买严重精神障碍患者监护责任补偿保险862份，发放严重精神障碍患者监护补助82.4万元。全县没有发生严重精神障碍患者致人伤亡案件。

【综治信息化】 2020年，连南瑶族自治县紧紧围绕防控违法犯罪、化解矛盾纠纷、排除公共安全隐患三大工作重点开展“中心+网格化+信息化”工作，督促网格员开展巡查事件的线上流转处理。全县通过系统上报、处理网格事件32513

宗，办结率 100%，网格活跃度、网格员人均上传事件数保持较高水平。有序推进基层综治中心建立社会心理服务站（室）工作，全县 7 个镇、71 个村（居）委均挂牌成立“粤心安”社会心理服务站（室）。

【“网格化”疫情防控】 2020 年，连南瑶族自治县全面启动“四个一”应急处置机制，实施“网格化”疫情防控，全面遏制疫情蔓延。全县设置网格 521 个，成立“三人工作组”241 组，实现网格化排查 100% 全覆盖，全面摸清底数，不漏一户一人，累计排查 40217 户、176290 人。

【法治报告会】 2020 年，连南瑶族自治县举行 2020 年“百名法学家百场报告会”暨南粤法治报告会。中国法学会环境资源法学研究会理事。华南理工大学法学院教授、博士生导师刘长兴应邀作“《民法典》与生态文明建设”主题报告，县四套班子领导，各镇分管领导、综治办主任及司法所所长，县直正科单位分管领导，政法各单位股级以上干部，党校教师，公职律师事务所律师，县法学会的全体人员，县反邪教协会志愿者等 200 多人参会。

（中共连南瑶族自治县委政法委）

公 安

【概况】 2020 年，连南瑶族自治县公安系统开展“武装巡逻、动中备勤”，出动路面巡逻警力 6.8 万人次；开展社会治安“大巡防”3.6 万人次，全体警务人员深入重点部位、学校、街道、广场等区域，实现巡逻区域全覆盖，提高街面见警率和管事率。

【社会治安管理】 2020 年，连南瑶族自治县各类刑事案件立案 570 宗，破案 284 宗，比上年立案数上升 13.5%，破案数上升 6.4%，刑事拘留 137 人，逮捕 74 人，取保候审 138 人。受理治安类行政案件 380 起，查处 160 起，行政处罚 223 人。

【交通安全管理】 2020 年，连南瑶族自治县开展道路交通秩序专项整治行动，利用酒检、测速、电子抓拍监控等科技设备和法律法规手段，加强对辖区内客运车辆、货车、危险化学品运输车辆等重点车辆的路面巡逻管控、检查和执法力度，维护道路交通安全畅通有序。查处各类交通违法行为 2 万余起，查扣交通违法车辆 5110 辆，行政拘留交通违法驾驶人 16 人，查处酒驾 376 宗，醉驾 59 宗，立刑事案件 59 宗。开展街头飙车“飞机仔”整治专项 28 次，查扣“飞机仔”摩托车 235 辆。全县发生一般交通事故 55 宗，死亡 8 人，受伤 59 人，财产损失 34000 元。发生轻微交通事故 1550 宗。

【户政管理】 2020 年，连南瑶族自治县审批户口迁移 439 人次，其中乡村迁往乡村 276 人次，乡村迁往城镇 74 人次，城镇迁往城镇 36 人次，城镇迁往乡村 53 人次，审批变更姓名 157 人次，变更更正民族 15 人次，更正出生日期 5 人次；全县登记流动人口 376 人次，办理居住证 174 人次，续签 269 人次，办理港澳台居民居住证 1 人次；办理身份证 10055 人次，临时身份证 2924 人次。

（连南瑶族自治县公安局）

检 察

【概况】 2020 年，连南瑶族自治县人民检察院受理公安机关提请批准逮捕案件 63 件 99 人，受理移送审查起诉案件 170 件 229 人。经审查，批准逮捕 47 件 68 人，提起公诉 134 件 160 人。批捕涉黄涉非犯罪 1 件 1 人，起诉 2 件 5 人。批捕故意杀人等严重暴力犯罪 1 件 1 人、移送管辖 1 件 1 人，批捕盗窃犯罪 16 件 19 人、起诉 18 件 22 人。严惩涉重大安全生产事故犯罪，起诉1件2人。开展信访积案清理专项活动，把握“查”“纠”“解”“退”等关键环节，办理信访案件10件。规范检察听证工作，对6件司法案件举行检察听证会，邀请人大代表、政协委员、人民监督员作为听证员参加。

【助力新冠肺炎打好疫情防控】 2020年，连南瑶族自治县人民检察院提前介入非法狩猎案2件，提起公诉2件2人，起诉破坏野生动物资源犯罪4件4人，办理的潘某某非法猎捕、杀害珍贵濒危野生动物、非法持有枪支弹药案被清远市人民检察院评为优质案件。与县公安局、县看守所就新冠肺炎疫情防控期间的检察监督工作召开联席会议3次，商讨座谈11次，力保监管场所“高墙”内零感染。

【服务脱贫攻坚战】 2020年，连南瑶族自治县人民检察院用好司法救助职能，防止因案返贫、因案致贫，全年办理国家司法救助案件2件，决定救助5人，其中未成年人4人，发放司法救助金人民币11万元。检察院在办理陈某某、潘某某等4人申请国家司法救助案时，通过公开听证、多元救助、心理辅导、多维宣传等方式，获得良好的法律效果和社会效果，彰显司法公正和检察机关的人文关怀。

【扫黑除恶专项斗争】 2020年，连南瑶族自治县人民检察院排查2016—2020年的案件，排查出涉黑恶线索3条，设立举报信箱和电话，专门安排场所和人员处理群众来电。办理涉黑案件1件2人，涉恶案件18件76人，以涉黑案件提起公诉1件2人，以涉恶案件批准逮捕2件15人，以涉恶案件提起公诉3件11人。被评为清远市扫黑除恶专项斗争先进单位。

【未成年人健康成长】 2020年，连南瑶族自治县人民检察院办理未成年人检察案件27件56人，附条件不起诉3件10人。对未成年犯罪嫌疑人开展法律援助15人，对未成年被害人开展法律援助11人，对3名不予批准逮捕的未成年犯罪嫌疑人进行回访。加强检校联动，首次采取线上线下相结合的方式开展“同舟共济，检护明天”检察开放日活动。全年开展法治副校长送法进校园13次，发放宣传资料2万多份，受教育人数近4万人次。

【“岭南绿都·生态检察”专项工作】 2020年，连南瑶族自治县人民检察院严厉打击破坏生态环境违法犯罪，办理刑事案件20件29人，办理公益诉讼案件11件。发出生态环境领域检察建议8份，其中行政公益诉讼诉前检察建议6份，社会治理类检察建议2份。督促行政单位或个人修复国家、省级生态公益林37.69亩，基本农田0.39亩，挽回国家野生动物资源损失费109000元。

【刑事检察】 2020年，连南瑶族自治县人民检察院办理立案监督案件5件，依法不批准逮捕31人。办理刑事执行检察案件48件，其中纠正刑事执行活动违法案件12件，监外执行和社区矫正监管活动案件18件，财产刑执行案件13件，重大案件讯问合法性核查案件3件，制发检察建议书4份。通过“两法衔接”信息平台核查行政执法案件108件。率先成立清远市检察机关首个派驻公安机关检察室，积极引导侦查取证，提升案件质效。

【民事检察】 2020年，连南瑶族自治县人民检察院办结民事执行监督案件1件，发出检察建议1份，注重法律文书释法说理，努力促使当事人息诉罢访，最大限度缓解矛盾，减少社会对立面。深入基层走访民营企业，主动提供法律服务，保障民营企业复工复产。认真学习贯彻《中华人民共和国民法典》和新旧法衔接指引，深入开展《中华人民共和国民法典》宣传进乡村、进机关、进学校、进社区、进企业“五进”活动，让民法典走到群众身边、走进群众心里。

【公益诉讼检察】 2020年，连南瑶族自治县人民检察院摸排公益诉讼案件线索16件，立案13件，办理行政公益诉讼诉前程序案件8件，发出诉前检察建议7件，磋商函1件，办理刑事附带民事公益诉讼案件5件，发出公告4份，社会治理类检察建议1份，向法院提起刑事附带民事公益诉讼1件。首次尝试以“赔偿＋劳务代偿”方式充实生态环境损害赔偿制度，体现“双赢多赢共赢”的新时代检察理念。完善内外部监督机制，对2019年办理的19件公益诉讼案件进行“回头看”，确保检察建议和生效判决落到实处。

【行政检察】 2020年，连南瑶族自治县人民检察院办理行政非诉执行监督案件55件，发出类案检察建议1份。参与司法局行政执法卷宗评查工作，促使行政单位执法工作更加规范、高效。与县自然资源管理部门、市场监督管理部门等机关单位签署关于衔接工作的意见，建立监督信息共享机制，加强行政检察与行政执法监督有效衔接，助力法治政府建设。

【司法工作】 2020年，连南瑶族自治县人民检察院入额院领导、检察委员会专职委员办理各类案件111件。提出量刑建议157人，判决147人，法院采纳率98.64%。深入推进“捕诉合一”和认罪认罚从宽制度落地，办理认罪认罚从宽案件153件189人，适用速裁程序49件，不起诉率为9.3%，认罪认罚从宽制度适用率为94.42%，在全市排名第一。“案—件比”达到1∶1.09，在全市排名第一，全省排名第六。

【践行新时代“枫桥经验”】 2020年，连南瑶族自治县人民检察院开展信访积案清理专项活动，把握“查”“纠”“解”“退”等关键环节，全年办理信访案件10件，积案全部依法妥善化解。规范检察听证工作，对6件司法案件举行检察听证会，邀请人大代表、政协委员、人民监督员作为听证员参加，发挥公开听证息诉罢访、案结事了的作用。

（连南瑶族自治县人民检察院）

法 院

【概况】 2020年，连南瑶族自治县人民法院强化使命担当，依法履职尽责，全力服务保障统筹推进疫情防控和经济社会发展，在服务大局、司法为民、公正司法等各项工作中展现出新作为，新收各类案件1318件，上年旧存73件，总案数1391件，审结1338件，结案率96.19%，法定审限内结案率100%，结案率在清远市法院排名第一位。原创视频作品《大山深处法槌响》获全国法院百优新媒体作品，执行局获广东省高级人民法院授予集体三等功荣誉，房一贵获广东省人民政府授予广东省民族团结进步模范个人荣誉，张玲珍获广东省高级人民法院授予全省法院联络工作先进个人荣誉。

【刑事审判】 2020年，连南瑶族自治县人民法院坚持以审判为中心的刑事诉讼制度改革，全年受理各类刑事案件136件（含旧存），审结134件，结案率98.52%。决战决胜扫黑除恶专项斗争，聚焦“案件清结”“黑财清底”目标，坚持“打伞破网”“打财断血”。认定恶势力犯罪团伙案1件，判处涉案被告人8人，其中重刑1人，判处罚金11.7万元，追缴现金41.69144万元，其他涉案财物估值164万元。筑牢生态屏障，加强对涉环境资源类刑事案件的审理，审结滥伐林木罪、非法采矿罪、非法狩猎罪、非法猎捕杀害珍贵濒危野生动物罪等17件27人。严惩毒品犯罪，共审结贩卖毒品、容留他人吸食毒品等犯罪案件5件12人。护航未成年人健康成长，审结涉未成年人犯罪案件3件5人。

【民商事审判】 2020年，连南瑶族自治县人民法院新收各类民商事案件788件（含旧存），审结752件，结案率95.43%。坚持“调判结合、调解优先”的原则，调解、撤诉结案340件，民事一审案件调撤率49.85%。推进分调裁审，设立1间速裁室、1个速裁团队、3名程序分流员，办案系统支持自动繁简分流。诉前调解成功案件427件，分调裁审案件占比110.9%。一审民商事案件平均办案天数大幅缩短，最短为当天立案当天结案。开辟“绿色通道”，审结32件追索劳动报酬纠纷的调解协议司法确认案件，在核实案件的相关情况后当场向当事人出具调解协议有效的民事裁定书，解决32名工人15万余元的工资支付问题。全力推进破产案件审理，依法推进连南瑶族自治县凰庆房地产开发有限公司申请破产清算案件，于2019年年底启动凰庆苑商住楼项目的续建，依法维护回迁户、购房户、各债权人的合法权益以及连南社会大局稳定。

【执行工作】 2020年，连南瑶族自治县人民法院新收执行案件434件，结案445件，结案率96.74%，实际执行到位金额2550.88万元，核心指标全部达标，综合排名在全市基层法院排名第一。实施执行团队办案机制，执行办案团队由法官、法官助理、书记员及协助执行的辅警组成。实行“一案一账户”的执行款管理，解决执行案款信息不全、底数不清等问题。用够用好手段，发挥震慑作用，司法拍卖标的物28件，成交12件，发布失信被执行人名单48例，限制高消费159人次。作出司法拘留决定20人次，罚款1人次，罚款金额0.2万元。

【便民举措】 2020年，连南瑶族自治县人民法院推进一站式多元解纷机制、一站式诉讼服务中心的两个“一站式”建设。推进阳光司法，完善审判流程公开，建立审判流程信息公开系统和执行信息查询系统，方便当事人随时查询、了解执行案件进展情况。推进“云审判”，及时发布新冠肺炎疫情防控期间开庭公告和诉讼活动指南，全面开展网上立案、调解、证据交换、庭审、宣判、送达等在线诉讼活动。网上立案108件，审核通过率93%。完善多元纠纷解决机制，强化与政府部门、基层群众自治组织、基层人民调解委员会等有效对接，加强对人民调解的业务指导，形成矛盾纠纷源头化解工作合力。设立旅游巡回法庭，为游客提供集成式、一站式服务，为推进连南全域旅游保驾护航。成立“一贯法官工作室”，联合各级人大代表、司法工作人员、人民调解员、当地“瑶老”和乡贤等力量共同参与纠纷化解。为确实困难群众提供司法保障，确保确实困难群众能够依法行使诉讼权，受理申请缓减免交诉讼费案件13件，其中同意缓交案件11件，缓交诉讼费5.2万元，同意免交2件，免交金额0.6万元。受理申请司法救助金案件4件，申请救助金额10.5万元。

（连南瑶族自治县人民法院）

司法行政

【概况】 2020年，连南瑶族自治县司法局围绕“以人民为中心”这个主题，服务大局，按照“一个统筹、四大职能”工作布局，开展全面依法治县、依法行政、普法宣传、人民调解、社区矫正、安置帮教、法律服务等工作。内设机构6个，下设3个事业单位，7个司法所。

【依法治县工作】 2020年，连南瑶族自治县司法局落实2019年度法治清远建设考评反馈问题整改工作，制订《连南瑶族自治县落实2019年度法治清远建设考评反馈问题整改工作方案》，明确指导思想、整改步骤、整改责任、整改时限、整改措施。印发《连南瑶族自治县推进党政主要负责人履行推进法治建设第一责任人职责情况列入年终述职内容工作实施方案》，开展述职民主测评。

【依法行政工作】 2020年，连南瑶族自治县司法局加强规范性文件管理工作，审核文件133件，其中出具法律意见书121份，办理县政府规范性文件15件，部门规范性文件10件。坚持严格规范公正文明执法，全面落实行政执法“三项制度”，做好行政执法公示、执法全过程记录、重大行政执法决定法制审核制度实施工作。

【普法宣传工作】 2020年，连南瑶族自治县司法局通过线上线下推进普法宣传工作。重点做好新冠肺炎疫情防控法治宣传，指导有关部门加强新冠肺炎疫情防控法治宣传，提供一批新冠肺炎疫情防控法律宣传视频、音频及宣传画在县广播电视台、“微说连南”“无线连南”等新媒体平台进行刊播，印制法律知识宣传单、折页、挂图等资料，推进新冠肺炎疫情防控、《中华人民共和国民法典》法律知识进机关、进社区、进企业、进学校、进农村、进家庭、进公共场所、进网络等。加强青少年普法宣传教育，印发《进一步加强青少年法治宣传教育工作实施方案》，开展“未成年人”专项法律援助宣传活动。

【律师工作】 2020年，连南瑶族自治县一村（社区）一法律顾问服务对象2455人次，提供服务2239人次，其中接待咨询1820人次，审查合同11件，出具法律意见书35件，代书62次，调解纠纷35件，参与法援3次，开展法治讲座180次，其他服务93次。

【公证工作】 2020年，连南瑶族自治县司法局坚持真实、合法的公证原则，秉承为人民服务的宗旨，严把公证质量关，诚信为民、热情服务，规范公证法律服务，发挥公证职能作用，受理公证案件295件，办结出证291件（其中国内民事、经济类公证287件，涉外公证4件），终止办理4件，接待群众来访来电咨询200多人次。

【法律援助工作】 2020年，连南瑶族自治县司法局围绕“维护社会和谐稳定”为根本，开创法律援助工作新思路，为困难群体提供法律援助和法律服务，办理法律援助案件140宗，其中刑事法律援助案件89宗，民事法律援助案件51宗。涉及受援人为妇女的案件35宗，受援人为青少年的案件45宗，受援人为老年人的案件4宗，受援人为残疾人的案件3宗，受援人为农民工的案件2宗。受理解答法律咨询115人次，其中电话咨询12人次，现场咨询103次。

【基层法律服务】 2020年，连南瑶族自治县司法局加强法律援助中心和公证处建设，规范发展基层法律服务工作，建立健全县乡村法律援助服务点，努力实现基层村居法律服务全覆盖。发挥辖区司法所的管理职能，构建覆盖全县的三级公共法律服务网络，将基层司法所真正打造成依法化解矛盾、开展法治宣传、提供法律服务的一线综合平台。

【人民调解工作】 2020年，连南瑶族自治县开展“瑶老”人民调解参与社会治理创新工作，连南“瑶老”成为连南专职人民调解员的代名词、人民调解工作的新名片，设立清远市首个旅游纠纷人民调解委员会，配备人民调解员314人，其中专职164人，兼职150人。受理民事纠纷742件，调解成功731件，调解成功率98.5%。大麦山新寨村调解员盘六斤被评为全国模范调解员。

【社区矫正工作】 2020年，连南瑶族自治县司法局严格按照法律法规和新冠肺炎疫情防控期间的要求，对社区矫正人员进行规范化管理，做到“四个及时”，强化对社矫人员的日常管理，确保社区矫正人员不出现脱管情况。配合相关部门做好社会调查，做好视频远程会见。接收社区矫正对象99人，解矫96人；现有社区矫正对象74人，其中缓刑73人，假释1人。

【安置帮教工作】 2020年，连南瑶族自治县司法局做好新冠肺炎疫情防控和复工复产期间刑满释放人员安置帮教的衔接工作，接收安置帮教对象212人，帮教212人。

（连南瑶族自治县司法局）

军事

人民武装部

【概况】 2020年，连南瑶族自治县人民武装部（以下简称县人武部）以习近平新时代中国特色社会主义思想为指导，深入贯彻党的十九大和十九届二中、三中、四中、五中全会精神，深入贯彻习近平强军思想和新时代军事战略方针，坚持主责主业、一手抓一手抓新冠病毒疫情防控，统筹推进、有效落实各项工作，武装工作全面建设呈现协调发展、稳步提升的良好态势。被广东省军区评为“先进人武部”，被清远征兵办评为“征兵工作标兵单位”。

【思想政治建设】 2020年，县人武部以习近平新时代中国特色社会主义思想为指导，深入贯彻党的十九大和十九届二中、三中、四中、五中全会精神，深入贯彻习近平强军思想和新时代军事战略方针，坚持主责主业、一手抓一手抓新冠病毒疫情防控，统筹推进、有效落实各项工作，武装工作全面建设呈现协调发展、稳步提升的良好态势。被广东省军区评为“先进人武部”，被清远征兵办评为“征兵工作标兵单位”。

深入开展党史、军史学习教育活动，抓好规定动作不走样、自选动作有创新，通过多种形式方法，学史明理、学史增信、学史崇德、学史力行，锻炼党性，砥砺品格。高质量召开党史学习教育专题组织生活会，进一步进行思想洗礼、党性锤炼和政治淬炼。

抓好“不忘初心、牢记使命”“传承红色基因、担当强军重任”主题教育，结合使命任务和战备形势开展，将教育纳入民兵训练思想政治教育之中，有效提升民兵使命意识。

落实宣传军分区新闻要讯工作要求，围绕大项工作开展新闻宣传，积极撰稿投稿，在省级媒体以上发表新闻宣传稿件20篇，其中强军网4篇、中国民兵发表2篇、南部战区2篇、广东武装6篇。

【战备工作】 2020年，县人武部针对连南地处山区，汛情、火情易发特点，规范细化镇街应急排、县应急连职责，明确抗洪、灭火组织流程。汛期、旱季加强与县三防办联系，要求干部、文职人员和职工时刻关注汛情、火情，防汛抗洪、森林灭火分队人员常态保持在位，积极参与地方抢险应急，有效提升军地联合遂行非战争军事行动能力。

【训练工作】 2020年，县人武部落实党委议训制度，高标准完成训练任务，在军分区组织的年度集训中先后取得3次第一、1次第二、1次第三的优异成绩。

【党管武装】 2020年，县人武部党委认真落实议军、联合考评等制度，建武管武兴武氛围浓厚，县委对武装工作支持力度大，立足一年解决一个问题，稳步推进各项建设发展。

【国防后备力量建设】 2020年，县人武部推进镇村两级规范化抓建工作，指导基层人武部学习贯彻落实基层人民武装部规范建设标准要求，7个镇硬软件资料得到规范，镇武装部、村级民兵连建设得到加强，战备、训练、工作、生活等方面都得到提升。

兵役征集工作 2020年，连南瑶族自治县征兵领导小组坚决贯彻落实三级征兵会议精神，高质量完成年度兵役征集任务，年度五率考评排名清远市第二，连续第60年实现无责任退兵。

【双拥共建】 2020年，县人武部参与和推动军地工作互动，借助节日慰问、学生军训、“八一”座谈会、新兵入伍、老兵复退等时机，广泛开展军事课堂进学校、“老兵送新兵”等活动，让更多群众了解部队先进军事文化精髓，增进军民情谊。协同退役军人事务局落实好军人优抚工作，认真做好立功受奖送喜报和各类补助发放工作，配合相关部门切实维护退伍军人和军烈属切身利益，保证现役军人安心服役；协调县委县政府解决驻地1名现役军人随军家属安置问题，协调县教育局细化退役军人子女入学优待政策落实具体办法。

（连南瑶族自治县人民武装部）

武警连南中队

【概况】 2020年，武警连南中队以《军队安全管理条例》《八个方面安全基本工作规范》为延伸，贯彻总队党委“基础扎实、特色鲜明、全面过硬”抓建思路，坚持“稳中求进、再创新高”总基调，持续在“按纲抓建、精细管理、后勤突出、军事过硬、纯正风气、提升能力”上下功夫，努力争创“四铁”先进中队。

【支部建设】 2020年，武警连南中队党支部以“传承红色基因 担当强军重任”主题教育为载体，开展讨论交流和谈心交心，严格落实“三会一课”、党费缴纳等制度，组织开展“七一党日”活动，严密组织各类文体活动。

【思想政治建设】 2020年，武警连南中队组织官兵原文学习《习近平强军思想学习纲要》《习近平新时代中国特色社会主义思想学习纲要》等书籍，支部正、副书记认真准备授课，组织课后讨论，定期进行笔记展评，开展强军故事会、演讲比赛、群体讨论等活动，组织官兵观看《建国大业》《高山下的花环》等优秀主旋律影片。开展敏感时段的形势任务教育、百日安全活动竞赛、枪弹安全教育、防疫教育和隐患排查，提前介入，掌握主动，做好思想稳定工作。

【军事训练】 2020年，武警连南中队持续落实“军事训练4个100%”“军事训练一票否决”和立功受奖70%用于练兵备战的硬指标，做好军事训练表彰奖励工作。组织教练员备课和试讲示教，普考成绩达到良好以上。每周组织军事体育通用五项和专项训练摸底测试，每月开展“军事教学日”活动；组织开展两官编组作业，战术训练切实练熟“五个基本”，让班长和新改转士官捆绑练教学组训，充分利用好军职教育平台。

【战备工作】 2020年，武警连南中队完善各类战备预案，充实战备物资，落实战备制度，做好重大节日和敏感期间的战备工作，加强战备演练、抗洪抢险演练。按照总队“一细则三图册”内容标准，狠抓执勤规范，重点对哨兵“形象差、打瞌睡”“拖岗误哨”等执勤中“常见病”“多发病”现象加以纠治。

【后勤建设】 2020年，武警连南中队把解决“五难”问题作为重点改转，坚持每周保养武器、每日安全检查等制度，坚持食堂卫生、炊具清洗、餐具消毒、食物留验等制度，坚持每月进行卫生常识教育，每日对营区消毒一次，并健全了生活设施。

（武警连南中队）

人民防空

【概况】 2020年，连南瑶族自治县依法依规做好人民防空审批报建工作，将所有的人防审批报告上报清远市人民防空办公室，由市级统一审批。12月18日，县在三江镇中心小学组织开展人防知识技能推广活动。

【人防知识宣传教育】 2020年，连南瑶族自治县推进人防宣传教育“五进社区”，做好人防宣传教育在党校及中小学的推行，在企业、社区、网络上深入开展人防宣传普及教育；利用河堤宣传长廊及学校、社区宣传栏进行人防法律法规宣传，面向社会全体公民广泛开展爱国主义教育、国防知识技能教育、防空救灾知识教育等活动，增强公民的国防观念，提升公民防空防灾能力；结合工作站进行人民防空“三防”知识普及教育，确保人防宣传教育的普及；宣传活动中进行人防应急知识宣传并派发人防宣传雨伞、围裙、环保袋等宣传物资1200多份。

【警报试鸣】 4月4日，连南瑶族自治县组织人民防空警报响鸣哀悼活动。9月16—18日，聘请专家对人民防空设备电动和电声警报器进行警报检测、维护维修管理，确保人民防空设备的正常运作。9月18日，成功开展连南县2020年度人民防空警报试鸣活动。

（连南瑶族自治县住房和城乡建设局）

经济监督管理

经济发展管理

【概况】 2020年，连南瑶族自治县完成生产总值57.01亿元，比上年增长4.1%。其中第一产业增加值为11.65亿元，比上年增长4.1%；第二产业增加值为14.17亿元，比上年增长10.9%；第三产业增加值为31.19亿元，比上年增长1.6%。三次产业结构为20.4：24.9：54.7。地方一般公共预算收入1.79亿元，比上年增长15.14%，其中税收收入1.16亿元，比上年同期增加2372万元，比上年增长25.59%。地方一般公共预算支出20.99亿元，比上年增长16.19%。实现社会消费品零售总额9.69亿元，比上年下降9.0%，降幅比一季度、上半年、前三季度分别收窄9.5个、5.9个和2.2个百分点。从季度增速看，一季度比上年下降18.5%，二季度比上年下降11.2%，三季度比上年下降4.4%，四季度比上年下降3.0%，逐季稳定回暖。其中限额以上消费品零售额为2730万元，比上年下降23.4%。

【价格管理】 2020年，连南瑶族自治县2月1日起至6月30日，施行降低一般工商业电价政策，同时对县内管道天然气工商业用气价格、个体工商户用水价格进行阶段性调整，为企业复工复产降低生产成本。对执行一般工商业及其他电价、大工业电价的电力用户，按统一原到户电价水平的95%结算，降价金额89.8036万元；对县内管道天然气非居民用气（即工商业用气）价格进行阶段性调整，在2019年均价基础上，下调0.18元/米^3。对县内（使用供水公司、寨岗水厂）个体工商户，按2019年非居民生活用水对应的价格下降10%，降价金额18.49万元。启动社会救助和保障标准与物价上涨挂钩联动机制，对城乡低保户、特困人员、领取失业保险金人员、享受国家定期抚恤补助对象、孤儿等按规定的范围和标准发放价格临时补贴。1—8月，累计发放价格临时补贴37672人次、285.49万元。

【社会信用体系建设】 2020年，连南瑶族自治县“信用连南”上的信用体系涉及部门39个，227类信息资源，207352条数据，其中对外公开的部门36个，198类信息资源，169535条数据。制订《连南瑶族自治县建立完善联合激励和失信联合惩戒制度实施方案》，认真贯彻执行国家关于守信激励与失信惩戒对象名单制度，依法依规将A级纳税人、“重合同守信用”公示名单、失信被执行人、经营异常名录名单等信息集中在信用网上公示。全县将27名被执行人纳入失信被执行人名单，27名失信被执行人在县人民法院官方告示栏上集中公开曝光。

【投资项目审批】 2020年，连南瑶族自治县一门式一网式综合受理和协同调度平台审批政府投资项目，政府投资审批项目70个，总投资325577万元，办理企业投资备案项目25个，总投资215484万元。

【专项债及中央预算资金申报】 2020年，连南瑶族自治县18个项目获得上级安排建设资金29973万元，其中债券项目17个，安排总额度29373万元（其中地方专项债项目6个，额度16000万元；一般债项目3个，额度5000万元；特别国债项目8个，额度8373万元）；中央预算内资金项目1个，额度600万元。项目包括学前教育扩容提质、新旧自来水厂、水源设施改扩建及配套、美丽宜居乡村、公立医疗机构发热门诊和诊室规范化建设等工程。

（连南瑶族自治县经济发展促进局）

市场监督管理

【概况】 2020年，连南瑶族自治县市场监督管理局按照中央“四个全面”战略布局、省委“三个定位、两个率先”基本要求，紧跟上级市场监管部门和县委县政府的决策部署，牢固树立以人民为中心的发展理念，市场监管、食品药品安全、党廉党建、全民禁毒、扫黑除恶、依法行政、精准扶贫、安全生产及综治维稳等各项工作均按时间进度稳步推进。以“民之所想，市场监管之所向”为理念，守初心、担使命，开创市场监管新征程。

【登记注册管理】 2020年，连南瑶族自治县市场监督管理局联动推进多项改革。推进“多证合一”“双告知”“简易注销”“最多跑一次”等营商环境改革，压缩审批时限。全县期末实有内资企业378户，同期减少10%；私营企业1172户，同期增长17.9%；农民专业合作社317户，比上年减少1.86%；个体工商户5086户，比上年增长10.76%。调整、下放登记管理事权，将过去主要集中在县行政服务中心窗口的登记权限委托下放至寨岗市监所，减少登记环节，企业能够在属地完成登记手续。持续推进商事制度改革，新登记各类市场主体1038户，新增注册资本155984.6万元。开展企业简易注销登记业务，引导35家企业实行简易注销登记，退出市场。引导和扶持小微企业发展，支持个体工商户转型升级，办理个体工商户升级企业13户，引导符合条件的110户企业通过“广东省企业名称自主申报服务系统”申请冠“省市名称”；办理动产抵押登记15件，帮助企业融资5739万元。优化食品经营许可证、食品生产加工小作坊登记证审批服务，办理食品经营许可证374张，药品经营许可证25张，小作坊证18张，三类医疗器械经营许可证1张，二类医疗器械经营备案14户，提高审批效率。强化特种设备注册，受理特种设备施工告知25宗35台（套），注册登记24宗39台（套），特种设备变更登记12宗46台（套）。

【信用监管及公平交易监管】 2020年，连南瑶族自治县市场监督管理局加强信用监管，组织开展年度报告工作，企业年报率为90.54%。依申请将被列入经营异常名录和黑名单制度的16户企业移出经营异常名录和黑名单，进行信用修复。组织开展长期停业未经营企业核查清理工作，立案17宗。强化公平交易监管，组织开展清明节期间殡葬服务、防护用品价格、头盔和房屋租金等价格监督检查，维护市场经营秩序。开展“双随机、一公开”抽查监管工作，抽查企业37家，其中正常29家，公示信息隐瞒真实情况1家，通过登记住所（经营场所）无法联系7家，列入经营异常名录4家。抽查农民合作社10家，全部正常；抽查个体户157家，通过登记住所（或经营场所）无法联系32家。抽查结果通过国家企业信用信息公示系统向社会公示。

【食品餐饮监管】 2020年，连南瑶族自治县市场监督管理局推进明厨亮灶+互联网实施，持证食品经营单位645家，完成“明厨亮灶”改造

587家，全县学校食堂均实现“明厨亮灶”改造。推进省、市、县十大民生实事，委托北京金和网络有限公司对全部学校食堂（40间）安装设备并调试使用，安装专业摄像头180个，初次一次性投入224200元。加强食品安全监管，对180余家餐饮单位开展大肠菌群项目检测工作，完餐饮具抽检2000批次。组织开展春、秋两季学生返校前食品安全督查工作和学校食堂及其周边食品安全专项检查。检查254家次食品经营单位，完成学校食堂检查全覆盖。开展文明餐桌和“公筷公勺行动”宣传活动，开展宣传652家次，派发宣传台牌、海报等资料896份。

【食品生产流通环节监管】 2020年，连南瑶族自治县市场监督管理局开展每千人4批次抽检，完成抽检545批次（不合格5批次），完成率为100.93%，对抽检不合格的5批次进行立案处理，其中2宗结案，处理结果均在县人民政府网站上公开。开展农贸市场快速检测，连南县辖区内两个食用农产品集中交易市场全年快检任务数为7200批次，完成抽样7201批次，合格7133批次，合格率为99.06%，对快检不合格的98.41千克农产品进行销毁处理。加强食品生产流通环节监管，开展包括固体饮料销售规范突击大检查、保健食品安全、食用油检查、猪肉等生猪产品质量安全、冻肉、行业规范整治等专项行动。加强元旦春节食品抽检，主要抽检粮食加工品、食用油、炒货食品及坚果制品等9类产品68批次，全部结果合格。

【药品化妆品医疗器械监管】 2020年，连南瑶族自治县市场监督管理局加强药品、化妆品、医疗器械监管，重点开展“中药饮片专项整治”“隐形眼镜专项整治”“无菌和植入性医疗器械经营使用单位监督检查”“化妆品‘线下净网线上清源’”等专项检查，规范经营秩序。开展抽检药品20批（含防控药品1批），化妆品5批，医疗器械2批，不合格7批次，对不合格产品进行立案7宗。开展化妆品宣传周宣传活动，通过印发邮讯、线上化妆品有奖知识问答等方式，加强对消费者的化妆品安全科普宣传，发放宣传资料6000余份，有奖问答线上参与合计2000余人次。

【特种设备安全监管】 2020年，连南瑶族自治县市场监督管理局开展特种设备安全监察，巡查特种设备使用单位83户次，排查安全隐患12个，主要问题为使用单位使用特种设备未办理使用登记、作业人员未持证上岗等。下达《特种设备安全监察指令书》12份，无立案处理案件。6月19日在石泉小学牵头组织开展电梯困人救援演练活动。组织开展包括电梯起重机械叉车专项整治，以及压力容器、危险化学品及液化石油气瓶等专项检查。

【知识产权】 2020年，连南瑶族自治县市场监督管理局开展网络市场监测，抓好网络市场监管信息化平台的应用，完善基础数据库建设，开展线上监测网站、网页590个次，对辖区14户从事互联网经营活动的市场主体开展定期检测。强化合同监督管理，指导和鼓励辖区内符合条件的企业开展“守合同重信用”企业公示申报活动，辖区内10户企业通过公示。切实加强广告监管，检查各类媒介网站、经营场所420间/次，检查广告732条次，责令涉嫌违法广告内容的企业当场整改。优化知识产权生态，专利申请36件，其中发明3件，实用新型30件，外观设计3件；专利授权22件，其中实用新型18件，外观设计4件。深入企业开展知识产权调研，走访企业46家次。组织全县2019年度获得授权专利的企业开展专利类资助和发明专利资助申报工作，申请资助总金额6600元，激发企业知识产权的创造能力。完善知识产权保护体系，成立连南瑶族自治县知识产权服务中心商标品牌培育指导站和连南瑶族自治县知识产权纠纷行政调解中心，接待来访咨询群众40余人次，向权利人转发商标监测预警通知书2份。

【质量标准化与计量】 2020年，连南瑶族自治县市场监督管理局加强质量监督检查，对辖区内

23家电动自行车销售单位开展检查，派发《电动自行车宣传手册》126份，张贴《清远市守法经营电动自行车承诺书》23份，组织开展流通领域成品油商品质量抽查检验，对辖区内的加油站开展成品油样品抽取7批次。开展非法改装车以及行业乱象整治、消费品产品质量安全监督、烟花爆竹、工业产品的专项检查。深化标准化建设工作，指导连南瑶族自治县三江中心小学开展广东省民族地区小学教育管理基本公共服务标准化试点工作。指导连南县山心原生态茶叶种植农民专业合作社完成广东省茶叶标准化示范区建设并通过终期考核验收。健全计量基础支持工作，开展集贸市场与基层医疗卫生单位计量器具强制检定、加油机、眼镜制配场所和汽车衡计量专项监督检查。

【执法办案】 2020年，连南瑶族自治县市场监督管理局立案64宗，结案60宗，4宗正在调查中，罚款39.9993万元，没收0.3625万元，案值77.1491万元；发出责令改正通知书21份，行政强制决定书18份。加强行政执法与刑事司法衔接，向公安机关移送犯罪线索1宗，公安机关予以立案1宗。录入行政处罚案件至“两法衔接”信息共享平台60宗，定期进行自查。

【消费维权】 2020年，连南瑶族自治县市场监督管理局深化“放心消费”工作，受理各类投诉举报177宗，其中消费投诉61宗、举报116宗，成功调解13宗，办结率为100%，为消费者挽回经济损失11721.9元。

【社会治理】 2020年，连南瑶族自治县市场监督管理局牵头开展惩罚侵权假冒工作，检查相关经营户2827家次，立案查处侵权假冒案件6宗，其中移送公安机关1宗。积极开展打私工作，出动执法人员2650人次，检查经营户4532户次，抽检成品油质量7批次，其中柴油6批次，汽油1批次，经检验全部合格。查处无中文标识化妆品案件1宗，罚没698元。开展“扫黑除恶”行动，制订《连南瑶族自治县市场监督管理局扫黑除恶专项斗争2020年工作实施方案》《连南瑶族自治县市场监督管理局2020年扫黑除恶专项斗争市场流通领域乱象治理工作方案》，开展打击整治非法制售口罩等防护产品专项执法行动、打击野生动物违规交易专项执法行动，指导相关股室开展食药领域、产品质量领域、特殊设备领域等行业乱象治理，深入辖区内商场、超市、集贸市场、车站、景区、酒店旅馆等场所持续开展扫黑除恶专项斗争宣传活动，派发扫黑除恶宣传单张。设立举报信箱，对外公布举报电子邮箱和举报电话。利用市场监管系统“12315”投诉平台，及时受理解决消费者的申诉举报，发现不稳定因素和黑恶势力问题线索。开展“禁毒工作”，结合疫情防控工作需要，对辖区内42家药品经营企业进行拉网式检查，强化易制毒化学品、消毒用品、含麻黄碱类药品经营环节的监督管理。开展非法添加罂粟壳专项检查，出动执法人员22人次，检查食品经营单位10家次、餐饮服务单位33家次，派发宣传资料约60份，未发现违法添加罂粟壳等非食用物质的行为。开展禁毒知识宣传教育“六进”行动，深入辖区内商场、超市、集贸市场、车站、景区、酒店旅馆等场所持续开展禁毒宣传活动。开展“扫黄打非”工作，出动执法人员191人次，检查校园周边书店、印刷厂、网吧等经营户163家次，检查网站32家次，开展扫黄打非联合行动6次，查处商标违法案件2宗，罚没1.859万元，派发宣传单张、宣传用品等2780份。

（连南族自治县市场监督管理局）

审 计

【概况】 2020年，连南瑶族自治县审计局组织审计（调查）项目11个（署定项目4个，省定项目1个，县定项目6个），其中完成并出具审计报告的审计（调查）项目10个，跨年实施审计（调查）项目1个。审计查出主要问题金额

72945.67万元，其中，违规资金194.98万元，管理不规范金额72750.69万元。审计期间整改金额813.46万元；审计处理处罚金额1467.19万元，其中应上缴财政194.98万元，应归还原渠道资金469.04万元，应调账处理金额755.19万元，应减少财政拨款或补贴47.98万元。提出审计意见和建议26条，提交审计报告和专项审计调查报告14篇，完成审计年度审计项目计划。

【财政管理和预算执行情况审计】 2020年，连南瑶族自治县审计局以财政审计为重点，对2019年度本级财政预算执行、决算草案和其他财政收支情况、县代建项目管理局2019年预算执行和其他财政收支情况进行审计。重点关注县本级财政预算管理和决算草案编制、财政资金审批管理、重点支出预算执行和相关政策落实、财政存量资金统筹盘活等情况，促进县财政和相关预算单位财政预算编制、管理的规范性，盘活财政资金，提高资金使用效益，促进实现政府过“紧日子”的要求。

【经济责任审计】 2020年，连南瑶族自治县审计局贯彻落实中央两办《党政主要领导干部和国有企业事业单位主要领导人员经济责任审计规定》，推进经济责任审计监督全覆盖。围绕领导干部贯彻执行中央和省重大决策部署、重大经济决策、重大财政资金安排使用、重大投资建设项目管理和机构编制管理和廉政等情况，组织对大坪镇党委书记李心怡、镇长房志雄任期的经济责任同步审计、对县委农村工作委员会办公室原主任邹正富、大麦山镇党委书记唐永春和县经济发展促进局局长甘向荣任期的经济责任审计。重点关注领导干部贯彻落实法律法规和宏观经济政策情况、重大经济决策情况、履行国有资产管理职责及廉洁自律情况等，促进相关党政领导干部依法履行经济责任，规范经济权利运用。

【国家和省市县重大政策措施落实情况跟踪审计】 2020年，连南瑶族自治县审计局围绕县委、县政府中心工作，重点关注“统筹推进新冠肺炎疫情防控和经济社会发展30条”“复工复产20条”、做好“六稳”工作、落实“六保”任务等国家和省重大经济政策措施和决策部署的贯彻落实。对应对新冠肺炎疫情防控资金和捐赠款物、新增财政资金直达市县基层直接惠企利民等情况进行专项审计调查。及时反映有令不行、有禁不止行为，发挥审计经济发展“助推器”作用，提升经济社会发展质量和效益，推动重大政策措施落地有效。

【公共投资项目审计】 2020年，连南瑶族自治县审计局以规范政府投资项目建设管理、正确评价投资效果，促进总结建设经验为目标，组织对县城防洪通道A、B、C段工程项目、县道383线天井坝至牛塘林场路面改造工程项目建设情况进行跟踪审计，强化政府投资项目建设资金使用的合规性、效益性。

【其他审计业务】 2020年，连南瑶族自治县审计局派出审计骨干力量参与审计署组织的社会保险基金审计和省审计厅开展县区党政主要领导干部经济责任异地交叉审计；派出审计组赴佛冈县开展市审计局组织的乡镇党政主要领导干部任期经济责任异地交叉审计。

（连南瑶族自治县审计局）

统 计

【概述】 2020年，连南瑶族自治县统计局依法组织实施国家和地方统计调查、统计资料汇总、统计分析以及地方国民经济核算等；实施重大的国情国力调查，对国民经济和社会发展情况进行监测，定期向社会发布统计信息，为各级政府和部门提供全县国民经济和社会发展的有关统计咨询，实行统计监督。完成2019年度相关专业年报工作，开展2020年常规统计报表工作任务。在2020年度清远市统计系统信息化建设和网络安全考核中，连南县统计局被评定为良好等次。

【统计法治建设】 2020年，连南瑶族自治县统计局组织开展统计法规宣传（业务培训）活动8次，参加人员75人。结合“4·15”国家安全日、“12·4”国家宪法日、统计开放日、普查、“创文巩卫”等重要时间节点和重要工作，组织开展面向广大群众、面向统计调查对象的普法宣传。利用电视台、微说连南、政务动态等方式开展统计工作宣传，成立统计执法检查工作领导小组，制订《统计执法检查方案》。组织开展2次统计执法检查，检查中没有发现企业存在统计违法行为。不定期深入企业开展业务指导和进行数据核查，检查企业统计台账、原始凭证是否规范归档，上报数据是否真实准确，推进“两防”工作落到实处。

【统计服务】 2020年，连南瑶族自治县实现地区生产总值同比增长4.1%，增幅高于全国、全省、全市的增速，在全市排第二位，比年初预期目标高出1.1个百分点。固定资产投资同比增长4.8%，城乡居民人均可支配收入同比增长7.8%，高于地区生产总值增速，均完成年初预期目标。全年新增纳统15家“四上”企业（含“四下”转“四上”），投资项目新增入库16个。加强对经济运行的跟踪、监测预警，全面、真实、准确地反映全县经济社会发展实际情况。编印9期统计监测月报，8期统计报告。及时主动在政府网站公布国民经济和社会发展统计信息，推进统计信息化建设。

【第七次全国人口普查】 2020年，连南瑶族自治县按照上级第七次全国人口普查工作时间要求，完成摸底工作、短表登记、长表登记工作，推进遗漏户籍人口和常住人口的比对补登、户籍地复查、户籍人口漏报错填复查、户籍错报修改、居住地复查、低龄人口比对等复查比对工作。普查登记阶段，各工作组深入普查区指导登记、数据审核等，及时解决各普查区登记工作中遇到的问题，定期召开县、镇普查工作会议，将各普查区的登记工作情况进行集中反馈，对各普查区工作进展中存在的问题进行专项讨论，作出统一解答，强化普查工作业务指导和督查，把好数据审核关。

【城乡一体化住户调查】 2020年，连南瑶族自治县统计局从抓好账本数据核查、落实好电子记账工作、做好轮换信息核实、积极推开E调查、抓好数据审核和评估、核对新户轮换工作住户信息、落实新户轮换记账培训及记账等方面入手，做好城乡一体化住户调查各项工作。新户轮换后，全县120户调查住户电子记账率100%，比2019年年底提高15个百分点。

【统计业务培训】 2020年，连南瑶族自治县统计局分专业组织“四上”企业、投资项目单位和乡镇农业统计员进行业务培训，深入基层和纳统单位了解生产、项目开工情况和业务指导。邓亚明、卞金钟、李志威、成顺华组队参加“岭南杯”首届广东省统计建模比赛，邓亚明获由广东省统计局颁发的导师奖，卞金钟、李志威、成顺华荣获个人优秀奖。县统计局撰写的《重大突发事件对经济社会的影响测度》收编在由广东省统计局组编的《统计思维与实践》一书中。

（连南瑶族自治县统计局）

应急管理

【概况】 2020年，连南瑶族自治县发生各类生产安全事故3起、死亡3人、受伤2人、直接经济损失约267万元，生产安全事故、死亡人数分别比2019年下降25%、25%、受伤人数比2019年上升100%，其中工贸行业1宗，死亡1人；经营性道路交通事故1宗，死亡1人，受伤2人；其他行业事故1宗，死亡1人；未发生较大及以上事故。发生火灾42起，无人员伤亡，直接经济损失38.68万元，比2019年下降28.3%。发生森林火灾4起，无人员伤亡。全县安全生产、消防及森林火灾形势总体稳定。

【安全责任落实】 2020年，连南瑶族自治县及时调整县安委会、县消防安全委员会、县减灾委、县防汛防旱防风防冻指挥部、县森林防灭火指挥部成员，完善县镇两级安全生产“双主任”制度并组织实施。将落实安全生产责任制情况纳入党委、政府督查督办内容，确保安全生产责任制落实落地。县领导带队开展检查督查130余次。建立县委书记、县长安全生产提醒函工作制度，县委书记、县长联合签署提醒函，对7个乡镇党委、政府主要领导开展安全生产工作提醒。压实属地和行业部门安全责任。开展企业主要负责人履行安全生产职责专项行动，对企业主要负责人实施“安全三问”。

【安全隐患排查】 2020年，连南瑶族自治县由县领导带队多次深入非煤矿山、危险化学品、烟花爆竹、消防、交通运输等重点行业领域开展安全大检查。落实完成整顿提升类非煤矿山企业3家，清理退出类、关闭取缔类非煤矿山1家，开展联合监管检查54家次，排查隐患26项，下发文书或通知20份；检查非煤矿山企业24家/次，停工整顿2家，排查安全隐患31项，完成整改30项，完成整改率97%。排查安全隐患总数1249处，其中一般隐患1249处，已整改1151处，整改率92%。成立检查组93个，督导检查472次，检查单位791家，督导问题234个，行政处罚52次，责令停产整顿6家，罚款38.08万元，约谈警示51家。

【安全生产专项整治】 *排污及烟花爆竹整治* 2020年，连南瑶族自治县排查消除安全隐患22项。清远市生态环境局连南分局开展县内重点排污企业专项整治，出动333人次，检查企业111家，受理群众来信来访案件91宗，已处理91宗，处理率为100%，下达《责令改正违法行为决定书》9份。县公安、应急、市场监管、交通、城综等部门检查烟花爆竹从业单位60多家次，查处非法经营储存烟花爆竹1175箱（卷、只）。

消防安全整治 2020年，连南瑶族自治县开展“打通生命通道”“消防安全家园”“敲门行动”“三年行动”和小微工业企业综合治理等专项行动，启动119消防宣传月活动，开展“消防宣传七进”活动，培训重点人群2万多人。在全市率先完成“消防办公室”乡镇全覆盖，推动在乡镇“三定”方案中明确消防职责；推行“双随机、一公开”消防监督执法，抽查指导单位151家；督促消防安全重点单位100%接入广东社会消防安全管理平台，其中“单位履职”项得分排全市第一位；推动县人民政府挂牌并整改3家重大火灾隐患单位，清除一批火灾隐患；全县建成10个市政消火栓，8个微型消防站完成建设并投入使用；投入400多万元建设“千年瑶寨第一套消防水系统”（含消防管网、消防水池）。在“三小”场所（小档口、小作坊、小娱乐场所）、民宿推广安装联网式无线火灾报警器200余个；在全市首创将消防内容纳入三江社区、千年瑶寨“社区公约”，作为“三小”场所办证审批的前置条件。

非煤矿山整治 2020年，连南瑶族自治县整顿提升类非煤矿山企业3家，清理退出类、关闭取缔类非煤矿山1家，联合监管检查54家次，排查隐患26项，下发文书或通知20份，行政处罚1次，罚款金额9900元；印发《连南县2020年非煤矿山综合整治拟关闭退出非煤矿山县级通告》。县应急管理局检查非煤矿山企业24家/次，停工整顿2家，排查安全隐患31项，完成整改30项，整改率97%。

城市建设安全整治 2020年，连南瑶族自治县市容市貌整治，对乱粘贴小广告立案处罚2宗，出动执法人员1200余人次，清理牛皮癣273处，拆除破旧存在安全隐患广告369处，更换陈旧、破损广告22块，拆除危房建筑1796.6平方米。开展城镇燃气行业领域安全专项整治，开展安全执法检查18次，排查消除安全隐患94个，发出整改通知书7份。开展文化市场安全整治，出动执法人员392人次，出动执法车56车次，检查经营单位367家次，收缴非法经营电子游戏机3台，打击查处违法销售“六合彩”非法出版物活动案件9宗简易案件，罚款450元，取缔流动兜

售“六合彩”出版物摊档20个，收缴各类盗版音像制品21658份。开展娱乐场所执法检查38次，责令整改6间酒吧、KTV场所，停业整改1家。

【防灾减灾救灾】 2020年，连南瑶族自治县应急局督导检查乡镇落实汛期三防应急值守，严格24小时应急值守领导带班制度。按照自然灾害全倒户、严损户、过渡期生活救助资金社会化发放程序，发放38户122人过渡期生活救助资金25.254万元、3户全倒户12万元、1户严损户2000元，合计37.454万元。开展防灾减灾，发放宣传资料67500份、横幅569条、悬挂张贴横幅海报等550份，组织全县中小学生学习、观看防灾减灾视频1次。启动防汛应急Ⅳ级响应3次，及时转移临灾群众30多人。组织乡镇开展防汛避险应急演练7次。县森林防灭火指挥部多次召开会议，部署清明、中秋、国庆、重阳和秋冬季等森林高火险期间的防范布控、应急准备工作。县党政主要领导在县委常委会、县政府常务会议及全县性重要会议上多次强调抓好森林防灭火工作，亲自赴一线督导20多次，7个镇政府主要负责人签订森林防灭火工作目标责任书、承诺书，派出明察暗访或督导组16个开展督查。全县远程林火视频监控点增加至21个，4宗森林火灾得到及时扑灭。设立常驻森林防火检查站31个，设立森林防火临时检查站200个/次，县镇村参与森林防火网格化管理人员90多人，开展执勤14400人次，流动巡查14400多人次，完善重点区域维修生物防火林带37千米，规划临时集中燃放点18个，劝返携带火种进山人员2000多人次，扑灭秸秆焚烧点835处。开展“五清”排查整治，排查出隐患48处、整改隐患73个。发放禁止野外用火通告及有关宣传单张约10万份，发放各种宣传品3万多份，宣传横幅320多条。

【安全生产监管执法】 2020年，连南瑶族自治县完成监督检查工作日1757日，检查重点企业111家，检查行政处罚回头看3家，立案处罚3家，作出行政处罚3次，罚款3.5万元，责令停工整顿2家。保费规模29.9981万元，参保企业17家。开展集中销毁非法违法储存、销售假冒、伪劣烟花爆竹工作。开展行业领域专项整治，出动人员3200余人次，排查风险点2000余处，排查出一般隐患200处，重大隐患0处，完成整改200处，整改率100%。

【宣传教育保障】 2020年，连南瑶族自治县通过“现场咨询日”、镇村联动开展晚会、入户宣传等多渠道、多方式开展“安全生产月”活动，开展道路交通、消防、非煤矿山等应急救援演练40余次，参演人员7000多人次。开展重点行业法律法规知识培训、视频讲座、警示教育活动150多场次，参训参会人员15000多人次。张贴、发放安全生产横幅和各类宣传品10万多份，新闻媒体、LED显示屏、双微等媒体宣传编辑新闻信息400多条滚动播放30000多次。

（连南瑶族自治县应急管理局）

消 防

【概况】 2020年，连南瑶族自治县建成社区和村居微型消防站8个，7个镇成立消防办公室，实现网格化规范化管理。新建市政消火栓10个，完成县镇消防规划编制，推动安装独立式感烟火灾探测报警装置。部署4个专项治理，重大火灾隐患单位挂牌等均在清远市率先完成，社会消防安全环境全面优化。全面规范应用执法记录仪，业务受理窗口配备高拍仪，案卷执法质量抽查达标率、消防法规标准和规范性文件网上备案率、执法音视频资料系统录入率及与消监系统数据对接率等全部实现100%。

【出警救援】 2020年，连南瑶族自治县消防救援大队出警150起，其中火警43起，抢险救援44起，社会救助63起，出动执勤保卫4起，出动车辆199辆、警力1101人、抢救被困人员15人，疏散被困人员33人，抢救财产价值106.7

万元。无重特大火灾事故，灭火成功率100%，全县的消防安全形势稳定。

【火灾防控】 2020年，连南瑶族自治县消防大队组织各职能部门开展16次联合检查，部署4个专项行动，推动教育、民政和文物等行业部门完成标准化管理示范创建。检查单位889家次，整改隐患462处，查封和“三停”14家，清理违规停放和违规充电电动车25辆，指导重点场所自查自改89家，清除一批火灾隐患。启动119消防宣传月活动，开展“消防宣传七进”活动，培训重点人群86人，消防安全共建共治格局初步形成。推行“双随机、一公开”消防监督执法，督促重点单位运用NFC自检自查，培训消防安全知识，指导火灾隐患整改，优化消防营商环境，提高便民利民服务水平。开展“六熟悉”157次，实战演练（桌面推演）83余次，完成大队级重点单位灭火救援预案修订25家，编制作战信息卡87份，排查市政消火栓230余个，测试天然水源8处。

（连南瑶族自治县消防救援大队）

民爆物品物资经营

【概述】 2020年，清远市和联民爆器材有限公司连南分公司有员工11名，其中正、副经理各1名、安全主任1名。该分公司由广东省工业和信息化厅核发民用爆破器材经营许可证书，主要职责是按“面向农村，面向基层，更好地为自治县生产建设服务”的原则，做好本县民用爆破器材的采购、仓储和供应工作。

【安全管理】 2020年，清远市和联民爆器材有限公司连南分公司重新编制《安全生产标准化管理制度》和《生产安全应急预案》。定期召开生产安全会议，每月召开一次安全生产会议，学习安全生产法规以及传达上级文件精神。组织开展安全五检查，一查现场安全生产工作、二查安全规章制度的执行情况、三查安全措施的落实、四查安全隐患、五查整改措施的落实情况。连南县政府主管部门对分公司进行定期或不定期的安全生产检查，召开安全会议，检查发现问题，督促分公司限时整改。健全仓库值班制度，坚持24小时值班制度，仓库周围安装红外线报警器和视频监控系统，监控仓库四周的情况，做好“三防”（即人防、技防、犬防）。抓好押运、装卸、运输制度的落实，严格执行《道路运输管理制度》《危险品装卸安全制度》。开展民用爆破器材仓库设施的安全评估，对民用爆破器材的仓储、运输设施及安全管理现状等进行全面细致的检查鉴定，以较高的成绩通过上级验收。开展定期培训，提高员工素质。

【销售管理】 2020年，公司严格执行规章制度，履行业务岗位职责，把好办证关，按县公安部门出具民爆物品购买证产品的名称、数量进行销售，销售炸药176.528吨，雷管11.23万枚，导爆索0.3千米。

（清远市和联民爆器材有限公司连南分公司）

农业农村·气象·水利

农业农村工作

【农业概况】 2020年，连南瑶族自治县农作物总播种面积22298.8公顷，比上年增加477.07公顷，比上年增长2.14%。农林牧渔业总产值169465.53万元，比上年增加7530.36万元，比上年增长2.2%；农民个人可支配收入15456元，比上年增加1195.9元，增长8.4%。

【种植业】 2020年，连南瑶族自治县农业产值10.64亿元，比上年增长5.1%。农作物总播种面积22298.8公顷，其中粮食作物播种面积7823.27公顷，比上年增加222.73公顷，比上年增长2.9%，产量32870吨；经济作物播种面积3635.53公顷；其他作物播种面积10840公顷，比上年增加328.33公顷，比上年增长3.12%。

【畜牧业】 2020年，连南瑶族自治县畜牧产值3.1亿元，比上年下降4.1%。生猪出栏25398头，比上年减少5550头，降幅17.93%；家畜存栏5280头，比上年增加592头，比上年增长12.63%；肉鸡饲养量222.5万只，比上年增加20.8万只，增幅10.31%，出栏肉鸡164.1万只，比上年增加10.7万只，增幅6.98%；鸭饲养量为12.6万只，比上年下降4.7万只，降幅27.17%；出栏肉鸭21.56万只，比上年增加0.56万只，增幅2.67%。

【渔业】 2020年，连南瑶族自治县渔业产值0.21亿元，比上年增长10.1%。水产品总产量1805吨，比上年增加45吨，增长2.56%。其中：池塘养鱼1395吨，水库渔业130吨，稻田养鱼230吨，江河捕捞50吨。淡水养殖面积373公顷（其中池塘养殖123公顷，水库养殖250公顷），新增池塘养殖3公顷。推广稻田养鱼面积466.67公顷，新增13.33公顷。

【新农村建设】 2020年，连南瑶族自治县完成农村人居环境综合整治工作的自然村有617个，占比100%。推进“四小园”建设，建成小菜园383处、10474平方米，小果园68处、1181平方米，小花园106处、3261平方米，小公园220处、25299平方米。全县617个自然村中完成污水处理设施建设的自然村410个、污水池325座。泥砖房清理整治4029间、面积249826.50平方米。连南县省级新农村连片示范建设工程项目主体村工程基本完工，美丽乡村建设495个村通过验收。全县1个镇、5个行政村纳入“千村示范、万村整治”工程示范镇、示范村创建工作，示范镇三江镇完成创建任务。寨岗安田村委、金光村委，涡水大竹湾村委，三江金坑村委，大麦山新寨村委五个示范村完成创建任务。新建和改造农村公厕385座，改造户厕5676户，累计完成改造户厕37056户，农村卫生户厕普及率100%。三条精品旅游线路基本成型，打造金坑森林小镇旅游路线、涡水镇养生谷旅游路线、三排镇南岗至横坑环山休闲旅游路线。

【农村综合改革】 2020年，连南瑶族自治县培育新型农业经营主体，有农民专业合作社317家，其中农民专业合作社省级示范社7家，农民专业合作社市级示范社7家；家庭农场154家，新增58家；市级龙头企业4家，县级重点农业龙头企业8家。推进农村集体产权制度改革工作，完成农村集体资产清产核资工作，农村集体经济组织成员身份认定工作完成907个（经济联合社69个、经济合作社838个），完成率100%，赋码发证率100%。完成农村集体产权制度试点改革任务，受到市农业农村局表扬。开展土地确权“回头看”，完善土地确权工作。印发《关于规范连南县农村宅基地审批程序和管理工作的通知》，落实宅基地分配、使用、流转等管理工作，指导闲置宅基地和闲置农房利用。

【特色农业产业发展】 2020年，连南瑶族自治县推进稻鱼茶现代农业产业园建设，引进实施主体8个，完成子项目建设31个，完成投入资金22248万元，通过县级、市级验收。加快推进“3个三工程”及“3+X”产业发展。完成3+X特色产业发展项目，清远鸡出栏数170万只，茶叶累计种植面积1.25万亩，柑橘累计种植面积3300多亩，优质稻种植9000多亩，生产食用菌棒约100万条，无花果种植200多亩，推广稻田养鱼面积累计7000亩。出台稻、茶、兰花、香菇4个“硬核”政策，为农业产业发展提供政策支撑。加快推进“一村一品、一镇一业”项目建设，上年度6个项目建设基本完成，项目资金使用率100%。完成3个申报项目审核工作并实施，项目建设完成，资金使用率为100%。完成2021年各镇申报的项目入库核实审核工作。推进广清连南万亩茶园和红茶优势产区产业园项目建设，茶园设计施工总承包完成招投标，茶园完成土地流转签约3200亩，完成标准茶园种植400亩。红茶优势产区产业园项目在推进中。打造农产品品牌，全县在有效期内“三品一标”农产品认证总数15个（2020年新增1个），粤港澳大湾区“菜篮子”基地1个，“连南大叶茶”“连南瑶山茶油”新增入选广东省第三届名特优新农产品公共区域品牌，连南大叶茶、连南高山稻香米入选2020年第二批全国名特优新农产品名录，连南大叶茶地理保护标志通过全国地理标志专家评审会。

【推进科技兴农】 2020年，连南瑶族自治县推进科技创新工作，向市科技局推荐10项科技申报项目，4个项目进入实地查看环节。成功认定5名清远市农村科技特派员。组织连南县稻鱼茶现代农业产业园申报广东省农业科技园区。开展落叶果树、水稻、花生、甘薯等引种试验，计划筛选出2—3个适宜当地栽培的品种。推进“3+1”结对帮扶，主动与省农业科学院、华南农业大学等科研院校对接农业产业发展交流合作工作，探索科技聚合、产业融合发展新模式。打造10个示范基地，开展连南大叶茶树种质资源调查与保护工作。

【农业安全监管】 2020年，连南瑶族自治县开展蔬菜农残抽检蔬菜样品2224个，抽样合格2224个，定量检测51个，抽样合格51个，合格率100%；全县61个水产养殖户开展鱼病检测，检查4个品种（草鱼、鲤鱼、白鲢、叉尾鮰）、125个样本，未检测出鱼病，检测合格率100%，全县水产品无重大疫病发生，生猪屠宰场的“瘦肉精”检测，入场生猪615车次、18362头，抽检生猪2202头，抽检率12%，抽检结果均为阴性；无害化处理病死猪82头。完成检验检测机构计量认证和农产品质量安全检测机构资质考核的“双认证”工作。开展农业安全生产及执法工作，全年出动执法人员323人次，立案3宗，其中无农药经营许可证经营农药案1宗，违法电鱼案件2宗，处罚没款0.5万元。开展禁渔期巡查工作，全年在重点水域悬挂横幅、张贴公告121次，举办专场宣传活动4场，发放禁渔宣传资料1100

余份，出动执法车辆75辆次、执法人员225人次，抓获电鱼非法捕捞人员2人，收缴背包式电鱼机2套，收缴地笼、网等45张。

【农业绿色发展】 2020年，连南瑶族自治县推进畜禽废弃物资源化利用，开展对禁养区内的畜禽养殖场巡查复核，排查禁养区内关闭的养殖场14家次，暂无发现有反弹。抓好测土配方，降低环境污染，全年推广施用配方肥施用面积30.21万亩，用量4550吨以上，节约化肥279吨以上，节本增收1058万元以上。开展耕地安全利用工作，完成农用地详查、采样、化验、实施方案编制和对水稻上措施等工作，完成二类地耕地安全利用52922亩，三类地耕地安全利用10564亩，安全利用措施率100%，耕地安全利用率90%以上。抓好秸秆禁烧宣传及秸秆还田综合利用，印发《关于进一步加强秸秆禁烧工作的通知》《关于进一步强化秸秆禁烧工作的函》，落实巡查监管、宣传的责任；制订全县2020年农作物秸秆综合利用工作方案，鼓励秸秆还田，全县农作物综合利用率为91%；在三江镇建立300亩的秸秆还田综合利用示范片，召开现场示范会。

【休闲农业与乡村旅游】 2020年，连南瑶族自治县加强对三排墩龙瑶寨、南岗千年瑶寨景区、油岭民俗瑶寨旅游开发有限公司、唐苑休闲生态农庄、寨岗镇石径村唐屋经济合作社、三排镇等乡村旅游和休闲农业示范点（镇）的监测，推荐大坪鱼乡稻田生态养鱼专业合作社、寨岗镇安田村、三江镇金坑村等创建第八批省级休闲农业与乡村旅游示范点。协助成功举办2020年“中国农民丰收节”系列活动暨广东·连南第七届稻鱼茶文化活动周，成功举办2020年斗茶大赛。

【惠农政策落实】 2020年，连南瑶族自治县耕地地力保护补贴总面积130011.4亩，耕地地力保护补贴资金总额为1062.19万元。拨付各级政策性农业保险承保经费302.33万元，水稻（早造）承保面积38234.6亩，水稻（晚造）承保面积35435.63亩；玉米（早造）承保面积22893.61亩，玉米（晚造）承保面积4766.26亩；简易大棚承保面积14.16亩；岭南水果承保面积784.66亩；农村住房承保34532户。发放农机补贴资金79850元，指标确认书53份，受益户数53户，机具数量53台。

（连南瑶族自治县农业农村局）

瑶山特农发展有限公司

【概况】 2020年，连南瑶族自治县瑶山特农发展有限公司辖有中国瑶山特农网、粤瑶行电子商务平台、大雾山茶厂、人才驿站、坑口茶园、稻鱼茶三产融合发展中心、广清万亩茶园（一期）7个经营实体，牵头管理连南农村电商体系、稻鱼茶省级现代农业产业园。公司总资产6500余万元，年销售规模超过3000多万元，是清远市农业龙头企业。

【三产融合发展中心】 连南瑶族自治县稻鱼茶省级现代农业产业园三产融合发展中心位于县城三江镇民族风情街，毗邻广东省瑶族博物馆，占地面积6900多平方米，建筑面积9700多平方米，是连南县稻鱼茶省级现代农业产业园核心区，由特农公司负责建设、管理和运营。该中心于2019年5月启动建设，2020年1月实现全面正常运营。中心遵循全产业链模式展开建设和运营管理，中心内置有冷链仓储物流区、加工体验区、品牌展示区、培训孵化区、电商综合服务区等功能场所。2020年，中心接待体验游客超过6万人次，比上年增幅提高67%。线上线下自主销售及带动销售规模6000多万元。成为连南对外宣传营销本地特色农产品的主要平台。

【现代化茶产业】 2020年，连南瑶族自治县瑶山特农发展有限公司加大投入，夯实产业基础，从示范种植、精深加工、品牌打造、科技支撑等方面入手，推动连南茶产业向标准化、现代化、规模化方向发展。公司投入资金近4000万元，加强与广东农业科学院、华南农业大学和合作，推进坑口示范茶园提升工程、茶园O2O信息平台建设工程、广清万亩茶园（一期）工作、产品品质工程、品牌工程、标准化体系工程等项目建设，带动全县茶产业的发展：自2019年起，连南县新种茶园面积以4000亩以上的速度发展，名优茶产量在2020年首次突破1.5万千克，“连南大叶茶”获得国家农产品地理保护标志认证。全县茶叶产业总体表现为“产量增、效益升”的良好局面，茶叶加工水平有质的飞跃，在广东省产业园百家手信评选活动中，在全省各地送评的147款茶叶产品里，县特农公司的“单贵红茶”获得质量评审第二，综合评分第一的好成绩。在广清帮扶机制、省消费扶贫平台、海伦堡中国控股集团有限公司等机构的大力支持和帮助下，连南茶叶市场逐渐显现产销两旺的发展趋势。

【电子商务进农村综合示范县建设】 2020年，连南瑶族自治县瑶山特农发展有限公司加快推进电子商务进农村综合示范县建设工作，健全电子商务农村服务体系，全面提升电子商务发展水平，加强农产品标准化建设，建设农产品质量认证、质量追踪溯源体系，开展农产品电商公共品牌建设工作，完成1个“CS”认证，2个有机认证、1个国家农产品地理标志申报，3个专用商标注册的工作。推进物流体系建设，升级改造县级农产品仓储、冷链、集散、批零中心。加强与邮政快递等第三方物流企业合作，完善县、镇、村三级物流配送体系。组织6次大型展销和电商直播活动。基本完成县级电子商务公共服务中心，网络直播带货平台，7个镇级、28个以上行政村电商服务站点建设。

【人才培育工作】 2020年，连南瑶族自治县瑶山特农发展有限公司发挥服务功能，以“柔性引才”方式，依托高端人才的引领和培育，推动县涉农实用工匠型人才队伍建设，投资140万元，完善人才驿站阳光阅览室、专家活动室、党建工作室、站外基地坑口“茶园O2O”平台等功能场所建设；与广东省壹柑园食品有限公司签订《共建“科研示范基地”》，与省农科院签订《特聘人才协议》，与华南农业大学签订《共建“产学研合作基地”协议》；2020年共开展培训活动21期，培训内容包括农业技术、电商领域、行业培训、党建学习等。邀请县内外专家21人次，总培训时长88课时合28天，培训人次2397人次。

（连南瑶族自治县瑶山特农发展有限公司）

广东连南大鲵省级自然保护区

【概况】 广东连南大鲵省级自然保护区面积1493.4公顷。2020年，广东连南大鲵省级自然保护区管理处落实大鲵及其栖息环境保护措施，抓好区内生态环境的管护、监测，完善基础设施建设，加强巡查管护，保护大鲵资源及其栖息环境。保护区有3个监测点，分别在保护区核心区、缓冲区和实验区，3个监测点实行24小时值班。协调、组织县农村农业执法部门及森林公安部门派员巡逻执法，查处偷捕、贩卖大鲵、石蛙等野生动物和乱砍滥伐林木等违法行为，保护区内野生动植物资源的安全。

【资源监测】 2020年，广东连南大鲵省级自然保护区管理处采取各项措施，加强保护区范围内水生野生动物及大鲵资源的监测，开展大鲵资源监测100多人次；在保护区内悬挂红外摄像机，监测保护区内其他野生动物，包括成群的白鹇、野鸡及其他鸟类、野猪等，保护区生态保护工作效果显著。

【科普宣教】 2020年，广东连南大鲵省级自然保护区管理处派人参加省林业局组织的“穿越北回归线风景带——广东自然保护地探秘”活动，在排肚小学开展“保护生态 与鲵同行”科普宣传教育自然课堂，结合精准扶贫工作，向贫困户及周边群众宣传保护野生动物及保护生态环境，发放宣传书150本，宣传用品1000多份，向排肚小学及群众发放保护区宣传书包200个左右。

【历史遗留林木问题】 2020年，广东连南大鲵省级自然保护区管理处做好保护区内历史遗留林木问题，根据《广东连南大鲵保护区内人工造林林木处理方案》内容，采取领导带队走村入户进行宣传，动员群众配合工作组上山丈量人工造林林地面积，支出赎买林木金额78万元，劝解多户想上山砍伐林木的群众。

（广东连南大鲵省级自然保护区管理处）

气 象

【概况】 2020年，连南瑶族自治县气候总体特征表现为：气温高，高温天气最多；降水总体偏少，阶段性明显；开汛正常，“龙舟水”偏多，暴雨极端性强，局部洪涝重；初台早、台风少、总体影响小；气象干旱阶段性严重；年末寒潮致大幅降温，2020年连南县平均气温20.4℃，较历年平均值偏高0.7℃，极端最低气温-0.3℃（12月31日），极端最高气温38.4℃（7月14日）。全年日最高气温≥35.0℃的高温炎热天气37天，较历年偏多6.8天；≤5℃低温日数19天，较历年偏少11天；无霜期336天。年总降水量1814.7毫米，较历年平均值偏多6%，全年暴雨日数5天，开汛期正常（3月31日）。第一场暴雨出现在2月15日，最后一场暴雨出现在9月5日。全年最大日降水量119.8毫米（6月8日），≥0.1毫米降水日数157天。年日照时数1192.7小时，较历年平均值偏少252.9小时。总体上，全年低温灾害为偏少年份，低温天数19天，主要集中在1、2和12月，雨量充沛，但时空分布不均，暴雨、连续强降水和干旱天气给连南县各行各业造成损失，其中3月、4月和6月出现较严重的暴雨洪涝灾害，10月起出现持续性干旱天气。

【全年气象特点】 2020年，受冷空气频繁补充和偏南气流交汇影响，2月1日至10日连南县出现10天的持续性低温阴雨寡照天气，其间，观测站录得日照时数仅为1.5小时，3月28日至4月6日出现10天“倒春寒”灾害天气，低温阴雨和倒春寒天气属于偏重年景。10月至12月，连南县气候干旱少雨，降水量较历年同期偏少67%，据广东省气象干旱监测系统显示，截至12月31日，连南县达中度气象干旱。

【公共气象服务和重大活动保障】 2020年，连南瑶族自治县气象局认真贯彻落实县委县政府关于防灾减灾工作要求，践行好“你的冷暖 在我心中，你若安好 便是晴天”的气象服务理念，严密监测天气变化，做好重大天气过程服务和重大节日活动服务保障。全年抓住有利天气形势在不同时间节点进行6场人工增雨作业，一定程度缓解全县旱情，空气质量有所改善，并降低森林火险。在做好新冠肺炎疫情防控气象保障和汛期气象服务工作的基础上，为县“两会”会议保障机构和单位提供强降雨、大风、雷电等天气预报预警服务和影响分析。充分利用气象信息电子显示屏、“连南天气”官方微信微博等渠道不定时开展科普宣传活动，同时利用“3·23”世界气象日、“5·12”防灾日、科技三下乡等活动为载体向公众派发多种气象科普资料。

【气象便民利民服务】 2020年，连南瑶族自治县气象局认真配合做好“互联网+监管”平台建设，以信息化便民提升管理水平。电子监察行政绩效优秀，行政服务窗口投票满意率100%。

【防雷安全检查】 2020年，连南瑶族自治县气象局切实履行县安委会成员职责，认真开展城市燃气防雷安全生产集中整治行动、气象安全风险点排查管控工作、“安全生产月”和“安全生产万里行”活动工作等专项检查。组织检查13家企业，出动26人次，发现隐患需整改项目均全部督促整改完毕。严格执行“三同时”制度，全面落实防雷安全生产责任制度，安全生产责任人和安全管理员均能接收到县气象部门提供的气象灾害预警预报服务信息。加强防雷设施定期检测制度落实，严管严查全县易燃易爆场所防雷安全措施，检测合格率100%，定期检测覆盖率逐年提高。加大人口密集场所的安全检查，及时发现和纠正防雷安全隐患，有效预防和减少雷击事故的发生。

【气象科普宣传】 2020年，连南瑶族自治县气象局利用气象信息电子显示屏、微信微博、气象乡镇大喇叭等渠道不定时开展科普宣传活动，切实提高全社会气象防灾减灾意识，增强公众避险、自救、互救能力，最大限度地预防和降低气象灾害造成的损失。全力配合做好疫情时期宣传工作，通过“连南天气”微博发布疫情防控宣传43条，“连南天气”微信公众号文章82篇，气象信息电子显示屏消息8条，手机短信16条22754人次，农村气象大喇叭发布疫情防控消息300次。

（连南瑶族自治县气象局）

水 利

【概况】 连南瑶族自治县水利局是连南瑶族自治县政府工作部门，主要承担水资源保护和合理开发利用、水土保持、生活生产生态环境用水、水利工程建设与运行管理、水库移民管理、水政监察和水行政执法、水旱灾害防御、安全生产、河长制工作、污水处理、供排水等职责。

【重点水利工程及小水电】 *塘冲水库工程* 2020年，塘冲水库工程累计完成环库公路开挖长1124米；混凝土浇筑约11831立方米，形象进度为71%；坝体砌石约39652立方米，形象进度为78%；固结、帷幕灌浆3534立方米，形象进度为66%；基础土方开挖18066立方米，形象进度为78%；基础石方开挖53849立方米，形象进度为93%；累计使用资金约5806.14万元，其中：前期国土、林地办证、招投标、勘察设计、监理费、地质灾害评估费、鸡嫲冲应急工程等各项手续约862.66万元；电站征收及耕地、林地等补偿1200万元；施工进度款约3743.48万元。该工程于2018年6月28日取得省水利厅初步设计批复，工程初设批复概算总投资6077万元，其中建安费4192万元，独立及基本预备费895万元，专项及补偿990万元。工程主要功能为供水、灌溉、防洪。水库坝址以上流域集雨面积为8.16平方千米，水库总库容140.58万立方米，有效库容110.24万立方米，属于小（1）型水库。该工程于2018年9月进场施工，主要建设内容为：大坝基础开挖4.74万立方米，基础混凝土浇筑12000立方米，基础灌浆处理钻孔约1200个，共约5500米，坝体砌石5.1万立方米，防渗墙浇筑4100立方米，廊道浇筑830立方米，导流洞浇筑200立方米，上坝公路约3千米，管理房建设等。

官坑灌区改造工程 2020年，官坑灌区改造工程于6月28日开工建设，累计完成进水闸闸室浇筑；渠道建设约20千米；隧洞施工爆破约280米；完成投资1836万元，形象进度完成95%。该工程改造渠道总长20.6千米，灌区改造后灌溉面积由现状的0.90万亩增加到1.3万亩，工程项目初设批复概算投资2416.37万元（清水审批南审〔2019〕01号），下达中央资金1933万元。

鹿鸣关灌区改造工程 2020年，鹿鸣关灌区改造工程于5月编制完成初设报告并评审，10月取得市水利局初步设计批复，11月19日报送省水利厅入库。该工程已经清远市发改局批复同意立项（清发改行审〔2019〕148号），立项总投资约2316.17万元，工程加固改造完成后，设计灌溉面积达到1.02万亩。

村村通自来水工程 2020年，连南瑶族自治县实现村村通自来水，解决13.28万农村人口的饮水问题，工程总投资为1.4308亿元，水源地到行政村工程投资为1.1223亿元。历年开工工程97宗均已完工并通过县级和市级验收，总投资为12211.2211万元，受益人口15.6896万人。

县城自来水厂扩建改造工程 2020年，县城自来水厂扩建改造工程于8月取得初步设计批

复，9月2日开始施工招标，9月23日开标，中标单位为中铁五局集团有限公司，中标金额人民币24077292.88元，10月12日连南瑶族自治县供水公司与中铁五局集团签订施工合同，是日开工，预计2021年完工。

小水电情况 2020年，连南瑶族自治县有小水电241宗，总装机容量198399千瓦。依法依规退出21宗小水电站（其中在自然保护区内的电站15宗）。地方一般公共预算收入中，水电财政收入为5535万元，上缴税收收入4237万元。

【水事监察及执法工作】 2020年，连南瑶族自治县水利部门主要巡查范围为同灌河寨岗河段、同灌河大麦山河段、称架河、白水坑河、三江河、涡水河、大龙河等县内主要河道；板洞水库、沙木塘水库、龙会水库、海螺水库、莲塘水库等水库库区。全年日常巡查河道长度1228千米、出动人员363人次、车辆65车次，与公安局、检察院及各级镇政府等部门联合巡查执法约7批次。发出《责令停止违法法行为通知书》7份、《扣押决定书》3份，查扣违法挖掘机3台、皮卡车1台和运输车3台，立案查处河道外的荒地违法采（运）砂案件3宗，均已办结；共依法给予行政处罚80000元。与寨岗镇政府联合巡查寨岗镇各河段，拆除没收小型抽砂机3台。

【河长制推行】 2020年，连南瑶族自治县开展入河排污口清理整治，完成15个入河排污口清理整治；“清四乱”专项行动，排查涉“四乱”问题2个；“清漂”专项行动，制定“清漂”专项行动方案，开展2次整治行动，累计出动人员4050人次，清理漂浮物、垃圾总量为20.5吨，清理河流长度为751千米；完成河湖划界河流长度225.575千米，安排375万元河湖划界勘测设计经费；推进万里碧道建设。

【水旱灾害防御】 2020年，连南瑶族自治县储备防汛抗旱物资编织袋7.7万条、铁笼500个、救生衣680件、橡皮艇1艘、抢险备用砂石料200立方米、土工布2捆、柴油抽水机6台套等；修编《连南县水利局水旱灾害防御应急预案》，利用防灾减灾日（6月15日）发放防汛手册2000余份；开展汛前安全检查，组织水库防汛应急预演练共7场次，参加人员约100人次；实行24小时防汛值班制度，发布山洪灾害防御预警52次。

【水利安全生产】 2020年，连南瑶族自治县全面落实安全生产责任制，与责任单位层层签订安全生产责任书；开展安全隐患大排查90期次，高危险岗位购买安全生产责任保险，投保率100%；开展安全生产宣传教育活动，悬挂横幅70多条，粘贴、派发宣传海报600多份，派发环保袋3000多个，印发水法、水土保持法、水资源管理条例800本，树立更新安全警示标语牌90多块。

【县城城防工作】 2020年，连南瑶族自治县加强对城防工程二十多千米堤段的日常巡查与维护；对部分已损毁的警示牌进行维修；对四座闸坝及多个水闸的正常启闭进行检测与维修，对沿陂气压电动翻板闸的电气与油路进行改造修复；加强部门联系，做好汛期值守管护工作，做好防汛抗洪抢险准备。开展溺水安全事故防治工作，对全县城的中小学生发布公开信合计一万多份，在一河两岸拉挂“严防溺水事件”及“禁泳”相关内容的横幅十多条，翻修多处“禁泳”安全警示牌，利用广播电视等新闻媒体加强“溺水安全防范”的宣传，加强巡查监控，2020年内没有发生溺水事故。

【板洞水库移民管理】 2020年，连南瑶族自治县板洞水库移民有649人，发放生活补助费1144260元。其中，三江片65户，寨岗片67户，移民417人，每季度发放生活费188625元，全年发放约754500元，费用由板电集团划拨；牛塘片100户，232人，每季度97440.00元，全年约389760.00元，费用由牛塘林场自筹。发放移民后期扶持资金600元/人·年，发放资金38.35

万元。推进水库移民后期扶持项目，建设板洞水库牛塘林场美丽家园和板洞水库移民文化活动中心，总投资583万元，计划2021年完成。

（连南瑶族自治县水利局）

精准扶贫

【概况】 2020年，连南瑶族自治县以贫困群众实现“两不愁三保障”和“八有一稳”为目标，落实脱贫攻坚工作机制，扎实推进产业扶贫、就业扶贫、金融扶贫、消费扶贫等工作，1896户5321人贫困人口在有安全住房、有安全饮用水、有电用、有电视信号覆盖、有网络信号、子女有义务教育保障、有医疗保障、家庭有稳定收入或最低生活保障等8个方面全部达标。无劳力贫困户全部得到兜底保障；有劳力贫困户主要通过产业和就业帮扶提高收入，人均可支配收入17593元；1896户5321人贫困人口全部实现脱贫，贫困发生率从2016年的3.27%到2019年的全部脱贫清零，连南县脱贫攻坚战取得全面胜利。

【责任落实】 2020年，连南瑶族自治县认真落实书记遍访贫困户制度，乡镇党委书记和村党组织书记落实遍访贫困户要求，完成遍访任务。专题研究扶贫工作，2016年以来召开97次专题会议，研究扶贫产业项目、无劳动能力贫困户兜底政策落实等工作，统筹解决巡视、审计、危房改造等方面存在的问题。强化资金保障，用好上级专项资金，精准扶贫人均2万元财政专项资金到位7357.60万元。全方位提供政策支撑，2020年新出台政策文件8份，2016—2020年累计出台文件29份，其中《连南瑶族自治县坚决打赢脱贫攻坚战三年行动计划（2018—2020年）》是全县持续高质量推进脱贫攻坚工作的指导性文件。

【政策落实】 2020年，连南瑶族自治县做好危房改造工作，2016—2019年上级下达农村危房改造任务数为1437户，其中符合危房改造政策的建档立卡贫困户629户全部纳入危房改造范围，改造危房全部竣工，历年累计拨付资金4316.6万元。做好健康扶贫工作，扶持建档立卡贫困人口5321人参加城乡居民医疗保险，全额资助其个人缴费部分资金。2016年以来落实27176人次建档立卡贫困人口参加城乡居民医疗保险，落实23932人次建档立卡贫困人口进行医疗救助，历年发放医疗救助资金630.93万元，建档立卡贫困人口5321人100%落实家庭医生签约服务。做好养老保障工作，按最低缴费标准全额给建档立卡贫困人口代缴城乡居民基本养老保险费，2018年以来落实8516人次，涉及资金102.19万元。做好教育保障工作，落实建档立卡贫困户家庭学生资助工作，2016年以来累计发放建档立卡贫困户子女教育补贴7802人次，发放总金额1237.9万元。做好政策兜底保障工作，对完全丧失劳动能力和部分丧失劳动能力且无法依靠产业就业帮扶脱贫的建档立卡贫困户及时纳入民政政策性兜底，2016年以来落实建档立卡无劳动能力贫困人口60672人次，落实资金2739.88万元。做好饮水安全工作，对241个供水源进行水质质检，覆盖所有贫困户家庭，建档立卡贫困户1896户全部安装自来水设施，贫困人口饮水安全100%达标。

【主要工作落实】 2020年，连南瑶族自治县贯彻落实《中共广东省委办公厅、广东省人民政府办公厅印发关于打赢脱贫攻坚战三年行动方案（2018—2020年）》要求，继续派出7个驻镇工作组、69个驻村工作队，县四套班子成员全部包村挂扶并担任驻村工作队队长，帮扶干部2362人，其中第一书记69人。将贫困人口的帮扶任务具体分配落实到79个县直单位，确保每个贫困户都有具体帮扶责任人。对扶贫驻村干部、第一书记、村组织书记进行培训5次，培训内容包括精准识别、产业发展、就业扶贫、党建工作等。实行挂牌督战，制订《连南瑶族自治县脱贫攻坚挂牌督战工作方案》《连南瑶族自治县脱贫攻坚挂牌督战贯彻实施意见》，组织31个督战组，聚焦

“两不愁三保障”“八有”（两不愁三保障是不愁吃不愁穿，教育保障、医疗保障、住房保障；“八有”是有安全住房、有安全饮用水、有电用、有电视信号覆盖、有网络信号、子女有义务教育保障、有医疗保障、家庭有稳定收入或最低生活保障等）脱贫政策落实，负责专题研究、统筹督促全面落实脱贫攻坚政策、责任和脱贫工作。开展访贫问效，县四套班子领导、驻村工作队、帮扶责任人、县纪委及扶贫部门作为访问主体，以贫困户、边缘易致贫户、村“两委”干部、普通农户为访问对象，聚焦贫困户“八有”、贫困人口退出、帮扶责任等落实情况，开展实地访问。多措并举发展扶贫产业项目，确立食用菌、蚕桑、茶叶、稻田鱼、有机稻、蔬菜、兰花、水果等主导扶贫产业。争取稻鱼茶省级现代农业产业园项目落地建设，投入资金约2.23亿元，带动农户9276户，为全县脱贫攻坚提供强力的产业支撑。大力发展金融性资产增益项目，2019—2020年上半年按投资总额13.1%的收益给贫困户分红，2017年以来，给全县贫困人口累计发放分红2604.92万元，除2017年及2020年上半年人均分红为800元（从2017年7月1日计起）外，2018—2020年人均分红为1600元。完善联农益农机制，以“龙头企业+基地+贫困户”“公司+基地+贫困户”“经济合作社+贫困户”“种养大户+贫困户”等经营模式，把贫困户捆绑到扶贫产业链中，享受产业带动红利，确保在家务农的593户贫困户全部参与产业扶贫项目。全县建成兰花、食用菌、茶叶等特色产业扶贫项目23个，参与贫困户人均增收超6300元。开辟就业扶贫新渠道，大力实施“南粤家政”“粤菜师傅”等培训工程，落实对全县有劳动能力贫困人员进行技能培训，培训率100%；出台就业奖补政策，协调县内劳动密集型企业优先招聘贫困劳动力，设立2个就业扶贫基地、9个就业扶贫车间，带动贫困人口就业41人，平均月收入达2500元；开发保洁、护林等公益性岗位，对符合条件的贫困劳动力予以托底安置，成功安置55人。强化对外劳务输出，2016年以来，与广州越秀、黄埔等地联合举办专场招聘会87场次，帮助贫困人口转移就业，外出务工并稳定就业贫困人口1695人。开展消费扶贫月活动，扶贫产品销售额达134.82万元。建设消费扶贫示范基地，统筹投入100万元，在县供销社建设占地600平方米，包含生鲜和干制农产品分拣包装间、生鲜农产品冷冻库、农产品综合交易展区等设施齐全的消费扶贫示范基地。消除新冠疫情对扶贫工作的影响，引导养殖野生动物扶贫项目转型，解决贫困户农产品滞销问题，涉及3户养殖竹鼠的贫困户，存栏竹鼠720只，价值7.8万元；帮助贫困户9户销售滞销的香菇、蔬菜等农产品1万多千克，价值10万多元；帮助有劳动力贫困户1309人按时复工复产；帮助133名贫困学生申请平板电脑上网课，解决上网课的流量使用及资费问题。印发《连南瑶族自治县2020年“广东扶贫济困日”活动工作方案》，筹集“广东扶贫济困日”捐款资金163.26万元。基本建立起防止返贫动态监测和帮扶机制，除建档立卡脱贫户外，排查边缘易致贫人口94户329人。

【贫困人口退出工作】 2020年4月，连南瑶族自治县按照相对贫困人口退出标准，按照省、市分批有序退出的要求，相对贫困人口100%达到退出条件，脱贫攻坚工作取得胜利。

（连南瑶族自治县农业农村局）

林 业

综 述

【概况】 2020年，连南瑶族自治县林业用地面积为102054.43公顷，占全县土地总面积的82.24%，其中有林地面积87994.69公顷。活立木总蓄积量为8532554立方米。林木绿化率为81.77%，森林覆盖率80.95%。

【植树造林】 2020年，连南瑶族自治县完成社会造林13550亩，封山育林9000亩；森林抚育61857亩。3月开展义务植树月活动，参加义务植树人数9.5万人次，植树47万株，义务植树尽责率95%。县义务植树点在西北山森林，建设面积100亩，种植红叶碧桃、黄花风铃木、红枫等观花树种4200余株。

【林政管理】 2020年，连南瑶族自治县林业部门抓好凭证采伐工作，办理林木采伐审批538宗、51203.13立方米；审核征占林地6宗（面积1095.6645亩），审核率为100%。

【森林防火】 2020年，连南瑶族自治县林业部门加大防火基础设施建设和森林防火宣传投入，维修重点区域生物防火林带37千米18.5万元，新建西北山防火蓄水池两座50万元，建设防火通道3千米24万元，设置防火固定宣传牌200块30万元，完善林火远程视频监控系统运维管理29万元，发放各类宣传品12万份、拉宣传横幅350条30万元，清明无烟礼炮一万支5万元，邮政快递车载广告、快递宣传帖5.8万元，购置护林员服装、装备26万元，合计218.3万元。

【森林病虫害防治】 2020年，连南瑶族自治县林业部门加强森林保护，开展林业有害生物普查工作。在全县7个乡镇、1个林场设立8个临时测报点，实施监测松林面积8.1万亩，调查中取样8株，未监测出有松材线虫病。6月和10月，进行薇甘菊调查，监测林地面积130万亩，未发现薇甘菊侵入情况。全县发生有害生物面积0.371万亩，成灾面积0亩，成灾率为0‰，控制在市下达的5‰指标范围内。检疫种苗10万株，种苗产地检疫率达到100%。

【林业科技推广和林下经济】 2020年，连南瑶族自治县林业部门加强食用林产品质量安全监测工作，完成上级下达18批次林产品质量安全检测，合格率100%。发展林下经济，委托林业调查甲级资质单位广东省岭南综合勘察设计院完成编制《连南县林下经济发展规划（2020—2025年）》，制定《连南瑶族自治县扶持林下经济发展项目实施方案》，为发展连南县林下经济提供规划指南。

【生态公益林建设】 2020年，连南瑶族自治县林业部门做好生态公益林补偿资金发放工作。中央和省、市财政下达生态公益林效益补偿资金3396.74万元，其中直接发放给补偿对象的损失性补偿资金2814.91万元，公共管护经费581.83万元。

【森林公园和湿地公园建设】 国家石漠公园（森林生态综合示范园） 2020年，连南瑶族自治县林业部门推进国家石漠公园（森林生态综合示范园）建设，加快推进入园防火通道以及绿道项目和原有绿道加宽、森林步道项目前期设计、立项和招投标工作，开展科普宣教馆主题工程建设和室内布展招投标工作，开展门楼及停车场项目建设；完成银杏林治理、试验林抚育；野生动物栖息地和招引工程建设，主要聘请中南林业科技大学野生动物保护研究所团队开展野生动物食源和水源建设，通过营造动物栖息地，营建迁徙廊道，达到丰富动物种群的目的。

瑶排梯田国家湿地公园 2020年，连南瑶族自治县林业部门推进瑶排梯田国家湿地公园建设，该项目是中南林业科技大学的专家团队设计湿地恢复方案，指导湿地公园水源涵养林及沼泽湿地的恢复建设，其主要建设内容是在天堂湖周围种植水杉、美人蕉、菖蒲等湿地典型植物，搭建景观人行木栈道，以及在梯田湿地区建设水质净化生态系统，工程完成70%；湿地公园宣教馆项目建设，该项目选址在大古坳小学内，利用原一栋三层教学楼进行改造建设，由中南林业科技大学的专家团队设计展馆方案，完成总体工程的70%；湿地公园标识标牌系统建设，该项目由中南林业科技大学的专家团队设计方案，正按照湿地公园验收的时间节点，开展标识标牌的安装工作。聘请中南林业科技大学技术团队，对照国家公园验收标准，分类施策，有序开展国家湿地公园建设，确保2021年通过国家验收。

【林权管理】 2020年，连南瑶族自治县林业部门加强林权登记发证工作，林权地理管理系统录入林地所有权宗地8160宗，面积151.9139万亩（包含国营小龙林场、牛塘林场、大龙山林场），其中集体林地136.7354万亩，发证2071本；林地使用权录入8412宗，面积135.1556万亩，发证2345本。加强林权流转管理，全县登记在册的流转林地为1.5236万亩，林权抵押金额2790万元。开展森林保险，政策性森林保险生态公益林全县投保面积704730.7亩，投保率100%，每亩保费金额2.4元，全年保费169.13万元。商品林全县投保面积13177.84亩，（以林农自愿投保为原则），中央财政补贴金额18976.0896元，省财政补贴金额15813.408元，市财政补贴金额7021.1532元，县财政补贴金额2466.8916元，农民自付18976.0896元，总保费63253.632元。

【山林权调处】 2020年，连南瑶族自治县林业部门按照《中华人民共和国森林法》《广东省林木林地权属争议调解处理条例》开展山林纠纷调处工作，宣传教育引导群众依法依规依程序解决林木林地权属争议，受理山林、土地权属纠纷1宗，乡镇行政复议案5宗，代理县政府行政诉讼10宗。未接到群众来访，案件办结率达95%。

【林产品】 2020年，连南瑶族自治县林产品主要有竹笋、茶叶和一些木本粮食与食用油料、工业用油料、林果和中草药。全县竹林面积为1960公顷，年产竹笋干1160吨；茶叶种植面积为8000亩，年产茶叶859吨；油茶籽年产量8760吨，鲜板栗606吨，鲜柿子1068吨；松脂560吨，山苍子128吨，油桐籽160吨。林果中，柚子年产量1734吨，柑橘2885吨，梨1597吨，李子3378吨，枇杷、柠檬等其他杂果11969吨。中草药材主要有金银花、溪黄草和少量的土茯苓和黄精等，种植总面积为6003亩。林副产品有棕片、杉树皮、椢胶粉等，其中棕片年产158吨。

【林农转型发展】 2020年，连南瑶族自治县发展食用菌、茶叶产业项目，成功申报广东省林业专业合作社示范社1个和广东省示范家庭林场4个。扶持大麦山后洞农民专业合作社林下经济示范基地建设，推进林下种养模式建设。

【森林城市创建】 2020年，连南瑶族自治县根据国家森林城市总体规划要求，继续开展国家森林城市创建工作，利用各类节日、活动，开展国家森林城市宣传工作，国家森林城市创建各项工作在开展中。

（连南瑶族自治县自然资源局）

广东连南板洞省级自然保护区

【概况】 2020年，广东连南板洞省级自然保护区总面积10195.8公顷，为湿地类型保护区，主要保护对象为森林及湿地生态系统的生物多样性、水源涵养林。区内拥有野生维管植物193科615属1182种，其中国家重点保护野生植物12种，珍稀濒危植物20种。Ⅰ级保护树种伯乐树、南方红豆杉和Ⅱ级保护树种凹叶厚朴是板洞保护区分布较多的珍稀植物；拥有陆栖脊椎野生动物30目、76科、333种，其中兽类48种，鸟类200种。既属国家重点保护动物，也是珍稀濒危动物的动物有39种。其中国家一级重点保护动物4种，国家二级重点保护动物35种。Ⅰ级保护鸟类黄腹角雉和Ⅱ级保护鸟类白鹇是板洞保护区分布较多的保护动物。保护区各项工作有序开展，林区林相生态功能等级逐级提高，区内物种多样性逐级稳定，2020年未发生重大森林资源破坏案件。

【保护区资源管护】 2020年，广东连南板洞省级自然保护区加强资源日常管护工作，特别防火期领导带班值守，分组到板洞、中坑、田湖、沙木塘3个保护站1个管护点与保护站（点）护林员同吃同住，一起巡山护林；每位护林员每月巡护8次以上，每月巡山覆盖率100%；在2—5月份期间，共张贴标语50张，派发防火责任书100余份。在清明、“五一”、国庆等重大节日节点，共出动200多人次，车辆50多次加强保护区内的巡山护林、宣教宣传工作，未发生资源破坏案件。

【保护区科普宣教】 2020年，广东连南板洞省级自然保护区认真落实森林防火宣传教育及科普宣传教育工作，在板洞、中坑、田湖保护站设立森林防火临时检查点，在清明期间开展校园宣教活动1次，受众学生800余人。

【保护区科研监测】 2020年，广东连南板洞省级自然保护区认真开展科研监测工作。区内科研小组完成了3个样地湿地树种20×40打桩与挂牌以及五年生长情况监测工作。完成区内12台红外相机的安装，对保护区内鸟兽等动物进行持续监测。

【保护区联合执法】 2020年，广东连南板洞省级自然保护区与森林分局寨岗派出所一起，到保护区板洞、中坑、田湖、沙木塘片区，开展巡山护林；联合森林公安分局在区内放生野猪6只、鹰嘴龟20只，阻止修坟1处；8—12月，保护区与县公安森林分局寨岗派出所组成候鸟护航队伍，专门针对候鸟诱捕行为进行打击，共出动60人次，车辆15车次。

【保护区基础建设】 2020年，广东连南板洞省级自然保护区推进《矢量化和勘界立标》工作，完成区碑7个，界桩114个，区桩67个，标识牌30个，于3月20日经省林业专家评估组验收。

（广东连南板洞省级自然保护区管理处）

清远市小龙林场

【概况】2020年，清远市小龙林场做好营林生产、专项资金项目、林政管理、木材销售、财务管理、安全生产、森林防火、公路养护、新冠肺炎疫情防控等工作，规范车辆和资金等内部管理，做好干部职工的关心关爱工作，落实扶贫工作任务。

【营林生产】 2020年，清远市小龙林场完成2019年省级涉农资金森林碳汇造林任务2150亩，占总任务的100%，成活率93%。其中：森林碳汇重点生态工程造林项目1700亩，森林植被恢复费低产林改造项目450亩。完成7项专项资金森林抚育项目21620亩，其中：森林抚育2000亩、碳汇林抚育5000亩、中央森林抚育5000亩、低产林改造抚育900亩、样板基地第二阶段抚育520亩、当年造林第一次抚育1700亩、幼林抚育6500亩。施肥12670亩，完成总任务的100%。完成年度森林防火林带抚育项目（森林植被恢复费返拨资金）83千米。

【专项资金项目】 2020年，清远市小龙林场营造林专项资金项目9个，已报账项目9个，完成资金支付进度的89.62%。基建项目2个，已报账项目2个，待市财政局下达后资金支付。

【林政管理】 2020年，清远市小龙林场上年的木材生产于10月份全部中转下山，检尺验收入库13415立方米；申请办理林木采伐许可证15个，蓄积量22610立方米，出材量13108立方米；砍伐约4000立方米，制材约500立方米，进入造材中转阶段。坚持凭证采伐，林场未出现乱砍滥伐和违法占用林地的情况。省级以上生态公益林落界面积为1203.52公顷，林地保护等级全部为Ⅲ级，面积达标。

【木材销售】 2020年，清远市小龙林场实行集体定价、明码实价制度、木材进出仓制度以及钱进货出制度，无赊销木材现象。受疫情、雨水和铺设“四好农村公路”的影响，木材销售市场低微，销售木材13000立方米，销售价格平均约700元每立方米，剩余约1300立方米未销售。

【安全生产】 2020年，清远市小龙林场张贴安全生产标语50条，悬挂安全生产横幅16条；对外来务工人员逐一登记造册和监管购买保险，开展安全生产宣传教育220人次，召开相关安全生产会议10次，于6月18日开展“小龙林场安全生产月和安全生产清远行”活动，11月19日启动“奋战一百天全年保平安”安全生产攻坚行动。清明节期间在林场各进山路口设岗检查；国庆、中秋节期间组织排查小组对全场进行安全防火排查，双休日按全年的值班组轮流值班值守；森林防火特别防护期开展防火宣传检查监督；张贴防火宣传标语80条，悬挂防火宣传横幅25条，宣传对象250人次，应急救援队进行两次“森林防灭火”安全演练。落实安全生产排查工作制度，每月15号组织排查小组对全场进行安全生产及隐患排查整改。做好防汛备汛工作，汛期落实轮守值班制度，组织林场应急救援队队员进行一次“防汛备汛”应急演练。规范做好林场安全生产明细的台账登记和管理，全年林场无安全事故、无山火发生，林区社会稳定。

【公路养护】 2020年，清远市小龙林场林区公路管护养护30千米，汛期前后及时清理、疏通水沟、涵洞、平整修复好路面，加装公路涵洞10个（80米），混凝土浆砌挡土墙131立方米，组织机械（人工）及时清理公路的大小塌方、山体滑坡、泥石流共19日次。

（清远市小龙林场）

工业·经贸

工 业

【概况】 2020年，连南瑶族自治县预计4家企业成为“新升规”工业企业；1—12月规模以上工业增加值14537万元，比上年下降7.1%，工业投资5520万元，比上年下降46%。

【节能减排】 2020年，清远市下达连南瑶族自治县能耗“双控”目标：单位生产总值能耗下降目标为0，能源消费新增量控制目标是2万吨标准煤。连南县万元生产总值能耗下降2.09%，能源消费总量8.45万吨标准煤，新增0.16万吨标准煤。能耗“双控”指标在目标范围内，完成市下达的目标任务。

【技术改造】 2020年，连南瑶族自治县工业技术改造投资项目3个，工业技改投资1480万元，比上年下降29.4%。

【重点工业企业简介】 广东益鲜美生物科技有限公司 广东益鲜美生物科技有限公司始创于2001年，最初由连南益鲜美食品厂起步，2007年重组成为连南瑶族自治县奇乡生物科技有限公司，2013年经股制改革成为周志明个人独资企业后，公司迅速发展。2016年12月，通过国家高新技术企业认定，是一家集产品研发、生产加工、应用技术服务和销售于一体的现代化生物高新技术企业。历经19年不懈努力，该公司已发展成为注册资金1000万元，员工80余人（其中正教授1人、大专以上文化15余人），国内专业酵母源生物制品、热反应呈味料、肉类提取物、香精香料和新型复合调味料主要制造商。公司产品广泛用于食品、医药和动物营养制品中，在国内外享有良好信誉。近几年公司结合市场和生产实际，在产品研发方面不断推陈出新，不断提升公司的核心竞争力，通过研发项目，先后申请国家专利13项，现已获得授权。2020年营业收入总额7520万元，资产总额6805万元，缴纳税金382万元，净利润1034万元。

清远市连南瑶族自治县荣芳鞋业有限公司 清远市连南瑶族自治县荣芳鞋业有限公司成立于2018年，注册资本1200美元，港澳台投资企业，投资额人民币3亿元整。公司位于三江镇沿江东路（原利发毛织厂），建筑面积19418.57平方米，占地面积约10000平方米。项目在2018年10月建成投产，主要制造鞋类产品及鞋类半成品，全厂员工有703人，2020年该厂鞋面每月产量为10万双，产值规模为3658万元，每月产量目标为25万双。

连南瑶族自治县鑫发五金有限公司 连南瑶族自治县鑫发五金有限公司成立于2015年，工厂一期投资1200万元，占地面积17000平方米，车间建筑面积6500平方米。公司以生产加工贸易的方式生产各种玩具和工艺礼品，产品销往欧美及东南亚地区。该公司总部位于英德市，现共有6家工厂，有生产员工约2万人，拥有精良的玩具生产线，专业的生产开发和管理人员，配备先进的注塑、喷油、移印、装配、包装等设备，拥有现代化生产车间。该公司按照总公司的要求部署，连南分厂已完成3个车间投产生产，人员需求需生产员工800—1000人，解决连南县城乡劳动力工作需求，2020年营业收入为5430.7万元。

广东顾地丰生物科技有限公司 广东顾地丰生物科技有限公司成立于2004年7月，注册资金1000万元，公司生产基地位于连南县寨岗镇北江工业园，厂房面积7800平方米，拥有数条先进的各剂型生产线，是农业农村部、工信部定点的高科技新型环保农药企业，集产品策划、研发、生产、推广和销售于一体，现拥有微乳剂（ME）、乳油（EC）、悬浮剂（SC）、可湿性粉剂（WP）和可分散粒剂（WDG）等不同剂型的杀虫剂、杀螨剂、杀菌剂和除草剂产品一百余个，拥有注册商标一百余件，注册专利2项。2018年通过高新技术企业认定，2019年度纳入县规模以上企业，2020年公司销售额2237万元，资产总计2324万元，缴纳税金49万元。现有员工50余人，其中本科及以上学历者17人。

连南瑶族自治县华信钙业有限公司 连南瑶族自治县华信钙业有限公司成立于2013年10月，主要生产纳米轻质碳酸钙。公司于2018年6月通过ISO9001质量管理体系认证，2018年年底通过高新技术企业认定，2020年产值2292万元。

（连南瑶族自治县经济发展促进局）

经 贸

【概况】 2020年，连南瑶族自治县完成生产总值57亿元，比上年增长4.1%。其中，第一产业增加值11.65亿元，比上年增长4.1%；第二产业增加值14.17亿元，比上年增长10.9%；第三产业增加值31.19亿元，比上年增长1.6%。三次产业比为20.4∶24.9∶54.7。固定资产投资比上年增长4.8%。社会消费品零售总额9.69亿元，比上年下降9.0%。规模以上工业增加值完成1.45亿元，比上年下降7.1%。地方一般公共预算收入1.79亿元，比上年增长15.14%。居民人均可支配收入21272元，比上年增长7.8%。接待游客210.9万人次，旅游总收入12.2亿元。

【全面深化改革】 2020年，连南瑶族自治县成立优化营商环境综合改革领导小组，制订《连南瑶族自治县优化营商环境综合改革行动方案（试行）》，统筹推进全县营商环境工作。推进“放管服”改革力度。压减企业设立审批时间，实行承诺审批制，对新开设的市场主体承诺自受理之日起1个工作日内办结，进一步压缩审核环节，缩短办理证照时间。网上办理244项相关涉税事项，实现全程网上办税。落实办税费事项“最多跑一次”“一次不用跑”清单等便民办税服务措施。提供不动产登记、交易和缴税，“一窗受理、并行办理”服务，“一窗受理”比例已经达到100%，“最多跑一次”比例为98.28%。优化“信用连南”平台，推动信用信息公示公开，深入推进“双公示”工作，涉及部门39个，226类信息资源，207497条数据，其中对外公开的部门36个，197类信息资源，169680条数据。落实价格（收费）政策，降低企业成本，支持企业复工复产，对县内管道天然气工商业用气价格、个体工商户用水价格进行阶段性调整（县内管道天然气下调0.18元/米^3，非居民生活用水对应的价格下降10%）；启动社会救助和保障标准与物价上涨挂钩联动机制，2020年1—4月，累计发放价格临时补贴：18759人次，182.3048万元。发放补贴标准58—192元/（人·月）。

【对外贸易】 2020年，连南瑶族自治县有外资企业45家，参与并完成外商投资信息报告（年度报告）的企业为42家。受到疫情及中美贸易战影响，进出口总额3267.1万元，比上年下降

64.2%，完成全年任务的35.4%。其中出口2847.6万元，比上年增长71.9%；进口419.5万元，比上年下降94.4%。合同利用外资10000万元，比上年增长868.99%。实际吸收外资金额3859万元，比上年增长268.93%，超额完成全年任务。

【经贸交流宣传】 2020年，连南瑶族自治县受到新冠肺炎疫情影响没有组织线下经贸交流会。县经济发展促进局及时转发《关于组织企业参加第十二届加博会线上展的通知》《转发广东省商务厅关于组织企业和采购商参加第十七届中国—东盟博览会的通知》《关于组织企业参加第三届中国国际进口博览会的通知》等相关经贸交流会文件，鼓励企业多参加相关的线上经贸交流会，开拓市场。

【商贸领域检查】 2020年，连南瑶族自治县经济发展促进局对再生资源回收点、大型商场、超市、汽车销售等商贸领域企业检查23户次，出动执法人员33人次，10车次，发现安全隐患19项。根据排查情况，县经促局发出改正意见2份，改正率100%。

（连南瑶族自治县经济发展促进局）

电力生产与供应

【概况】 2020年，连南电网连续安全稳定运行13年，完成供电量2.31亿千瓦时，比上年增长9.32%，售电量2.23亿千瓦时，比上年增长9.59%，电费回收率连续7年达100%，客户平均停电时间（低压）7小时，比上年下降28.57%，配电终端自动化在线率98.48%，比上年增长10.56%，综合线损率3.11%，比上年下降10.89%，第三方客户满意度83分，连续两年获地方政府公共服务评价第一。成立瑶伍·先锋职工创新工作室，带动5个职创项目入库，申报发明专利3项、科技项目1项、QC项目成果1项，其中：QC项目荣获广东省质量协会三等奖。

【供电安全生产】 2020年，严守电网、设备、人身三大安全。优化调整4回线路开环点、1回线路负荷分配、1回线路特殊时期运行方式，更换3组站侧CT，有效化解9项基于问题的电网风险。完成全国两会、第十二届瑶艺节和中高考等20项保电任务。落实防范设备风险措施，开展线路第一区段差异化巡视，完成设备检修36项，开关定值校合92台，提高设备健康度，守住设备安全。印发安全生产考核和激励两份方案，实现奖罚分明，全年累计查处、通报违章人员21人次，奖励无差错人员98人、安全班组9个。成立专项督导组，岁末年初在作业现场采用“人盯人”的方式进行安全督导，牢牢守住了人身安全底线。2个职创项目分别荣获省公司和清远局职工技术创新三等奖。研究电费回收风险防范管理新模式。2020年以定期存单质押和用电备用金担保的方式进行电费风险管控、减轻企业资金链负担，办理全市首例超40万定期存单质押。推广“智慧用电”费控缴费模式，降低电费回收风险，累计预存电费555万元，试点用户突破两万户居全省首位，优化用电缴费流程，实现政府、公共事业单位银行代扣全覆盖。

【客户用电服务】 2020年，不断优化营商环境，逐步提升用户电力获得感。客户用电体验感进一步提升。完成城东—环城乙线等三个馈线组项目，县城区域馈线自动化覆盖率达100%。中低压客户平均停电时间较上年降低3.65小时、2.91小时。采取把用户线路纳入日常巡视计划管控、把10千伏用电检查权限下放到供电所和用户故障鉴定营配联动等5项举措，全年用户故障出门次数比上年下降58.82%。客户“获得电力”服务水平迈上新台阶。中、低压业扩报装平均用时分别为1.25天、33.48天，比上年分别下降2%、31%。互联网客户服务平台关注人次达3.03万人，互联网业务办理比例达99.79%。试点宽带载波应用，自主实施完成8403户无线宽带载波通信渠道切换，计量上线率保持在99.99%以上。客户诉求解决时效进一步加强，实施差异化远程客户服务，建立客服工单流转和快速解决投诉问题工作机制，及时化解客户投诉升级风险，95598重复投诉比上年下降100%。客户有序用电风气持续向好。反窃电工作取得重大突破，成功推动清远市首例自然人窃电入刑1宗，行政处罚5宗，累计查处窃电用户75户，追回经济损失75.1万元，减少电量损失124.38万千瓦时，查处窃电宗数和追回损失均在清远局排名第二。

【电网升级建设】 2020年，全年完成电网投资3409万元，着力完善连南电网网架。完成“十四五”规划编制工作，以目标网架和智能自愈电网为重心编制规划项目库，完成1.39亿元项目储备修编，I（+）、I类问题全部入库立项解决。开展规划依从性核查。对2017年以来83个工程项目进行规划依从性核查，发现问题并完成整改50项，实现投资效益最大化。全面完成9个独立供电区域农网体制改革。

（广东电网清远连南供电局）

经济事务

【概况】 2020年，连南瑶族自治县有73家总部经济公司落户，累计241家，纳税约5.64亿元，比上年约增长163%，县级留成总计7772万元。主要有雅居乐地产、大广实业、佛山兆利集团、广东天泰集团等一批实力强、规模大的优质企业，总部经济成果显著。引进葛师傅竹盐项目顺利投产；天农生态养猪项目完成前期工作，在建设中；晶科光伏发电项目完成前期工作；中和无人机项目、油岭瑶寨田园综合体项目、三排老排瑶山逸康生态养生园项目在稳步推进。

【企业所得税减免政策宣传】 2020年，连南瑶族自治县加大招商政策宣传力度，投放大型户外广告牌，编印发放企业所得税减免宣传单张及招商手册2万余份，大力发展“体育+招商”“旅游+招商”“文化+招商”等多形式宣传活动。利用稻田鱼节、第十二届盘王节等各大节庆活动，在显著位置摆放企业所得税减免宣传政策。

【电子商务开展情况】 2020年，连南瑶族自治县推动省级电子商务进农村综合示范县项目各项工作，通过推动农产品上行、完善农村电商公共服务保障体系，组织农产品品牌建设，商标注册3个，申报清远市龙头企业一个。积极谋划县级电商服务中心建设工作，在县稻鱼茶省级现代农业产业园三产融合发展中心增设县级电子商务公共服务中心、农村产品展示厅，升级改造特农公司现有的仓储资源作为县级仓储集散中心、农产品冷链仓储中心，完成1个县级电子商务公共服务中心、7个镇级电子商务服务站、25个村级电子商务服务点的建设。举办电商直播节活动，吸引20.4万人同时在线，销售金额6.5万元。开展电商人才培训，参训人次1500余人次。

【无线电工作开展情况】 2020年，连南瑶族自治县建立健全无线电台站数据的工作规则和长效机制，提升工作管理水平，推动全县的无线电管理工作。重点保障国庆、瑶艺节、元旦、春运、“两会”、高考、中考等重大节日、重大活动期间的无线电通信和广播电视的安全。

（连南瑶族自治县经济事务中心）

产业园区

【概况】 2020年，连南瑶族自治县产业园区规划总面积为5平方千米，用地规划总面积为12700亩。园区实行一园三区制，园区实际开发面积约1115亩（其中金光约560亩、北江约205亩、廻龙约350亩），金光产业园为主要建设园区，主要以高新技术产业为主，征用土地约780亩，平整土地650亩。北江产业园主要以制造业、化工业为主，廻龙产业园以高新技术产业、制造业为主。2020年，园区企业实现工业总产值约2.3亿元，企业缴纳税金约1000万元，全年园区企业完成固定资产投资约2300多万元，解决就业人员1420人。

【园区建设】 2020年7月，连南瑶族自治县产业园区牵头修复金光产业园排水渠的工作，加设沉沙池、清理管道淤泥、杂草、杂物等，完善排污管道。9月，牵头对北江产业园区内排水渠进行修缮改造，保障园区企业的正常投产运作及园区附近环境不受污染，工程于10月正式动工，12月完工并验收。10月，对廻龙片区已征收范围（土地约350亩）边界进行确认及种桩柱工作。

【园区企业建设】

连南瑶族自治县连盛环保建材有限公司 该公司推进年产15万立方米蒸压加气混凝土砌块建设项目，计划总投资3500万元，累计完成投资3500.00万元；投产后每年可实现产值4500.00万元。项目进入投产阶段，生产状况良好，2020年产值1000万元，实现税利50万元，解决就业人员30余人。

清远市金宇舜新材料有限责任公司（原清远市白石头矿业有限公司） 该公司于2011年落户园区，用地面积50亩，累计完成投资3900万元,投产后可实现产值5440万元。厂房、办公楼，设备安装完成。2020年产值500万元，实现税利2万元，解决就业人员18人。

连南瑶族自治县晟达钙业厂（原连南瑶族自治县荣鑫化工厂） 该公司主要生产加工及销售纳米碳酸钙项目，累计完成投资3500万元，年生产总值约2300万元，实现税利约120万元，解决就业人员80人。

广东金绅塑料厂 该公司主要生产销售塑料消泡剂，累计投资300万元，经技改后，2020年总产值400万元，实现税利15万元，解决就业人员20人。

燊昌（连南）塑胶金属有限公司 该公司于2006年迁来清远市连南瑶族自治县寨岗廻龙开发区，计划投资8000万元，累计投资2500万元，2020年生产总值约400万元，实现利税约15万元，解决就业劳动力100余人。

连南瑶族自治县创阳新材料有限公司 该公司于2017落户北江产业园，主要生产氧化铁系列无机颜料，在满足用地的情况下拟计划投资1.5亿元，分三期进行，一期项目基本建设完毕，正在试产阶段，试产情况良好。累计投资3600万元，2020年生产总值约5000万元，实现利税约3万元，解决就业人员80人。

连南瑶族自治县鼎天赫石材有限公司 该公司于2016年年底落户连南县，计划投资5700万元建成配套深加工花岗岩各种板材项目，其中北江产业园计划投资2500万元建设花岗岩各种型材厂。由于未取得非金属采矿证，北江项目暂停工。该项目累计投入资金约2500万元。

连南瑶族自治县存良再生塑料回收加工厂 该公司于2018年落户金光产业园，计划投资1100万元建设年产3万吨再生塑料颗粒，项目分三期进行，2020年12月，一期建设累计投入约597万元，年底一期项目建成。2020年生产总值约300万元，实现利税约2万元，解决就业人员15人。

（连南瑶族自治县产业园区事务中心）

板洞水电发展有限公司

【概况】 2020年，连南瑶族自治县板洞水电发展有限公司所属5座水库27座电站安全稳定运行，上网售电量11521万千瓦时，售电收入5535万元，实现税前利润1385万元，上缴税费1124万元，上缴县财政收益700万元。由于天气严重干旱，下游灌溉、饮水困难，板洞水库、白水坑电站、塘冲电站等进行调水抗旱，板洞水库于1月31日至2月7日通过板洞一级电站调水抗旱92万平方米；白水坑电站从8月20日起，分别在第二隧洞进水口处、中间所排水口处、前池沉沙池处调水抗旱。

【安全生产】 2020年，连南瑶族自治县板洞水电发展有限公司年初分别与各水库、电站签订《安全生产责任书》11份，于6月开展“安全生产活动月”和“安全生产连南行”活动，安全生产检查组深入电站、水库、水圳进行检查，发现问题及时发出整改通知书。80位生产一线职工参加新型学徒制学习培训，提升电工操作技能提高操作安全性。加强对机电设施、水工设施、输电线路和森林防火的日常巡查整改。全年安全生产工作没有发生人为责任事故，各生产单位安全稳定运行。3月31日进入汛期，库区降雨量为2600毫米，比上年同期减少196毫米，减幅7%。田湖水库和牛塘水库库区降雨量比上年同期分别减少157毫米和169.6毫米。4月20日，公司召开防洪度汛工作会议，成立公司防洪度汛领导机构，与各站所分别签订防洪防汛责任书；补充购置防洪沙石、编织袋、簸箕、镰刮、雨衣、雨鞋等防洪抢险物资，开展汛前大检查，对各种水工建筑、输电线路进行全面巡查，除险加固，排除隐患。6月6日至9日，第四波“龙舟水”造成田湖二级电站水圳圳墙崩塌1处，崩坑水圳下边坡崩塌2处，白水坑电站水圳因上边坡塌方造成水圳堵塞、圳拱爆裂约70米，合水潭电站因上边坡塌方造成33米水圳堵塞。

【项目完成】 2020年，连南瑶族自治县板洞水电发展有限公司投入16万元实施合水潭电站、铜坑电站、正坑电站、中秋坑电站4座电站的安全生产标准化建设；投入10万元完成板洞水库一级电站水资源论证；投入114.4万元完成板洞水库、田湖水库、上牛塘水库、下牛塘水库、大磅水库安全鉴定，其中：板洞水库被鉴定为“三类坝”，需要进行除险加固，预计费用4000多万元；完成县教育促进会2000万元奖教奖学资金和广清帮扶资金1872.2万元投入公司的工作任务；完成支付69个村委、精准扶贫、奖教资金等参股资金的固定经营收益1275万元；完成国有企业退休人员社会化管理移交工作（其中移交给三江镇51人，寨岗镇68人，三排镇2人，香坪镇3人，大麦山镇3人，共127人），缴纳社会化管理服务费用25.4万元。

（连南瑶族自治县板洞水电发展有限公司）

交通运输·邮政通信

交通公路运输

【概况】 2020年，连南瑶族自治县公路通车里程1121.370千米，登记管理的运输车辆297辆，其中客车60辆（长途客运26辆、农村客运23辆、公交11辆），货车164辆，网络预约出租车12辆，危险货物运输车10辆，机动车驾驶员培训车78辆。坚持“整顿秩序、规范市场、综合治理、标本兼治、疏堵结合”的原则，备案维修企业8户，其中一类企业0户，二类企业2户，三类企业6户。完成对辖区的1个公交车公司、2个驾培公司、2个客运企业的服务质量信誉考核。

【交通基础设施建设】 2020年，连南瑶族自治县交通运输局承担政府性投资建设项目27个，其中续建项目15个、新建项目9个、筹建项目3个，总投资约9.12亿元。省道S262线连南县寨岗段改建工程、Y681线内田至大龙路面改造工程稳步推进，顺利完成国道G323线连南县城段改建工程、国道G234线连南陈巷至鹿鸣关段路面改造工程、县城一河两岸碧道工程、连南县新旧自来水厂、水源设施改扩建及配套工程（街道路面修复工程）、县城街道黑底化和人行道改造工程（一期）沿江东路项目、县城民族桥至沿陂村路面改造工程、牛栏洞至千年瑶寨与X397线（南岗）至油岭公路新建工程、X838线牛塘林场至板洞水库改建工程以及越秀桥等重大项目建设。年内完成省市下达的“四好农村路”攻坚任务，砂土路硬底化建设里程195.783千米。完成省道S261线连南三江至水足塘段路面改造工程、连南县S261线廻龙桥危桥改造工程、省道S261线2期提升工程（安防工程及增设慢行道）、连南县乡村振兴美丽风景旅游线路（吠嗨公路）项目等重点项目前期规划，按时列入“十四五”规划建设内容。

【公路养护路政管理】 2020年，连南瑶族自治县公路管养里程为1121.370千米，其中国道养护里程9.310千米，省道养护里程117.686千米，县道养护里程为108.074千米，乡道养护里程为533.115千米，村道353.184千米。国省道优等路里程为89.900千米、县道公路年优良路况里程为101.680千米，乡道年平均优良里程319.433千米。投入大量人力、机械及公路抢修资金71.65万元，用于水毁公路抢险修复。出动481人、198次，清除违章堆放物380立方米、58处，现场处理违章违法行为46次，发出违法案件告知书37份，教育、批评违法当事120人、175次，发放宣传资料150余份，受理路政许可9宗，遏制路产路权侵占行为。

【交通综合运输“治超”】 2020年，连南瑶族自治县交通运输局联合县交警大队、城市管理和综合执法局出动执法人员2705人次，执法车辆632辆次，巡查公路里程22200千米，检查各类车辆4377辆，查处违章车辆279辆次，其中查处运政案件93辆次，罚款454400元；查处超限超载车辆193辆次，按规定卸载4614.945吨，并移交公安机关处理。

【交通安全运输】 2020年，连南瑶族自治县交通运输局组织安全生产检查68次，检查企业156家次，发出整改通知书29份。安排专人负责，落实日常GPS动态监控8家运输企业、178辆车辆。发出违规月通报17次，周通报12次，日通报17次，及时纠正运输车辆存在的不规范行为46项，全面落实好行业主管部门安全管理责任。开展安全生产月、百日攻坚行动等活动。结合“安全生产月”“安全生产连南行”活动及“百日攻坚行动”，制订《连南县交通运输行业2020年“安全生产月”和“安全生产连南行”活动方案》，成立工作领导小组，组织20人次参加县安委会举办的连南县“安全生产月”“安全生产连南行”启动仪式及“百日攻坚行动”，通过LED、悬挂横幅、派发宣传单等方式加大交通安全知识的宣传，悬挂横幅23条，派发宣传单500余份。依法受理行政审批事项702项，其中注销普通货运经营业户6户；转出注销货车6辆；报废注销客车15辆；转出客车6辆，转出教练车3辆，注销出租车7辆，注销货车营运证5件，注销客车营运证1件。新增普通货物运输个体户67户，车辆77辆；新增县城公交新能源车辆5辆，新增教练车3辆；年审客车46辆，货车48辆，教练车45辆，危险品运输车辆7辆，公交车6辆，出租车4辆；办理网约车从业资格证件预约考试报名74人，合格发证57人；客、货运从业资格证预约考试报名113人，合格发证52人；到期从业资格证件换证39人；办理网络预约出租汽车运输证10辆。所有事项均在法定期限内予以依法办理，期间未收到有效投诉。完成春运工作，全县参加春运的客车75辆，累计发送旅客6675班次（其中正班车6674班，包车1班，加班车0班次），输送旅客70482人次，安全行车267429千米，安全四项指数均为零。开展安全生产宣传教育活动，印发宣传资料250份，横幅15条，海报50张，张贴在汽车站、华联公司及各单位厂区内的墙上。

（连南瑶族自治县交通运输局）

公路建设与管理

【概况】 2020年，连南瑶族自治县公路事务中心公路管养里程为235.07千米，其中国道9.310千米，省道117.686千米，县道108.074千米。国省道优等路里程为89.900千米，县道公路年优良路况里程为101.680千米。

【公路工程建设】 2020年，连南瑶族自治县公路事务中心管辖路段内实施工程建设项目10个，其中，水毁工程1个，路面改造工程6个，改建工程2个，筹建工程3个，总投资约为43697.65万元。

国道G323线连南县城段改建工程　该项目路线全长3.611千米，一级公路，总投资7140.7万元。工程完成交工验收并顺利通车。

省道S262线连南县寨岗段改建工程　该项目路线全长4.179千米，总投资6883.9817万元，工期两年。工程处于施工阶段，完成总体工程进度的30%。

连南县新旧自来水厂、水源设施改扩建及配套工程（街道路面修复工程）　该项目包含县城范围内15条道路，道路改造总里程约12千米，污水管网改造约7千米，总投资约10008.66万元，总体施工进度99%，工程进入收尾阶段，准备办理结算。

连南瑶族自治县县城一河两岸碧道工程　该项目全长7.437千米，总投资为2008.31万元，项目基本完工。

县城街道黑底化和人行道改造工程（一期）沿江东路 该项目全长2076.5米，路面黑底化改造项目总投资1162.72万元，项目完工。

国道G234线连南陈巷至鹿鸣关段路面改造工程 该项目路线长约5.7千米，总投资约2308万元，项目基本完工。

连南县县城民族桥至沿陂村路面改造工程 该项目总长3.78千米，总投资约3000万元，项目于9月开工，正处于施工阶段，完成约总体进度的30%。

三类桥提升二类桥加固维修工程“十三五”迎国评普通国省道功能性修复及病害处治工程、G323线县城绕城段水毁抢修工程3项工程项目均已完成。

省道S261线连南三江至水足塘段路面改造工程 该项目路线全长估算总投资约8014.02万元，路线全长21.738千米，正在进行各项前期工作。

连南县S261线廻龙桥危桥改造工程 该项目路线全长384.272米，为桥梁拆除重建，概算总金额为1238.9566元，正在进行各项前期工作。

省道S261线2期提升工程（安防工程及增设慢行道） 该项目总长12千米，起点为水足塘收费站，终点为万山朝王景区入口。道路设计等级二级公路，现状路面总宽约9.5米，总投资约1721.5024万元，正在进行各项前期工作。

【公路养护管理】 2020年，连南瑶族自治县公路事务中心人工清扫路面886.5平方千米、清理水沟572.4千米、修整路肩2846平方米、铲割路肩边坡草（含喷除草剂）316800平方米、管养路树136千米、疏通涵洞176座（次）。完成公路小修工程，用沥青混合料修补坑槽1286.5平方米、清理塌方500立方米、清理路面及路肩堆积物49处共86.5立方米、维修损坏公路标志牌16块，完成S261、S262线公路水毁修复工程的验收结算工作，做好S261线廻龙临时便道、钢便桥的日常养护管理工作。

（连南瑶族自治县公路事务中心）

邮政通信

【概况】 2020年，中国邮政集团有限公司广东省连南瑶族自治县分公司完成考核收入1413.74万元，进度103.59%，比上年增长14.61%。其中金融业务完成1065万元，进度100.91%，比上年增长9.41%；邮务业务完成178.6万元，进度103.16%，比上年增长1.44%；包裹快递业务考核收入完成115万元，进度118%，比上年增长140%。

【金融业务】 2020年，中国邮政集团有限公司广东省连南瑶族自治县分公司代理金融板块实现收入1065万元，比上年增长9.41%，完成进度100.92%，占全局业务收入的72.20%。其中利差收入778.26万元，比上年增幅9.58%；代理保险实现收入186.87万元，比上年增长14.66%。

【邮政业务】 2020年，中国邮政集团有限公司广东省连南瑶族自治县分公司完成收入25.92万元，主要是分批分时段推进完成与县教育局、自然资源局、烟草等单位的8个项目。

【集邮业务】 2020年，中国邮政集团有限公司广东省连南瑶族自治县分公司集邮业务收入15万元。组织网点邮银客户沙龙活动，以及对增值生肖邮品开展邮银贵金属协同营销，创收2.7万元。参与市公司组织靶向专项营销《龙头瑰宝》邮品活动，销售234册，完成进度292%，营销额39万元。新邮预订完成260套任务，进度100%。

【报刊业务】 2020年，中国邮政集团有限公司广东省连南瑶族自治县分公司报刊收入83.78万元，完成进度125%。重点在图书项目上，创新营销方法，利用县政府OA发征订单线上征订方式和主动电话征订方式，超额完成《习近平谈治国理政（第三卷）》《习近平在福州》等政务图书征订任务，征订流转额23万元，创连南历史新高。2021年报刊大征订重点关注党报党刊和行业报刊，圆满完成348万元流转额，进度138%，全市排名第一。

【寄递业务板块】 2020年，中国邮政集团有限公司广东省连南瑶族自治县分公司包裹快递业务收入完成115万元，完成进度118%，比上年增长140%。标准快递实现业务量1.41万件，比上年增长22%，实现收入17.67万元。

【简易险业务】 2020年，中国邮政集团有限公司广东省连南瑶族自治县分公司简易险业务收入51.61万元，完成进度114%，重点开展好代办交管电动车保险项目，累计保险收入20万元；攻关山联村委成功续保意外险356份，创收3.56万元；组织支撑人员到学校驻点营销，完成学生险销售36万元，创收14.4万元，创连南学生险历史新高，市场占有率提升到19.47%。

【企业管理】 2020年，中国邮政集团有限公司广东省连南瑶族自治县分公司全面完成"五达标、两提升、两压降、两管控"要求，营业服务达标率、建制村直接通邮率、邮件和报刊妥投率、全程时限达标率、县及以上党政机关《人民日报》当日见报率均达到100%；无重大媒体负面曝光，无监管部门通报处罚；保证机要通信保密安全。

中国邮政集团有限公司广东省连南瑶族自治县分公司抓好疫情防控，实现企业抗疫零感染零疑似；抓好坚决落实"四不中断、四免费办"服务承诺，确保邮政服务顺畅有序；积极投身抗疫行动，建起一支起带头作用的党员、团员突击队，积极投入一线疫情防控工作中，在高速出入口疫情防控检测点，为进入连南的车辆人员进行测量体温和登记信息；开展"全省援鄂医疗队家庭爱心菜配送""清远市免费口罩配送"等抗疫公益活动，中小学生教材送上门、助力私营企业复工复产等便民服务；落实新冠肺炎疫情防控期间减免租政策，共为小微租户减免租金2.78万元；中国邮政集团有限公司广东省连南瑶族自治县分公司加大培训力度，组织员工开展金融、邮务、综治安全、交通安全、防火灾等培训班15期，参与培训366人次；每两个月组织金融网点人员进行防抢、防盗安全演练，12次156人次；举办邮政营业人员岗位练功比赛，提高一线员工的业务水平。中国邮政集团有限公司广东省连南瑶族自治县分公司推进职工小家"百家双最工程"专项建设活动，投入7万元提升建设寨岗职工小家，建立精准帮扶员工库，安排1.2万元帮扶重病和困难员工13人。中国邮政集团有限公司广东省连南瑶族自治县分公司培养选树一批富有时代特征、行业特色的先进集体和先进个人。县分公司被评为中邮保险卓越团队；县分公司代理金融业务专业、寄递专业获得县域转型发展先锋奖；中国邮政集团有限公司抗击新冠肺炎疫情先进个人1人；清远市"身边好人"2人，清远邮政优秀共产党员1人；"清远邮政·最美抗疫邮政人"1人；清远邮政优秀党务工作者1人；优秀理财经理1人；优秀大堂经理2人；优秀营销支撑人1人。

（中国邮政集团有限公司广东省连南瑶族自治县分公司）

电信通信

【概况】 2020年，中国电信连南分公司在本县行政区域内经营基础电信业务、增值电信业务、经营与通信及信息业务相关的系统集成、技术咨询、信息咨询、设备及计算机软硬件的开发、销售、安装和设计与施工；房屋租赁，通信设施租赁；安全技术防范系统的设计、施工和维修；广告业务。中国电信连南分公司隶属中国电信清远分公司管辖及县党政双重领导，有关的业务、人事、劳资、计划、财务均由省、市电信公司统一管理，在册员工37人。

【业务开展】 2020年，中国电信连南分公司主营业务和业务收入累计增长较2019年同期较大提高。提速降费，减轻市场主体信息技术运用和消费成本负担。开展智能宽带推广，主流宽带由200M提升到3000M，搭配智能家居产品，实现家庭家居智能化。优化各项业务，同等价位提供更多流量、更高速率和更多补贴，给用户带来更大的价格优惠。

【平安乡村打造】 2020年，中国电信清远分公司与县政法委员会签订“平安连南·瑶山鹰眼”全覆盖建设项目，构建县、镇、村三级统一协调、上下贯通、可管可控的三级应急大喇叭体系，提供气象预告、防火宣传等应用，推动智慧城市、智慧乡村建设。安装瑶山鹰眼摄像头900个，无线智能大喇叭200套，电视平台大屏79个，政法委瑶山鹰眼监控指挥大屏1个，搭建“瑶山鹰眼”监控系统，无线智能大喇叭200套。

【助力开展“数字政府”建设】 2020年，中国电信连南分公司紧跟清远市政府共建“数字清远”步伐，配合连南县政府积极对接数字政府、智慧城市及乡村需求，开展通力合作，围绕数字政府、智慧城市及乡村治理、公共服务、产业振兴等方面打造多项业务场景应用。同时基于智能连接的网络覆盖，面向全县所有机关部门、乡镇及行政村分阶段打造数字化、信息化，提升政府综合治理能力现代化水平，增强内生发展动力，加快数字城市的发展。

（中国电信股份有限公司连南分公司）

移动通信

【概况】 2020年，中国移动通信集团广东有限公司连南分公司（以下简称连南移动）坚持“以客户服务为中心”的发展思想，把服务与为民办实事相结合，实现4G向5G迈进、有线宽带向数智服务转变，大力推广“1+1+N”数智家庭服务。移动5G客户实现突破，实现12个平安乡村业务覆盖。

【5G业务发展】 2020年，连南移动继续加大5G网络建设力度，积极发挥700MHz频谱优势，多频协同、优先在人员密集、高负荷区域部署700M 5G网络，打造绝对领先的5G网络优势，培养用户5G使用习惯，发挥5G网络作用，5G业务渗透率突破15%。

【人才培养】 2020年，连南移动加快高端型和技能型人才培养。打造面向ToB业务高端型自有人才队伍，支撑公司业务转型。优化装维队伍的正负向激励机制，加大装维站文化建设，培养技能型装维人才，提升装维管理效能。

【无线网建设】 2020年，连南移动根据“以建提质，以维保质”的精品网指导思想，无线网络承载有效应对“提速降费”带来的大流量冲击，完成5G新址新建等项目建设，完成超过36个4G基站和23个5G基站开通。

（中国移动通信集团广东有限公司连南分公司）

电子政务

【概况】 2020年，连南瑶族自治县全面开展“粤省事”“粤商通”“粤康码”“粤政易”“清企通”等系列政务APP使用、管理，在全县党政机关单位全面启用“粤政易”，初步建成政务服务“好差评”机制，组织连南县集约化系统验收会，组织清远市连南县工程建设项目审批系统验收会。

【“数字政府”改革建设】 2020年，连南瑶族自治县推广粤字头系列、清企通等政务APP。“粤省事”注册人数73219人；“粤商通”涉企移动政务服务平台，2560家市场主体注册使用，1220家市场主体进行消防安全承诺；“粤康码”健康情况申报，采集全县95个单位、6520位干部职工的健康信息进行健康申报并生成个人“粤康码”，实现干部职工“粤康码”健康登记全覆盖；“粤政易”于9月在全县党政机关单位全面启用，全县开通“粤政易”人员账号6549个，激活用户数为6549人，激活率为100%，活跃人数4004人，活跃率为61.14%。充分利用“粤政易”的任务管理、会议管理、粤视会（视频会议）等特色功能，有效整合办公资源，节约财政资金，12月完成新旧政务系统割接。“清企通”企业服务平台，连南县负责落实36家企业，完成注册35家，未完成注册1家，其中1家企业注销。

【行政体制改革】 2020年，连南瑶族自治县进行新一轮梳理全县监管事项清单和县级通用目录，应纳入实施子项数2871项，纳入实施子项数1674项，相关单位确认不纳入1197项，实施子项数1660项，实施率为99.5%（未纳入实施的事项主要是因为省市仍在统筹中，县直单位暂时无法操作）。8月10日，全面落实工程建设项目审批“一窗受理”，连南县工程建设项目审批改革进入试运行阶段；11月12日，组织清远市连南县工程建设项目审批系统验收会。该系统受理35个审批项目，其中受理发放33个审批项目，正在受理0个审批项目，审批（预审）不通过0个审批项目，办结不通过2个项目。

【“互联网+政务服务”】 2020年，连南瑶族自治县初步建成政务服务“好差评”制度，政务服务100%覆盖全县8个县直部门政务服务大厅（含行政服务中心）和72个村（社区）党群服务中心，在原有“12345”热线电话、实体评价器基础上丰富群众监督方式和监督途径。行政服务中心政务服务大厅一楼的政务服务自助终端一体机累计受理1546件相关业务。

【政务服务大厅服务功能优化】 2020年，连南瑶族自治县于6月下旬与县邮政公司签订《统一物流平台补充协议》，在广东政务服务网平台中增加提供办件（证照）快递服务，减少群众跑动次数；组织动员供水、供电、管道燃气等公共服务单位进驻广东政务服务网清远市连南分厅；政务服务大厅结合志愿服务，协助老年人新办、加载、补办老人卡约计118人次；协助老年人激活、重置密码、挂失和补办社保卡约计1870人次。

【政务网连南分厅进驻单位办件】 2020年，连南瑶族自治县“一门式一网式”政府服务模式改革中的网上受理支撑平台全面完成。县级政务服务大厅各单位窗口收件数14849件，办结14849件。其中广东政务服务网连南县窗口网上累计收件数1563件，不予受理2件，应办结数1563件，办结1563件，办结率100%，网上办结率100%，提前办结数1563件，提前办结率100%，其中，中心3个综合窗口网上收件数725件，不予受理1件，办结数725件，应办结725件，办结率100%，网上办结率100%，提前办结数725件，提前办结率100%。

【镇级综合服务所、村级党群服务中心办件】 2020年，连南瑶族自治县7个镇、71个村（社区）党群服务中心受理办理各类服务事项44730件（含代办10814件）。其中，7个镇综合服务所办理各类服务事项7213件（含代办1554件），占比16.13%；71个村（社区）党群服务中心受理各类服务事项37517件（含代办9260件），占比83.87%。

【“12345”政府服务热线工单受理及派发】 2020年，连南瑶族自治县热线办受理派发工单2131件，其中投诉类2007件、咨询类27件、举报类63件、建议类5件、表扬类29件。按时回复工单2131件，按时处理率为100%，无超时工单。群众评价不满意工单95件，工单处理平均满意率为95.34%。

【网上中介服务超市运行】 2020年，连南瑶族自治县进驻广东省网上中介服务超市平台有58个采购单位，设立采购授权人账号72个，整理保留已发布的中介服务事项56项，发布采购项目公告316宗，成功选取项目中介机构302家。未收到有关网上中介服务超市的相关投诉。

（连南瑶族自治县政务服务数据管理局）

城建·资源·环保

住房和城乡建设

【概况】 2020年，连南瑶族自治县办理房屋市政工程建筑工程施工许可证28宗，建筑面积约9.04万平方米，市政道路工程总长度21.51千米，总投资金额约23457.03万元。日常监督中，受理监管单位工程12宗，建筑面积约6.97万平方米，工程总投资约为2.085亿元。竣工验收8宗，建筑面积2.51万平方米，工程总投资8094.7万元。联合开展对在建施工工地的各类专项检查7次。下发整改通知书101份，督促责任方落实问题整改。

【消防设计审查验收】 2020年，连南瑶族自治县住房和城乡建设局顺利开展消防设计审查和验收工作，受理消防设计审查3件，办结3件；验收及验收备案受理12件，办结11件。主动开展消防安全检查和督查，配合市住建局、县安委办、县应急局、县消防队等部门开展消防安全检查，针对商场、酒店、“三小”场所等消防重点单位进行检查，消除隐患，保障连南人民生命财产安全。

【危房改造】 2020年，连南瑶族自治县投入资金39.396万元聘请第三方房屋鉴定机构对连南县建档立卡贫困户及各镇上报的有安全住房隐患的低保户、分散供养特困人员1366户开展房屋等级鉴定工作并针对C、D级房屋安全隐患贫困户及建档立卡无房户，按农户实际情况及个人意愿实施危房改造。继续完成2019年危房改造收尾工作，2月完成所有危房改造户资金拨付工作，发放补助资金108户，合计382.4万元。统筹资金142.3万元，对历年完成危房改造的新建房屋未具备水电、门窗、厨房、卫生间等基本入住条件的172户贫困户完善入住条件，完成脱贫攻坚任务。

【削坡建房整治】 2020年，连南瑶族自治县对46户削坡建房隐患点开展整治，整治资金159.33万元，5月县自然资源局牵头联合县气象局，建立连南县削坡建房群防群测预警机制，根据工作机制要求，由气象部门及时向削坡建房隐患点的镇、村防灾责任人、避险责任人、监测责任人提前发送台风、暴雨等恶劣天气预警信息，及时提醒各镇、村及受灾群众及时做好防灾的准备。

【传统古村落和历史建筑保护】 2020年，连南瑶族自治县住房和城乡建设局对历史建筑337处委托第三方技术机构广东省城乡规划设计研究院进行实地普查工作，在第一批7处历史建筑公布及系统信息录入的基础上完成第二批14处历史建筑普查、权属人意见征求、专家评审、公示、公布及系统信息的录入工作。

【住房保障管理】 2020年，连南瑶族自治县住房保障领取租赁补贴户数72户、457人次，发放补助资金约7万元，超额完成清远市人民政府下达给连南县发放租赁补贴15户的目标任务。县住房和城乡建设局督促做好新建公租房项目，老水泥厂原饭堂新规划建设一栋56套公租房于11月进行工程初步验收，为竣工验收做好准备。

【房地产市场监管】 2020年，连南瑶族自治县住房和城乡建设局加强房地产行业管理力度，维护连南县房地产市场秩序，新报建商品房开发项目3.7万平方米；批准预售许可5宗，计472套，预售面积5.9万平方米。在建在售房地产项目5个，开展房地产市场各项检查6次，检查房地产项目及企业4个，下发整改通知书1份，并及时完成整改。

【物业管理】 2020年，连南瑶族自治县住房和城乡建设局对物业小区、物业服务企业进行消防安全、物业管理、疫情防控等各类检查10次，检查9家物业服务公司的9个项目。新冠肺炎疫情防控期间严格要求辖区内物业服务企业做好消杀工作，定时报送小区内是否有四类重点人员，外来人员进出小区必须登记并且测量体温佩戴口罩等，做好小区疫情防控宣传工作。

【造价管理】 2020年，连南瑶族自治县住房和城乡建设局调查测算并公布全县2019年第4季度及2020年第1、2、3季度的建筑材料参考价格和人工工资，为工程预结算提供依据。完成工程招标控制价、施工合同、结算书的备案工作9宗，加强建设工程全过程造价管理。协助涡水镇调解马头冲村委美丽乡村建设村道硬底化的工程造价纠纷。完成林业局拆迁户室内装修补偿标准的概算工作。

（连南瑶族自治县住房和城乡建设局）

城市管理和综合执法

【概况】 2020年，连南瑶族自治县城市管理和综合执法局依法履行市政公用事业管理审批、城乡建设和城市管理执法、交通运输秩序执法、文化市场综合执法等方面的职责，加强城市管理队伍业务培训，加大城市管理整治巡查力度，做到依法行政、文明执法。

【城市管理执法】 2020年，连南瑶族自治县城市管理和综合执法局下达《责令整改通知书》20份，立案处罚2宗乱派发小广告案件，拆除大型残旧破损广告、门店招牌、字牌369处，清理小广告、牛皮癣273处，拆除老桥头附近危房建筑1796.6平方米；对泥头车泄露沙石、未办准运证的车辆要求整改，立案处罚16宗罚款4100元。疫情防控期间，助力县城中小幼学校开学，加强校园周边日常巡查和整治。

【文化市场行政执法】 2020年，连南瑶族自治县城市管理和综合执法局出动执法人员392人次，出动执法车56车次，检查经营单位367家次；查处案件8宗，其中6宗为出售非法出版物（六合彩资料）案件，作简易处罚；1宗无证销售盗版音像制品案件，收缴音像制品795张；查处1宗使用计算机软件侵权盗版案件；取缔1间无证经营歌舞娱乐场所；向5间出售非法出版物商店发出5份责令整改通知书；收缴各类违法、违规印刷资料7134份。

【交通运输行政执法】 2020年，连南瑶族自治县城市管理和综合执法局出动执法人员2705人次，执法车辆632辆次，巡查公路22200千米，检查车辆4377辆，查处违章车辆279辆次，其中查处运政车辆86辆次，查处超限超载车辆193辆次，卸载4614.945吨并移交公安机关处理，无错案、行政复议和行政诉讼案件，无公路“三乱”

现象。完善原沿陂卸货场，规划建设两处治超卸货场。定期巡查、督促企业严格落实车辆运输装载标准。

【公共事业行政审批】 2020年，连南瑶族自治县城市管理和综合执法局办理87项行政审批业务，其中占用城市道路42项，挖掘城市道路3项，修剪、迁移、砍伐城市树木2项，临时性建筑物、构筑物等12项，建筑材料准运28项。与县城4家燃气企业签订了安全责任书4份。对燃气企业进行18次巡查和安全隐患排查，排除隐患94处，发出责令整改通知书7份、燃气安全宣传单张5000多份。检查建筑工地安全隐患22次，发出2份整改通知。收到并处理有关执法案件5宗，与步行街餐馆、个体经营户签订"门前四包"责任书305份、派发40升分类垃圾桶234个、240升厨余垃圾桶29个，两分类果皮箱450个。办理5个楼盘垃圾回收点及亮化工程行政审批。对违章建筑进行实地排查，拆除团结大道、顺德大道违章建筑9000平方米。

【法制和督察宣教工作】 2020年，连南瑶族自治县城市管理和综合执法局公示行政处罚案件189宗，罚款456505元。其中：交通运输秩序70宗，罚款444400元；城乡建设和城市管理案件112宗，罚款11805元；文化市场案件7宗，罚款300元。工作简报报送71篇。督察局内存在问题共25条，已立行立改。

【秸秆燃烧整治工作】 2020年，连南瑶族自治县秸秆燃烧整治派出1000人次，扑灭焚烧点642处，派发《致全体村民的一封信》《农作物秸秆综合利用技术》等宣传单张9000份，出动宣传车302车次，LED屏幕播放标语143条，悬挂横幅31条、张贴海报28张，宣传文章320篇。

【农村生活垃圾工作】 2020年，连南瑶族自治县镇级建6个垃圾中转站；设置行政村、自然村垃圾收集点909个，90%以上的自然村完成至少1个生活垃圾收集点建设；自然村均聘请保洁员，村庄保洁覆盖面100%；生活垃圾收运处置体系覆盖全部行政村，617个自然村（组）575个正常开展垃圾清运，清运覆盖率93%。

（连南瑶族自治县城市管理和综合执法局）

市政管理

【概况】 2020年，连南瑶族自治县县城建成区面积500万平方米，其中绿地与广场用地174万平方米，公用设施用地66万平方米。建成区绿地面积174万平方米，人行道面积9.4万平方米，道路照明灯4453盏，景观亮化16处。生活垃圾中转站正式启动，完善县生活垃圾无害化填埋场应急抢险处理项目。

【县城绿化建设管理】 2020年，连南瑶族自治县市政局提升市政园林绿化品位，以补植套种及以加法形式开展引花入城种植工作。开展引花入城春种工作，主要在石泉公园周边、防洪通道A段、团结桥头等完成种植迁移桂花树、细叶榕、美丽针葵、银杏树、杜英、红叶桃棵、簕杜鹃、红火箭紫薇等2803棵、种植绿化带1354.59平方米；人才公寓绿化带种植红继木、鸭脚木苗48.84平方米；大叶茶小苗102.79平方米、种植草被542.51平方米。配合交通局对县城道路黑底化改造，将团结大道中曙光路、东风路、沿江东路新村段等地的小叶榕、桂英、紫荆花进行迁移、换种。春节、国庆期间，在县政府周边及县城顺德文化广场、石泉公园等摆放鲜花6750盆，挂灯笼3440个。县城建成区绿化覆盖面积189.93万平方米，绿化覆盖率为37.99%；建成区绿地面积174万平方米，建成区绿地率为34.97%；公园绿地面积51.90万平方米，城市人均公园绿地面积为14.03平方米。

【县城亮化建设管理】 2020年，对县城路灯及线路进行排查79次、167人次，更换路灯地埋电缆4115.2米，维修灯具320盏、交流器6个、时控开关23个，发现引线变电器线老化破损、配电箱周边枯草较多及路灯短路等安全隐患及故障18处。在县城区域内新增8盏高杆灯、新建交通信号灯及电子警察设备5套、改造县城7条街道特色化路灯基、改造S261线特色化路灯150盏、完成县城路口6套红绿灯（交通信号灯）维修维护、完成连南顺德文化广场喷泉及灯光改造。到年底县城各大街小巷安装节能路灯4453盏，县城道路装灯率100%，亮灯率97%。

【县城市政配套设施建设】 2020年，连南瑶族自治县市政局维修标识标志牌14块，新安装安全标志牌48块；修复斑马线2处；安装道路广角镜4块，安装禁鸣牌11块，划置路内小车位375个、路外摩托车位181个、禁停黄方格143.2平方米；维修道路护栏228米；安装特色化护栏1162米，维修道路护栏20米；维修井盖85个；新冠肺炎疫情防控期间协助卫计局等部门设置顺德大道和鹿鸣关检查点两个，拆、装护栏170米。维修广场姓氏标识1次；清理水渠6次（天顺山庄水渠2次、朝阳路旧公安局前水渠1次、消防队边水渠1次、鱼岔坑1次、环城南1次）；改造市政公厕4个；处理“12345”群众投诉8项。对该局管理的7座桥梁进行巡查，完善三限（限高、限宽、限载）标识标牌，加强桥梁结构安全巡查，及时疏导人流通行，及时发现、补齐和更换破损的栏杆、护栏，防范人为破坏。设置禁车告示2个，禁行栏4个，新安装护栏2处，修复护栏4处，修复桥面2处，修理团结大桥底围墙20.3米、桥中间护栏300米。建设县城顺德大道石泉山至盘王路路段、盘王路顺德大道交界至盘王路团结大道交界处路段、团结大道广场红绿灯上下段的主要道路特色化护栏，总长1600米。

【行业监管】 2020年，连南瑶族自治县启动垃圾压缩中转站，8月投入运营，日处理垃圾能力60吨；餐厨垃圾收集每日7吨；县城生活垃圾日产日清，日均处理生活垃圾42吨。县城公共厕所18座（其中普通公厕1座，Ⅱ类公厕3座，Ⅲ类公厕14座），5月完成市场化服务，年收运处置公厕粪便20车约100吨。投放330升垃圾桶600多个，240升垃圾桶600多个，果皮箱230个，城区主次干道机械化清扫率100%。升级生活垃圾转运模式并完善相关配套设施，从8月起，在县城范围原单位福利房生活小区内设置垃圾收集点130个，设置街道清扫保洁垃圾桶停放点36个，投放240升标准垃圾桶400多个，采用以桶换桶的方式将生活垃圾分类收集、分类运输、密闭运输，并对分类垃圾桶每天进行两次清洗。公共场所和重点路段保洁时间每天保持16小时以上。

【县生活垃圾无害化填埋场整治项目】 2020年10月，连南瑶族自治县市政局对县生活垃圾无害化填埋场库区南部进行修复，对调节池重新覆盖新膜，完善现有临时排洪沟，填埋区增设强排泵等工程。

【疫情防控】 2020年，连南瑶族自治县市政局对顺德文化广场、县政府周边、体育公园、人才公寓门前小广场、风情长廊、鹿鸣公园、石泉公园、民族二路与盘王路交叉口小公园、顺德大道与盘王路交叉口小公园、团结大道米字路口小公园、瑶山路口小公园、沿陂雕塑公园、沿江东路绿道、沿江西路等公共场所进行喷药消毒杀菌，出动6人，车辆1台，使用消毒粉24包（9960克）、84消毒水165.36升，消杀面积159300平方米，疫情防控点3个，公厕6间。

（连南瑶族自治县市政局）

环境卫生

【概况】 2020年，连南瑶族自治县环境卫生从业人员170人，日清扫保洁面积114.85万平方米，辖区保洁率100%；处理县城生活垃圾24392.92吨；保洁管理公厕18座；收取生活垃圾处理费59

万元（其中卫生费32万元，垃圾清运费27万元）。分期分批对环卫工人进行三轮摩托车驾驶技术培训，共有65人取得三轮摩托车驾驶证。一线班组长唐二梅被清远市城市综合和执法局评选为2020年清远市最美环卫工人；生产管理组获得2020年度清远市市容环卫工作先进集体；环卫工人潘海琼、张永江获得“优秀城市美容师”称号。新冠疫情发生后，坚持每天对环卫车辆、车库、中转站、垃圾收集点、垃圾桶、果皮箱、废弃口罩收集箱、广场、公园、公厕等进行消毒消杀，重点加强对病毒、细菌的污染源、传播源进行消毒消杀工作，全年使用消毒药水900升、消毒粉1300克。在重要地点放置23个废弃口罩专用收集箱；采购、发放口罩、手套、消毒水等防护用品。分批组织环卫保洁人员进行防控培训。建立每日健康检查制度，做好环卫工人的防护工作。

【城市垃圾清理】 2020年，连南瑶族自治县环卫处优化清扫保洁工作，建立督查巡检等机制，确保第一时间发现问题、第一时间解决问题；推行路段清扫保洁作业实施早、中、晚三次复式作业制度，坚持内街内巷保洁，以保证主要街道和县城公共场所的卫生质量，确保市容干净优美；抓好街道清扫16小时保洁工作，落实每天两大扫、四保洁“机制”；每天对县城主干道进行全面机械清扫和机械冲洗；落实生活垃圾收运制度，达到全县城乡生活垃圾日产日清；升级生活垃圾转运模式并完善相关配套设施，投入200多万元新建的分体水平压缩式垃圾转运站于8月投入使用，日处理生活垃圾60吨；从8月开始，在县城范围原单位福利房生活小区内设置垃圾收集点130个，设置街道清扫保洁垃圾桶停放点36个，投放240升标准垃圾桶400多个，采用以桶换桶的方式将生活垃圾分类收集、分类运输、密闭运输，并对分类垃圾桶每天进行两次清洗；加强公共厕所管理，县城3间二类、8间三类公厕实行专人全天保洁管理，落实责任人和公厕保洁制度，5月县城公厕完成市场化服务。

【农村生活垃圾转运】 2020年，连南瑶族自治县环卫处每天出动2台压缩车辆收运7个城郊村委（含涡水镇沙田村）的生活垃圾；保持每天一次以上到各乡镇转运生活垃圾，按时、按质、按量完成乡镇生活垃圾转运工作。春节期间，加班10天安排到各镇转运生活垃圾，增加装运垃圾10车次，全年转运全县乡镇生活垃圾1.25万吨。

（连南瑶族自治县环卫处）

城市供水

【概况】 2020年，连南瑶族自治县供水公司销售水量392万立方米，比2019年增加32万立方米，增加9%。用水户17623户，水费收入586万元，比2019年增加39万元，增长7%。财务收支情况：年收入712万元，其中自来水销售392万立方米，收入为586万元，管道安装收入120万元，投资收益3万元，营业外收入3万元（代收污水处理费手续费收入），支出662万元，盈利50万元。

【供水质量保证】 2020年，连南瑶族自治县疾控中心每月对水厂水质进行42项检测，检测结果显示，水质100%达到国家生活饮用水卫生标准。连南瑶族自治县供水公司全年制水投入材料：石灰30125千克、聚氯化铝53975千克、盐酸14968千克、氯酸钠1725千克，工作量度反应池排泥190次，沉淀池排泥195次，过滤池反冲170次，反应池沉淀池清洗次数11次，机械设备保养和维修12次。

【供水能力提升】 2020年，连南瑶族自治县供水公司推进县新旧自来水厂、水源设施改扩建及配套工程建设。县新旧自来水厂扩建改造工程于9月底完成承建单位的招投标工作，年底完成土建工程主体施工。县城供水管网改造工程投资384.73万元，安装管道3556.56米；延长段投资389.99万元，安装管道长度3728.86米。更换上水厂清水池 DN500 毫米阀门 1 个，完成下水厂二氧化氯发生器更换。改造龙口村 DN150 毫米 PE 管 200 米。人民检察院消防 DN100 安装水表 1 组、DN100 管 18 米。民族二路增设 DN300 闸阀 2 个。民族一路增设 DN250 闸阀 1 个，DN200 闸阀 1 个。安装民族小学至鹿鸣小镇施工点生活用水管 DN25PE 管 830 米。安装顺德小学消防管 De110 毫米 PE 管 90 米。安装珠江燃气有限公司 De110 毫米 PE 管 280 米。上水厂迁改 De315 毫米 PE 管 150 米。

（连南瑶族自治县供水公司）

代建项目管理

【概况】 2020 年，连南瑶族自治县代建项目事务中心履行代建职责，以工程建设管理为核心，以安全质量为重点，推进各项代建工程建设，代建工程项目中已竣工验收并交付业主单位使用的项目 4 个，在建项目 4 个。

【代建项目建设】 2020 年，连南瑶族自治县代建项目事务中心代建工程项目 8 个，总投资约 3.5 亿元。已竣工验收并交付业主单位使用的项目 4 个，即连南县社会福利院消防工程、连南县寨岗敬老院消防改造工程、连南县公租房工程、瑶山商业步行街风貌整治项目。在建项目 4 个，即连南瑶族自治县工人文化宫（建滔楼）、连南瑶族自治县全域旅游县城民族特色化立面改造、三江镇中心幼儿园异地改扩建项目、连南瑶族自治县寨岗中学扩容提质项目。

【在建项目简介】 连南瑶族自治县工人文化宫（建滔楼） 该项目位于盘王文化园门口，项目新建一幢两层框架楼，建筑面积 1883.84 平方米；新建广场一个，面积 1000 平方米。计划总投资 1200 万元。该项目于 2019 年 11 月 26 日完成招投标，2019 年 12 月 30 日进场施工，截止至 2020 年 12 月底，项目完成 70%。

连南瑶族自治县全域旅游县城民族特色化立面改造 该项目主要对县城区团结大道、顺德大道、府前路及石泉公园入口等路段主干道建筑进行民族特色化立面改造。截止至 12 月底，项目已完成 99%。

三江镇中心幼儿园异地改扩建项目 该项目建设地上四层建筑物，占地面积 6092 平方米，建筑面积 6234 平方米，其中教学楼 5516 平方米，厨房 210 平方米，配电房 92 平方米，值班室 18 平方米，教师周转楼 398 平方米。同时建设活动场地、围墙、大门、停车场、水电安装、排水系统等附属工程。项目建成后可开设 18 个班级、540 个学位。

连南瑶族自治县寨岗中学扩容提质项目 该项目主要新建体育馆、教学楼、学生宿舍楼、师生食堂、综合楼、师生周转房、运动场及游泳池等。

（连南瑶族自治县代建项目事务中心）

自然资源

【概况】 2020 年，连南瑶族自治县总面积 124091.46 公顷，其中，耕地 11012.41 公顷，占总面积的 8.87%；园地 334.39 公顷，占 0.27%；林地 102054.43 公顷，占 82.24%；其他农用地 1566.63 公顷，占 1.26%；城镇村及工矿地 3127.72 公顷，占 2.52%；交通运输用地 518.55 公顷，占 0.42%；水域及水利设施用地 1476.85 公顷，占 1.19%；其他土地 4000.48 公顷，占 3.22%。

【耕地保护】 2020 年，连南瑶族自治县做好年度耕地保护目标履行情况镇级考核以及县级自查工作，落实耕地保护目标责任，确保最严格的耕地保护制度落到实处并取得实效，促进土地节约集约利用。落实上级下达的耕地保有量和基本农田保护任务。加强基本农田经济补偿省级补助资金的使用和监督管理，使用省财政厅下达永久基本农田保护经济补偿资金178万元。

【不动产统一登记】 2020年，连南瑶族自治县不动产登记2356宗，发出不动产登记证书2439本，不动产登记证明929本。二手房成交372套，商品房备案264宗，农村宅基地“房地一体”登记27宗。

【土地利用】 2020年，连南瑶族自治县获批准用地1宗：连南瑶族自治县2019年度第一批次城镇建设用地，批准面积2.98公顷。

【矿产管理】 2020年，连南瑶族自治县在册矿业权24个（探矿权20个，采矿权4个），当年矿业权退出2个。

【执法监察】 2020年，连南瑶族自治县查处年度土地卫片违法用地，依法没收建筑物8632.96平方米，作出行政处罚罚没款12.14万元，申请法院强制执行7宗。矿产资源违法卫片1宗，为实地伪变化。

【地质灾害防治】 2020年，连南瑶族自治县7个镇镇级防灾总负责人7人、具体责任人7人、监测责任人7人、村级防灾责任人25人，分别由各镇镇长、分管领导、自然资源所所长、村委主任负责。监测巡查员56人，对在册隐患点进行汛期24小时监测巡查。开展省、市部署的地质灾害防治三年行动方案（2020—2022年），推进全县在册54处地质灾害隐患点综合治理工作，其中大型以上12处（1处完成工程治理，1处专业监测，10处在组织实施工程治理），投入治理经费约1亿元，涉及潜在受威胁群众3214人、潜在经济损失13151.6万元，该项目已列入县重点项目库。中、小型以下共有42处，完成地质灾害隐患点核销任务共6处。

【规划工作】 2020年，连南瑶族自治县规划部门加强对建设工程的规划审批管理，对各类建设项目严格执行“两证一书”的规划管理制度，办理单位和个人建设工程规划许可57宗，核发建设用地规划许可2宗，办理建设项目选址意见书1宗，办理规划验收22宗。

【山林权调处】 2020年，连南瑶族自治县林业部门按照《中华人民共和国森林法》《广东省林木林地权属争议调解处理条例》开展山林纠纷调处工作，受理山林、土地权属纠纷1宗，乡镇行政复议案5宗，代理县政府行政诉讼10宗，案件办结率95%。

【生态公益林建设】 2020年，连南瑶族自治县加强对生态公益林资金发放的监督管理，指定专人负责森林生态效益补偿资金分配、发放工作，发放中央和省、市财政下达连南县生态公益林效益补偿资金3273.22万元，其中直接发放给补偿对象的损失性补偿资金2699.57万元，公共管护经费573.65万元。

【森林防火】 2020年，连南瑶族自治县加强防火值班和隐患排查，保障应急物资储备，做好应急处置准备，防火值班人员加强森林防火宣传和防火巡查，实行24小时值班制度，分片包干，不留死角，在重点区域实现防火监控的全覆盖。

（连南瑶族自治县自然资源局）

环境保护

【概况】 2020年，连南瑶族自治县大气环境质量改善明显，环境空气质量综合指数在全市排名第二，空气质量优良天数比例为99.5%，综合指数为2.49，$PM_{2.5}$为21微克/米^3，PM_{10}为33微克/米^3，臭氧为119微克/米^3，二氧化氮为12微克/米^3，二氧化硫为8微克/米^3，一氧化氮为1毫克/米^3，均达到国家空气质量二级标准。全年无重污染天数，环境空气质量综合指数比上年提升5%。地表水水质保持稳定达标，县级以上集中式饮用水水源水质全部达到《地表水环境质量标准》（GB3838—2002）的Ⅰ类水标准，省考断面（新村断面）水质情况达标，优良率达到100%。县内无劣Ⅴ类水体，无农村黑臭水体。10月，获评第四批国家生态文明建设示范县荣誉称号，成功创建为国家生态文明建设示范县。

【环保审批】 2020年，清远市生态环境局连南分局严格执行《中华人民共和国环境影响评价法》《建设项目环境影响评价分类管理名录》等有关法律法规，按照建设项目分级审批的原则，严控工业污染物排放，坚持把好环境审批和环境准入关，从源头上控制新污染源的产生。全年受理审批环境影响报告表（书）9宗，备案项目77宗，项目总投资197605.08万元，环保投资3344.37万元。

【排污许可】 2020年，清远市生态环境局连南分局严格排污许可监督管理，及时掌握企业排污情况，应发证企业13家，已完成13家，完成率为100%；应登记企业413家，已登记企业413家，完成率为100%。

【环境执法监察】 2020年，清远市生态环境局连南分局对县内重点排污企业进行巡逻检查，对群众举报的污染单位及时进行现场监督检查，出动387人次，检查企业129家，下达《限期整改通知书》3份，下达《责令改正违法行为决定书》9份。严厉惩治环境违法行为，对违法排污企业进行整治，立案12宗，下达行政处罚决定书9份，罚没款52.75万元，移送公安案件2件。开展风险隐患排查，对重点企业、饮用水源和危废产生单位等进行检查，督促其落实环境安全主体责任，确保环境安全。开展不良天气应对工作，加强部门联防共治。做好信访调处工作，受理群众来信来访案件109宗，已处理109宗，处理率为100%。加强环境噪声污染监督管理，在普通高考英语听说考试、普通高考、普通高中学业水平考试期间对考场周边进行环境噪声监测，覆盖考生总人数1918人。

【环保专项检查】 2020年，清远市生态环境局连南分局开展风险隐患排查，对重点企业、饮用水源和危废产生单位等进行检查，督促其落实环境安全主体责任。加强辐射与安全管理，对辖区内三类射线装置辐射4家单位开展现场监督检查，均完成辐射环境监测及个人剂量监测，消除辐射管理隐患。严格医疗废物监管，定期督促检查各医疗单位医疗废物贮存、分类及转移工作，特别是加强定点医疗单位医疗废物管理的监督检查。

【环境统计】 2020年，连南瑶族自治县纳入环境统计系统企业25，其中工业企业23家（含有选矿企业6家，其他17家），集中式污染排放源2家（分别为连南瑶族自治县广业环保有限公司、连南瑶族自治县三星生态环境服务有限公司）。

【污染减排】 2020年9月14日，连南瑶族自治县出台《畜禽养殖禁养区划定调整方案》，划定调整畜禽养殖禁养区。是年，清远市生态环境局连南分局挖掘减排工程项目并推进，完成化学需氧量和氨氮削减量两项污染指标减排任务。

【大气污染防治】 2020年，清远市生态环境局连南分局开展强制性清洁生产企业1家，已通过评估和验收。排查“散乱污”场所204家，完成整治204家，完成率为100%。开展工业炉窑企业治理1家，即关闭并拆除连南瑶族自治县闽航建材有限公司。列入生物质锅炉整治清单的4个锅炉中，1个已办理停用手续，其余3个生物质锅炉均已安装除尘设施和进口料的视频监控，完成锅炉尾气监测。完成3家挥发性有机物重点企业整治销号。联合开展机动车尾气上路抽检工作，检测机动车95台，合格89台，合格率为93.7%，不合格车辆均由公安部门作出处罚。对遥感超标率10%以上营运柴油车用车大户清远市粤运汽车运输有限公司连南分公司进行约谈，开展两用车大户检查，检查车辆14台，检测结果均达标。开展加油站油气回收治理设施监督检查，要求各加油站做好设施台账运行记录和监测工作。开展编码登记宣传动员工作，相关企业备案登记非道路移动机械18台，其中材料装卸机4台、叉车5台、装载机9台。开展秸秆燃烧高发区域巡查、整治，出动执法人员1183人次，执法车辆281车次，扑灭秸秆焚烧点942处，派发宣传单600余份。利用微信公众号微说连南、甘美连南等发布禁止秸秆和生活垃圾焚烧信息32篇。

【土壤污染防治】 2020年，清远市生态环境局连南分局配合华南环科所做好重点行业企业用地土壤环境质量详细调查工作，对7家企业工业地块进行土壤环境质量调查现场踏勘。将疑似污染地块1处纳入广东省污染地块土壤环境信息系统，对疑似污染地块开展初步场地调查，调查报告已通过专家评审并在市级部门备案。完成整治工业固体废物堆存场所6个。完成整治纳入涉镉断源清单企业3家，即鸡麻坑铅锌矿、大麦山矿业场和坪头岭铅锌矿（含四鑫选矿厂），并通过验收。通过栽植树木，疏通山溪等方式，完成鑫科矿业有限公司山联亚基寨大理岩矿和山联白带梁岩大理岩矿的生态恢复并验收。加大惩治非法倾倒固废案行为力度，2起一般工业固废案件已责令当事人进行清理转运，给予当事人行政处罚10万元，1起危险废物点已进行危险特性鉴定并妥善封存。

【噪声防治】 2020年，连南瑶族自治县做好环境噪声污染防治工作，在主要交通干道路段设置限速、禁止鸣笛标志，新开通395县道路分流减少车辆进入县城，县城路面黑底化，实行夜间建筑施工作业审批制度等。划定108个区域声环境监测点和22个道路交通环境监测点。

（清远市生态环境局连南分局）

土地开发储备

【土地储备情况】 2020年，连南瑶族自治县土地开发储备中心会同县自然资源局等职能部门编制《连南瑶族自治县2020年度土地储备计划》，录入上传土地储备监测监管系统。收储土地56.319亩，完成征收及青苗补偿工作。建立和完善储备土地监测监管系统。录入拟收储土地31宗，其中入库土地14宗。

【土地出让情况】 2020年，连南瑶族自治县挂牌出让鹿鸣小镇B、E地块、廻龙工业园鑫发地块面积180亩，出让金收益4700万元；原鹿鸣小镇原D地块调限高补缴出让金收益49万元；完成5宗国有建设用地划拨前期工作，交由县自然资源局报请政府批复，划拨土地收益近1900万元。

（连南瑶族自治县土地开发储备中心）

商贸流通

粮食购销

【概况】 2020年，连南瑶族自治县粮食总产量32870吨，粮食总需求54000吨，粮食自产和需求对比缺21130吨。县国有和民营粮食企业从县外组织调入原粮21130吨供应连南县市场，全县粮食供给和需求总量平衡。粮食市场管理和调控工作着重抓好粮食市场行情调查、粮食收购资格审批、粮食经营门店质量检查、粮油平价商店建设等。

【储备粮油管理】 2020年，连南瑶族自治县经济发展促进局对全县储粮库点严格实行岗位责任制度，把粮食监管责任分解到个人，谁监管谁负责任。足额落实完成储备油粮规模任务。

【基础设施建设】 2020年，连南瑶族自治县经济发展促进局完善寨岗库区等仓储设施建设，县储备粮管理公司自筹资金75万元完善仓库设施，三江库区安装大米仓准低温粮仓制冷设备及雨棚，寨岗库区修缮围栅、仓库墙体修补及建设通往药渣房不锈钢楼梯等。

【安全生产】 2020年，连南瑶族自治县经济发展促进局对全县粮食企业储粮安全和安全生产每周进行实地检查，排查安全隐患，全县粮食行业无安全生产事故发生。规范储备粮熏蒸作业，要求县储备粮管理公司按照《广东省粮食和物资储备局粮油仓储单位熏蒸作业备案管理办法》操作，确保安全。

（连南瑶族自治县经济发展促进局）

供销合作

【概况】 2020年，连南瑶族自治县供销合作社联合社（以下简称“县供销社”）加快推进经营、服务、组织和管理创新，密切与农民利益联结。供销系统实现商品购进总额完成1.06亿元，其中农副产品购进完成3754万元；商品销售总额完成1.39亿元，其中生活消费品零售额完成1.12亿元，售给农民的农业生产资料2695万元；全系统实现利润39万元，比上年上升30%。

【供销综合改革】 2020年，县供销社推进供销合作社综合改革，完成1个县域助农服务综合平台，7个镇级助农服务中心，1家村级基层社，发展基层社社员536人，改造升级薄弱基层社1家，土地托管面积6000亩，庄稼医院7家，新增为农综合服务社5个等改革指标。

【为农综合服务】 2020年，县供销社在县城三江镇联红村建成县域助农服务平台1个、在全县

7个镇建成镇村助农服务中心7个、农村综合服务社7个，覆盖农资农技服务、冷链物流配送服务、农产品购销加工服务、农业机械服务、农村电商服务等服务内容，涵盖全县茶叶、有机稻、食用菌、水果等农业主产业服务，覆盖连南县50%的农业社会化服务面积。开展小区作业统防统治3000亩，带动周边农户开展机械化耕作1000多户，农业社会化各类服务超过1万亩。

【社有资产管理】 2020年，县供销社对社有企业和基层社有存量资产进行全面梳理、合理分类，拟定各闲置资产处置方案，采取租赁、以修代建、以建代租等多种形式盘活优化基层闲置资产。将闲置多年的农业生产资料公司墩头仓库通过开放办社，引入社会资本，盘活社属企业资产，每年增收12万元以上。

【社有企业发展】 2020年，县供销社推进社有企业深化改革，推动社有资本向农业生产服务、冷链物流、直供配送、农村合作金融等重要领域集中。推进社有企业与民间优质企业、优质项目、优质业务联合合作。优化管理层级，推进社有老旧房产升级改造。

【农产品流通服务】 2020年，县供销计投入近100万元建成县扶贫消费示范基地（县消费扶贫农产品展销中心）投入运营，打造消费扶贫产品品牌与标杆。通过代售和订单采购的形式，共计采购农户和贫困户农产品2.5万多千克，助农增收100多万元，实现带贫人数超过130人。开展2期消费扶贫培训。在全县发展优质稻种植面积6610亩（其中，早造210亩、中造3409亩、晚造2991亩），向全县各优质稻种植主体发放优质稻稻种共计7.26吨，发放优质化肥178.6吨。全年优质稻产量2644吨，按优质稻谷均价每吨3800元折算，总产值超过1000万元，每亩为农户增收约90元。

（连南瑶族自治县供销合作社联合社）

烟草专卖

【概况】 2020年，连南瑶族自治县烟草专卖局重视安全生产管理，投入安全经费约4.26万元。落实各类安全检查、加强安全宣传教育培训、开展危险识别和风险防控、开展“安全生产月”活动、开展应急演练及设备设施维护保养等。支持地方经济社会发展，全年上缴税利4307万元。开展精准扶贫工作，全年投入帮扶资金154500元。

【卷烟销售】 2020年，连南瑶族自治县烟草专卖局销售卷烟28949.09万支，实现卷烟销售收入17405.1万元。其中，一类烟销售7145.13万支，二类烟销售9050.12万支。品牌集中度为86.66%，全国重点品牌卷烟销量27341.57万支，在销的48个规格低焦油卷烟销售4645.46万支。

【品牌培育】 2020年，连南瑶族自治县烟草专卖局线上、线下开展“双喜”品牌培育活动，省产双喜卷烟销售16139.14万支，其中一类烟1157.52万支、二类烟6322.82万支。重点培育规格的市场覆盖率达到考核标准。

【网上订货】 2020年，连南瑶族自治县烟草专卖局做好零售客户的宣传工作，为客户介绍网上订货的优点，提升网上订货率。网上订货零售客户有573户，网上订货率99.83%，其中有295户零售客户为手机订货，占网上订货户51.48%。

【网络终端建设】 2020年，连南瑶族自治县烟草专卖局推进20支网络终端建设，建成1间20支直营终端，2间20支合作终端以及15间20支功能终端，完成年度20支网络终端数量占比3%的目标。开展文明吸烟环境建设，建成1间室外吸烟亭和10个室外吸烟点，倡导文明吸烟行为。

【卷烟市场监管】 2020年，连南瑶族自治县查获涉烟违法案件37宗，涉案卷烟274万支，案值155.46万元，其中非烟266.22万支，走私烟2.93万支，假烟3.45万支。开展市场检查161次，出动专卖执法人员611人次，检查卷烟持证零售户1551户次。

【卷烟打假打私】 2020年，连南瑶族自治县发挥公安、烟草联动协作机制，开展联合执法，分别于5月30日、9月16日、10月9日各查获一宗大要案，数量分别为78.64万支、87.38万支、35.20万支，案值分别为36.97万元、64.58万元、28.86万元。

【卷烟规范经营】 2020年，连南瑶族自治县烟草专卖局严防卷烟外流大要案件发生。卷烟外流1.98万支，比上年下降11.6%，查获流入卷烟272.64万支。抓细经营监管，走访零售户1316户次，发出《内部专卖监督管理整改通知书》9份，指令式任务21份，处理内管系统预警24个，员工亲属监管22户次，未发现内部人员不规范经营行为。

【管理规范化】 2020年，连南瑶族自治县烟草专卖局提升管理规范化水平，有持证户585户，新办102户，歇业63户，审批注销3户，变更7户，恢复营业2户，停业2户，复业3户，延续36户，补办335户，网办率31%。履行控烟责任，排查辖区中小学校附近不符合合理布局要求和不宜发证的零售户62户。

（连南瑶族自治县烟草专卖局）

旅游

旅游管理

【基本情况】 2020年，连南瑶族自治县开展全域旅游创建工作，成功创建为广东省全域旅游示范区，建成旅游集散中心2个、旅游咨询服务中心8个，智慧旅游信息管理平台、全域旅游大数据中心投入使用，建立旅游警察、旅游法庭等旅游市场监管机制，新（改）建旅游厕所18座。获“2020年美丽中国生态旅游名城”称号，“天下瑶寨，醉美连南”入选广东美丽乡村精品线路，“瑶寨乡村度假之旅”“清远壮瑶乡村风情之旅”入选广东省乡村旅游精品线路名单，三排镇油岭村入选第二批广东省文化和旅游特色村名单，广东瑶族博物馆评定为国家二级博物馆。成功举办第七届“稻鱼茶文化活动周”、第十二届“盘王节·耍歌堂”瑶族文化艺术活动，瑶族舞剧《瑶山那抹红》获“第十四届广东省艺术节”二等奖，并入选第六届全国少数民族文艺会演，进一步打响“天下瑶寨·醉美连南”品牌。推进乡村旅游品牌建设，成功创建省级休闲农业与乡村旅游示范镇1个（三排镇），省级休闲农业与乡村旅游示范点8个（南岗千年瑶寨景区、连水村、墩龙瑶寨、油岭民俗瑶寨、石径唐屋、金坑休闲生态村、大坪鱼乡稻田生态养鱼专业合作社、安田休闲乡村），中国乡村旅游金牌农家乐3家（月亮湾农庄、鹿鸣农庄、墩龙瑶寨农菜馆）。在科学做好疫情防控的前提下，组织文化和旅游企业复工复产，减少疫情造成的影响，促进文化和旅游产业快速转入正常状态，接待游客210.9万人次，比上年恢复46.7%，旅游总收入12.2亿元，比上年恢复63.5%，恢复率排在全市的中上游。

【文旅融合发展】 *一部剧* 2020年11月，连南县原创大型当代瑶族舞剧《瑶山那抹红》代表清远市参加第十四届广东省艺术节，荣获综合组二等奖及优秀服装设计奖，并将代表广东省参加第六届全国少数民族文艺会演，成为清远市建市33周年、连南瑶族自治县建县68周年来第一部进京会演的舞台剧目，也是广东省选派参加历届全国少数民族文艺会演（五年一届）的第一部县级出品剧目。

两大节庆 2020年9月中下旬，连南瑶族自治县成功举办连南第七届“稻鱼茶文化活动周”，活动中4个民俗农耕文化体验基地接待游客2.23万人次，直接消费额近600万元，成为连南旅游的新热点；11月下旬，成功举办第十二届连南“盘王节·耍歌堂”瑶族文化艺术活动，举行原生态长鼓舞大赛、原生态瑶族“耍歌堂”、瑶族原创文艺作品展演等活动，吸引大量省内外游客到此游玩，擦亮打响“天下瑶寨·醉美连南”旅游品牌。

三大创建 2020年3月，《瑶族文化（连南）生态保护区实验区总体规划》顺利通过省文旅厅

专家评审，连南成为广东省3个民族县中唯一一个“瑶族文化生态保护试实验区”；10月10日，连南被生态环境部授予“第四批国家生态文明建设示范县”称号，成功创建为国家生态文明建设示范县；2020年10月24日，连南被省文旅厅纳入第三批广东省全域旅游示范区名单，成功创建为广东省全域旅游示范区。

四大亮点 2020年，连南瑶族自治县“天下瑶寨·醉美连南”入选广东美丽乡村精品线路、“瑶寨乡村度假之旅”“清远壮瑶乡村风情之旅”入选广东省乡村旅游精品线路，带动村民发展特产零售业、农（瑶）家乐120多家，拥有省级休闲农业与乡村旅游示范镇1个、省级休闲农业与乡村旅游示范点8个、中国乡村旅游金牌农家乐3家。瑶绣文创产品研发取得突破，设计研发七大类二十个品种的文创产品，选送《瑶绣手提包》《瑶族树脂公仔》参加全省博物馆文创精品线上“打榜”活动，成为“十大人气文创”产品；组织绣娘参加广东省首届民间刺绣精品展，其中房春花的《瑶族旗袍》获得金奖，房伟艳和邓俊莺的瑶绣布包分别获得银奖。提升改造旅游景区景点，南岗千年瑶寨和瑶族博物馆两个国家AAAA级旅游景区获评省研学旅行目的地，推动油岭民俗瑶寨、金坑中国少数民族特色村寨、石泉公园申报打造为国家AAA级旅游景区。推动生态康养旅游项目建设，推进投资1.34亿元的万山朝王国家石漠公园（森林生态综合示范园）建设，全省首个石漠化治理样板基地建设成效初显。投资建设鹿鸣稻丰谷、金坑森林康养小镇，建设瑶医瑶药研究发展中心、中草药种植示范基地、瑶医药科普基地，打造康养旅游发展新“名片”。

旅游景区

【千年瑶寨景区】 承载着千年文明的“千年瑶寨”，被誉为“世界瑶族第一寨”。坐落在百里瑶山万山朝王的正面，被誉为首领排。古寨依山而建，房屋层叠，错落有致；石板道纵横交错，主次分明；周围山势险要，溪水奔流，峰峦叠嶂。此寨始建于宋代，至今已有千余年的历史，现保留明清古建筑398幢，留存房间999间。据专家考证，千年瑶寨是全国乃至全世界规模最大，最古老，最有特色的瑶寨，堪称世界建筑奇观，人类群居风水宝地。千年瑶寨先后被评为“中国历史文化名村”“中国民间艺术之乡”“中国十大最美村镇”，2014年被评为国家AAAA级旅游景区。

【连南瑶族自治县瑶族博物馆】 广东瑶族博物馆坐落在连南瑶族自治县城，占地面积31833平方米，建筑面积14566平方米，总投资11043.2万元，国家AAAA级旅游景区，于2013年1月开馆，按国家级馆标准兴建，采用先进的声、光、电设备，设备齐全，以构建世界瑶族人民共同精神家园为宗旨，以打造瑶族文化品牌、弘扬瑶族优秀传统文化为目标，紧贴瑶族文化精神实质，凸显主题“瑶岭长歌”，分为远古寻踪、瑶山春秋、古韵流芳、神工能匠及瑶绣工坊。以清晰的历史脉络、文博的视野全面和系统地展示全国瑶族四大支系三十个分支乃至世界瑶族的历史文化，是目前全国乃至世界规模最大的、瑶族文物藏品最多、资料最丰富的专业博物馆。2014年3月，该博物馆被国家民委授予“全国民族团结进步教育基地”称号，于2014年被评定为国家AAAA级旅游景区，成为连南县对外宣传和交流的平台和窗口。

【连南“瑶颂·瑶族舞曲”实景演出景区】 连南“瑶颂·瑶族舞曲”实景演出景区地处连南县城西北部，323国道旁，占地约55亩，总投资5500万元，拥有观众席位约1100个，于2017年9月正式演出。连南是世界经典乐曲《瑶族舞曲》的故乡，被誉为诗画瑶山、歌舞之乡。20世纪50年代，作曲家刘铁山到连南瑶族山区采风，有感于瑶族同胞载歌载舞欢庆节日的场面，以瑶族传统歌舞鼓乐为素材创作《瑶族长鼓舞歌》，由茅沅将该曲的部分主题改编为管弦乐后更名为

《瑶族舞曲》。《瑶颂·瑶族舞曲》实景演出由《瑶族舞曲》这一世界名曲带动，为提升连南排瑶文化的知名度，打造出一台具有浓郁且神秘的民族特色的实景演出。《瑶颂·瑶族舞曲》实景演出分为《新生命》《阿夏写生》《阿贵出走》《阿公与阿婆》4个剧目，共有《讴莎腰》《斗长鼓》《送嫁娘》《耍歌堂》等9个节目，不仅是国内首创“诗颂”题材实景旅游演艺音乐剧、国内首部深度解读瑶族风情的实景剧，也是国内首创的悬垂式、壁挂式的山水实景舞美置景，还是国内首部由入夜“天色”决定演出时刻的旅游剧目。2018年10月，被评为国家AAA级旅游景区。

【万山朝王、三江源暨森林生态综合旅游景区】 万山朝王、三江源暨森林生态综合旅游景区以万山朝王石漠公园为核心区，包括万山朝王旅游驿站、刘禹锡纪念馆、一生一世山盟红桥、千亩银杏林、沿陂壮家村、在水一方田园综合体项目、龙腹陂等景点。该景区地处南岭山脉南麓，属南岭山地水源涵养与生物多样性保护重点生态功能区，是广东省北部环形生态屏障和北江上游重要水源涵养地。景区建设期为2018—2025年，共8年，分为近期、中期和远期。将公园划为生态保育区、宣教展示区、体验区和管理服务区4个功能区。其中，生态保育区面积1108.8公顷，占公园的76.1%。万山朝王国家石漠化公园生物多样性丰富，有维管束植物141科、375属、586种，另外有枫香、钩锥等古树名木10余株。有脊椎动物5纲、27目、70科、181种，其中有黑鸢、凤头鹰、松雀鹰、普通鵟、黄喉貂和大壁虎等重点保护动物。该公园首期规划建设森林生态旅游示范园、林业科技教育示范园、森林康养示范园，并预留备用发展区供以后旅游开发与利用。未来该公园将建设成为整体形象突出、基础设施完备、岩溶景观独特、地域文化浓郁、具有生态观光、避暑度假、科普教育、户外拓展等多功能的国家石漠公园。“在水一方”田园综合体项目是一个稻鱼共生的田园综合体，龙腹陂是一个源自汉代的水利设施。

万山朝王旅游驿站专为游客观光百里瑶山秀美风光、摄影作画提供最佳视觉平台。电影《爬满青藤的木屋》《在没有航标的河流上》《中国瑶族》和电视连续剧《秋收暴动》的外景，就摄于此。

【油岭古寨旅游景区】 油岭古寨地处三排镇油岭村，包含油岭老排、油岭新村、歌堂坪、天坑、瑶族文化传承基地、鸳鸯洞等景点，坐落在海拔800米的瑶王山上，油岭古寨现有古宅300多栋，当地的瑶族同胞“会说话就会唱歌、会走路就会跳舞”，民族文化底蕴丰厚，氛围浓郁，能歌善舞的油岭排瑶人孕育出世界名曲《瑶族舞曲》，1996年被评为“广东省民族民间艺术之乡”，1998年被评为“中国民间艺术之乡”，2014年被评为“中国传统村落”，被推崇为“世界瑶族文化艺术之都”。油岭古寨是八排瑶发展千年的历史见证，是连南地区乃至华南地区保存最为真实、完整的排瑶古寨，是研究排瑶历史变迁、传统文化的活的博物馆，是全国知名的“活着的古村落”，也是国内外驴友和古村落旅游爱好者的天堂。

【三江镇森林小镇】 三江森林小镇包括云上瑶寨生态旅游区、金坑少数民族特色村及生态村、岭南瑶乡第一面红旗红色教育基地、连南人才驿站等景点，涵盖原金坑镇塘冲、金坑、内田、大龙等四个村委。景区内森林覆盖率91%，全年云雾缭绕，风景美不胜收，在山顶眺望，周围山峰连绵起伏，逶迤纵横，美丽的风光一览无遗，故有“云上瑶寨”之称。“云上瑶寨”是对自然资源和历史文化资源的保护，特别注重协调项目开发和自然生态保护间的关系，着力营造生态旅游特色村寨特有品牌。在风景景点基础上，与生态观光、生态民宿、瑶家乐、休闲运动、特色农业、特色养生串联成线，打造一条旅游精品线路。目前基础设施正在完善中。

【三排康养小镇】 三排康养小镇位于三排镇三排古寨，总面积7.4平方千米，农户55户275人，省道 S261 线从村中穿过，距清连高速公路水足塘入口 6 千米，距连南县城 11 千米，附近有千年瑶寨、油岭古寨、万山朝王和在开发的云海花谷等景区。

三排古寨建于 1655 年前后，系从油岭古寨逐渐移民搬迁而形成，特色老房子为泥土夯墙、瓦顶房，有 76 间，其中完好的 38 间。住有盘、唐、房 3 个姓氏，世居民族为瑶族，世居民系为排瑶。三排古寨内有参天古树 100 多棵，最高峰为老君山。老君山海拔 700 多米，西望油岭古寨，北观连南县城，东看阳山古镇，南瞧千年瑶寨，站在高处远眺，千山叠嶂，群峰竞秀，一览众山小，气象万千，风景如画，是摄影爱好者的向往之地，有丰富的旅游资源和体验场所。20 世纪 90 年代初，三排老寨成为连南县第一个开发旅游项目的老村寨，在海内外具有一定的知名度。可打造成集休闲旅游、农耕文化和民俗体验为一体的高端民宿旅游景区。截止到 2020 年年底，已修缮现存的老房屋、老祠堂等古建筑，建设有停车场、荷花鱼塘，修建复古石板路和 1000 米水泥路、山顶摄影观景亭等，初步完善水、电、路、通信网络等基础设施。

【寨南温泉旅游景区】 寨岗镇寨南片区包括称架、吊尾、新寨、石径、白水坑、山联 6 个行政村、48 个村小组。其中片区内白水坑村、板洞牛塘林场和山联村为过山瑶居住地，具有独特的民族风俗，是过山瑶文化的典型代表。片区内的寨南温泉旅游景区包括寨南瑶族温矿泉、潘家大院农家乐、石径村唐屋美丽乡村、风洞农家乐等，景区群山环绕，溪水长流，冬天有雪，是天然的氧吧，更是天然的浴室。是一处集旅游、饮食、娱乐、休闲、度假、购物、保健于一体的综合旅游地。瑶族长寿温泉是 100% 纯天然温矿泉，泉水常年喷流，含碳酸等，常年水温 57℃左右，常浴能消除疲劳，泡浴后，全身清爽润滑，促进新陈代谢，具有很强的美容保健功能。

【瑶排梯田景区】 瑶排梯田景区以广东连南瑶排国家湿地公园为核心，包括大掌古排、稻鱼茶现代产业园主产区、梯田摄影观光点等，位于连南县西北部，距离县城约 30 千米。公园规划总面积为 354 公顷，其中湿地面积 157 公顷，湿地率 44.26%。公园内拥有河流湿地、沼泽湿地和人工湿地 3 种湿地类，永久性河流、沼泽化草甸、库塘、冬水田 4 种湿地型。区域内的大掌古排是连南八排瑶西 5 排中仅存的一个八排瑶族古村落，经国家古村落专家实地考察后，认为大掌古排是中国的“马丘比丘”，列入国家古村落名录。同时颇有名气的天堂山茶的高山茶园也在这一区域。湿地公园周边的大古坳三百步湾梯田壮观，周围生态良好，景色迷人，被授予连南县“十大最佳摄影点”称号，为当地梯田文化典范和代表。“2015 芒种”连南瑶寨梯田摄影节活动在大坪镇大掌古排举行，2016 广东·连南瑶排梯田文化节在大古坳三百步湾举行。正在建设的大古坳三百步湾特色村寨和大古坳云上梯田鱼米瑶乡项目及准备建设的“三大公路”扩宽工程和大掌排古村落等重点项目，对湿地公园保护、恢复重建、宣教展示及合理利用有很好的意义。2017 年 11 月 2 日，第二届中国渔业高峰论坛暨全国休闲渔业品牌发布会上，“广东省连南瑶族自治县稻田鱼文化节”获“国家级示范性渔业文化节庆（会展）”称号。

旅游接待酒店选介

【广东瑶族文化大酒店】 广东瑶族文化大酒店位于全国唯一的八排瑶族聚居地——清远市连南瑶族自治县，坐落在县城团结大道旁，与连南瑶族盘古王文化园相邻，地理位置优越，交通便利（距县城汽车站 1 千米、连南高速口 2 千米、连州汽车站约 10 分钟车程）。酒店主体七层，建筑面积约 4 万平方米。酒店设有中餐厅、咖啡厅、会议室、棋牌室等配套设施。客房介绍，酒店拥有豪华客房 200 多间，其中含标准大床房、标准双人房、豪华大床房、豪华双人房、豪华套房、商务套房以及总统套房。酒店设有大型宴会厅，同时可接待600人就餐、VIP包房、各种包间22间和装修典雅的咖啡厅，可供各种高档商务宴请、家庭小酌、朋友聚会、商务接待、大型婚庆喜宴以及旅游团队用餐。酒店配有风格各异的大小会议室多个，可接待30至600人的各类大、中型会议，同时提供现代化专业影音设备及多媒体数字化会议服务功能，是举办大型会议、政府信息发布、学术交流、产品推广等活动的理想场所。

【金瑶峰度假村】 金瑶峰度假村位于连南瑶族自治县东和路，会议室、餐厅、户外泳池、康体中心等一应俱全。特色客房：189间豪华山景房，8种房型，装潢精致典雅、舒适，具欧陆式苏格兰风情。

【中和大酒店】 连南中和大酒店，坐落于素有“百里瑶山”之称的连南瑶族自治县县城团结大道（即323国道）旁，毗邻二广高速和清连高速，交通便利。中和大酒店是一家集客房、餐饮、KTV、商务、会议等为一体的综合型、超五星级装修的豪华酒店。酒店内外均属欧式风格装修，酒店总营业面积16000多平方米，内设有大型地下停车场、中餐厅，拥有豪华客房近100套、近30间夜总会，多个大小型会议室，具有连南特色的特产超市，大堂设有银联柜员机，食、住、玩一应俱全。

【连南三月三主题酒店】 连南三月三主题酒店位于连南瑶族自治县盘王路，2017年全新楼房开业，总房间数76间，其中双床房47间。瑶族风情酒店，被消费者定义为酒店与民宿的完美结合体。

【连南华泰宾馆】 华泰宾馆地处连南瑶族自治县行政商业中心，良好的交通地理环境，是一家准三星级酒店设计、装修和管理的大型现代多功能酒店，有餐厅、电梯、大型停车场，循环热水系统等配套服务。拥有豪华客房50多间，100多个床位。可同时容纳100多人入住，餐厅容纳300人用餐服务，豪华包房有10多间。

【连南恒达生态酒店】 该酒店位于连南瑶族自治县商业城省道S261线旁，距连南县文化艺术中心综合博物馆1千米；毗邻三江河畔，空气清新、环境幽雅、交通便利。酒店楼高五层，有52间房间及小型会议室、高档餐饮包厢，设有自助烧烤场、特产超市。

（连南瑶族自治县文化广电旅游体育局）

财政·金融

财 政

【概况】 2020年，连南瑶族自治县一般公共预算收入累计完成17895万元，比上年增收2353万元，增长15.14%。一般公共预算支出累计完成209926万元，比上年增支29259万元，增长16.19%。全年一般公共预算支出中用于教育、文化旅游体育与传媒、农林水、社保、医疗卫生、节能环保、交通运输、住房保障等民生领域的支出174196万元，占一般公共预算支出的比重82.98%。

【民生保障】 2020年，连南瑶族自治县落实政府各项政策，农村低保发放1262.64万元，4.2万人次；城镇低保全年发放110.73万元，0.17万人次。启动联动机制，将社会救助和保障标准与物价上涨挂钩。对城乡低保户、特困人员、领取失业保险金人员等发放价格临时补贴，发放285.49万元、3.7万人次。加大公共卫生投入，县财政投入基本公共卫生1105.43万元，卫生健康发展事业专项投入6216.87万元。落实优抚工作，安排退役士兵一次性经济补助、发放义务兵优待金、大学生入伍奖励金33万元、军转干部生活困难补助资金12.9万元。完善养老基础设施，投入养老服务体系614万元，安排给80岁以上老年人发放长寿金353.81万元。落实就业创业政策，发放创业担保贴息贷款384.9万元。开展职业技能提升行动，发放培训补贴460万元。强化残疾人兜底保障，发放残疾人两项补贴1131.88万元；帮助残疾人进行居家无障碍改造，开展残疾人助学等，投入196万元。

【义务教育经费保障】 2020年，连南瑶族自治县安排城乡义务教育公用经费补助资金3116.80万元，安排义务教育学生免学费和生活费补助资金850.81万元。安排农村义务教育学生营养改善计划补助资金1786.81万元，全县14000多名学生享受这项政策。安排义务教育阶段学校维修改造资金373.38万元，其中县级配套71.10万元。提高教师生活待遇，农村学校教师岗位补助提高到人均每月1000元，安排山区和农村边远地区教师生活补助资金906.58万元。保障非义务教育经费补助，安排普通高中国家助学金139.88万元；安排中等职业学校国家助学金24.43万元，其中省级资金23.64万元、市级资金0.79万元；安排学前教育家庭经济困难儿童资助资金96万元，其中中央资金21.70万元、省级资金74.30万元。

【文体旅游资金保障】 2020年，连南瑶族自治县确保文化体育事业专项资金，保障连南县文化体育事业发展，安排文化专项资金2105.61万元，体育方面资金520.4万元。推动全域旅游发展，将旅游发展专项资金650万元、旅游营销发展专项经费800万元列入2020年初预算。安排全域旅游资金 6275.45 万元，其中：帮扶资金 42.77 万元，中央资金 359.12 万元，省级资金 2640.11 万元，市级资金 578.30 万元，县本级 2650.64 万元。

【涉农资金整合】 2020 年，连南瑶族自治县收到省级涉农转移支付资金 10965.92 万元，其中考核事项 7100.02 万元、非考核硬任务 3661.2 万元、其他涉农项目 204.7 万元，统筹整合涉农资金重点用于农村人居环境整治（村庄清洁行动）、高标准农田建设、打赢脱贫攻坚战、千村示范，万村整治、森林生态综合示范园及村庄集中供水建设等项目。完善 2021 年度涉农项目库建设。涉农资金项目库申报成功 38 个项目，金额 32480 万元。其中农村人居环境整治类项目 12 个 22175 万元；农业产业发展类项目 14 个 3266 万元，农业农村基础设施类 4 个 1369 万元；生态林业建设类项目 8 个 5670 万元。

【农村财务管理】 2020 年，连南瑶族自治县做好村（居）“两委”换届经济审计工作，审计 69 个行政村、2 个居委，审计资产总额 3.76 亿元，比上届增长 30%；负债总额 1.50 亿元，比上届增长 86%；净资产总额 2.29 亿元，比上届增长 9%。收入总额 1.55 亿元。出具正式审计报告 71 份。开展农村村级财务管理专项治理自查自纠工作，追缴补缴餐费 2427 笔 74.75 万元，规范记账 397 笔 111.68 万元；发出追缴公函 196 份，对 36 名干部进行谈话提醒。

【非税收入管理】 2020 年，连南瑶族自治县拓展理财思路，深化“收支两条线”改革，增强财政调控能力，加大非税收入征管力度。非税收入中政府性基金收入 5401.56 万元，专项收入 708.73 万元，行政事业性收费收入 1825.5 万元，罚没收入 456.34 万元，国有资本经营收入 857.45 万元，国有资源资产有偿使用收入 1207.87 万元，其他收入 1156.53 万元，总计 11613.98 万元。

【“三公”经费支出】 2020 年，连南瑶族自治县行政和参公单位的“会议”及“三公”经费累计总支出为 1072.35 万元（其中会议费 102.47 万元、公务用车购置费 139.11 万元、公务用车运行维护费 581.37 万元、公务接待费 249.40 万元），比 2019 年同期减少支出 237.57 万元〔其中会议费减少 30.89 万元、因公出国（境）费减少 4.06 万元、公务用车购置费增加 91.03 万元、公务用车运行维护费减少 89.51 万元、公务接待费减少 22.08 万元〕。

【脱贫攻坚】 2020 年，连南瑶族自治县下达扶贫资金 1771.35 万元，其中中央资金 780.8 万元，省级资金 474.85 万元，市级资金 54 万元，县级资金 461.7 万元，扶贫资金支付 1511.18 万元。

【财政资金审批管理改革】 2020 年，连南瑶族自治县修订《连南瑶族自治县财政资金审批管理办法》，促进财政体制改革深化，建立完善内控制度，规范各类资金的使用。

【县级预算编制执行监督管理改革】 2020 年，连南瑶族自治县出台《连南瑶族自治县县级预算编制执行监督管理改革的实施方案》，转变财政管理重心，转变部门权责配置。

【国库支付改革】 2020 年，连南瑶族自治县推进财政国库集中支付制度改革，规范政府财政收支行为，对 33 个二级预算单位实施财政国库集中支付改革。

【会计核算】 2020 年，连南瑶族自治县会计核算中心入驻行政事业单位 111 个，县直系统党委 5 个。采用“中心 + 中介”（即中心审核，中介公司记账）的工作模式，实行委托代理记账，加强对“三公经费”的管理，制订《关于规范行政事业单位加班（值班）误餐费有关事项的通知》，县会计核算中心审核 71620 笔业务，发现问题记录 9141 条，涉及问题金额 710670674.47 元；整改 4956 条，涉及金额 360830785.24 元；发出管理建议书55份，提出整改建议252条。

（连南瑶族自治县财政局）

公共资产管理

【概况】 2020年，连南瑶族自治县公共资产管理中心职责是统一管理、运营、监督县直行政机关、事业单位的国有资产和市场物业；承担城市公共资产的管理、置换和处理以及城市开发、交通建设、工业发展的资金筹集、管理和归还工作。监督所监管企业国有资产保值增值，按照有关规定履行出资人职责等。

【国有资产租赁】 2020年，连南瑶族自治县公共资产经营有限公司开展公租店铺竞拍2次，竞拍公租店铺51间，成功40间，流拍11间，公租店铺资金租金收益约309万元。

【汽车租赁服务】 2020年，连南瑶族自治县利用连南县连宏置业经营有限公司这一平台，为行政及事业单位提供汽车租赁服务业务。县连宏置业经营有限公司车辆日租次数63次，日租金总收入约为7.3万元；月租次数80次，月租金总收入约为71万元，合计年租金总收入78.3万元。配合开展交通秩序整治行动，参与施救、拖车、乱停乱放、无牌无证驾驶等整治工作，协助连南县公安局交警大队出车260次，出动人次510人，整顿交通秩序，为创建全国文明县城助力。交通救援中心拖车收入3.6万元、处置报废车收入20.8万元。

【国有企业监管】 2020年，连南瑶族自治县处置71家县属国有“僵尸企业”，全部完成出清重组工作，完成率100%；推进连南县国有企业退休人员社会化管理，10月30日，率先完成“国有企业退休人员社会化管理工作”推进任务；加大资本投入，向县公共资产经营有限公司增资400万元、向连宏置业经营有限公司增资500万元。

【其他重要工作】 2020年，连南瑶族自治县公共资产管理中心落实国有资产类经营用地用房承租企业（含个体经营者、个体工商户）“免三减三”政策，惠及企业及个体户196余户，减免租金合计约175万元，推动辖区商户生产经营运行。配合推进鹿鸣小镇项目建设工作，协助鹿鸣小镇项目领导小组办公室拆除原顺安加油站地上建筑物，用于建设鹿鸣小镇项目营销中心。推进原东和小学搬迁补偿工作，依法依规对搬迁补偿费用进行评估，签订搬迁补偿协议，2020年12月初基本完成。出资成立连南县兴农扶贫开发投资有限公司，对产业扶贫资产进行清产核资和登记入账。维护国有资产权益，对占用国有资产的住户发放限期搬离通知书8次。追索清远市新世纪拍卖公司拖欠连南县各项拍卖款，年底全部追回。推进产权登记管理工作，完成台连房地产有限公司风情豪庭62套别墅的消防验收、竣工备案验收及不动产登记工作，完成城南农贸市场防雷验收、规划许可验收、土地确权及用地规划建设工作。完成香港两间物业股份转让及更换董事、股东事宜。

（连南瑶族自治县公共资产管理中心）

公共资源交易

【概况】 2020年，连南瑶族自治县公共资源交易中心以公共资源交易平台建设为基础，秉承“依法交易、优质服务、规范操作、廉洁高效”的服务宗旨，坚持集中交易、网络运行、源头防腐的改革思路，打造“公开、公平、公正”的阳光交易平台，促进公共资源交易活动的规范化、科学化、制度化运行，完成各项公共资源交易61宗，成交金额6.38亿元，节约支出1107万元。发布网上中介服务超市公告301宗，选取301宗。

【公共资源业务交易】 2020年，连南瑶族自治县建设工程招投标项目32宗，交易额4.69亿元，节约资金1107万元；政府采购进场公开招标14

宗，交易额1.19亿元；国有土地使用权挂牌交易项目3宗，交易额0.47亿元；综合产权交易项目12宗，交易额0.028亿元。

（连南瑶族自治县公共资源交易中心）

国家税务

【概况】 2020年，连南瑶族自治县累计组织税费收入102937万元，增长25.8%。其中：累计组织税收收入70460万元，比上年增长68.0%，增长动能主要来源于招商引资企业；累计组织费金收入32477万元，比上年下降18.6%。税收收入中，中央级收入50929万元，增长92.6%；省级收入7917万元，增长27.0%；市级收入-32万元，下降100%；县级收入11646万元，增长25.6%。累计组织社会保险费收入（不含职业年金）26418万元，下降17.5%；其他收入（含教育费附加、文化事业建设费等收入）5922万元，下降10.7%。办理出口退（免）税134万元。

【减税降费落实】 2020年，连南瑶族自治县把减税降费和保市场主体摆在首位，严守依法征收、不收“过头税费”的底线，用足用好减税降费政策，助力市场主体渡过疫情难关。推广“银税互动”项目及产业链智联平台，帮助企业解决融资和供需难题；联合县融媒体中心推出7期“逢‘三’说税”政策宣传专题，广泛宣传疫情相关税费优惠政策；结合受疫情影响情况，及时逐户核实、调整核定征收个体工商户经营额；积极落实新冠肺炎疫情防控期间延缓缴纳税款政策，切实为企业纾困解难，助力企业复工复产，全年依法核准延缴税款2.2亿元，累计新增减税降费5884.38万元，其中2020年出台的支持疫情防控和经济社会发展税费优惠政策新增减税降费4559.38万元。

【税源管理】 2020年，连南瑶族自治县应对疫情冲击，统筹做好“减”与“收”工作，抓实抓细税源管理，大力开展招商引资工作，做好组织收入工作。积极用好税费数据，加强收入监控和分析，坚持早预判、早谋划、早应对，牢牢把握组织收入工作主动权。加强部门间沟通协作，细化征管措施，推动完善地方协税护税机制，强化源头管控，着力夯实税种管理基础，堵塞征管漏洞。成立总部经济企业风控管理团队，对辖区内重点行业、重点税源进行清晰摸底，做好招商引资企业涉税信息审核、涉税风险评估及后续跟踪管理等工作，严防税收风险。全县招商引资企业税收收入55611万元，占税收总收入70460万元的78.93%，其中企业所得税32744万元，占企业所得税累计收入34149万元的95.89%；增值税18747万元，占增值税累计收入27334万元的68.58%；个人所得税2488万元，占个人所得税收入4085万元的60.91%。

【依法治税】 2020年，连南瑶族自治县优化税收执法方式，全面推行“三项制度”，规范税收执法事前、事中、事后各环节的程序要求，分税种细化管理，严格对标对表推进企业所得税和个人所得税年度汇算、土地增值税清算等重点工作，其中企业所得税汇算清缴申报率100%，差错率为0；个人所得税汇算进度在全市排名第一。强化资源税、环境保护税等税种管理，用足用好“绿色税制”，助力打赢污染防治攻坚战。加强重点税源监管，成立总部经济企业风控管理团队，对辖区内重点行业、重点税源进行清晰摸底，筑牢税收风险管理屏障。完善协税护税机制，与市监部门共同推进建立自然人股权“先完税后变更”机制落地，夯实个人所得税征管基础，并定期向环保、住建、自然资源等部门获取涉税信息，开展申报数据比对工作，夯实税源基础。

【营商环境优化】 2020年，连南瑶族自治县持续推进纳税缴费便利化改革，提升为市场主体服务水平，切实优化征纳关系。简化办税流程，简化企业开办和注销程序，推行新办企业涉税事项集成办理，压缩企业注销办结时限，提高办税缴费便利化水平。优化纳税服务，推出4类23项70条便民服务措施，提升纳税人和缴费人的满意度和获得感。推行不动产交易“一窗受理、集成办理”，精简办税资料。东和路办税服务厅及行政服务中心存量房业务办税服务点满意率均为100%。加强纳税信用管理，完成纳税信用评价工作，落实守信激励与失信惩戒措施。组织召开银税企互动座谈会，强化纳税信用结果增值运用，累计3户企业通过银税互动平台进行授信，授信总额为146万元。加强社保费和非税收入征缴工作，完成15项划转税务征收的非税收入的前期调研工作，完成企业职工基本养老保险扩面征缴任务，即做好城乡居民基本医疗保险等税务部门征收费种及非税收入的征缴工作。

【税收普法宣传】 2020年，连南瑶族自治县梳理涉税事项网上办理清单，通过本地主流媒体、电话、税企微信群等方式广泛宣传和引导纳税人缴费人使用“非接触式”电子办税（费）方式，加快电子发票推广应用，减少人员聚集，降低疫情风险。申报类业务电子办税率为99.7%，发票领用类业务电子办税率为99.3%。开展第29个全国税收宣传月活动，线上通过图文解说、小视频等新媒体解读税费政策，线下通过实地走访、召开税企座谈会等方式，了解企业的涉税诉求，帮助解决企业难题。打造税收宣传精品。《“税务智联”助农拓销》等稿件被“学习强国”平台、《中国税务报》等媒体刊登报道。与市税务局联合制作的减税降费主题微电影《成长》入选第四届全国税收公益广告作品征集活动微电影类扶持作品（三类），获清远市第二届法治文化节法治作品“十佳法治文艺精品”等荣誉；组织拍摄的脱贫攻坚主题微电影《承诺》获“清远发布”和“微说连南”公众号发布，总播放量近2万人次，并被“学习强国”平台转载。

（国家税务总局连南瑶族自治县税务局）

中国人民银行连南瑶族自治县支行

【概况】 2020年，中国人民银行连南瑶族自治县支行（以下简称人行连南支行）发挥金融支持地方经济建设的基础作用，促进当地经济和金融发展。全县金融机构各项存款余额514117万元，比年初增加33427万元，比上年增长6.95%；各项贷款余额197984万元，比年初增加32030万元，比上年增长19.30%。

【信贷引导】 2020年，人行连南支行引导连南农商行向央行申请5765万支农再贷款额度，利用央行支农专项再贷款发放贷款2755万元（含扶贫1990万元），利用支小再贷款发放贷款1000万元。结合县域金融实际和地方党委政府“全域旅游”的战略定位与部署，制订《中国人民银行连南瑶族自治县支行关于金融支持旅游业高质量发展的指导意见》。连南辖内金融机构共发放旅游业上中下游产业贷款35407.82万元，比上年增加11998.77万元，比上年增长51.26%。

【稳企业保就业】 2020年，人行连南支行落实完善疫情应对机制，全力支持地方企业复工复产。开展针对中小微企业和个人的“医疗贷”“抗疫贷”等专项贷款，助力受影响的企业复工复产，有效支持疫情防控和企业复工复产。推动两项货币政策工具直达实体经济，推广运用“粤信融稳企业保就业平台”和“中征应收账款融资平台”，推动银企对接，同时多渠道、多形式开展政策宣传、融资对接和督导调研活动，支持当地稳企业保就业和经济社会发展。辖内金融机构利用两项货币政策工具为到期的42笔普惠小微企业贷款办理延期还本，涉及970.3万元；发放24笔普惠小微信用贷款，金额1163万元；通过中征应收账款融资平台实现融资4笔，融资金额5695万元；粤信融平台录入144笔，金额25858万元。

【金融服务】 2020年，人行连南支行提供现场查询个人信用报告1853笔，企业信用报告58笔，个人征信系统和企业征信系统运行良好，异议申请、征信投诉为零。立足普惠金融，助力乡村振兴，组织辖内商业银行实施移动支付示范镇建设，打造具有山区瑶族特色“移动支付+”示范镇推广模式。完成3个场景建设，涵盖政务、交通，医院三大领域，累计新增注册云闪付APP用户1667户，累计交易用户5569户，农商行累计绑卡用户3829户。连南县三江镇获首批“2020年度广东省移动支付示范镇”称号。守住“国库资金安全、国库业务系统安全”两条底线，处理业务78078笔，金额392376.04万元。实现国库资金“低风险、零案件”的目标。设立连南县千年瑶寨金融服务工作站，开展综合性金融服务。鼓励涉农金融机构增加助农取款服务点并优化服务功能，形成“助农取款服务点+乡村便利店+三级服务网络平台”的运作模式。全县银行营业网点20个，独立于营业网点的自助取款网点6个。全县范围投放POS机484台，ATM机49台，为农村群众、企业提供便利的金融服务。采用“线上+线下”模式，多形式、多角度开展“经理国库35周年”“防范和打击非法集资”“反假货币知识”“金融支持稳企业保就业”等系列宣传活动。

（中国人民银行连南瑶族自治县支行）

中国工商银行连南支行

【概况】 2020年，中国工商银行股份有限公司连南支行内设行长室、办公室、市场营销部，辖属1个营业部、1个附行式自助银行和1个离行式自助银行，24小时存、取款自助银行循环机4台，大堂式存、取款自助银行循环机1台，在职员工14人。

【业务发展】 2020年，中国工商银行股份有限公司连南支行各项存款余额6.27亿元，其中：储蓄存款余额3.94亿元，公司存款余额1.00亿元，机构存款余额1.33亿元。年末人民币各项贷款余额0.92亿元，其中：公司贷款余额0.36亿元，个人贷款余额0.56亿元。

【内控风险防范】 2020年，中国工商银行股份有限公司连南支行开展“锤炼内功 同心战疫”学习教育活动、“警示与反思”大讨论活动和“清廉金融”主题文化宣教活动，梳理案件易发业务领域和风险控制薄弱环节，开展案件风险排查，实现全年安全运营无事故、无案件。

【党建工作】 2020年，中国工商银行股份有限公司连南支行坚持党要管党、从严治党，严格落实“三会一课”，通过开专题党课、参观红色革命基地、观看爱国主义题材电影、参观连江支队纪念馆、开展读书会等开展主题党日活动。黄志民获评中国工商银行广东省分行脱贫攻坚先进个人，谢东成获评清远市2019—2020年度脱贫攻坚突出贡献个人，李莉娜获评中国工商银行清远分行优秀共产党员，邓冬钦获评中国工商银行清远分行优秀党务工作者。

【企业文化建设】 2020年，中国工商银行股份有限公司连南支行开展各种工会活动，如召开青年员工座谈会和新员工座谈会、举办“快乐六一 健康成长”员工亲子风采展示、“脱贫攻坚 有我同行”员工健步走竞赛、夏日送清凉、冬日送温暖、户外烧烤等活动。

（中国工商银行连南支行）

中国农业银行连南支行

【概况】 2020年，中国农业银行股份有限公司连南瑶族自治县支行人民币各项存款余额8.57亿元，比年初增0.34亿元；其中，对公存款时点1.65亿元，比年初减少0.28亿元；个人存款6.9亿元，比年初增0.62亿元；各项贷款余额3.37亿元，较年初增加1.5亿元；拨备前利润0.17万；各项业务经营指标、人员管理、业务发展达到了预期效果。

【存款业务】 2020年，中国农业银行股份有限公司连南瑶族自治县支行多策并举，做好扩户提质工作。在个人客户方面，通过优化人员安排，提高自助设备使用率，做好客户服务工作，提高吸存能力；抓牢基础账户，引导客户开立或保留I类账户，抓牢个人客户资金源头；加强个人客户管理力度，提高贵宾客户的满意度，提升竞争力。对公客户方面，大力拓展对公新开账户，挖掘存量客户增存；深化政银合作，提升与当地政府各项业务合作的参与度和渗透力。

【资产业务】 2020年，中国农业银行股份有限公司连南瑶族自治县支行做好普惠金融工作，大力支持“三农”和小微企业主。积极走访客户，宣讲普惠金融业务相关政策，及时了解客户融资需求，向有融资需求的客户提供符合其生产经营需要且可行的融资方案。做好住房贷款业务，与楼盘开发商紧密合作，满足当地居民购房按揭需求。

【不良资产处置】 2020年，中国农业银行股份有限公司连南瑶族自治县支行加大不良资产控制考核力度，加强贷后管理，对存在风险可能的资产进行紧盯措施，做好清收和风险化解工作，对部分不良资产采取法律诉讼、核销等有效措施，有计划、有步骤地做好清收压降工作。不良资产处置总额261万元，完成年度计划522%。逾期贷款余额233.06万元，比年初增长9万元；不良贷款余额135.15元、比年初增长3.41万元，逾期贷款与不良贷款均在分行要求控制额内，整体资产质量不断优化。

【“三农”业务】 2020年，中国农业银行股份有限公司连南瑶族自治县支行以服务“三农”为己任，推进“一号工程”。互联网金融服务“三农”一号工程是新时代农行全面转变“三农”服务方式，是上级行服务“三农”的重大举措，连南支行严格按照上级行工作部署，推进并做实做亮“一号工程”。

【内部风险管理】 2020年，中国农业银行股份有限公司连南瑶族自治县支行严格落实“三线一网格”管理模式相关要求，通过开展规章制度常态学习、各类员工行为类专项排查及常规排查、员工行为风险分析例会、谈心谈话、家访外访等工作，加强员工行为风险管控，提高支行的风险管理及案件防控水平，以保障业务合规经营、防范风险。内控案防、生产运营持续保持“四无”，全年无案件、无重大违规违纪行为、无重大安全事故、无重大舆情风险，实现安全营运无事故。疫情防控方面，抓好疫情信息报告制度，落实出省、出境报告制度，严格执行春节期间出行（指离开工作地所在城市）报备登记，建立“两个责任人”工作制度。

【企业文化建设】 2020年，中国农业银行股份有限公司连南瑶族自治县支行领导班子把企业文化建设作为基础性工程来抓，打造“客户首选、经营稳健、团结拼搏、成就梦想”经营理念以及“四抓四主动”工作作风。

（中国农业银行股份有限公司连南瑶族自治县支行）

中国建设银行连南支行

【概况】 2020年，中国建设银行连南支行一般性存款余额83821万元，比年初新增893万元，余额占比36.18%，在当地商业银行市场占比排名第二。其中对公存款余额24028万元，比年初减少9355万元，余额占比37.63%，在当地商业银行市场占比排名第一。个人存款余额59793万元，比年初新增10248万元，余额占比35.44%，在当地商业银行市场占比排名第二。贷款业务：对公类贷款926万元，比年初减少239万元，新增占比排名第三，余额在当地商业银行市场占比排名第三；个人类贷款余额10999万元（不含助业贷款），其中个人住房贷款余额5394万元、其他个人类贷款余额5605万元；余额在当地商业银行市场占比排名第二。委托性住房贷款余额8658.39万元，本年发放1467.8万元。中间业务：实现中间业务净收入155万元，当地同业占比为16.17%，在当地商业银行市场占比排名第二。

【新增存款业务】 2020年，中国建设银行连南支行注重对财政、国土、住建、交通、教育等重点领域的维护，当地授权支付、直接支付、非税、统发、公务卡、资金监管等代理财政业务在连南支行的覆盖度为100%，财政资金承接率远超同行。

【信贷资产质量】 2020年，中国建设银行连南支行积极寻找客户资源，利用大数据产品，新增对公小微企业贷款250万元，支持当地中小企业的发展。个人类贷款，特别是个人住房贷款方面，保持当地较高的新增占比，在贷款额度资源紧张的情况下，为个人客户提供自选贷款利率方案。

【案件防控】 2020年，中国建设银行连南支行加强对纪律执行、廉洁从业、作风建设、执纪问责、案件防控、责任落实等方面落实监督。签订《党风廉政建设及案件防控责任书》，切实履行好“一岗双责”，按照具体的责任目标和时间安排，将各项工作落到实处。开展“安全年”、案件防控、案例学习等警示教育活动，加强员工从业底线教育，落实季度排查工作，开展员工活动和家访制度，严防员工道德风险。树立“安全重于泰山”等理念，提高案件防范能力，提升整体安全防范水平，防止各类案件、责任事故及群体性事件发生。

（中国建设银行连南支行）

农村商业银行

【概况】 2020年，广东连南农村商业银行是连南县唯一一家地方法人商业银行，设立股东大会、董事会、监事会，下设7部4室及营业部，全县14个营业网点，其中总行营业部1个、一级支行1个、分理处12个。在编员工117人，本科学历占比76.06%，大专学历占比23%。职能是办理经国务院银行业监督管理机构及其他相关监管机构批准的业务。

【业务总体经营情况】 2020年，广东连南农村商业银行各项存款238933万元，比年初增加6524万元，增幅2.81%；各项贷款余额143144万元，比年初增加13798万元，对比年初升幅为10.67%。财务总收入11104万元，比上年增加433万元，增幅4.06%；财务总支出9567万元，比上年增加442万元，增幅4.84%；利润总额1537万元，比上年减少9万元，减幅0.58%。净利润1133万元，比上年减少149万元，减幅11.62%。

【支农支小】 2020年，广东连南农村商业银行涉农贷款余额127975.77万元，比年初增加3994.12万元，增幅3.22%，占各项贷款余额89.40%，其中：农户贷款61104.78万元，农村企业及各类组织涉农贷款65426万元。

（广东连南农村商业银行）

中国人民财产保险

【概况】 2020年，人保财险连南支公司全年保费收入1772万元，完成全年任务的90%，保费增量218.6万元，比上年增长14.07%，市场份额占比率约55%。商业保险连续8年保持业务正增长，其中车险业务保费收入约958.2万元，未完成全年任务，保费增量50万元，车险业务达到市分公司的要求，商业非车险业务保费收入约813.8万元，保费增量168.4万元，保费比上年增长26.1%，完成全年任务。

【车险业务发展】 2020年，人保财险连南支公司车险业务保费收入比上年增长5.52%。其中家用车业务占全年车险业务的42.78%，市场份额占比率55%。

【非车险业务发展】 2020年，人保财险连南支公司扩展非车险业务规模，非车险业务比上年增长约26.7%，市场份额占比率60%左右。其中财产险保费收入335万元，增量保费20万元，增长率约为6.24%；责任险保费收入约为346万元，增长率为50.58%，主要是工程险意外险保费收入约117万元，增长率为28.31%。

（人保财险连南支公司）

中国人寿保险

【业务发展】 2020年，中国人寿保险股份有限公司连南县支公司推出“国寿康E无忧”等产品，扩展保险责任，开展线上赠险活动，为广大客户送去免费保障。

【个险渠道】 2020年，中国人寿保险股份有限公司连南县支公司个险渠道通过开展“双名双升客户答谢会”“首届科技金融节”等国寿会员重大回馈专享活动等，短期险保费752.85万，比上年增长1.3%。首年期交保费2005.3万，比上年增长1.6%。

【银保渠道】 2020年，中国人寿保险股份有限公司连南县支公司银行保险业务，巩固与代理机构长期合作关系，通过开展“创说会”和“菁英会”项目平台开拓市场业务，期交保费247.12万元。

【团险渠道】 2020年，中国人寿保险股份有限公司连南县支公司与县妇联共同启动“她健康粤幸福”关爱女性公益保险赠险活动。做好政策性保险服务工作，提供“村村有人、服务入户”惠民服务，配备8名专业人员，覆盖全县7个乡镇，为居民和村民提供人员驻点、凭证派发、投保理赔、微信报案、理赔专项政策、增值服务等“绿色通道”服务。

【客户服务中心】 2020年，中国人寿保险股份有限公司连南县支公司在柜面开展“柜面焕新升级”暖心服务项目。推出寿险APP，开启“指尖上的保单”服务，推广保单电子服务，推出近30项的保单办理业务，实现“足不出户轻松办理”。推出“重疾一日赔”服务举措，在线上、线下多渠道全面开启重大疾病保险极速理赔服务。

（中国人寿保险股份有限公司连南县支公司）

教育

综 述

【概况】 2020年，连南瑶族自治县有完全中学1所，职业技术学校1所，义务教育学校38所，设有教学点27个（其中两个没有学生），幼儿园19所（公办10所、民办9所）。中小学在校生24168人（其中小学生16064人，初中生5466人；普通高中在校学生2569人，职业技术学校在校学生69人）。学前在园（班）幼儿5902人。小学适龄儿童入学率为100%，初中毛入学率118.49%，学前三年入园率98.58%。中小学专任教师1552人（其中小学915人，初中390人，高中225人，职业技术学校22人）。幼儿园专任教师277人（其中公办幼儿园113人，民办幼儿园164人）。

【党建工作】 2020年，连南瑶族自治县教育系统党委以实施《“党教融合”的策略研究》市级党建课题研究为抓手，实现党建与教育教学工作深度融合、协同推进。突出思政教育，开展专题宣讲12场；上“开学思政第一课”39节，听课师生3.15万人次；召开师德建设工作暨学校思政教育工作座谈会。突出“党教”融合，选派33人参加党务培训，支持学校党建经费12万多元，多次深入“两新”组织学前教育联合党支部指导党建工作。丰富支部组织生活，开展庆祝建党99周年系列活动，开展慰问和党内关爱帮扶活动89次，上党课22次，学习宣传先进典型模范31次，红色主题实践教育活动14次等。参与新冠肺炎疫情防控，成立4组党员抗疫突击队，涌现出如邓洪标等一批抗疫先进典型。突出党建引领，推动落实各项重点工作，实现“校园零疫情”；教育改革成效凸显，中、高考进步显著；校园足球繁荣，6所学校成功申报全国足球特色学校。校内课后服务首次进驻学校。落实好教育扶贫的“八有”政策之一，全县师生“6·30”捐款24万余元。

【教育信息化建设】 2020年，连南瑶族自治县教育局推动连南县“数字教育”建设项目启动，该项目由广州对口帮扶连南办事处投入资金500万元，建设项目包括“智慧教育管理平台”“智慧图书馆平台”“高考人脸识别身份验证系统”，其中智慧教育管理平台项目420.70万元，智慧图书馆平台项目61.571万元，高考人脸识别身份验证系统项目17.7290万元。利用省级补助资金100万元，建设互联网环境下基础教育教学改革实验区（连南瑶族自治县）“爱种子”项目。组织参加清远市中小学劳动教育暨信息化素养提升活动，福华三排中心学校盘韵老师辅导学生冯洁丽、盘芳丹共同创作的数字创作电脑绘画作品《中国梦》获得市级一等奖，被广东省选送参加全国（线上）交流人选。

【办学条件改善】 2020年，连南瑶族自治县教育局推进重点项目，办好十件民生实事。公办普通高中生均用经费从2019年每生每年500元提高到1000元，资金于2020年6月划拨到县民族高级中学。推进三江镇中心幼儿园、三排镇横坑幼儿园、大坪镇中心幼儿园以及大麦山镇中心幼儿园项目建设，其中，三江镇中心幼儿园计划总投资4000万元，年度计划投资1500万元，完成年度投资1395万元，实际拨（预）付1395万元，项目完成项目招投标和地质勘探工作；三排横坑幼儿园计划总投资650万元，年度计划投资400万元，完成年度投资400万元，实际预付400万元；大坪镇中心幼儿园计划总投资300万元，年度计划投资100万元，完成年度投资94万元，实际拨付94万元；大麦山镇中心幼儿园总投资400万元，年度计划投资200万元，完成年度投资165万元，实际预拨付165万元，完成项目招投标和地质勘探工作；大坪镇中心幼儿园扩建项目完成增建一层主体建设。以上四所幼儿园建成投入使用后，新增学前教育公办学位720个。计划总投资2.024亿元，年度投资700万元，将寨岗中学改扩建为寄宿制完全中学，完成年度投资500万元，完成项目立项、项目用地测绘红线图、项目规划设计初步方案等工作，正开展征地工作。投资300万元，改造中小学厕所22所（含改造厕所18所、新建厕所4所）。

【基础教育巩固】 2020年，连南瑶族自治县教育局促进各类教育均衡发展。组织开展2019学年幼儿园办园行为网上督导评估工作，规范全县幼儿园办园行为，提升办园质量和水平。连续实施三轮“学前教育三年行动计划”，全县乡镇中心幼儿园实现全覆盖，学前教育毛入园率98.55%，公办幼儿园和普惠性民办幼儿园占比99.55%，规范化幼儿园占比98.28%，各项指标在全市处于前列。义务教育保持较高普及水平，全县义务教育标准化学校占比98.28%，小学、初中综合差异系数控制在0.5以内，小学适龄儿童入学率100%，初中辍学率控制在1.5%以内，“三残”儿童少年入学率98.24%，义务教育发展均衡水平达到国家标准。高中教育加快发展，近三年高考成绩连年攀升，高考上线率由72.48%提高到94.51%，本科人数由89人提高到139人，高中学业水平C级以上比例从74.5%提高到83.42%。5月，县职业技术学校成功申报幼儿保育专业，在9月开始招生，打破学校专业单一的困境。县职业技术学校中职教育开设全日制学前教育、电子商务、民族音乐与舞蹈及幼儿保育4个专业。

【学校安全】 2020年，连南瑶族自治县教育局严抓校园综合治理，推动平安法治校园建设。推进平安校园建设，加强校园安全管理，实行封闭式管理，对外来人员实行核查登记。在学生上下学等重点时段，学校保安员配械上岗。开展以遵纪守法和安全为主题的教育活动，重点开展交通、防溺水、火灾、食品疾病、煤气中毒、意外伤害、诈骗等安全教育，增强师生法治观念和安全意识，做好学生离校、返校及日常的安全教育工作。上好开学安全教育第一课，融合扫黑除恶、青少年毒品预防教育、扫黄打非、防溺水、消防安全、交通安全等方面内容，加强消防安全疏散、防恐等演练，让学生掌握一定的安全知识和自我保护技能。坚持抓好流感、水痘等传染病防控。强化校园传染病防控监测管理，推动学校开展爱国卫生运动，培养学生卫生习惯。坚持落实学生晨检、因病缺勤制度，做好病因追查与登记工作，做到传染病疫情早发现、早报告、早处置。抓好校车安全管理，配合交通、交警部门加大检查力度，规范校车安全管理，严格落实各项安全防范措施。加强学生乘车过程中的安全监管，确保学生乘车安全。做好学校食品安全工作，协调县市场监督管理局定期开展食品安全防控风险督查排查，严格落实学校食品安全校（园）长第一责任人职责，严格管控食品、原材料和餐具采供渠道，规范食品加工制作流程，完成学校食堂“互联网+明厨亮灶”工程。注重对食品安全管理员培训，在参加2020年清远市学校食品安全管理员技能比赛中获一等奖。当年无食品安全、校车安全事故。以“平安考试”为目标，投入282万元给1个高考考点、9个中考考点共94间考场安装空调184台，优化考试环境，中、高考工作实现新冠肺炎疫情防控工作“零失误”、考务管理“零差错”、保密措施“零疏漏”、考风考纪“零违纪”、考试安全“零事故”的“五个零”工作目标。

【法治教育】 2020年，连南瑶族自治县教育局开展依法治校建设和未成年人宣传法治教育，创建省级依法治校示范校3所、市级依法治校示范校9所、县级依法治校示范校32所。组织各中小学校通过收看开学第一堂法治课，开展主题班（队）会，邀请法治副校长进校园开展专题讲座等形式开展法治宣传教育，4月在“复学第一课”活动中，寨岗中学邀请法治副校长黄小锋到校作《中学生违法犯罪原因与剖析》法治主题讲座；5月11—12日，组织全县中小学校观看由清远市人民检察院与清远市广播电视台录制的《开学第一堂法治课——“疫”战到底·法治同行》公益节目。与司法局、团县委等相关单位联系合作，把青少年法制教育纳入相应单位的普法规划，开展《中华人民共和国未成年人保护法》和《预防未成年人犯罪法》等相关法律法规宣传教育活动，学生普及率90%以上。

【德育工作】 2020年，连南瑶族自治县中小学校100%开足开齐德育课程，并按标准开展德育活动和共青团、少先队活动，落实劳动教育要求。开展中小学生守则和日常行为规范学习教育活动。各中小学校通过主题班会等多种形式让学生熟知《中小学生守则》和《中小学生日常行为规范》，同时通过形式多样的活动促进中小学生守则和日常行为规范的日常践行。开展“抗疫”主题征文（绘画）、线上开学典礼、线上升国旗、学雷锋志愿服务活动、义务植树、线上清明祭英烈、公勺公筷使用等“扣好人生第一粒扣子”主题实践活动，德育工作效果明显。2019—2020年度省级表彰中，顺德希望小学学生莫懿慊被评为广东省优秀少先队员，民族小学教师方桂莲老师被评为广东省优秀少先队辅导员，石泉小学三（5）班被评为广东省红旗中队，寨岗镇中心小学被评为广东省红旗大队。

【体育卫生艺术教育】 2020年，连南瑶族自治县根据《广东省义务教育课程设置方案（试行）》和《广东省义务教育阶段地方课程实施方案（试行）》，开足开齐艺术课程，小学一、二年级每周4节，小学三至六年级每周3节，初中每周2节。高级中学按《普通高中课程方案（实验）》规定，保证艺术类必修课程的6个学分。职业技术学校按照《中等职业学校公共艺术课程教学大纲》要求，将艺术课程纳入公共基础必修课，艺术课程总课时达72学时以上。在全县中小学校开设瑶族传统文化艺术校本课程，把瑶族刺绣、瑶族歌谣、长鼓舞纳入学校教学计划，确保每位学生至少掌握其中一门瑶族传统技艺。完成学生艺术素质测评试点工作，全县中小学校共12965名学生参与艺术测评，合格学生12796人，占比98.7%。举办以“童心向党 美育花开”为主题的第二届中小学生美育节，选送优秀作品参加市美育节并取得优异成绩。艺术展演类派出15支代表队参加戏剧、戏曲、朗诵、合唱、舞蹈、器乐6个项目3个组别的比赛，获一等奖6个、二等奖8个、三等奖1个，县教育局被授予“优秀组织奖”；艺术作品类选送110幅师生作品参加评选，获得一等奖31幅、二等奖24幅、三等奖37幅；美育类选送18篇论文参加评选，获得一等奖3篇、二等奖3篇、三等奖12篇。

【教育经费保障】 2020年，连南瑶族自治县共筹措中央、省级、市级财政资金8597.637万元，解决中小学新建及续建、教育信息化建设、中小学校校舍维修改造等项目所需资金。按期推进重点建设项目和各学校续建项目工程，落实义务教育经费补助标准，及时足额申请和划拨各项生均公用经费。1—10月，划拨民生实事教育项目专项资金3670.8666万元，其中划拨义务教育公用经费3180.9486万元拨付普通高中生均公用经费250.12万元，划拨学前教育生均经费239.798万元。

【教师队伍建设】 2020年，连南瑶族自治县印发《连南瑶族自治县教育系统2020—2021学年师德师风建设实施方案》，围绕“自觉爱国守法，潜心教书育人”师德建设主题，推进教育系统“作风建设提升年”工作，促进教师队伍师德水平提升，未发生师德师风责任事件。加强教育管理干部队伍建设，选拔、调整中小学幼儿园校级领导干部8名，提拔任用年轻干部14名。开展年度学校绩效考核工作，4所学校考核结果为优秀等次，13所良好等次，2所为合格等次。推进人事制度改革，继续推进“县管校聘”改革，落实交流轮岗工作，2020—2021学年133人参加交流轮岗，其中校长3人，教师130人，每年参加交流轮岗的义务教育阶段教师接近专任教师总数的10%，超过省5%的要求。指导学校做好岗位设置与聘用工作，通过压缩初级岗位、增加高级岗位的办法，使幼儿园、小学、初中、高中的高级岗位分别达到8%、15%、30%、40%，达到省的要求，教师晋升高级职称空间增大，教师工作积极性得到提高。完成2020年度教师职称评审工作，推荐26位教师参加高级教师职称评审，其中乡村教师11人，下达中级职称评审指标38个，其中乡村学校21个。15人通过高级职称评审，37人通过一级教师评审。25人参加初级职称评审，21人获得通过。推进教师资格认定与教师资格证注册工作，完成公办学校46名教师资格证首次注册工作，开展春秋两季面向社会认定教师资格工作，54人通过认定获得教师资格。面向社会招聘中小学教师42人，其中33人分配到乡村学校，充实一线教学力量。参加和组织各类培训，推进广东省“三区”教师全员轮训工作，开展县域培训，选派骨干教师参加省级项目培训，一位乡村教师入选教育部优秀乡村青年教师培养奖励计划项目，教师继续教育72学时完成率达99%。开展评先评优与表彰推荐工作，1位老师被评为“广东省劳动模范”，35位教师受市教育工委、市教育局表扬，5所学校被评为县教育系统先进单位，99位先进个人获县委县政府表彰。落实原民办代课教师生活补助待遇，按时开展原民办教师和原代课教师生活困难补助的申请、审核和发放工作，顺利完成2020年的补助发放，对2位申请补充认定原民办代课教师身份人员的材料进行审核。做好公费定向培养师范生工作，19位定向连南的考生被录取，其中连南生源8人。组织学校对符合申请2020年清远市民族地区高端紧缺专业技术人才岗位补助的81位高级教师进行考核，申请补助90.6万。完成教育系统所有领导人员、管理人员、专业技术人员的干部人事档案专项审核、认定工作，共1762卷。完成教育系统在职人员1905人、退休人员840人的住房改革补贴基数的调整。完成教育系统94名临时工社保补缴180.95万元，使临时工老有所养。

【教学内涵提升】 赛课 2020年，连南瑶族自治县在清远市中小学（幼儿园）青年教师基本功比赛中，获1个一等奖和19个二等奖；在清远市“双融双创”教学应用活动评比（指导教师奖）中，2人获一等奖，5人获二等奖，12人获三等奖；在2020年清远市中小学电脑制作比赛中，1人获一等奖，6人获二等奖，8人获三等奖；在清远市小学语文教学设计评比中，3人获三等奖；在清远市部编教材小学道德与法制学科成果评选结果中，1人获市一等奖，1人获市二等奖，8人获市三等奖。

课题 2020年，连南瑶族自治县有7项科研课题通过结题验收（市级7项），6项课题获准市级立项。

论坛 2020年，连南瑶族自治县举办“教学论坛”3期，校长/支部书记、党务人员，政教主任、团、队负责人，教务主任、教研组长各一期。

【教育督导检查】 2020年，连南瑶族自治县督导室1月份组织评估组对申报县一级幼儿园复评的大麦山镇中心幼儿园、寨南幼儿园、马安幼儿园进行复评评估验收，三间幼儿园顺利通过“县一级幼儿园”复评。4月，联合市监局、公安局、卫监局和消防部门开展连南县无证学前教育机构专项排查整治督查。6月，组织各责任区督学到学校开展初评工作，受初评学校共12所。统筹协调清远市随访督查组开展学校常规工作督导检查，抽查8所学校，组织县民族高级中学开展2020年清远市普通高中学校常规工作检查，顺利完成清远市督导组的检查。8月，完成2019年县级政府履行教育职责评价的自查自评、平台录入、第三方满意度调查等三个环节工作，顺利通过省核查组实地核查。9月，完成2020年国家义务教育阶段学生德育、科学学习质量监测工作，做好2020年清远市义务教育标准化学校（连南瑶族自治县石泉小学，连南县大坪镇小板洞教学点）申报工作。11月，顺利开展2019学年幼儿园办园行为的网上督导评估工作，对全县15个附设幼儿班进行实地督导评估，完成第三批网上督评任务。12月，做好新一届责任督学换届工作，聘请22名县督学，基本覆盖相关学科专业和教育管理领域，构建以专职督学为主、督导联络员为支持的二级督导队伍。

【对口帮扶】 2020年，连南瑶族自治县制订对口帮扶工作计划、对口帮扶考核方案，确定未来三年对口帮扶的工作思路、基本原则、工作目标任务。安排专项资金解决学校建设资金，改善学校办学条件，广州市越秀区捐资600万元，异地新建连南县大坪镇旺洞小学，5月建成投入使用，更名为旺洞越秀小学。广清指挥部安排500万元支持连南县进行中小学校智慧校园建设和高考人脸识别系统安装。清远市财政下拨“一校扶一镇”专项经费21万元。开展学校结对帮扶工作，32批次、139人次参与广清教育对口帮扶培训交流学习，包括连南教师到广州跟岗或参观学习、广州名师送教到连南等。

（连南瑶族自治县教育局）

民族幼儿园

【概况】 连南瑶族自治县民族幼儿园前身为连南瑶族自治县机关第一幼儿园，创办于1963年3月，2013年11月搬迁到新园址连南瑶族自治县三江镇盘王路延长线，是一所全日制公办幼儿园。2011年12月创建为市一级幼儿园，2013年被授予广东省规范化幼儿园称号。民族幼儿园园区占地面积12267平方米，建筑面积10827平方米，户外占地面积7968平方米，绿化面积4890平方米。园内环境优美，布局合理，设施设备配套齐全，是一所集绿化、美化、幼儿化、教育化于一体的儿童乐园。2020年，民族幼儿园有30个教学班，幼儿1084人。该园秉承“心怀匠心，尚美育人”的办园理念，以“向善尚美”为园训，以“和乐健美”为园风，以“匠心绣美”为教风，以“趣学灵美”为学风，努力为孩子营造“乐于学习、乐于游戏、乐于探索”的园地。2020年，该园获清远市教育系统先进基层党组织、教育系统先进单位等称号。

【师资队伍建设】 2020年，连南瑶族自治县民族幼儿园教职工133人，其中园长1人，副园长3人，专任教师60人，保育员30人，后勤人员及其他教辅人员39人。园长、副园长及专任教师64人中，本科学历42人，大专学历21人，中专学历1人，3人取得幼儿园高级教师职称，32人取得幼儿园一级教师职称，专业合格率100%。所有保育员学历达标，持证上岗。该幼儿园注重加强教师的师德及理论与实践学习，提升教师队伍整体素质。组织园本培训17次，请进来培训7次，走出去培训学习125人次，走出去承担讲座、公开课8人次。罗秋莲参加清远市第28届中小学青年教师教学基本功比赛幼儿学科（专业）总决赛获二等奖；罗秋莲、李思伟参加连南县幼儿园青年教师基本功比赛荣获一等奖；房丹霞、赵燕萍辅导沈裕文、唐毅小朋友参加首届广东青少年机器人大挑战清远选拔活动荣获二等奖，参加第七届广东儿童人建构大挑战环境接力幼儿组获二等奖，2人获辅导教师奖；罗能艳被评为县优秀教育工作者，赵燕萍被评为县优秀班主任，房任芳、黄润珍被评为县优秀教师，丘翠羚被评为县“教坛新秀”，罗能艳、杨金花被评为县教育系统优秀共产党员，李莉萍被评为县教育系统优秀党务工作者。

【居家保教】 2020年，连南瑶族自治县民族幼儿园面对新冠肺炎疫情，坚持执行“疫情就是命令，防控就是责任”，成立疫情防控工作领导小组，制订《连南瑶族自治县民族幼儿园新型冠状病毒肺炎疫情防控工作方案》，层层落实责任和措施，配合上级部门做好疫情防控各项工作。开展“居家保教，我们同行”活动，教师把疫情防控变成教材，根据幼儿的年龄特点和发展水平，以乐教乐学、微课、美篇、图片、PPT、视频等形式向家长、幼儿推送“趣味阅读篇”“健康生活篇”“开心手工坊”“快乐游戏篇”四个主题的活动内容。3月1日至5月31日，向家长和幼儿推送26期、52次“居家保教，我们同行”活动信息。

【多彩活动】 2020年，连南瑶族自治县民族幼儿园开展一系列主题教育，如“特殊的时光，不一样的陪伴”“我们的节日（端午节、中秋节、国庆节、重阳节、元旦）”“预防幼儿沉迷网络，引导幼儿绿色上网、文明上网”“扣好人生第一粒扣子”等主题教育。组织幼儿秋游活动，大班幼儿举行“拥抱阳光，感恩成长”毕业典礼活动，举行“大家齐运动·同筑强国梦”第八届幼儿运动会。开展大班级“我爱科学”科技小制作活动和中、小班级“环保创意”手工亲子小制作活动。

【结对帮扶】 2020年，连南瑶族自治县民族幼儿园落实《广州越秀区东山教工幼儿园——连南县民族幼儿园教育对口帮扶工作协议书》，和广州越秀区东山教工幼儿园紧密联系、加强交流，共促成长。广州越秀区东山教工幼儿园与该园策划一次“云”上书香，阅读悦美线上阅读分享活动，两园共40位教师参加现场读书分享活动，20位教师在线上观看教师的读书分享。下半年，民族幼儿园选派张盈、张秋婷、李萍以及刘昕园长工作室5名成员8人到广州越秀区东山教工幼儿园跟岗学习2天。广州越秀区东山教工幼儿园教师冯俊敏、杨坤英到民族幼儿园开展结对帮扶活动，分别作《基于儿童视角的主题墙创设与分析》《文溪雅荷幼儿园场景化课程案例分析》专题讲座培训。

（连南瑶族自治县民族幼儿园）

顺德希望小学

【概况】 连南瑶族自治县顺德希望小学（以下简称县顺德小学）由顺德区政府于1999年捐赠520万元建成，地处县城南面，是一所六年制县属完全小学，主要招收三江镇东和村、六联村、移民村、三江河东南方向和进城务工人员的适龄儿童。2020年，该校有39个教学班，学生1772人（其中少数民族1291人，农村户口1666人），教职工101人，学历达标率100%；学校占地面积22832.99平方米，建筑面积10623平方米，运动场地面积9339平方米；学校现有藏书39425册；有计算机室2间，舞蹈室、美术室、录播室、科学仪器室和科学室各1间。经过全校师生的努力，学校获得不少殊荣，14个省市县级课题顺利结题，学校被授予“广东省安全文明校园”“广东省语言文字规范化示范学校”“广东省第四批现代教育技术实验学校”“全国优秀家长学校”和“全国校园足球特色学校”等称号。

【办学条件改善】 2020年，县顺德小学投入345万元继续改善办学条件，其中投入85万元新建三个标准的篮球场，投入162万元改建保安室、教师停车棚、学生候车棚、围墙、羽毛球馆、卫生间、消防设施设备和翻新运动场，投入33万元新建舞台，投入11万元种植校园花草，投入52万元信息化项目（更换电脑室58台计算机，更换13台投影等）。

【基础教育】 2020年，县顺德小学保障辖区内适龄少年儿童接受义务教育权利，落实工作责任制，强化义务教育就学管理，保障适龄儿童、少年接受义务教育，控制学生辍学，全面推进素质教育，开展一系列控辍保学工作，入学率、普及率、巩固率均达到100%，辍学率为0。

【教研工作】 2020年，县顺德小学组织语文、音乐和道德法制教师参加县微课制作等比赛。李巧清的《动静结合绘美景》、卢小静的《认识轻声词》和文秀娣的《海底世界》获一等奖；曾水英的《把作文写具体的两种方法》《对偶——常见的修辞手法》、张为能的《动作描写有妙招》《巧用排比细化情景》、莫燕玲的《学会用“他”“她”“它”》、赖秀清的《感知音乐的速度》获二等奖；李妙翠的《大海啊，故乡》获优秀奖；邓敏英的课例《请到我的家乡来》、卢小静的课例《安全地玩》和周庭兰的课例《认识公共生活》获得二等奖。开展“党教融合”暨市级课题《运用思维导图提高小学生英语词汇学习效率的策略研究》英语研讨课活动，教师邱吉芳在录播室为全校英语教师展示一节教学研讨课——Do you like pears?；市级课题《连南小学瑶族舞蹈校本课程的开发与应用研究》在连南县石泉小学开展课题成果推广交流活动时，教师彭艳芳展示一节推广课例—《五彩斑斓的瑶族服饰》；语文课题组成员在大坪中心学校开展课题成果推广交流暨党员送教活动中，教师曾水英展示一节课例——《金色的鱼钩》；由教师赖秀清主持的市级课题《连南小学瑶族舞蹈校本课程的开发与应用研究》结题报告会在学校会议室如期举行，顺利结题；由副校长曾松新主持的《小学语文语用点微课开发与应用的策略研究》顺利结题。

【学校德育】 2020年，县顺德小学德育教育开展各类主题教育。9月，开展“立德树人奋进担当 教育脱贫托举希望”为主题的一系列庆祝教师节活动；国庆期间，开展“我们的节日 中秋国庆”系列主题教育；10月29日，开展“爱在重阳 温暖社会”重阳节走进敬老院社会实践活动；10月30日开展“我爱我的家乡”秋游社会实践活动；开展“迎新年·庆元旦”暨广播体操大课间比赛活动。

【学校安全】 2020年，县顺德小学抓好“平安校园”创建工作，开展校园内的安全隐患排查与整改，开展交通安全、毒品预防、国家安全、扫黑除恶、扫黄打非、森林防火、消防安全、防溺水、反校园欺凌、防诈骗、反对邪教等专项活动，坚持每个月进行一次应急演练活动。7月，投入51万元将原来的学校围墙进行改造加固加高；8月，投入40万元改造更新消防管道铺设、消防栓和电子逃生安全标志；投入21万元新建学校停车棚；为全校师生购买“校方责任保险”和教职工意外险；完善校车管理制度，召开校车公司管理人员培训会议；做好食品卫生安全检查，开展配餐环境卫生、供餐安全检查。

【心理健康教育】 2020年，县顺德小学成立以校长为第一责任人的顺德希望小学学生心理健康防护工作专班，班级心理健康工作由班主任跟踪上报，每个班级设男女两名心理委员；制订学年“学生心理健康工作计划”“防范学生心理危机事件工作预案”“学生心理健康普查工作方案”“学生心理危机评估小组”“学生心理危机排查表”“心理健康课程安排表”和“心语室值班表”等系列方案和文件，建立“心理危机预警对象库”，对高危个体进行定期一对一辅导；上好两周一节的心理健康班会课、团辅课；6月和11月，开展“阳光成长”心理健康教育月活动中，举办男生、女生“认识自己”“青春不烦恼”“关爱女童，护苗成长”等心理团辅课、心理健康课赛课、心理健康课设计比赛等活动。

【体艺教育】2020年，县顺德小学在社团活动、大课间、校园足球中开展系列体艺活动。4—7月，开展第十七届校园科技文化艺术节书法、绘画、手工、摄影、合唱、舞蹈、乐器、朗诵和科技等系列活动。9月25日，县第二届美育节比赛中，彭艳芳、李妙翠老师指导16位学生参加的器乐节目《彩云追月》获得二等奖；唐二妹、邓华香、唐昆三位教师指导12位学生参加的语言剧《掌声》获得二等奖；教师赖秀清指导24位学生参加的舞蹈《闹宴》获得一等奖。10月12—13日，教师房卫红参加县2020年美术教师基本功比赛获得三等奖。10月15—16日，举办第二十二届校运会。10月29日，舞蹈节目《闹宴》获2020年清远市第二届中小学生美育节舞蹈专场一等奖。11月4—6日，在县第十三届中小学生田径运动会获得团体第3名。11月26日，教师赖秀清主持的《连南小学瑶族舞蹈校本课程的开发与应用研究》课题顺利结题。12月30日，举办“迎新年·庆元旦”暨广播体操大课间比赛。

【科技教育】 2020年，县顺德小学教师房素梅和盘晓云指导学生曹宏毅和王琪兴的创意智造作品《校园检测温度及测距系统》，获清远市中小学劳动教育暨学生信息素养提升实践活动一等奖；教师许珠亮指导学生曾得意参加STEAM项目小学组纸船承重实践活动获三等奖；教师盘晓云的作品《争分夺秒抢答器》参加清远市中小学教师人工智能作品交流活动获市二等奖；教师房素梅的作品《接苹果的车》参加清远市中小学教师人工智能作品交流活动获市三等奖；曹宏毅和王琪兴两位学生参加广东省中小学电脑制作比赛（现场创意创作）项目获省三等奖，指导教师房素梅和盘晓云；赵文杰和唐乾两位学生参加首届青少年机器人大挑战清远赛区（狮王争霸）项目获市二等奖，指导教师李买万五和房素梅；赵文杰、邓宇旭、唐乾和潘登明4位学生参加第九届广东省创意工业机器人大赛中获省三等奖，指导教师房素梅；在第九届广东省创意机器人大赛中房素梅教师获园丁奖；参加首届小小科学家（小小机器人、化学、生物和物理）项目19位学生分别获市一、二、三等奖，县顺德小学被评为小小科学家示范校；赵文杰、唐乾和潘登明三位学生参加清远市第七届青少年科技创新大赛创新项目获市二等奖。

【特色教育】 2020年，县顺德小学参与广东省中小学科技劳动教育实践活动的电脑绘画、程序设计和创意创新项目获得较好的成绩；11月，清远市教育局举办首届“小小科学家”中小学（生科、化学、物理和小小机器人项目）实践展示交流活动，20名学生参加比赛，19名学生分别获一、二、三等奖，该校被评为优秀示范校。配备科技教育设备设施及其运作网络，通过项目管理的模式推进创建工作，制订和实施办学规划等战略性文件，明确将科技教育列入学校总体发展目标。2015年该校被评定为“全国青少年校园足球特色学校”之后，坚持足球特色教育的发展目标，逐步形成足球走进班级的特色。

【学校对口帮扶】 2020年，县顺德小学与广州越秀区瑶台小学结对帮扶，通过选派人员到对方学校观摩学习，送教到校、线上线下教学交流等多种形式帮助提升教学水平。派出1批5人到瑶台小学，瑶台小学送教到校1批11人，6批78人次线上观摩学习，参与广清教育对口帮扶培训交流学习。

（连南瑶族自治县顺德希望小学）

民族小学

【概况】 连南瑶族自治县民族小学于1953年8月建校，1962年7月停办，1982年9月复办，是一所服务全县农村瑶族儿童的全寄宿制小学，也是连南县展示民族教育的窗口学校。2020年，学校占地面积36872平方米，建筑面积20015平方米，开设四至六年级共24个教学班，在校生1066人，教职工103人，专任教师62人。该学校获得“全国青少年校园足球特色学校”等七项市级以上集体荣誉，“省优秀少先队辅导员”等72项个人荣誉。

【教学质量提升】 2020年，连南瑶族自治县民族小学由于新冠肺炎疫情影响，开学前通过直播、录播等多种形式开展线上教学，实现停课不停学；

开学后，实行“零起点”教学，通过每天增加一节课、延长晚修课时间等解决教学时间不足。加强骨干示范引领和新教师培训，精心打造教师队伍，稳步推进教学工作，全面提高教育教学质量。学校被评为“全国青少年校园足球特色学校”“广东教育学会小学语文教学专业委员会先进单位”，13篇教育教学论文在市级以上刊物发表或评比获奖，教师陈柏余被评为清远市“教坛新秀”。

【特色教育】 2020年，连南瑶族自治县民族小学在做好常规教学的同时，创设条件开展瑶族传统文化艺术教学。清远市禁毒办将该校列为青少年毒品预防宣传教育示范学校，联合美术、刺绣教师，由美术教师负责指导学生以绘画形式创作禁毒宣传作品，再由刺绣教师组织学生将作品制作成刺绣作品，共制作21幅作品，被清远市电视台拍摄成宣传片。该校被评为广东省第四届中小学艺术特色学校（排瑶刺绣教学专项）。

【德育工作】 2020年，连南瑶族自治县民族小学以培养“瑶美少年”为目标、以深入开展“社会主义核心价值观进校园”系列活动为载体、以落实《民小一日常规》为突破口，构建“月月有主题，人人都参与”的德育模式，开展德育系列主题活动，促进学生健康成长、快乐生活。建立学生自我管理体系和学生量化、考核制度，开展“瑶美”系列先进集体及个人等评选活动。抓好“五有五无”教育，加强对学生的仪表仪容、迟到早退等情况的检查工作，开展“文明监督岗”“内务大比拼”等系列活动，增强学生自我监督、自我管理的有效性。方桂莲、杨玉芸分别被评为“广东省优秀少先队辅导员”“清远市优秀班主任”。

【民族团结教育】 2020年，连南瑶族自治县民族小学以课程教学为载体，将民族团结教育融入学科教学，开展瑶族传统文化艺术课程，开展民族团结“六个一”活动，被省民委确定为广东省开展铸牢中华民族共同体意识教育示范学校，被推荐参评“第九批全国民族团结进步示范区示范单位”。

【心理健康教育】 2020年，连南瑶族自治县民族小学将心理健康纳入课程计划，四年级每两周开设一节心理健康辅导课，五六年级开展团体专题心理辅导。为全校学生建立心理健康普查档案表，做到“一人一档”。构建专职心理健康老师—学校心理健康教育小组—班主任—心理健康委员的心理健康教育网络，做好个案跟踪辅导工作。被清远市教育局评为心理健康普查建档示范学校，陈柏余、陈智芝的4篇（个）心理辅导论文、案例获市一等奖。

（连南瑶族自治县民族小学）

石泉小学

【概况】 2020年，连南瑶族自治县石泉小学开办42个教学班，比上学年增加5个教学班；在校学生1963人，比上学年增加232人；教职工112人（调入13人，校聘教师13人，校聘门卫、勤工等10人），其中，在职在编教师89人，党员33人，本科学历65人、大专21人、中专3人，高级职称（副高）5人，中级职称60人，员级20人，未评级4人。先后获全国青少年足球特色学校、清远市青少年毒品预防教育示范学校、县教育系统先进单位、县文明校园等多项荣誉。该校于2019年9月1日开办，位于县城民族体育馆旁，占地面积约80亩，校舍总建筑面积29922平方米，办学规模48个班，可提供2160个学位，是连南为解决高寒山区移民到县城后子女入学问题而开办的一所县属公办完全小学。

【教学工作】 2020年，连南瑶族自治县石泉小学加强“青蓝工程”建设，建立“师徒结对制”进行“一对一”培训。开展讲座、教学展示课、骨干教师示范引领课、青年教师教学汇报课、课题组成果推广课等活动。开发“石在出色”“指尖绳语”等艺术校本特色课程，开设“石泉娃画葫芦”课堂，开展“井盖画”设计活动。抓好集体备课和研讨课，落实学生一日学习常规，特别是规范学生作业和练习。黄芷君申报的市级课题《以绘本为载体培养农村小学生良好品德的实践研究》、曾井旺申报的市级课题《结合自然材料在农村学校美术创意课堂的实践研究》顺利开题并进入研究实验阶段。

【德育工作】 2020年，连南瑶族自治县石泉小学开展“扣好人生第一粒扣子”活动，通过端午节、中秋节等重大节日开展“我们的节日”活动，组织春游、秋游活动，参观瑶族博物馆、消防大队、法治长廊等，开展未成年人主题道德教育实践活动。定期对班主任等德育骨干进行专题培训、理论培训和工作实际技能培训，召开德育工作研讨会。组织学生学习并背诵“社会主义核心价值观”“石泉小学一训三风”，录制“养成教育视频”，对集队、课间操、放学离校、课堂等方面的日常行为规范教育与管理予以指导。举办心理健康教育讲座和主题班会对学生进行心理疏导和安全教育。

【安全工作】 2020年，连南瑶族自治县石泉小学层层落实安全教育责任制，加强安全分级管控和隐患排查治理双重预防体系建设。利用国家安全日、119消防日、交通安全日等举行系列活动对学生进行安全宣传教育。开展防溺水、防校园欺凌、防恶劣天气等专题教育，定期开展疫情防控和安全应急疏散演练，定期开展安全隐患排查并及时整改。

田家炳民族中学

【概况】 连南瑶族自治县田家炳民族中学位于连南瑶族自治县三江镇育才路10号，是一所半寄宿制初级中学，生源来自县城各小学毕业生和部分高寒山区移民子女。2020年，学校占地面积73160平方米，校舍31669平方米，运动场地面积28685平方米，藏书100016册。学校有60个教学班，学生2859人（其中女生1311人，男生1548人，少数民族学生2240人，寄宿学生1225人），教职工201人，专任教师180人，其中初中高级教师6人，中级教师139人，学历达标率100%。学校设有清远市盘金生名校长工作室、唐丽英名师工作室。

【办学条件改善】 2020年，连南瑶族自治县田家炳民族中学投入595.8万元改善办学条件，其中基础建设方面投入约334.2万元，包括建设新冠肺炎观察室2间14.3万元，学生饭堂升级改造和设备建设208.2万元（中央教育发展专项资金），拆除旧饭堂和建挡土墙工程建设90.6万元（中央教育发展专项资金），学生饭堂新建消防疏散楼梯20.9万元（中央教育发展专项资金）；功能场室建设方面投入约78.5万元，包括学生课室、教师办公室、实验室、体育室、美术室、图书室等功能场所投入52.1万元，学校信息化建设投入26.2万元；设施维修方面投入162.5万元，包括学校运动场地修缮35.7万元，学生课室修缮15.3万元，学生宿舍日常维修45.7万元，校园零星维修33.8万元，计算机多媒体平台和监控设施维修10.1万元；师资培训方面投入20.6万元，包括智慧教学培训1.0万元，足球师资培训0.5万元，学科教师跟岗培训2.3万元，外出培训学习等16.8万元；校园绿化美化方面投入约8万元。

【德育安全教育】 2020年，连南瑶族自治县田家炳民族中学进行有针对性的德育教育，如志愿服务活动、新冠肺炎疫情防控教育、健康宣传教育、反邪教活动、扫黄打非活动、反校园暴力教育、安全教育、防溺水教育、交通安全教育等。加强教师理论学习，每个年级挑选一名优秀班主任举办讲座，面向全校教师进行经验交流。每月下发《班主任之友》等德育杂志，提高班主任班级管理水平。重视抓学生常规教育和养成教育，开学初对新生进行一周及八年级、九年级一天的国防教育培训，各个年级定期召开优生、待进生会议，开展内宿生善美宿舍的评比活动，促进学生良好行为习惯的养成，校纪校风明显改善。以新冠肺炎疫情防控、生命健康、爱国教育、环境教育、消防教育、防溺水教育等为主题上好每周的班会课。抓后进生的转化工作，做好转化记录。成立学校家长委员会（委员60人）和班级家长委员会（每班5人），召开网络家长会。加强法治教育，邀请三江镇派出所副所长、法制副校长王流洋到校开展法制讲座，针对“扫黄打非”“扫黑除恶”“毒品预防教育”“反校园暴力教育”“防性侵”等方面大力宣传教育。邀请交警大队罗淑媛警官到校进行交通安全知识讲座，组织消防安全疏散演练、防地震疏散演练、地质灾害疏散演练，进行6次违禁品大检查。发放《致家长的一封信》5次约13500份，宣传相关安全、法律等知识。

【教师队伍建设】 2020年，连南瑶族自治县田家炳民族中学派出教师外出培训学习145人次，选派九年级物理、化学、英语、道德与法治等学科骨干教师到广州、清远等地参加中考备考研讨会；选派九年级语文、数学、英语、物理、化学、道德与法治等学科骨干教师到广州跟岗学习；选派七、八、九年级部分学科教师到肇庆、韶关田家炳中学学习交流等。邀请广东省散文诗学会会长陈惠琼老师到校进行散文诗创作专题讲座、邀请福建省优秀校长刘卫平作《教师专业成长的“道”与“路”》专题讲座等。

【特色教育】 2020年，连南瑶族自治县田家炳民族中学开展瑶歌传唱活动，聘请连南民间艺人到学校开展唱瑶歌教学；在七年级开设长鼓舞课程，聘请连南瑶族长鼓舞民间艺人为专职教师；开设瑶歌、长鼓舞、器乐、国画、绘画、书法、篆刻、手工、瑶族刺绣等第二课堂。加强艺术教育发展，组成长鼓舞队、瑶歌队、合唱队、M.Z.A.S舞蹈队、书法组、绘画组等，要求每位艺术教师辅导好一个兴趣小组，做到班班有特色，生生有特长；学校提供艺术展示平台，丰富艺术活动，在活动中育人，为丰富民族特色艺术教育，传承非物质文化遗产。举办以“弘扬宪法精神 履行宪法使命”为主题的“第十六届校园文化艺术节暨第五届原生态长鼓舞大赛”，逾千名学生参加包括绘画、手工、刺绣、书法、摄影作品评选及文艺会演、原生态长鼓舞大赛等一系列艺术创作和表演活动。10月27日，通过广东省中小学中华优秀传统文化传承学校复评。12月17日，举办“广东省戏曲进校园”演出活动。

（连南瑶族自治县田家炳民族中学）

寨岗中学

【概况】 连南瑶族自治县寨岗中学创建于1956年，该校加强“鉴醒”文化建设，秉承“鉴古知今，励行致远”校训，传承“继往开来、自强不息”的精神。坚持全面深化改革，牢固树立新发展理念，落实立德树人根本任务，致力培养客家人的精神品质，释放师生的潜能，推进学校内涵发展。2020年，连南瑶族自治县寨岗中学有18个教学班，学生722人，教职工75人，其中高级教师5人，中级教师58人。学校占地面积24485平方米，建筑面积18811平方米，包括教学办公大楼2幢、实验功能楼1幢、综合大楼1幢、学生宿舍2幢、学生饭堂2幢。各种功能场室有38间，多媒体教室18间，电脑250台；200米环形塑胶运动场1个，篮球场4个，教学仪器设备和功能场室配备按新课标的要求配齐，满足教育教学的需要。先后被评为“广东省特级档案综合管理单位”“清远市文明校园”“清远市优秀志愿服务集体”“连南县教育系统先进单位”“连南县德育达标学校”“清远市绿色学校”等称号。

【师德建设】 2020年，连南瑶族自治县寨岗中学通过开展一系列师德师风建设活动，以“四有”好老师为目标，打造风清气正教育环境。罗辉明校长分别进行党支部书记、校长第一堂思政课“听党话、感党恩、跟党走”宣讲活动，曾伟坚副校长组织全体教职工学习《新时代教师职业行为十项准则》《连南瑶族自治县教师师德失范行为负面清单及处理办法（试行）》，5月开展作风建设大讨论，组织教师认真进行自我检视，查摆个人工作作风、师德师风方面存在的问题与不足。

【德育工作】 2020年，连南瑶族自治县寨岗中学践行“农村中学学生养成教育的管理模式”和推进德能教育，抓好学生的思想道德品质教育，加强学生学习、行为习惯和礼仪规范的养成教育，提升良好的校风、班风、学风。聘请法制副校长黄小锋所长作《青少年如何守法、如何保护自己》法律专题讲座；卫生副校长罗慧光院长作《新冠肺炎病毒的防控知识》专题讲座；罗辉明校长作《鉴古知今，励行致远》思政课专题讲座，分析国内国外形势，教育学生珍惜和平幸福生活，努力学习，报效祖国；12月24日，组织九年级全体师生到金鸡桅杆祠堂、安田移民新村和海螺村革命老区开展研学旅行远足活动。

【教科研成绩】 2020年，连南瑶族自治县寨岗中学李素的教学应用课例《走一步，再走一步》荣获广东省2020年教育教学信息化交流展示活动三等奖；刘清亮和徐婉婷、李秀霞和全勇梅分别获连南县初中数学、美术、历史教师基本功比赛二等奖；梁春燕的书法作品《行楷》荣获县第二届中小学美育节艺术作品评比教师类一等奖。

【办学条件改善】 2020年，连南瑶族自治县寨岗中学投入138万元改善学校办学条件。投入71万元购置办公设备，包括打印机、电视、办公桌椅、空调、多媒体。投入24万元购置生活设备，包括学生宿舍热水设备、厨房设备。投入13万元购置疫情防控物资，包括红外测温仪、消毒物品、口罩等。投入30万元维修改造中小学布局调整校舍建设工程项目。

（连南瑶族自治县寨岗中学）

民族高级中学

【概况】 2020年，连南瑶族自治县民族高级中学位于连南县城沿江西路48号，面临三江河畔，背依西北山，占地面积80574.91平方米，建筑总面积47785平方米，建有体育馆和音乐楼，建成国际标准的400米塑胶田径运动场一个、篮球场6个、排球场4个、羽毛球场8个。该校有图书阅览室3间，电子阅览室1间，图书馆藏书142028册，生均57册。有标准课室72间，物理、化学、生物实验室各3间，探究室1间，计算机室5间，英语听说考试室2间和录播室1间，每间课室均有多媒体平台。学校设置瑶族历史文化展览室、瑶族刺绣室、手工创意室、陶艺室、书法室、篆刻室、舞蹈室、戏剧室、合唱室、画室、劳技室等功能场室。学校环境幽雅，设施设备一流，确保每一位学生在校期间住得舒心、吃得放心、生活开心、学有所成。2019—2020学年开办附属初中部，成为一所完全中学。全校61个班，3080名学生，其中瑶族学生1855人，比例60.23%；住校生2152人，比例69.87%；女生1720人，比例55.84%。高一年级16个班，874名学生；高二年级16个班，841名学生；高三年级17个班（含学考班和艺术班），838名学生。初一年级4个班，177名学生；初二年级4个班，176名学生；初三年级4个班，174名学生。

【办学条件改善】 2020年，连南瑶族自治县民族高级中学投入465.57万元改善办学条件。基础建设方面投入217.29万元，其中建设力量训练室24.89万元，低压配电工程及考场安装空调107.8万元，建设智慧图书馆57.5万元，女生宿舍更换床架23.6万元，改造学生自行车棚3.5万元；功能场室建设方面投入167.9万元，其中高三级录播课用笔记本电脑12.6万元，教师办公室用台式电脑83.2万元，初中饭堂用电视机0.8万元，高二级课室多媒体触摸一体机48.3万元，综合楼会议室桌椅及LED屏23万元；维修方面投入38.38

万元；校园美化（包括创文）、绿化方面投入42万元，其中内庭院喷泉20万元，雕塑设计制作12万元，引花入城校园绿化用花2.7万元，承包费3.3万元，创文4万元。

【师资队伍建设】 2020年，连南瑶族自治县民族高级中学教职工241人，其中女教工144人，占比59.8%，男教工97人，占比40.2%；正高级教师1人，高级教师33人，占比14.1%；一级教师111人，占比46.1%；硕士研究生16人，占比6.6%。新招聘或新调入教师10人，高中部6人，附设初中部4人；调出或辞职教师10人，其中调出人员7人，辞职人员3人。获得市级优秀4人：清远市优秀校长朱国河，清远市优秀思想政治理论课教师李小蕾，清远市教坛标兵房颖菲、郭坤升。获得县级优秀13人，其中县级优秀教师8人，分别是饶猛兵、李寿青、罗秀珍、蓝爱群、罗育珍、唐亮亮、莫海燕、甘友尧；县级优秀班主任4人，分别是梁周瑜、刘志杰、胡丽婷、黄怡；县级优秀教育工作者邹长平。

【高考成绩】 2020年，连南瑶族自治县民族高级中学504名学生参加六月高考，高分段上线人数25人，其中文化上硬线11人（理科6人，文科5人）；重点院校农村地方专项计划上线14人（理科11人，文科3人），其中体育上线4人，美术上线3人，音乐上线1人。本科上线人数（不含高分段人数，含民族本科线人数）145人，其中文化上线130人（理科64人，文科66人），体育上线2人，美术上线7人，音乐上线4人，传媒上线2人。大专上线590人（含学考），其中文化上线，454人（理科269人，文科185人），学考136，体育上线16人美术上线12人，传媒上线1人。学考和高考总计，本科以上上线率33.60%，大专以上上线率94.65%。附设初中部九年级中考学生总平均分排清远市164所学校的第3名，与博爱学校的中考总平均分相差14.60分，其中化学和道德与法治排清远市第二名。

【竞赛项目】 作文或演讲比赛获奖情况 （1）高三2班学生房菲获得中国关心下一代工作委员会组织的“我的家训”国家级征文一等奖；参加清远市2020年“中华传统美德教育”之“感谢、感恩、感动”主题书信活动，邓丽红、李妹三、范秋玲获高中组二等奖，房福英、李雅馨、唐露诗获高中组三等奖；吴慧心获初中组二等奖，陈家敏获初中组三等奖。（2）2020年“同心战疫挥笔助力”清远市师生征文大赛县级初中组三等奖苏琳，指导教师莫海燕。（3）“阅读，伴我成长——2020年世界阅读日粤港澳创作比赛”学生获奖情况：房慧琦同学获得省级优秀奖，颜幸紫二等奖，房嘉文三等奖；县级一等奖1人，县级二等奖4人，县级三等奖10人，优秀指导教师有陈娟、房颖菲、莫海燕、莫艳辉。（4）连南县2020年抗疫情征文活动获奖情况：二等奖八1班林天睿、九4班李健敏，三等奖高一12班罗银娟，优秀奖八3班唐嘉英。（5）2020年县教育局举办的“社会主义核心价值观进课堂”演讲比赛获奖情况：二等奖高一1班潘紫怡，指导教师钟雪英；二等奖八3班韩靖蓉，指导教师莫艳辉。

艺术获奖情况 参加县第二届美育节，音乐类：初中部朗诵类获得一等奖；合唱类获得第二名，高中组朗诵、乐器、舞蹈均获得一等奖。美术类：初中部一等奖3人，二等奖9人，三等奖7人；高中部一等奖3人，二等奖5人，三等奖7人。参加市第二届美育节，音乐类：初中部朗诵获得二等奖，高中部舞蹈获得一等奖，朗诵、乐器均获得二等奖；美术类：初、高中部均获得一等奖5人，二等奖4人，三等奖3人。

体育竞赛获奖情况 （1）参加县第十三届田径运动会高中组获得第一名，初中组获得第三名，并获得体育道德风尚奖。（2）参加市足球“市长杯”比赛高中女队获得第三名，男队获得第六名。（3）市第十三届田径运动会获得团体总分第五名。（4）市篮球赛获得高中女子组第八名，并获得体育道德风尚奖。

科技活动获奖情况 在清远市第七届青少年

科技创新大赛中，林洪超、唐秋、唐庆辉的集体项目“铜与浓硝酸反应的改进”获高中组一等奖，并被推荐参加省青少年科技创新大赛；曾奕浩同学的“模拟干电池”获高中组三等奖；雷庭瑄同学的“摘莲蓬神器”获初中组三等奖；李湘同学的“海底观光船”获初中组科幻画比赛三等奖。2020年清远市中小学生电脑制作活动获得一项二等奖，两项三等奖，李堆荣、吴静雯获得优秀指导老师奖。

荣誉类 七年级学生沈建豪2020年度获得中华人民共和国教育部颁发的“全国优秀少先队员”称号；高三2班学生房非获得广东省优秀学生称号；高三1班学生江来娣获得广东省宋庆龄奖学金；获得清远市三好学生称号有7人，优秀学生干部6人，清远市新时代好少年3人；获得县级各种荣誉的有52个学生。

【校本培训】 2020年，连南瑶族自治县民族高级中学教师在国家级刊物发表论文6人次，在省级刊物发表2人次论文；论文评比市级获奖1篇，省级获奖1篇；教师参加“清远市28届青年教师基本功比赛”二等奖8人；清远市普通高中数学命题评选活动4人获得二等奖；罗育珍老师的清远市市级课题《民族地区乡土地理教学之研究》结题。组织骨干教师50人到广州参加高级研修班学习，提升骨干教师的业务水平和管理能力。组织老师参加省级培训27人，合计324学时，人均12课时；市级培训62人，合计372课时，人均6课时；校级培训240人，合计2880课时，人均12课时；全体教师参加广东省教育技术中心“双融双创”网络学习，推动教师信息技术应用能力提升工程2.0的实施，培训240人，21600课时，人均90课时。选派高中部郭坤升、李玲、闫坤鹏、连智博、罗秀霞、朱志英6位骨干教师培养对象到清远市一中跟岗进修一年；选派初中部平春华、莫晓芳、谭华琴、陈旭文等12位骨干教师分二批到广州三中跟岗学习一周，提高学科素养和管理水平。

（连南瑶族自治县民族高级中学）

职业教育

【概况】 2020年，连南瑶族自治县职业技术学校有中职、进修、电大三个校区，占地总面积24.5亩（中职校区14.5亩），校舍建筑总面积9760平方米（中职校区5300平方米）。各类实训室、功能室30个，教仪设备总价值368万元，纸质图书2.6万册，电子图书2.1万册。教职工编制34人，在职在编教职工25人（专任教师22人，艺术类教师4人）；专任教师中级职称16人、“双师型”教师11人，临聘教师9位（非遗传承3人）。开设学前教育、电子商务、民族音乐与舞蹈（音乐、舞蹈、艺术教育三个方向）、幼儿保育等4个专业，其中与工贸实施协同发展专业2个（学前教育、电子商务），校本专业2个（民族音乐与舞蹈—2018年秋季启动、幼儿保育—2020年秋季启动）。成人学历教育专科有7个专业实施全年招生（行政管理、法律事务、会计、学前教育、汉语言文学、计算机信息管理、小学教育），本科有40多个专业实施全年招生。中职学历教育在校生146人。开放大学成人学历教育大专在读学生436人，本科在读学生444人，总计880人。

【招生与就业】 2020年，连南瑶族自治县职业技术学校中职教育招生63人，开放大学全年招生308人（大专招生78人、本科招生181人），开展技能培训82人（有机稻种植）。抓好毕业生工作，248名学生毕业，其中中职58人，开放大学大专100人，奥鹏本科90人，奥鹏本科90人。

【教育教学】 2020年，连南瑶族自治县职业技术学校召开专题教学工作会议7次，举行教研活动和培训9次。成功申报“幼儿保育”专业，并于秋季开始招生。学校申报的幼儿保育专业通过备案申报市级课题《清远市中职幼儿保育专业双元育人实践与研究》成功开题。2位教师的论文在国家级刊物上发表，1位教师获评县级优秀教育工作者，1位教师获评县级优秀教师，2位教师获评教育系统优秀共产党员，3个竞赛团队参加全省职业院校技能大赛职业院校教学能力比赛清远市选拔赛，专业技能一组（伍丽雪、蔡秀兰、赖玉莎）以小组第一名、专业技能二组（房雷生、唐琳）以小组第十三名进入清远市选拔赛现场赛和清远市中职学校“互联网+”创新创业导师技能培训与竞赛，教师李素娟获得创新创业导师竞赛二等奖，教师谢可欣获得创新创业导师竞赛三等奖。

【职教特色】 2020年，连南瑶族自治县职业技术学校将瑶族长鼓舞、民族音乐（瑶族音乐）、手工制作（瑶族刺绣）等瑶族文化融入学前教育专业和民族音乐与舞蹈专业中。聘请3位非遗文化传承人任职学校兼职教师，带动学校相应学科教师开展非遗文化教学工作，推进民族文化传承，将舞蹈与长鼓、手工制作与瑶族刺绣相结合。5月，学校以“广东瑶族音乐艺术”项目组织教师参加“2020年广东省职业院校技能大赛教学能力比赛清远市选拔赛”，获得清远市选拔赛一等奖。

（连南瑶族自治县职业技术学校）

文化·体育

综 述

【概况】 2020年，连南瑶族自治县加快现代公共文化服务体系构建步伐，完善文化基础设施建设，建成7个文化馆图书馆分馆，22个基层服务点，建成行政村（社区）基层综合性文化服务中心71个，完成博物馆展陈提升改造。开展文化惠民活动，以三馆一站免费开放工作为依托，保障公共文化服务供给，提升文化设施服务和管理水平。推动民族文化传承保护工作有进展，做好油岭村瑶族民居群文物保护修缮工作，抓好非遗传承人申报工作，推动民族文化创意产品的开发设计，举办第十二届连南“盘王节·耍歌堂”瑶族文化艺术活动等特色民族节庆文化活动，加强民族文化对外宣传和交流。全县文化建设工作稳中有进，民族特色突出，为全县全面高质量发展、树立民族自治县高度文化自信提供动力。

【公共文化设施建设】 2020年，连南瑶族自治县推动公共文化设施建设，按照国家一级馆标准建设的新建图书馆项目顺利立项，12月广东瑶族博物馆升级为国家二级博物馆。建成涡水镇、香坪镇2个文化馆图书馆分馆和7个基层服务点，全县建成7个文化馆图书馆分馆，22个基层服务点。乡镇综合文化站完成文化站评估定级工作，其中特级站1个，一级站1个，二级站5个。3月26日，省文旅厅批复同意实施《瑶族文化（连南）生态保护实验区总体规划（2020—2035）》，12月连南县颁布该规划。

【文化活动】 2020年，连南瑶族自治县做好图书馆、文化馆、博物馆和乡镇综合文化站免费开放工作。县图书馆接待人员9117人次，阅览图书27351册次，结合传统节日等开展一系列丰富多彩的图书阅读推广系列活动。选送学生作品参加2020年世界阅读日粤港澳创作比赛，其中13名学生获得省级奖项，图书馆荣获优秀组织奖。文化馆承办各类主题宣讲、培训班、文化艺术活动等62场次，服务3301人次。举办各类文艺公益培训班20期培训850人；举办主题展览8个。完成各类送戏下乡、戏曲进农村、进校园129场。开展送电影下乡1004场，参与活动观众99360人次。县瑶族博物馆参观总人数104145人，其中青少年人数40998人，本地观众40553人，提供讲解服务1068余次。引入《玉鼠贺春——石湾陶塑鼠年生肖文化展》《开平碉楼背后的故事》《“五法”同普活动展览》《连南瑶族自治县发展图片展》3个展览。各镇文化站依托省级文化站评估验收工作，全面提升管理、服务水平。三江、寨岗镇文化站内新建微型博物馆各1个；开展各类文艺公益培训班8个，参与人数106人；开展法治、农技、卫生等讲座27个，参训763人；结合“我们的节日”等各类节日开展文化活动95次。

【民族文化保护传承】 2020年，连南瑶族自治县加强文物保护利用，完善南岗古排盘姓老屋D12抢险加固工程修缮方案编制工作，完成油岭村瑶族民居群四姓祖屋抢险加固工程修缮工作。开展平瑶岭、烧纸堂、山溪、石泉山摩崖石刻文物保护修复项目并验收。加强非遗传承保护工作。邀请非遗传承人持续举办长鼓舞、瑶族唢呐、瑶族民歌、瑶族刺绣等公益培训班，并组织其进校园开展传教学活动。组织传承人到东莞非遗墟市开展非遗展示工作，协助央视《味道》栏目组拍摄省级非遗项目排瑶牛皮酥制作技艺。完成非遗数字博物馆建设项目。组织编写非遗文本资料，《连南民俗大观》正式出版。编辑出版的著作《广东连南瑶族歌堂文化》获“广东省民间文艺学术著作奖”一等奖。做好非遗项目申报工作，成功申报3人为清远市第七批市级非物质文化遗产项目代表性传承人。

【民族文化交流】 2020年，连南瑶族自治县组织民间文艺团队和专业团队县民族文化传习中心到各地开展外出交流演出，参加广东卫视春晚节目录制、广东省军区春晚演出、深圳公益文化进社区活动、深圳市流动大综艺演出暨非遗薪传舞蹈巡演活动、大地欢歌岭南情民族文化特色歌舞晚会、录制《瑶歌瑶舞等你来》快闪视频。参加广西金秀县第十六届瑶族盘王节巡游展演活动。组织文艺创作骨干赴英德观摩以反映脱贫攻坚为主题的采茶歌舞剧《一碗擂茶粥》首场演出。组织省级非遗项目瑶族银饰制作技艺参加2020年清远市非遗墟市活动。

【文化创意】 2020年，连南瑶族自治县选送瑶绣文创产品《瑶族树脂公仔》《瑶绣手提包》参与“5·18”国际博物馆日粤文创花街全省博物馆文创精品线上“打榜”活动，成为“十大人气文创”产品。组织绣娘参加首届民间刺绣精品展、广东省首届民间刺绣精品展、清远市“市长杯”工业设计比赛，选送作品获得金奖1件、银奖2件，产品组二等奖1件，概念组三等奖1件。做好瑶绣文创产品的研发，研发文创产品涉及7大类20个品种。在第十六届中国（深圳）国际文化产业博览交易会（线上），展出15件瑶族文创产品。

【文艺创作】 2020年，连南瑶族自治县做好高质量群文艺术创作，创作出15个不同类型的文艺作品。瑶族舞剧《瑶山那抹红》参加第十四届广东省艺术节获综合组二等奖和优秀舞台美术奖，并入选第六届全国少数民族文艺会演剧目。选送文艺节目舞蹈《稻田鱼香》《瑶鼓庆丰收》，歌曲《不醉不归还》参加第十九届广场文化艺术节“脱贫奔康·幸福新农村”活动暨2020年清远市第五届村歌嘹亮大赛，分别获得金奖1个、银奖1个、铜奖一个，并获优秀组织奖。选送的抗疫歌曲《家里的事情交给我》获2020年清远市弘扬社会主义核心价值观原创歌创作大赛优秀歌曲展演二等奖。选送《阿贵参军》《瑶绣情思》等四个舞蹈分别获得市级群众艺术花会金奖1个、银奖3个，并获优秀组织奖。参加清远市“北江美”广场舞大赛，《瑶寨花开幸福来》获一等奖。举办连南县业余文艺团队孵化成果展演，其中《客家妹子》《瑶族舞曲的故乡》等7个节目是县民族文化传习中心创编的节目。

（连南瑶族自治县文化广电旅游体育局）

文化馆

【概况】 2020年，连南瑶族自治县文化馆在职人员46人，其中在编人员19人，初级职称4人，中级职称9人，临聘人员26人（均为县民族文化传习中心演员），传习中心演员，办公建筑面积3300平方米，内设多功能厅、舞蹈室、音乐室、曲艺室等20个功能室。连南县构建以县文化馆为总馆，工人文化宫为直属分馆，七个镇综合文化站为分馆，22个村文化室为服务点的“设施成网、资源共享、人员互通、服务联动”的文化馆总分馆服务体系，推进开展文化和旅游公共服务机构功能融合试点单位工作。

【公共文化服务】 2020年，连南瑶族自治县文化馆建立完善志愿服务机制，为全县71个村（居）委开展送政策、送文化、送戏曲、送展览、送电影、送培训、送辅导等服务。举办美术、茶艺、文艺骨干、形体等培训班12期，参加培训学员410人；文化惠民送戏下乡84场、观众19320人次；组织文艺股业务人员下基层辅导、调研45次，受益人次数1014人。文化馆新时代文明中心接待举办文化艺术活动及各类培训班、主题宣讲会议57场次，接待2850人次；在大麦山、寨岗、三江文化分馆举办新时代文明实践系列活动2020年连南县文化三下乡（戏曲进农村）文艺演出3场次，参与活动群众1650人。开展社会主义核心价值观教育系列活动，于5—11月组织数字电影放映队启动农村电影文化惠民活动公益送影下乡，完成清远市下达年度农村数字电影放映任务828场，覆盖69个村委，参与活动观众99360人次。

【民族文化非遗传承保护】 2020年，连南瑶族自治县文化馆组织国家级非遗传承人唐桥辛二公、省级传承人房良九斤公、市级非遗传承人唐罗古沙二妹、传习中心演员房积旺、陈妹珍分别到省级非遗传承基地（油岭小学）、县职校、大坪中心学校、民族初级中学开展非遗进校园，传授瑶族长鼓舞、排瑶民歌、瑶族舞蹈。县民族文化传习中心组织开展戏曲进农村、校园展演活动12场；开展“创建民族团结进步示范县”展演活动8场。县文化馆联合共青团连南瑶族自治县委员会、连南瑶族自治县职业技术学校举办连南县礼仪培训班暨第十二届连南“盘王节——耍歌堂”瑶族文化艺术活动礼仪培训班。县文化馆非遗股组织客家大笼糍、瑶家牛皮酥、瑶族刺绣、瑶族银饰、瑶族长鼓制作技艺5个非遗项目传承人参加东莞非遗墟市粤港澳城际联盟清远专场展示。12月31日，县文化馆组织县民族文化传习中心、油岭民间歌舞队、牛塘歌舞队在油岭村歌堂坪协办“中国—连南盘王大歌2021新年音乐会”。

【文艺作品创作】 2020年，连南瑶族自治县文化馆创作出15个文艺作品，举办线上舞蹈作品征集活动。在“以笔为援——抗击疫情”主题文学作品征集中，赵显全的《抗疫斗争中的民族精神》获得优秀奖、房积旺的《感恩》（相声）获得三等奖、盘建坤的《最美“逆行者”》（相声）获得二等奖、盘枫的音乐《武汉不哭》获得优秀奖；歌曲《不醉不归还》在参加第十九届广场文化艺术节“脱贫奔康——幸福新农村”活动暨2020年清远市第五届村歌嘹亮大赛评选中，分别获得金奖1个、银奖1个、铜奖1个。县文化馆（民族文化传习中心）创作的瑶族舞剧《瑶山那抹红》获得第十四届广东省艺术节二等奖，取得2021年在北京举办的第六届全国少数民族文艺会演参演资格。连南县文化馆（民族文化传习中心）创作的广场舞作品《瑶寨花开幸福来》在清远市“北江美”广场舞大赛上荣获一等奖。

【民族文化交流】 2020年，连南瑶族自治县文化馆组织县民族传习中心参加千年瑶寨登高音乐节；赴广州、深圳、参加千年瑶寨登高音乐节；参加广东卫视春晚节目录制、广东省军区春晚演出；组织省级非遗项目——瑶族银饰制作技艺、瑶族刺绣、瑶家牛皮酥制作技艺、客家大龙糍传承人到清远、东莞等地参加2020年清远市非遗墟市活动、粤港澳非遗墟市城际交流专场（东莞市），促进优秀民族文化交流活动，开拓多元化民族文化交流平台。

【文化馆总分馆制建设】 2020年，连南瑶族自治县建成7个镇分馆，22个村居服务点，推进总分馆联动活动，总馆、镇分馆及服务点网络互通互联，实现文化数据发展与共享。派出技术人员和文艺骨干给予各分馆帮助与支持，助力各分馆开展连南县“百里瑶山，村歌嘹亮”大赛。

（连南瑶族自治县文化馆）

瑶族博物馆

【概况】 2020年，连南瑶族自治县瑶族博物馆开放时间在310天左右（逢周一闭馆，节假日不休），每天提供免费讲解服务，参观总人数为104145人，其中青少年人数40998人，本地观众40553人，提供讲解服务1068余次，提供免费开放服务。12月，广东瑶族博物馆升级为国家二级博物馆。

【瑶绣产业化开发】 2020年，连南瑶族自治县瑶族博物馆继续挖掘瑶绣的发展潜力，采取“公司+基地+绣娘”的模式，走“品牌化运作”的生产经营之路，加大对瑶绣文创产品的开发和设计力度，开发一批有标志性、代表性、原创性强的瑶绣文创产品，涉及7大类20个品种，其中学习类2种、生活类3种、办公类4种、纪念品类4种、首饰饰品类2种、食品类2种、节日类3种。举办瑶绣免费培训班，与县众鑫职业培训学校合作，开展7期瑶绣培训班，培训绣娘115人。组织绣娘创作抗疫题材瑶绣作品，向抗疫英雄致敬。绣制11幅抗疫作品，其中绣娘房伟艳的《大医精诚 大爱无疆》赠送给钟南山院士，绣娘房春花的三幅抗疫绣品分别赠予连南县三名援鄂抗疫英雄。组织绣娘参加各类博览会和文化赛事，宣传瑶绣文化。

【文物保护】 2020年，连南瑶族自治县瑶族博物馆现存文物10642件（套），其中二级文物2件，三级文物59件。县瑶族博物馆切实做好不可移动文物保护大数据的收集、整理等工作，完成清远市不可移动革命文物名录数据的上报工作；协助相关部门开展拆旧复垦项目文化景观保护审核工作；推进南岗古排盘姓老屋D12、油岭村瑶族民居群（老乡政府和唐马五尔老屋）两处省级文物保护单位的抢修工程。开展文物保护单位的申报工作，三江镇城上村门楼、桂林坊门楼、中和里门楼、龙腹陂遗址四处不可移动单位被列为连南县第六批县级文物保护单位。推动县内碑刻、石刻的保护修复工作，将梅洞岭石碑搬回博物馆收藏并进行修复；完成对县内石泉山、山溪、平瑶岭、烧纸堂等摩崖石刻的抢救性保护修缮。对连南八排古村落、三江镇石泉山古人类文化遗址、三江古时八景、东汉时期珠江水系第一个人工拦河筑坝工程三江河龙腹陂等一批自然遗产和文化遗址进行整理保护和开发。征集一批抗疫见证物，征集抗疫物资813件（套），抗疫文艺作品55件，影像资料及电子数据4000MB。

【对外交流】 2020年，连南瑶族自治县瑶族博物馆通过“走出去”“引进来”的方式，加强馆际文化交流。2019年12月至2020年5月，《多彩瑶族—瑶族风情展》展览在广州越秀区博物馆展出；2020年4—12月，《瑶岭长歌》瑶族文化巡展分别在河源市博物馆和广东开平市博物馆展出，该展览是广东省第一个作为流动展览的少数民族文化展览，被成功引荐为广东省流动博物馆的实物展览。促进展览资源共享，引入省流动展《玉鼠贺春——石湾陶塑鼠年生肖文化展》《开平碉楼背后的故事》《“五法”同普活动展览》《连南瑶族自治县发展图片展》，以及举办“抗疫·奔康”2020年连南县美术、书法、摄影作品展，并自主策划社会主义核心价值观、道德讲堂、民族团结、垃圾分类等展览。开展送展进校园进乡村活动，分别在石泉小学、三江小学、三江镇沿陂村、三江镇新岩村举办图片展，服务学生、群众5000人以上。

【志愿服务】 2020年，连南瑶族自治县瑶族博物馆新招募20名文化志愿者，并举办博物馆文化志愿服务培训实践培训班，对志愿者进行业务技能技巧培训、实地讲解培训，5名优秀志愿者被聘为“广东瑶族博物馆讲解员志愿者”。12月4日，广东瑶族博物馆志愿服务队被评为县2020年志愿服务典型组织。

【研学活动】 2020年7月，连南瑶族自治县瑶族博物馆被评为广东省中小学生研学实践教育基地，该馆不断拓展场馆研学功能、创新研学旅行方式，依托馆藏资源与文化价值，组织中小学生开展研学活动，并与县各级非遗项目负责人共同开设研学课程，如瑶绣瑶银制作教学、排瑶手鼓制作、瑶族长鼓舞及瑶族民歌教学等，将博物馆打造成学生喜爱、学校满意的研学旅行特色品牌基地，开展近10场研学活动，约700名学生参加活动。

【安全保卫工作】 2020年，连南瑶族自治县瑶族博物馆抓好安全检查工作。安保工作人员每日进行日常保卫安全检查及防火巡查，博物馆每月组织一次安全生产大检查，节假日放假前均开展消防安全大检查。深入博物馆监控机房、电房、展厅等重要部位检查安全隐患，重点对消防设施配备情况、灭火器材是否齐全有效、消防通道是否畅通、安保巡查记录是否完善及数字影院的消防安全等方面进行逐一检查，排查各类安全隐患，确保消防通道的通畅，确保博物馆的文物安全、人员安全，消除安全隐患3处。抓好安保队伍建设，加强突发事件应急培训，参加县安全生产工作会议4次，组织馆内工作人员进行消防安全知识培训及消防灭火演练3次，派出4名工作人员外出进行消防业务知识培训及考试，其中3人顺利获得建筑消防设施操作员证。加强消防安全工作，根据消防部门整改要求，制订消防安全检查和整改方案，完成消防整改工作，加强消防设施维护保养，加强消防安全宣传工作。

（连南瑶族自治县瑶族博物馆）

图书馆

【概况】 2020年，连南瑶族自治县图书馆总藏书249555册，外借图书22626册，新增读者证3167个，注册读者7673人，年新增馆藏34401册，订阅报刊杂志97种，收集读者留言意见60条，定期回复读者，维护和更新图书馆的主页、公众号，通过公众号发布县图书馆活动信息和动态，常态化开展主题阅读推广活动，全面免费开放。

【阅读免费开放】 2020年，连南瑶族自治县图书馆接待进馆读者9117人次，阅览图书27351册次，每周免费开放时间52小时。同时升级借阅流通规则，读者可借阅册数每次为5册。各功能室空调均清洗消毒，新设入馆服务总台，按照新冠肺炎疫情防控要求做好入馆登记、测量体温，为读者提供信息参考咨询，全馆覆盖网络Wi-Fi。开展电话预约、借还和续借工作，定期对超期读者通过企信通短信催还。

【阅读活动开展】 2020年，由于受新冠肺炎疫情影响，春节后图书馆暂停开放，上半年线下活动暂停举办，连南瑶族自治县图书馆在网上提供“闭馆不闭网”——连南图书馆移动端，推出“读联体·数字共享阅读服务平台”，开展线上读者活动8次。恢复开馆后，继续开展“君姐姐讲故事”、“跟我学”、“4·23”世界读书日、“4·23”共读半小时、“暑假系列活动”、“21天阅读挑战书”、“世界阅读日粤港澳创作比赛”等品牌活动。结合社会主义核心价值观、二十四节气等开展相关主题的阅读推广活动，有针对性地为读者提供书籍推荐或阅读指导。图书馆选送116位学生作品参加2020年世界阅读日粤港澳创作比赛，其中陈宣瑾等13名学生获得省级奖项，赵晨伊等36名学生获得县级奖项，吴静等11名教师获得县级优秀指导老师奖，三江镇中心小学等6所学校获得县级优秀组织奖，该馆荣获省级优秀组织奖。举办未成年人阅读活动38场。

【图书馆总分馆体系建设】 2020年，连南瑶族自治县图书馆完成2个乡镇分馆的建设，将书籍全部采编纳入图书集群管理系统进行对外借阅，现建成7个分馆，22个服务点，总分馆体系建设初步完成。所有建设，总馆、镇分馆及服务点电子阅览室均连接互联网，同时各分馆也实现网络化、自动化管理。为每个分馆配置扫描枪、二代身份证读卡器、书架、图书防盗仪等设备设施；分馆、服务点配送图书15000多册，正常开展“身份证无押金免费借阅”通借通还服务。采购7套全新的电脑配送到各乡镇分馆作为业务用机。

【志愿者服务平台】 2020年，连南瑶族自治县图书馆开展“图书志愿者”招募活动，并进行岗前培训，20人参与图书馆常态化志愿服务，人均服务时长9.37小时。

（连南瑶族自治县图书馆）

融媒体中心

【概况】 2020年，连南瑶族自治县融媒体中心坚持以党管媒体为原则，掌握对宣传阵地的领导权、主动权。该中心以县广播电视台为基础组建，是归口县委宣传部管理的正科级事业单位。9月，连南县开展公益二、三类和经营服务类事业单位改革，县融媒体中心的经营职能与公益服务剥离，由公益二类事业单位转为公益一类事业单位，从制度层面为县级媒体提供基本运行保障。

【融媒体中心建设】 2020年，连南瑶族自治县融媒体中心完成媒体机构整合，技术平台搭建，工作机制重建等工作，增设六频道高清播出系统、移动网络直播系统、高清演播室系统、融媒体指挥中心显示系统四大系统，完成指挥调度中心、新闻信息采集中心和编辑中心等各项硬件设施设备建设。1月，依托“珠江云”省级技术平台，“甘美连南”手机客户端正式上线运营，实现全媒体融合发展，构建广播、电视、电台、微博、微信、手机终端全覆盖的传播格局。9月，县融媒体中心建设项目顺利通过省级验收，形成以移动客户端为主体的全媒体矩阵，基本形成“新闻＋政务＋服务”的综合体。

【新闻媒体宣传】 2020年，连南瑶族自治县融媒体中心打造的特色栏目“甘美连南”VLOG推出18期，在连南县两会期间，首次以直播方式对县“两会”进行全方位宣传报道，实现4000多人“云”参会。开展“第38期干部大讲坛”“连南县清风杯科级、男子组总结赛”“第十二届连南‘盘王节·耍歌堂’瑶族文化艺术活动”“原生态瑶族‘耍歌堂’”“交通安全执法行动”“2021盘王大歌陪你跨年”等县域内重大活动现场直播9场次，在线观看直播人数42323人次。全年《连南新闻》播出稿件679篇；组织刊播社会主义核心价值观、疫情防控宣传、抗疫典型、弘扬社会正气、展示文明新风、规范道德行为、中国梦、禁毒、交通安全等主题公益广告约16032次（条）；“甘美连南”客户端推文4604篇，阅读量18807人次；“微说连南”公众号推文3912篇，阅读量3443874人次；“无线连南”客户端推文1186条，阅读量2219006人次；“学习强国”累计投稿346篇、供稿334篇、采纳196篇。12月，创建“云上瑶山”抖音号和“微说连南”视频号。

【广播电视安全播出】 2020年，连南瑶族自治县融媒体中心贯彻执行国家、省、市无线电管理方针政策和有关法律法规，按照上级业务主管部门批准的各类无线发射设备的设置使用，定期检测无线电台站发射频率及功率的稳定性，定期审验无线电台执照。新冠肺炎疫情防控期间，加强疫情防控及全国两会期间的转播节目，确保中央电视台12套，省市5套电视节目，FM调频广播4个频点，每天不间断转播18小时，保障重要时期、重点时段广播电视节目安全转播。更新改造中央广播一套节目发射机项目，完善中央数字电视节目无线覆盖维保工作。6月，完成播出机房的升级改造，定期对有关技术指标进行监控和测试以及设备设施的维护、检修和保养工作，确保设施设备安全接收和播出。

（连南瑶族自治县融媒体中心）

档 案

【概况】 2020年，连南瑶族自治县档案馆位于三江镇府前路，占地面积2950平方米，建筑面积4800平方米，库房面积1615平方米。全县馆藏142个全宗，截止到12月，馆藏档案资料总计约9.7万卷（册），其中馆藏档案82482卷又5552件、资料13509册。

【档案规范化建设】 2020年，连南瑶族自治县档案馆对照《广东省市县级综合档案馆业务建设评价办法》标准要求，以提高业务工作水平为重要抓手，认真梳理过去的档案，全面提升档案管理能力和服务水平，加强档案接收整理和安全管理，组织力量对接收进馆的土地确权档案进行再次清点核查，发现问题及时反馈，及时整改；派出人员会同县史志办参与《连南大事记（1946—2018）校审工作》；充分利用爱国主义教育基地和馆内场地优势，挖掘馆藏资源，制订《从公章看历史展馆（1950年—1981年）》展厅方案；投入2万元用于升级档案管理系统，添置电脑设备，为开展数字化工作打下基础。

【档案利用服务】 2020年，连南瑶族自治县档案馆加强档案服务窗口管理和硬件设施建设，“零费用”“零距离”“全方位”服务人民群众，大力推进民生档案开放利用共享，以来馆、来函、来电、邮件等渠道为人民群众提供优质查档服务。接待查档人员1030人次，调阅档案3042卷次、查阅资料605册次，复印7593张，为县委、县政府、各单位、人民群众在工作决策、经济建设、编史、修志、落实政策、机关查考、调解纠纷、核实工龄、户口迁移、复退伍军人安置等方面提供大量翔实的第一手资料，尤其在解决人民群众最关心、最直接、最现实的利益问题上充分发挥档案工作服务凭证作用，化解诸多矛盾，增强社会档案意识，促进社会矛盾的化解和社会活力的增长，档案服务利用收到良好的社会效果。围绕乡村振兴战略，开展村级档案工作规范化建设和镇级档案室创建专项指导，提高全县档案规范化水平。

【档案文化宣传】 2020年，连南瑶族自治县档案馆开展“6·9”国际档案日活动。国际档案日宣传活动主题是“档案见证小康路，聚焦扶贫决胜期”，根据县委办下发《连南瑶族自治县2020年“国际档案日”宣传活动方案》，该馆在馆内设置“6·9”国际档案日主题环保袋发放点，发放环保袋1000多个，并通过LED电子显示屏滚动播放宣传标语，同时组织人员参与“档案见证小康路，聚焦扶贫决胜期”的征文投稿1篇。拓宽档案宣传方式，通过网络渠道，建立档案业务咨询群，在档案查阅大厅摆放馆藏简介、查档指南、有关档案业务报刊和政策法规等宣传资料，随时展现民生档案工作动态，在档案查阅利用过程中向群众宣传档案及档案法律法规知识，引导群众了解档案、熟悉档案、关注档案，切实维护老百姓的切身利益。

【档案安全管理】 2020年，连南瑶族自治县档案馆落实档案工作制度，及时调整档案安全工作领导小组，以副馆长为主要负责人，各股室负责人为成员，对档案安全负全面责任。健全安全管理机制，将安全工作列入年度工作计划，组织全体职工，研讨档案管理制度，完善档案馆档案收集、接收、整理、保管、保密、统计、鉴定销毁、借阅利用、库房管理、消防安全管理十个管理制度，使档案馆安全工作有章可循，落实责任到人，各类档案保管设施设备基本齐全。按照国家、省、市档案局有关标准和规范，加大检查力度，组织人员开展档案库房巡查工作，先后对库房、办公室照明等设备进行维护。重点检查档案安全工作的组织领导与制度落实、档案室的安全、档案保管保护设施、设备的配备、档案实体的安全、档案信息化及档案信息数据的安全等情况。

（连南瑶放自治县档案馆）

地方史志

【概况】 2020年，连南瑶族自治县地方史志编纂委员会办公室（以下简称“县史志办”）贯彻落实《广东省地方志工作条例》，党史编撰、党史宣传和年鉴编撰、地方志资源开发利用等工作有序开展。动员组织有关人员撰写党史和地方志方面的论文，选送三篇论文参加市论文研讨会，其中许文清的《瑶族歌堂的社会功能与保护传承——以清远瑶族歌堂为例》获论文评选一等奖，李威的《论民族文化瑰宝之瑶族“耍歌堂”——以连南八排瑶为例》获三等奖；与县融媒体中心联合制作4个介绍村落历史文化、乡村脱贫奔康及乡村振兴的微视频，在多个平台播出。

【党史编纂】 2020年，县史志办推进《中国共产党连南瑶族自治县改革开放时期历史》编写，聘请一位有编写经验的退休干部负责编撰，在收集查找资料、调整章目的基础上，着重书稿的编写和图片收集；按照省、市开展革命遗址普查工作方案，在全县范围内开展革命遗址普查，普查有革命遗址24处，其他遗址22处，完成普查表填报和概况撰写，撰写一篇普查调研报告，普查工作取得阶段性成果，提出革命遗址保护利用建议；完成红色地图丛书系列连南篇的编写任务，整理编撰连江支队纪念馆和游击根据地旧址白屋的基本情况介绍、历史事件、革命故事；完成连南组织史有关资料编辑上报工作。

【党史宣传教育】 2020年，县史志办与连南瑶族博物馆配合，做好连江支队纪念馆·连南党史党建陈列馆展馆的日常维护，并重新组织编写纪念馆解说词，全面、详细介绍场馆建设、革命斗争时代背景、革命历史、重要战斗场景等，并重点培训两名素质高的讲解员。协助三江镇建设金坑“反三征”自卫队展览馆，提供有关党史资料，撰写展览馆解说词。协助县退役军人事务局审核校对县革命烈士陵园相关资料。

【年鉴编撰】 2020年，县史志办认真收集文字材料和图片等资料，完成省、市《年鉴》连南篇的组稿上报工作；以县委办、县政府办文件印发《连南瑶族自治县年鉴2020编纂规划与实施意见的通知》，明确组稿的方法和要求，对部分供稿单位负责年鉴编写人员进行业务培训和指导，督促各单位、部门按时提交年鉴资料，完成《连南年鉴（2019）》编撰工作，落实“一年一鉴，当年公开出版”规定。做好地方志资料年报收集整理。

【《全粤村情》核对】 2020年，县史志办完善自然村落历史人文普查工作成果《全粤村情》连南卷第一、第二册。5月底，完成《全粤村情》连南卷第二册的修改任务；12月，完成连南卷第一册最后的出版校对。

【志书编撰】 2020年，县史志办完成16万字的《连南大事记（1946—2018）》撰写、评审，交付出版社审核出版；完成连南县第一部村志《油岭村志》撰写工作，全书16万字，于7—8月组织人员审核修改，召开评审会议，交付出版社审核出版；出版印刷《石泉风华》一书，介绍三江石泉山地方风物、约2万字，是图文并茂的旅游书籍；组织编写《连南寨岗地区姓氏文化》，基本完成初稿。

（连南瑶族自治县地方史志编纂委员会办公室）

体育

【概况】 2020年，围绕连南“生态与文化立县·全面高质量发展”新时代目标和149战略，在受到新冠肺炎疫情影响情况下，连南瑶族自治县适度举办体育赛事活动，参加市级体育赛事3次，举办6场县级群众体育赛事，引导人民群众参与全民健身，增强身体素质，提高国民体质健康水平。

【体育基础设施】 2020年，连南瑶族自治县县级公共体育场所有县全民健身广场、民族体育馆、县体育场，7个乡镇及1个高寒山区移民新村建有农民健身广场，69个行政村都建有农民健身场所，7个乡镇分别建立社会体育指导员服务站，每个行政村配备一名文体协管员。

【市级体育赛事】 2020年8月16日，在连南瑶族自治县民族体育馆举办2020年清远市中小学生乒乓球比赛暨清远市青少年乒乓球锦标赛开幕式，该次比赛时间为16日至19日，清远市8个县（市、区）、6所市直学校的14支乒乓球代表队、191名运动员参加比赛。10月19日至23日，北江杯清远市第七届乡镇（街道）男子篮球赛在英德市举行，三江镇代表连南县参赛，获得第七名。12月18日至20日，清远市“中国体育彩票”青少年跆拳道锦标赛在清远市体育馆举行，连南县代表队派出10名运动员参赛，获3个铜牌、5个第五的成绩。12月26至27日，清远市门球锦标赛在清城区举行，由县老干部活动中心出队代表连南县参赛，获第二名。

【群众体育】 2020年8月8日，在连南县体育场举行连南瑶族自治县全民健身日启动仪式暨足球联赛开幕式。8月19至9月1日，2020年连南县创建文明城市、全民健身暨安全生产系列活动之职工乒乓球、羽毛球混合团体比赛在民族体育馆开赛，18支乒乓球队、17支羽毛球队参加。9月23日，中国农民丰收节系列活动暨广东连南第七届“稻鱼茶文化活动周”欢乐跑活动在三江河畔举行，县四套班子、各镇、各系统党委代表近500人参加。10月19日至11月17日，由连南县纪委、县委组织部、县委宣传部、县人民检察院、县人民法院、县公安局和县税务局共同举办，县体育总会承办的连南县第四届清风杯篮球赛在县民族体育馆举行。该次比赛16支科级组代表队、19支职工男子代表队和9支职工女子代表队，591名干部职工参加，经过29天109场角逐，高级中学、高中民小联队和政法系统二队分别夺得女子组、职工男子组和科级组冠军。12月8日至10日，由连南县委政法委、县文化广电旅游体育局和中国电信连南分公司联合主办的扫黑除恶、瑶山鹰眼、5G翼动共建平安健康连南之“电信杯”羽毛球混合团体邀请赛在县民族体育馆举行，12支团体赛代表队和9队嘉宾组参赛。12月25日，由连南县文明办举办的新时代文明实践活动——跑步和健步走健康讲座在县民族体育馆和县体育场举行，连南县各系统党委干部职工约100人参加。

【体育政务活动】 2020年1月3日，连南瑶族自治县体育场举行揭牌仪式，标志着连南县又一公共体育基础设施的正式落成并投入使用。4月14日，清远市政协主席梁志强一行到连南考察第十六届省运会比赛场馆，连南县委书记刘泽和、县政协主席李春益陪同考察。7月1日，清远市文化广电旅游体育局副局长蔡发明、局党组成员孙豪一行到连南调研省运会备战工作和青少年体育工作情况。12月22日，广东省民族宗教委民族工作二处处长、一级调研员李清国，广东省民族宗教委民族工作二处二级主任科员曹远鸿，广东省体育局群体处二级调研员杨英，广东省少数民族体育协会会长、广州体育学院副院长朱征宇一行到连南县民族体育馆、连南县体育场考察调研，县委常委、统战部部长黄素梅陪同考察。

（连南瑶族自治县文化广电旅游体育局）

卫生健康

卫生健康

【概况】 2020年，连南瑶族自治县各类医疗卫生机构93间，其中县直医疗卫生机构6间，包括二级综合医院县人民医院1间，中医院1间，专业公共卫生机构4间，即县疾病预防控制中心、县妇幼保健和计划生育服务中心、县卫生监督所、县慢性病防治站（与三江卫生院合二为一）；1间县级“120”急救指挥中心；乡镇卫生院7间；诊所、卫生所、医务室8间；农村卫生站71间。受理申请变更医疗机构7宗，审批7宗。卫生技术人员699人，注册执业医师（含助理执业医师）231人、注册护士356人。每千人口执业医师数1.72人，每千人口执业护士数2.65人。编制床位483张，每千常住人口拥有床位数3.6张。各类医疗机构（含卫生站和诊所）总诊疗人数48.2万人次，其中住院人次16061人次。

【新冠肺炎疫情防控】 2020年，连南瑶族自治县派出医护人员1272人次参与县联合检疫点防控，派出3名医护人员增援湖北，6名医务人员增援白云机场，派出医护人员49人次增援白云机场、清远市、英德市安置隔离酒店，派出医护人员122人次进驻各中小学、幼儿园指导新冠肺炎疫情防控工作。成立秋冬季常态化防控工作专项督查组，组织各医疗卫生单位的医务人员落实“四个一”应急处置机制，与各镇政府人员组成“三人工作组”，累计排查新冠肺炎疫情防控期间重点地区到该地人口及其家属1137人，其中重点地区返连南人员474人，境外返连南人员5人，本地接触者658人。县人民医院PCR核酸检测实验室正式运行，核酸检测33186份，检测结果全部阴性，检测率100%。组织各医疗卫生单位参加国家、广东省卫健委关于新型冠状病毒感染的肺炎救治和防控视频培训20多期，各医疗卫生单位自行组织全员培训80期、4000多人次，进行应急演练10次。做好医疗物资保障工作，将原设在县疾控中心的医疗应急物资仓库从250平方米扩建到500平方米。筹备消毒酒精2450瓶、84消毒液1842桶、免洗手消毒液11243瓶，防护类口罩93万余只、医用工作服610套、连体防护服750套、一次性手套23019副、防护眼镜370副、一次性医用防护服1140套、测温枪1007把。全面做好疫情防控宣传工作，发布各类新闻稿件62篇。通过户内外LED电子屏、宣传栏、宣传标语、微信、横额、广播等方式向全社会进行疫情防控宣传，实现宣传无死角、全覆盖。未收到疑似病例和确诊病例报告。连南瑶族自治县卫生健康局党支部被评为“清远市抗击新冠肺炎疫情先进集体”。

【医疗卫生体制改革】 2020年1月15日，连南瑶族自治县印发《连南瑶族自治县加强紧密型县域医疗卫生共同体建设实施方案》；1月19日，正式挂牌成立连南瑶族自治县县域医共体总医院，县中医院、县妇幼计生中心、7个乡镇卫生院为成员单位；3月24日，医共体总医院正式调整成立医共体党政办公室、医共体人力资源部、医共体医务部、医共体护理部、医共体药学部、医共体医学装备部、医共体财会核算中心、医共体信息中心、医共体后勤部，各司其职共同推进行政、人员、财务、质量、药械、信息“六统一”管理工作；5月，完成对各成员单位的新任执行院长聘任，7月，完成副院长配备。县域医共体胡伶平获2020年中国县市医院党建文化之星，连南县人民医院被健康报社评为2020年度“对口帮扶——医院能力再提升”优秀实践单位案例，县域医共体总医院危智盛被健康报社评为2020年度“对口帮扶——医院能力再提升”优秀实践个人案例，县人民医院黄建峰常务副院长被健康县域传媒授予2020年度“我在基层建功立业”称号；2020年1—12月，全县门诊人次482919人次，住院16061人次，医共体成员单位合计门诊（卫生院+卫生站）就诊230047人次，合计住院3494人次；住院率80.4%。

【基本公共卫生服务】 2020年，连南瑶族自治县居民电子健康档案累计建档人数123287人，建档率91.26%。其中35岁及以上高血压患者已管理人数4664人，规范管理人数3868人，规范管理率82.93%；35岁及以上Ⅱ型糖尿病患者已管理人数1299人，规范管理人数1035人，规范管理率79.68%。辖区同期管理的肺结核患者人数为69人，已管理的肺结核患者69人，管理率100%；严重精神障碍登记在册患者802人，管理人数793人，管理率96.88%。辖区内常住人口家庭医生签约人数为97498人，重点人群签约人数为32278人，重点人群以老年人、孕产妇、儿童、高血压、糖尿病、肺结核、严重精神障碍患者为基础，逐渐全面覆盖。农村建档立卡贫困人口5312人，贫困人口家庭医生签约率100%。

【妇幼保健】 2020年，连南瑶族自治县活产数1399人，产妇数1394人，产后访视率93.71%，孕产妇系统管理率87.13%，7岁以下儿童保健管理率95.06%，孕产妇住院分娩率99.14%，无孕产妇死亡病例。产前检查率92.18%，新生儿遗传代谢疾病筛查率99.27%，新生儿听力筛查率92.72%，出生缺陷发生率11.38‰，5岁以下儿童中重度贫血患病率0.23%，无重症地贫患儿出生。孕前优生健康检查326例，覆盖率80%；婚前医学检查率为54.43%；免费为妇女宫颈癌筛查1640人、乳腺癌筛查1644人，“两癌”建档率83.15%；为全县医疗机构内首次产检的956人进行“三病”（艾滋病、梅毒、乙肝）筛查。

【中医瑶医工作】 2020年9月28日，连南瑶族自治县中医院（瑶医医院）正式揭牌开业，聘请广东省中医院梅广源教授为名誉院长，由两名取得中医医术确有专长医师资格瑶医轮流坐诊，为群众提供集医疗、预防、保健、康复、疗养、养生等于一体的医疗健康服务。收集民间单方、验方、秘方306条，瑶药104种，其中经临床验证、筛选出疗效较为确切的有20多条，按传统方法炮制成制剂近10种，收录病案180个，瑶医文献手抄本书籍1本，建立瑶药资源数据库植物类、动物类、矿物质3大类305种。筹建连南县瑶医瑶药研究发展中心，完成方案建设、图纸设计和资金预算。筛选具有代表性的瑶医并造册登记226人，其中有突出代表性的瑶医14人，取得广东省中医医术确有专长人员资格的瑶医2人。

【卫生应急处置】 2020年，连南瑶族自治县组织各医疗卫生单位开展“新冠疫情防控应急处置”“食品安全”“防汛减灾”“消防安全”等突发公共卫生事件应急演练9场260人次。开展卫生应急知识集中培训23期，累计培训人员3400余人次，培训覆盖面100%，合格率100%。建立突发公共卫生事件专家组和应急队伍专业人员库，完善县人民医院急诊、120急救中心建设、爱心献血屋的管理工作，形成以急诊、120急救中心为核心、其他医疗机构为补充的统一指挥、协调有序的院前急救体系，实现与市级急救医疗指挥中心平台联网运行管理并规范运行，全面提升紧急医学救援实战能力。县人民医院建设临床基因扩增检验实验室，6月16日投入使用，实现县域内医疗机构具备核酸检测能力。

【卫生信息化建设】 2020年，连南瑶族自治县人民医院开通自助挂号+移动就医项目，开通微信公众号、支付宝生活号，为患者提供在线咨询、门诊预约挂号和当日挂号、门诊在线缴费、报告查询等便民惠民服务。实现信息互联网智慧医院，依托“广药—连南”模式下的省县镇医学影像诊断中心，利用云PACS系统开通寨岗分院、三江分院放射科与县人民医院放射科远程诊断，逐步将这一模式延伸至其他分院，每家分院培训一名影像技师，由县人民医院实施远程阅片诊断、远程影像质控等，提高影像诊断的准确性，减轻各分院的人力成本，减轻病人费用。实现医共体单位统一的LIS系统，使各成员单位检验同质化管理，达到检验结果互认。推进电子健康码推广应用，县人民医院电子健康码应用均上线运行。为方便老年人使用粤康码，上线通过身份证直接读取粤康码的功能。

【卫生基础建设】 2020年，连南瑶族自治县人民医院升级建设，门诊医技楼暨120急救指挥中心大楼竣工并投入使用；装修改造门诊住院综合楼、ICU层流建设，院内道路柏油化2.6万平方米；购置医疗设备231件，完成县人民医院三项甲类接种门诊建设、产科接种门诊改造、甲类犬伤门诊和成人接种门诊建设。县人民医院感染楼项目完成可研性报告批复、图纸设计，于12月5日开工。县妇幼计生服务中心综合大楼竣工，完成医疗设备采购。县级急救体系标准化建设，完成120急救指挥中心业务用房建设，采购急救信息化指挥调度系统、4辆救护车（含车载设备）、急救培训设备一批。县疾控中心完成方舱PCR实验室建设，12月17日验收并投入使用。县中医院发热门诊边坡支护开始施工。县疾控能力提升项目有序推进建设。完成县疾控中心疫苗冷链配送系统中心冷库建设和全县8家数字化接种门诊改建。完成采购移动PCR方舱实验室安装调试并投入使用，两个PCR实验室累计每日最大检测量650人份。县人民医院门诊医技楼大厅安装一批移动住院机、门诊壁挂机、住院壁挂机等银医自助设备，快速便捷实现自助就诊挂号、退号、物价查询、门诊缴费、凭条补打、满意度评价、住院缴费、实现住院床边结算等。

【卫生人才队伍建设】 2020年，连南瑶族自治县选派6人到上级医院进修学习、4人参加清远市儿科转岗培训、6人参加产科转岗培训（2名医生，4名护士）。组织各医疗卫生单位参加国家、省卫健委关于新型冠状病毒感染的肺炎救治和防控视频会议培训班40多期，各医疗卫生单位自行组织全员培训100多期，培训医务人员8000多人次，制订新冠疫情防控应急演练预案并组织防控、救治、核酸采样等应急演练11场次。通过到各医学高等院校自主招聘83人，其中，县人民医院到湖南等地引进主任医师、副主任医师、主治医师各1名，招聘韶关医学院等各类医学院校人才80名，其中本科9名、大专51名、中专23名。

【卫生健康宣传】 2020年，连南瑶族自治县卫生健康局印制《中华人民共和国中医药法》《国家基本公共卫生服务项目》宣传单和宣传围裙、环保袋等12种宣传资料3.4万份，向广大群众宣传健康知识。开展巡回医疗和上街咨询宣传活动，发放各种宣传资料1.5万余份。

【计划生育保障】 2020年，连南瑶族自治县被国家计划生育协会办公室评为“优生优育进万家‘赠险活动’优秀组织奖”，连南县卫生健康局获清远市2020年度计划生育保险优秀组织奖、2020年度清远市“银龄安康行动”卓越领航奖、“银龄安康行动”优秀组织奖。

【卫生健康依法行政】 2020年，连南瑶族自治县卫生健康局开展计生审查，年内审查2907人次；受理生育登记3640人次，再生育审批382人次；办理卫生计生信访件46件，办结46件，结案率为100%。全年出动卫生检查执法人员1209人次，车辆697车次，监督检查834间次，发出《卫生监督意见书》834份，制作现场笔录45份。取缔无证牙科诊所（档）2间次。完成案件查处13宗，结案13宗，罚款0.6万。

【计生政策落实】 2020年，连南瑶族自治县落实奖扶政策，四项奖扶完善率100%；奖励金落实率、及时率100%。各类计生奖励扶助金244.75万元，奖扶对象2330人，奖扶27322人次，奖励金发放率100%；兑现奖学金62人39600元，为符合《清远市符合计生优惠政策降分录取考生审批表》条件的47人办理审批；购买社会养老保险1033人、123960元。开展“生育关怀——紧急救助”活动，走访慰问计生困难家庭、纯二女户、独生子女户、特别扶助等对象84户，慰问金额25200元。以独生子女伤残死亡家庭等五类对象为重点，建立计划生育特别扶助对象联系人制度，目标人群覆盖率100%，家庭医生签约率100%，开通就医绿色通道。

【老龄工作服务】 2020年，连南瑶族自治县开展敬老活动，“银龄安康行动”老龄人参与26657人，政府出资每年每人10元，统保金额266570元，占老龄人口100%。县卫健局、县人寿保险公司联合举办迎重阳暨“弘扬养老孝老敬老传统 共建共享老年友好社会”主题活动。

【计划生育优质服务】 2020年，连南瑶族自治县结婚登记1095对，免费婚检596对，婚检率54.43%。助产机构内产妇965例，唐氏筛查785人，筛查率81.26%，新生儿疾病筛查率100%，地贫筛查2351人（孕前、婚前1165人，孕妇1186人），阳性夫妇录入系统率100%。落实农村适龄妇女两癌筛查，宫颈癌筛查1640人、乳腺癌筛查1644人，“两癌”建档率83.15%。

（连南瑶族自治县卫生健康局）

爱国卫生运动

【爱卫创卫】 2020年，连南瑶族自治县印发《连南瑶族自治县全面深化新时期爱国卫生运动实施方案（2015—2020年）的通知》。成功创建并复审考核“广东省卫生县城（镇）”一个；创建“清远市卫生镇”6个，实现2020年年底市级卫生镇全覆盖；省级卫生村179个，人口受益率47.12%；市级卫生村274个，人口受益率45.92%。印发《关于开展爱国卫生月活动的通知》，开展以“防疫有我，爱卫同行”为主题的秋冬季群众性爱国卫生运动，全面安排部署开展爱卫月活动。以“全民参与爱国卫生，共建同享健康中国”为主题，推动城镇环境卫生整洁行动，采取上下联动，以“共推‘厕所革命’共促卫生健康”为主题，组织开展整治脏、乱、差和城镇卫生检查评比。印发《关于开展以登革热防控为重点的环境卫生整治专项行动的通知》，组织对县城病媒生物分布“创卫”区域每月定期进行环境卫生整治。

【农村改厕改水】 2020年，连南瑶族自治县整体推进医疗卫生机构“厕所革命”，各医疗卫生单位有厕所600间，厕所管理达标592间，达标率98.67%（比2019年上升0.77%）；达标无害化厕所600间，普及率100%。医疗机构规范处置医疗废物，处置率100%；生活垃圾处理率100%。全年设置77个水质监测点，覆盖各乡镇（其中城区14个、乡镇57个、学校6个），监测点覆盖各乡镇，涉及25个饮水工程（其中3个为日供水1000吨以上饮水工程）。监测饮用水水质样品172份，合格162份，合格率94.19%。

【健康教育】 2020年，连南瑶族自治县开展控烟知识宣传。结合新冠肺炎疫情防控形势，采用线上、线下相结合的方式开展有关活动，以“2020年世界无烟日有奖问答”“12个问题帮你走出戒烟误区”为内容，以网络微信公众号宣传为主，让广大群众了解吸烟的危害及戒烟的好处；利用宣传栏、展板、橱窗、电子显示屏、悬挂横幅等宣传形式，开展无吸烟单位创建活动。该县4个单位创建“广东省无烟单位”。

（连南瑶族自治县卫生健康局）

疾病预防控制

【概况】 2020年，连南瑶族自治县疾病预防控制中心开展疾病预防与控制、突发公共卫生事件应急处置、疫情报告及健康相关因素信息管理、健康危害因素监测与干预、实验室检测分析与评价、健康教育与健康促进、技术管理与应用研究指导。

【新冠肺炎疫情防控】 2020年，连南瑶族自治县疾病预防控制中心制订新冠肺炎疫情防控工作方案，完成新冠病毒核酸检测实验室建设；组建5名新冠流调正选队伍、10名后备队伍，举办新冠核酸采样及检测技术培训，选送2名检验人员到上级进修学习，多次举办新冠肺炎疫情防控技术培训班，对辖区内医疗机构、车站、教堂、酒店、乡镇动物养殖场从业人员以及乡镇干部等进行培训22次、733人次；制订复工复产、会议、复学复课、节庆赛事、职业培训、各类考试和征兵等工作预案，培训、现场指导1850人次；对集中隔离场所、医疗机构、学校、酒店、敬老院、超市、景区、大型工厂等开展新冠肺炎疫情防控督导；对发热门诊及社区排查的重点人群开展核酸检测采样，送检6494份；对农贸市场、医疗机构、学校和污水处理厂等重点场所以及进口冰冻肉制品等重点产品进行采样检测1046份，污水采样检测62份；对机关饭堂、会议中心、酒店等公共场所进行终末消毒3次、面积约154000立方米；对政府公务车辆消毒85台次；对集中隔离场所防控区域设置、工作人员防护、场所消毒、垃圾处理等进行技术指导和培训；采购各类消毒药物约30吨，口罩约51万只，防护服约5000套及其他疫情防控物资；印制宣传单10万余张，向群众开展正面宣传。

【免疫规划接种】 2020年，连南瑶族自治县疾病预防控制中心加快推进疫苗冷链配送和预防接种标准化建设项目，8间预防接种门诊均已完成验收且投入使用。举办预防接种技术人员岗前培训班3期144人次。儿童常规免疫接种率达95%以上。排查疑似麻疹病例10例，AFP病例1例。开展疑似预防接种异常反应的监测单位9个，开展31种疫苗接种。各接种点发放疫苗11批次。

【疾病监测与控制】 2020年，连南瑶族自治县疾病预防控制中心每天专人负责各个疫情监测信息系统的监测工作，开展犬伤暴露人群、发热肺炎病例、霍乱、伤寒、副伤寒和痢疾监测工作。传染病自动预警分析处理60起，响应60起，响应率为100%，发现疑似事件1起，为流感暴发疫情，排除59起；传染病报告发病数1159例，乙类传染病报告发病9种464例，发病率比2019年同期上升9.18%，丙类传染病4种695例，发病率比2019年同期下降23.12%；报告传染病死亡3例，为艾滋病。发热肺炎病例监测率100%；开展霍乱、伤寒、副伤寒和痢疾监测工作，从业人员体检监测2768份样品，无发现阳性病例。腹泻病人登记37人，未发现疑似霍乱病人。开展登革热和寨卡病毒媒介伊蚊监测，全县调查户数8640户，阳性户数40户。

【传染病防控】 2020年，连南瑶族自治县疾病预防控制中心对媒介伊蚊进行监测，监测点均符合防控要求。开展艾滋病病毒抗体筛查22334人次，其中筛查阳性人数62人，确证检测数50人，确证阳性数47人；全县四间自愿咨询检测室开展艾滋病自愿咨询检测211人，阳性13人次，确证阳性11例；HIV和艾滋病人132人。县级和乡镇卫生院11间医疗机构开展死因网络报告，死因全人群监测覆盖率100%，建立死亡报告卡1100张。开展居民健康档案建档工作，居民健康档案建档数117010人，动态记录档案39256人。

【卫生健康监测】 2020年，连南瑶族自治县疾病预防控制中心对餐具消毒中心进行餐具消毒质量监测，采样39份，合格率100%。对医疗机构消毒效果进行监测，监测抽样186份，合格率86.59%。公共场所共抽样品214份，检测578项次。学校监测2间，检验301份水样，合格率100%。贫困户水质检验119份水样，合格率100%。学校“双随机”水质检验2份，合格率100%。城乡饮用水检测水样132份，合格率94%。城乡水龙头水质卫生监测每季度25个、全年100个均合格。学校综合卫生监测和卫生学评价，监测覆盖率100%。对医疗机构、隔离酒店、冷库和市场周边环境及其他重点场所开展消毒质量监测、评估，抽样2405份进行检测。全县9间医疗机构均开展食源性疾病病例监测工作，上报53例，识别疑似聚集性病例0起，核查2起疑似食物中毒。开展4次监测，鼠、蝇、蟑螂和成蚊密度均呈较低水平，各项指标比上年略有降低。

【卫生应急工作】 2020年，连南瑶族自治县疾病预防控制中心，健全卫生应急机制，开展突发公共卫生事件风险评估与报告，参加省、市应急培训班及应急演练，组织协助企业复工复产、学校复学复课、新冠肺炎疫情防控、食品安全等应急演练10次，提升突发公共卫生事件的预防和应急处置能力。

【健康教育培训】 2020年，连南瑶族自治县疾病预防控制中心结合新冠肺炎疫情防控加强健康宣传教育，开展“4·25”全国预防接种宣传日活动、第13个“全国疟疾日”、第14个世界狂犬病日、第23个“全国高血压日”等宣传活动，张贴宣传海报85张、制作宣传栏12期、全天滚动播放电子显示屏宣传标语、悬挂宣传横幅150条、发放各种宣传单35000张、宣传小礼品1300份，开展防病宣传和咨询活动。举办卫生应急处置、流行病学调查、采样送检、预防接种、传染病监测、基本公共卫生服务等培训学习25场次。

（连南瑶族自治县疾病预防控制中心）

卫生监督管理

【概况】 2020年，连南瑶族自治县卫生监督所受理卫生许可证申请52份，开展公共场所卫生、职业卫生、生活饮用水卫生、放射卫生、学校卫生、医疗卫生、卫生监督协管和传染病防治监督等各项卫生监督执法工作及专项整治活动，出动卫生检查执法人员1353人次，车辆572车次，监督检查场所708间次，发出《卫生监督意见书》650份，制作现场笔录49份，取缔无证牙科诊所（档）2间次，对违反卫生管理条例的单位进行卫生行政处罚，立案查处13宗，罚没金额0.6万元。

【行政许可】 2020年，连南瑶族自治县卫生监督所受理卫生许可证申请52份，其中新发证27间，延续9间，注销15间，变更1间，培训公共场所负责人或卫生管理人员27人。

【以案促管】 2020年，连南瑶族自治县卫生监督所立案结案13宗，罚没金额0.6万元，其中一般程序3宗（消毒产品2宗，职业卫生1宗），简易程序10宗（传染病防治1宗，公共场所3宗，职业卫生6宗）。

【双随机、一公开】 2020年，连南瑶族自治县卫生监督所贯彻落实“双随机、一公开”工作，在国家卫生健康监督信息报告系统清理及补充完善被监督单位信息卡、执法人员信息卡。执行国家监督抽查“双随机、一公开”任务数32件，抽到监督执法员6人，其中公共场所卫生21件，学校卫生21件，医疗卫生4件，传染病防治5件。完成监督任务30件，关闭2件，监督任务完成率93.75%，完结率100%，监督检查、检测结果录入国家系统，抽查结果按要求向社会公开。

【医疗机构综合监督】 2020年，连南瑶族自治县卫生监督所开展医疗卫生监督检查，出动卫生检查执法人员257人次、车辆80车次，检查受监督单位83间207间次，监督覆盖率90.22%，发出卫生监督意见书207份，现场笔录9份，医疗卫生行政处罚1宗。全县受监管医疗单位93间（包括县属医疗机构3间，乡镇卫生院7间，单采血浆站1间，中医备案个体诊所1间，保健所1间，牙科诊所4间，乡村卫生站76间）。开展医疗机构依法执业、医疗垃圾处置、医疗美容、消毒产品、农村卫生站等日常监督检查。开展血液安全卫生监督，全县受监管单位1间，主要监督检查单采血浆站资质、工作人员资质、制度建立、供浆者身份核查、供浆流程、医疗废物处理、传染病报告制度等。开展传染病防治卫生监督，全县受监管单位92间，监督检查医疗机构新冠肺炎疫情防控、《中华人民共和国传染病防治法》落实情况，检查医疗机构消毒、院感、传染病质量报告等工作。开展专项整治工作，如开展广东省卫生健康委做好疫情防控期间口腔专科医院暂停诊疗、发热门诊整改工作，开展中小学校周边环境整治、医疗废物检查、院感防控检查惩治非法卖卵代孕专项等专项监督检查工作，开展惩治非法行医专项行动，取缔无证流动牙医（档）2间。

【公共场所卫生监督】 2020年，连南瑶族自治县卫生监督所对全县190间单位开展日常监督检查，完成重大节日及会议的卫生保障工作。开展对酒店宾馆等住宿场所疫情防控落实情况专项排查、密闭通风不良场所卫生监督专项检查、国庆黄金周住宿场所新冠肺炎疫情防控卫生监督检查专项行动、提升公共场所卫生质量专项行动等专项检查工作；针对卫生许可证、健康证持证、新冠肺炎疫情防控、卫生消毒（通风装置、卫生洗消设施设备、保洁柜、消毒工作登记）等重点内容及环节开展检查整治，监督巡查336户次，出动卫生监督员672人次、车辆336车次，发出卫生监督意见书276份，现场笔录22份，卫生行政处罚3宗。

【餐饮具集中消毒卫生监督】 2020年，连南瑶族自治县卫生监督所开展餐饮具集中消毒服务单位监督检查，完成春节、“五一”、中秋、国庆重大节日的检查监督工作，主要对纯洁餐具消毒中心作业场所、设备设施、生产用水和洗涤剂、消毒剂、餐具、饮具的出厂检验、餐饮具包装标识等进行监督检查。监督检查5间次，出动卫生监督员10人次、车辆5车次，发出监督意见书5份。

【生活饮用水卫生监督】 2020年，连南瑶族自治县卫生监督所对2家集中式供水单位的各个制水环节进行监督检查，完成重大节假日卫生保障工作，掌握水厂每月水质检测报告水质情况。对2间供水单位的制、管水人员21人进行法律法规、卫生知识学习培训。对1家涉水产品生产企业的生产项目、产品标识、原料名称及采购记录、出厂检验、卫生安全自检等进行监督检查。监督检查单位3家11次，出动卫生监督员25人次、车辆11车次，发出《卫生监督意见书》11份。

【学校卫生监督】 2020年，连南瑶族自治县卫生监督所对全县受监管18间中小学校、17间托幼机构的传染病防控、教学环境卫生、饮用水卫生等重点内容进行监督检查，开展学校新冠肺炎疫情防控监督检查工作，完成国家双随机任务2件，参与各中小学校、托幼机构、校外机构等单位春季、秋季复课返校验收工作，参与6月香坪盘石幼儿园、11月三排龙翔小学的水痘暴发疫情处理。检查中小学校38间次，托幼机构30间次，出动卫生监督员129人次、车辆69车次，发出卫生监督意见书69份，现场笔录3份，监督覆盖率100%。

【卫生监督协管管理】 2020年，连南瑶族自治县卫生监督所做好业务指导工作，全县7个卫生监督协管室建立健全监管单位的本底资料，做到一户一档。卫生监督协管室对辖区内的医疗机构、公共场所、生活饮用水、学校等开展卫生监督协管巡查工作，实地巡查648户次，发出卫生监督协管指导意见书142份，报送《卫生监督巡查登记表》84份、《卫生监督信息报告登记表》84份，发现事件、线索次数125个，报告的事件、线索次数125个。

【职业病防治】 2020年，连南瑶族自治县卫生监督所对29家企业用人单位开展职业病防治监督检查工作，出动监督人员242人次，车辆62车次，监督检查用人单位72家次，开展《中华人民共和国职业病防治法》宣传活动1次，发放各类宣传资料268份，发出《现场笔录》15份、《卫生监督意见书》72份，立案处罚7宗（简易程序6宗、一般程序1宗），处罚金额0.5万元。组织29家企业负责人或管理人员43人次参加两期职业卫生负责人和管理人员培训班。开展职业放射卫生监督检查，对全县4家放射诊疗单位、18个放射工作人员开展监督检查9户次，出动监督人员18人次、车辆9车次，发出《卫生监督意见书》9份。

【疫情防控监督检查】 2020年，连南瑶族自治县卫生监督所做好疫情防控监督检查工作，重点做好医疗卫生机构、公共场所、生活饮用水、学校卫生、隔离场所、重大活动疫情防控监督检查，对县城的住宿场所、超市、三排南岗千年瑶寨民宿，尤其是接待酒店进行监督检查；检查基层医疗卫生机构预检分诊、发热门诊、医疗废物处置等情况；检查公共场所新冠肺炎疫情防控措施落实情况；做好瑶艺节卫生保障工作，对活动场所民族体育馆和三排油岭歌堂坪的新冠肺炎疫情常态化防控措施落实情况进行监督检查，协助参与疫情常态化防控，督导检查2次。

（连南瑶族自治县卫生监督所）

连南瑶族自治县人民医院

【概况】 2020年，连南瑶族自治县人民医院（以下简称县人民医院）全年总收入比上年下降2.93%，其中业务收入12355.84万元，比上年增长7.63%；门诊收入3749.65万元，比上年增长4.57%；住院收入8510.45万元，比上年增长9.27%；其他收入95.74万元，比上年下降9.33%；药品收入3210.54万元，比上年增长13.15%；总支出13933.22万元，比上年增长6.88%。

【新冠肺炎疫情防控】 2020年，县人民医院做好新冠肺炎疫情防控与医院正常医疗运作工作，落实常态化发热预检分诊工作，1月27日，设立发热预检分诊点，1月28日设立发热门诊；2月15日，邓都一妹、房秀凤、丘楚珊3名护士驰援武汉。抽调一线人员6人到鹿鸣交通排查点、26人到医院综合楼4楼过渡病房、6人到广州白云机场、2人组成清远护送小分队、3人到清远医学集中隔离点等参与疫情防控。安排医护人员在各个关口驻扎、下乡入户排查、做好防控知识宣教等工作，做好联防联控工作，抽调一线人员56人。投入26万建设规范发热门诊，发挥新冠肺炎疫情哨点监测作用；总投资4000万元（含设备）的感染楼于12月份前动工；完成PCR核酸检测实验室改建并于6月16日正式运行，投资250万对核酸实验室、检验科进行二次装修，加快核酸检测出结果速度。成立院感科，把院感科从医务科中独立出来，增设人员，专人专报传染病，开展院内感染的监测和控制。加大传染病、地方病、职业病等防治力度，院感科在7月和11月分别开展儿童预防接种和艾滋病健康咨询活动。

【县域医共体建设】 2020年，县人民医院推进紧密型县域医疗卫生共同体建设，逐步实现县域内医疗机构“行政、人员、财务、质量、药械、信息系统”六个方面统一管理。完成对各成员单位的新任执行院长聘任。

【门诊医技楼启用】 2020年9月28日，县人民医院门诊医技楼暨120急救指挥中心正式揭牌，为医务人员提供现代化的舒适安全工作环境，满足患者就医需求，做到挂号收费、诊疗取药等全流程一站式完成。

【中医院（瑶医医院）成立】 2020年9月28日，连南瑶族自治县中医院（瑶医医院）正式挂牌成立。该院以中医药为基础，以瑶医瑶药为特色，以中医特色诊法和瑶医特色诊法为主，设置有中医综合门诊、中医治未病中心和瑶医特色诊室。

【二甲复审通过】 2020年1月13日，县人民医院通过二级甲等综合医院评审。10月14—16日，清远市卫健局组织专家组进行二甲复审现场评审。12月11日，通过清远市卫健局专家组二甲复审。

【银医通自助设备启用】 2020年10月27日，县人民医院银医通自助设备正式启用，实现自助就诊挂号、退号、物价查询、门诊缴费、住院缴费、凭条补打、满意度评价等，缴费项目支持医保卡、银行卡、微信、支付宝及支付宝人脸识别。

【人才队伍建设】 2020年，县人民医院加强医疗卫生人才队伍建设和培养。年薪制引进高学历高职称人才，引进43名医疗人才，包括主任医师1名、副主任医师3名、主治医师1名，临床硕士2名、本科7名、大专26名（包括护理大专9名）。采取送出去、请进来方式加强人才培养。送技术骨干11人到上级医院进修学习，派出55人次参加新冠肺炎诊疗防控培训学习，举办业务学习32期，培训5904人次；开展全县助理全科医生转岗培训35人次、实习生培训132人次；接受广西贺州卫校、连州卫校等临床、护理、助产、药剂等专业实习25人，进修33人、见习3人。医院专业技术人员撰写论文，在国家和省级杂志上发表论文25篇；市科技局科研立项三项，结题二项。

【学科和重点专科建设】 2020年，县人民医院重视学科和重点专科的建设，拓展新医疗技术项目。开展17项新技术新项目；完成病房装修改造，脑科、普外科独立成区，肾内科从内一科独立成科。心血管内科开展冠脉造影术、PCI术，脑科开展脑血管造影术，血管外科开展脾动脉栓塞术、肝脏肿瘤栓塞术等；消化内科成功开展胃底曲张静脉“三明治”硬化治疗（EIS）+食管静脉曲张套扎术（EVL）；泌尿外科开展泌尿外科诊疗工作泌尿外科手术基本微创化，年手术量500多台。脑病中心脑科专家团队为病患施行显微镜下脑膜瘤切除术，新开展脑血管造影术。骨科成功完成1例102岁高龄患者经皮椎体成形。介入导管室（DSA）于3月筹建，开展多项血管内介入治疗技术，开展介入微创手术91例。11月开设博士门诊。

【公益活动】 2020年，广药附一院专家组织医院技术骨干下乡义诊，其中大型义诊6次，赠送药品1000余元；白内障免费手术治疗237例，县人民医院承担患者住院自付部分费用62.63万元；免费出动救护车到各个乡镇卫生院接急重症患者。

【获得荣誉】 2020年，县人民医院驰援湖北护师邓都一妹获“广东省民族团结进步模范个人”称号；县域医共体党委书记胡伶平获2020年中国县市医院党建文化之星、清远市优秀共产党员、清远市抗击新冠肺炎疫情先进个人；院长危智盛获“羊城青年好医生”称号；眼科主任管国奇荣获“2018—2020年全国改善医疗服务先进个人”称号；银医通获得“寻找县域医共体时间实践价值案例——信息化建设案例”银奖；医院房艳华、曾水秀、江桃、袁纲明获清远市医疗卫生机构“新基药粤健康”临床合理用药技能竞赛二等奖；医院潘晓华获2020年“第四届心动中国稳心杯”心电大赛清远赛区晋级赛二等奖。

（连南瑶族自治县人民医院）

社会生活

人力资源和社会保障

【概况】 2020年，连南瑶族自治县城镇新增就业1211人，城镇失业人员实现再就业356人，其中就业困难人员实现就业50人，城镇登记失业率控制在2.47%。开展各项补贴性职业技能提升培训78期3161人次，其中“粤菜师傅”开展培训14期433人次，“南粤家政”培训11期612人次。接收高校毕业生报到291人，实现就业283人，就业率97.3%；受理贷款申请165人次，申请金额4081万元，承贷机构发放贷款91笔2001万元。接到劳动者来访反映劳资矛盾纠纷问题23件，为209名务工人员追发工资等待遇405.56万元。

【扩大就业】 2020年，连南瑶族自治县举办精准扶贫现场招聘会7场，参与企业87家次，提供招聘岗位4000个次，发动贫困人员600人次参加“南粤春暖”“春风行动”“就业援助月”等招聘活动。将吸纳建档立卡贫困劳动力的就业补贴由每人3000元提高到每人5000元，累计向企业发放就业补助27人9.1万元。创建“扶贫基地”“扶贫车间”等就业安置点11个，吸纳41名贫困户就业。全县建档立卡有劳动能力贫困人口2132人，全部就业或参与产业扶贫。组织难以外出就业的贫困人员就地就近就业，安置贫困劳动力70人，发放岗位补贴每人每月1410元，贫困户实现增收。开发建档立卡家庭高校毕业生就业岗位，由清远市人社局组织招聘，分配3名连南户籍的建档立卡贫困家庭高校毕业生到县人社部门就业。建立企业联络员对接机制，筛选出县内较大的企业41家实行专人对接，其中就业人数30人以上的由县人社局主要领导牵头对接。

【劳动技能培训】 2020年，连南瑶族自治县人力资源和社会保障局响应省委、省政府关于组织实施“粤菜师傅”“广东技工”“南粤家政”的重要部署，采取“走出去、请进来”的工作方法，统筹推进三项工程在县落地见效。开发“瑶家风味菜”课程标准，该课程被列入省2020年职业技能提升补贴第一批新增补贴工种（项目）。投入5万元将寨岗镇明缘生态农庄建成市级“粤菜师傅”乡村示范性培训基地，提升连南县“粤菜师傅”培训实力。9月初，县人社局主动到广州市越秀区人社局对接，邀请广州市养老协会、广州宜尔宝家政服务公司等知名企业到县开办家政服务公司指导。举办“技创未来”——2020年清远市“粤菜师傅”技能大赛连南初赛，33人报名，其中13人通过理论和实操比赛，获得高级中式烹调师国家职业资格证书，6人晋级市级决赛。为支持企业复工复产，落实各项惠企政策，县人力资源和社会保障局开展企业线上适岗培训3家13期575人，发放补贴57.5万元；开展以工代训企业2家，发放以工代训补贴资金194.25万元。其中为县荣芳鞋业有限公司发放以工代训补贴资金及适岗培训补贴资金 247.8 万元。开展各项补贴性职业技能提升培训 78 期 3161 人次（完成市下达 1900 人任务的 166.37%），其中"粤菜师傅"开展培训 14 期 433 人次，"南粤家政"培训 11 期 612 人次。

【劳动纠纷调解】 2020 年，连南瑶族自治县人力资源和社会保障局联合县住建、交通、水利等相关部门，开展春节前根治欠薪冬季攻坚专项行动，排查在建工程项目 14 个、规模以上企业 15 户、矿山企业 2 户，其中美丽乡村建设项目 78 个，涉及劳动者 2358 人。接到劳动者来访反映劳资矛盾纠纷问题 23 件，为 209 名务工人员追发工资等待遇 405.56 万元。督促企业缴纳工人工资支付保证金，130 户企业缴纳保证金 3755.41 万元。受理仲裁案件 39 宗，结案涉及人数 81 人，结案金额 124 万元。案外调解 38 宗，涉及人数 80 人，结案金额 346.35 万元。

【社会保障】 2020 年，连南瑶族自治县人力资源和社会保障局落实矛盾纠纷和不稳定因素集中排查、处理工作。开展工伤认定工作，申请工伤认定 50 人，予以认定 50 人。开展劳动能力鉴定工作，伤残鉴定 21 人。开展出生年月更正认定工作 2 人。新冠肺炎疫情防控期间对符合申领稳岗补贴的企业实行快办快结，审核 2019 年稳岗补贴企业 308 家，发放补贴资金 117.21 万元。

【人才引进和服务】 2020 年，连南瑶族自治县人力资源和社会保障局发放益鲜美公司周志明、高级中学朱国河、县人民医院夏新中紧缺适用人才津贴 3 万元；发放"企业荐才"人才县华信钙业公司邓华森安家费 5 万元。完成 2019 年事业单位人员公开招聘工作，招聘的 104 人全部入职上岗并完成岗前培训。开展广东省事业单位招聘应届高校毕业生工作，计划招聘涉及 36 个岗位 36 人，实际招聘 8 人，完成聘用工作。协助做好医技人员的招聘引进工作，完成对援鄂编外医护人员进行破格聘用 1 名；完成粤东西北地区基层卫生紧缺人才公开招聘 14 名入职入编手续；完成连南县两批定向医学毕业生 22 人入职入编手续。协助做好教师招聘工作，招聘中小学教师 42 名，完成列编聘用等工作。

【事业单位人员管理】 2020 年，连南瑶族自治县开展县内职称认定 47 人，其中教师初级认定 45 人、综合类初级职称认定 2 人；县内职称评审 58 人。事业单位参加年度考核 2927 人，其中优秀 440 人（1 人为驻村干部），优秀率 15%（其中管理人员占 3%，专业技术人员占 11.2%，工勤技能人员占 0.8%）。

【机关事业单位工资福利审批】 2020 年，连南瑶族自治县制订《连南县机关事业单位工作人员死亡后遗属生活困难补助标准方案》。从 1 月起调整遗属生活困难补助标准，机关单位和公益一类事业单位遗属对象 396 人，人均月增 389 元，月增财政支出 15.4 万元，年增 184.89 万元。审核 2019 年效能建设考核奖、机关事业单位一次性奖金、事业单位绩效工资、三等功等资金。开展机关事业人员退休审核、月工资核发、咨询答复等日常事务。

（连南瑶族自治县人力资源和社会保障局）

社会保险基金管理

【概况】 2020 年，连南瑶族自治县参保人员 283666 人次，其中养老保险 86478 人，医疗保险 157407 人，职业年金 4689 人，失业保险 10766 人，工伤保险 12098 人，生育保险 12228 人。各项社会保险费实际收入 44176 万元，其中企业基本养老保险 6331 万元，机关事业养老保险 8306 万元，城乡居民养老保险（含各级补助收入）4831 万元，机关事业单位职业年金 6965 万元（其中虚账做实 2628 万元），失业保险 208 万元，职工医疗保险 5851 万元，城乡居民医疗保险（含各级补助收入）11386 万元，公务员医疗补助 298 万元。

企业养老保险和失业保险从2020年1月起由市社保局统一管理并账，10月起不再在县区做账。全年拨付待遇41225万元，其中企业养老保险13377万元，机关事业单位养老保险13821万元，城乡居民养老保险4320万元，失业保险167万元，失业稳岗补贴133万元，公务员医疗补助229万元，职业年金归集省归集户9178万元，医疗和生育保险由市社保局并账管理。

【社保政策宣传】 2020年，连南瑶族自治县社会保险基金管理局开展社会保险宣传，以动画、短视频、微信等宣传方式，用群众语言解读政策，推进养老保险待遇政策“看得懂算得清”宣传，组织工伤保险宣传进企业、进社区活动，加大失业补助金申领政策宣传力度。

【社保权益保障】 2020年，连南瑶族自治县社会保险基金管理局落实阶段性减免企业社会保险费工作，加强与税务部门的沟通，确保系统对接、及时退费，做好参保权益记录。开展“春风送暖、社保惠企”行动，送政策提信心，退回350家企业的各种社保缴费120.36万元；办理616人次失业人员领取失业金签到，发放失业金待遇168.31万元，按政策规定为享受失业保险待遇人员参加医疗保险；发放符合申报失业稳岗补贴企业319家119.32万元。做好失业补助金申领工作，申领失业补助金370人60.48万元。落实机关事业单位养老保险经办改革，做好机关事业单位退休人员中的“中人”待遇核定，核对退休老人、中人人数。发放机关事业单位退休人员养老待遇25362人次13828万元。规范企业养老保险和机关事业单位养老保险之间关系转移接续，推进职业年金基金实账积累。做好待遇发放相关工作，做好城镇职工养老按时足额拨付各项社会保险待遇。落实社保待遇调整提高工作，保障退休人员的基本生活。企业退休人员养老金提高到人均约1929元/月，7月起，城乡居民养老保险待遇人均180元/月。

（连南瑶族自治县社会保险基金管理局）

民 政

【概况】2020年，连南瑶族自治县民政局坚持“以人为本、为民解困、为民服务”的民政工作宗旨，围绕“生态与文化立县·全面高质量发展”新时代目标，按照“149”发展布局要求，全面贯彻落实各项民政工作。

【民生保障】 2020年，连南瑶族自治县城乡最低生活保障标准分别从每人每月702元和484元提高到807元和580元，城乡低保对象最低生活保障人均补差水平，分别从每月554元、251元提高到637元、301元，低保救助城镇146人、农村3658人，发放最低生活保障金1494.34万元。特困人员基本生活标准分别不低于每人每月1291.2元和928元，即不低于当地最低生活保障标准的1.6倍。12月特困供养对象城镇5人，农村440人，发放特困供养金656.76万元。提高孤儿基本生活最低养育标准，集中供养和分散供养分别从每人每月1685元和1025元提高到1820元和1110元，发放分散供养孤儿基本生活保障金27.861万元。提高困难残疾人生活补贴、重度残疾人护理补贴标准，分别从每人每年1980元、2640元提高到2100元、2820元，发放困难残疾人生活补贴267.98万元、重度残疾人护理补贴965.70万元。

【精准扶贫】 2020年，连南瑶族自治县将扶贫部门审核认定的完全丧失劳动能力或部分丧失劳动能力且无法依靠产业就业帮扶脱贫的贫困家庭纳入低保766户1143人，建档立卡贫困人口中的重度残疾人、重病患者参照“单人户”纳入最低生活保障563人。县民政局通过发放基本生活保障金实现政策性保障兜底，解决基本生活保障问题。落实临时救助政策，补贴临时救助建档立卡贫困对象1493人次233.11万元。核定脱贫攻坚数据，做好信息比对录入工作。

【基层政权和社区建设】 2020年，连南瑶族自治县民政局做好2021年村级换届选举筹备工作，指导各镇开展村（居）委会及其成员民主评议。健全村（居）务监督委员会，提升村级基层自治能力。全县69个村委会、2个社区居委会，均设立村（居）务监督委员会，成员213人，其中党员59人，女性7人，高中以上学历80人。

【村规民约】 2020年，连南瑶族自治县69个村委会、2个社区居委会、525个自然村全面修订完善村规民约和居民公约，寨岗镇石径村唐屋小组村规民约获得2020年“清远市优秀村规民约”优秀奖。

【地名管理】 2020年，连南瑶族自治县对县城新设131条道路街巷进行规范地名、补办地名命名申报工作，对4个不规范住宅区命名进行标准化审核。

【长寿金发放】 2020年，连南瑶族自治县80—99岁老年人长寿金标准为100元/人·月，100岁以上老年人长寿金标准为300元/人·月。发放长寿金人数3531人，发放老龄人长寿金422.26万元。

【社会组织登记管理】 2020年，连南瑶族自治县有社会组织70个，其中一般性社团49个，民办非企业单位21个。其中7个社会组织在县民政局登记。

【社会事务管理】 2020年，连南瑶族自治县办理婚姻登记1924对，其中办理结婚登记1174对，离婚登记570对，补发结婚登记证148对，补发离婚登记证32对。全县遗体火化467具，免除殡葬基本服务费325具32.5万元。

【养老机构管理】 2020年，连南瑶族自治县开展特困人员服务设施（敬老院）2020—2022年改造升级工程三年行动，推进养老机构升级改造。改造升级工程投入317.4万元，完成三排镇、三江镇、涡水镇、香坪镇敬老院升级改造，建设寨岗镇敬老院综合楼，完善县社会福利院消防设施。

【救助管理】 2020年，连南瑶族自治县利用原县退役军人事务局办公场所，投入75万元重建救助管理站，设救助对象住房6间、18张床位，其中儿童床位6张。

（连南瑶族自治县民政局）

民族宗教

【概况】 2020年，连南瑶族自治县总人口176845人，其中少数民族人口为101810人，占总人口57.57%；瑶族人口为99437人，占少数民族总人口的97.67%，壮族人口为2118人，占少数民族总人口的2.08%。全县有1426名少数民族大学生通过广东省审核，每人获得10000元的资助。开展全国民族团结进步示范县创建工作，指导县瑶族博物馆布置民族团结进步展览厅。

【少数民族发展资金项目建设】 2020年，中央、省、市下达少数民族发展资金6200万元，实施项目12个，其中中央少数民族发展资金300万元，实施项目1个；省级少数民族发展资金5400万元，实施项目10个；市级少数民族发展资金500万元，实施项目1个。

【少数民族特色村寨建设】 2020年，连南瑶族自治县结合少数民族发展资金的使用与管理工作，做好省级少数民族特色村寨的申报工作，向广东省民宗委推荐大坪镇大坪村委会中平村、涡水镇大竹湾村沙田自然村、大麦山镇新寨村九寨自然村、三江镇竹新自然村、沿陂村等7个具有瑶族特色的少数民族村寨为省级少数民族特色村寨。大坪镇大坪村委会中平村、涡水镇大竹湾村沙田自然村、三江镇竹新自然村、沿陂村4个少数民族村寨被广东省民族宗教委命名为第一批省级少数民族特色村寨。

【少数民族学生审核】 2020年，连南瑶族自治县民族宗教部门做好散居少数民族学生照顾降分录取审批工作，为在外地就读的少数民族学生提供支持。做好少数民族高考考生报考少数民族高校录取加分审核工作，为符合条件的585名连南籍少数考试办理录取照顾申请手续，为全县少数民族考生参加2021年高考提供政策支持。

【宗教管理】 2020年，连南瑶族自治县开展“宗教政策法规学习月”各项活动，各镇及县直有关单位在“宗教政策法规学习月”活动中组织干部职工学习《宗教事务条例》和新修订的《广东省宗教事务条例》，县委理论学习中心组专门组织县四套子及有关单位领导学习新修订的《广东省宗教事务条例》。结合普法宣传活动，以进村、进社区的方式，通过宣传横幅、派发宣传手册、新媒体微信公众号、LED显示屏等形式，宣传《宗教事务条例》和新修订的《广东省宗教事务条例》等宗教政策法规知识。

【民族团结】 2020年，连南瑶族自治县广泛开展民族团结进步宣传月活动。以召开民族团结进步宣传月专题工作会议、派发宣传手册、放置宣传展板、播放LED显示屏宣传标语以及举办书法、朗诵比赛等多种形式开展活动，宣传党的民族理论政策，广泛普及民族知识，深化民族团结进步教育。配合县瑶族博物馆布展民族团结进步展览厅，组织县文化馆歌舞队到7个镇开展2020年连南瑶族自治县民族团结进步宣传“进基层、进农村”活动。开展民族团结进步模范个人推选工作，9月，李心怡、邓都一妹、房一贵被评为“广东省民族团结进步模范个人”。

镇

三江镇

【概况】 三江镇位于县境东北部，西南北三面群山环抱，东面较平坦，与连州市相连，是连南县的政治、经济、文化中心，是县委县政府所在地。2020年，全镇总面积240平方千米，下辖10个行政村、1个社区居委会，161个村（居）民小组，瑶汉聚居，常住人口约42880万人。国道323线贯穿全镇，清连高速和二广高速经镇内通过，镇内村村实现道路水泥硬底化，形成较为完善的交通网络。

【疫情防控】 2020年，新冠肺炎疫情防控阻击战打响以来，三江镇坚持把人民生命安全和身体健康放在第一位，以党建为引领、党员带头，各村级党组织成立党员突击队和志愿者队，带领党员干部和志愿者奔赴抗疫一线。全镇近120人组成40个防疫网格“三人工作组”，动员村（居）小组长、党员、志愿者近200人开展网格化入户大排查，排查12236户46751人。安排党员干部到二广高速公路出入口、县汽车客运站联防值守，各村自发组织志愿者在主要路口设卡防守，充分利用微信、短信、电视、广播、宣传横幅等宣传疫情防控知识，线上线下、全民动员、联防联控，全镇保持零输入、零传播、零感染。2020年，三江镇被评为清远市抗击新冠肺炎疫情先进集体。

【经济发展】 2020年，三江镇农作物总播种面积45504亩，其中粮食播种面积13703亩，粮食总产量5554吨，肉类总产量1443.6吨，年末常用耕地面积14529.7亩，年末有效灌溉面积9083.11亩。年初，疫情发生以来，三江镇党员干部助力疫情防控和复耕复产，投入20万元用于应急春耕水利建设，投入一批消灭红火蚁药物并派技术员到田间指导灭蚁工作，发放优质谷种2900多千克助力春耕生产。通过微信公众号、乡村新闻官平台帮助贫困户和群众解决2.75万千克香菇滞销问题。联红村150亩的特色无花果种植基地、城西村800亩的蔬菜基地以及近60万棒的香菇产业项目均如期复耕复产。培育和发展优质高效经济农业主体，有专业合作社48个，家庭农场19个，主要发展联红无花果、蔬菜、沃柑等13个规模农业项目。打造“一村一品、一镇一业”等特色产业项目，成功申报联红村无花果种植基地项目，新和村水果玉米种植项目及塘冲村瑶寨乳鸽养殖项目完成2021年的申报入库工作。

【美丽乡村建设】 2020年，三江镇创建26个整洁村，40个示范村、10个特色村、1个生态村。三清三拆中拆危旧房756间、拆危旧房土地面积642161.7平方米、危房改造58户、完成垃圾整治村65个、垃圾分类收集桶4387个、污水处理设施44个、排污管道74765米、完成人畜分离村12个、户厕改造5216户。加强黑臭水体巡查和排查工作，镇、村河长巡河1000多次，组织清漂行动10多次。全力打好污染防治攻坚战，疏堵结合推进秸秆禁烧专项整治。

【脱贫攻坚】2020年，是脱贫攻坚的收官之年，三江镇279户668贫困人口全部达到退出标准。及时排查，补齐脱贫攻坚“短板”，对全镇126户未完全达到“八有”标准的贫困户及时进行整改。针对因疫情影响导致脱贫压力增大问题，帮助扶贫产业的业主办理就业创业贴息贷款，为联红村无花果基地、塘冲村白鸽养殖基地争取到扶持壮大村集体经济专项经费100万元。结合“一村一品”申报工作，为食用菌、无花果、水果玉米等特色扶贫项目申请各级奖补资金近300万元，确保产业扶贫项目在疫情后快速复苏。巩固脱贫攻坚成效，通过推进产业帮扶、就业帮扶、开发公益性岗位、东塘洞温室大棚租金分红、光伏发电项目、内田香菇厂项目分红期延长两年等方式巩固脱贫成效。安排15个贫困户公益性岗位，组织60多人次参加面向贫困人口的精准扶贫招聘会，110名贫困户劳动力实现就业。

【基础设施建设】2020年，三江镇推进“四好农村路”建设，全年完成建设任务37.8千米。推进鹿鸣稻丰谷项目征地、“五通一平”、生态公墓、鹿鸣路等配套建设工作，完成投资8255.9万元。稳步推进石泉山文化体育公园一、二期顺利完成建设，三期建设项目正在推进建设；旅游公共服务体系全面优化，石泉公园、金坑生态村申报国家AAA级旅游景区，完成旅游公厕升级改造，“云上瑶家”民宿项目招商有序推进。金坑桥、大龙村破水坑公路、Y681线、三江源龙腹陂等工程的建设，为县城提质扩容奠定基础。

【社会保障】2020年，三江镇推进城乡居民医疗保险、城乡居民养老保险、失地农民养老保险和农村社会保险继缴工作，农村居民参加2021年城乡医疗保险人数21145人，实现养老保险覆盖率94.8%。做好民生保障工作，将370户616人纳入最低生活保障，发放低保金228.7万元。特困人员68人，供养金75.4万元，护理费20.5万元。做好扶贫兜底工作，县、镇两级向90人次发放临时救助金39.6万元。为46名困难人员办理医疗救助申请，发放救助金110.6万元。向817名一、二级重度残疾人发放重度护理补贴232万元，低保户中的残疾人272人发放困难生活补贴53.7万元。投入36万余元对三江敬老院进行升级改造，安装空调、电视机、视频监控等。

【卫生健康】2020年，三江镇开展孕前优生健康检查，67人参加免费的孕前优生检查。办理一、二孩生育登记242人次，再生育审批35人次，办理户籍迁移867人次，婚姻信息登记及变更842条，为农村纯二女户、特扶、术后并发症、病残儿、农村独生子女等家庭680户购买安康保险和补充医疗保险。组织开展“防疫有我，爱卫同行”等多个主题的爱国卫生活动，超额完成县下达的无偿献血任务。

【文化生活】2020年，三江镇文化站完成升级改造并投入使用，顺利升级为特级站，新增手机扫码自动录入图书2000册，征集联红小学2000册闲置图书入站，实现全镇藏书1.5万册，完成微型博物馆建设并开放使用。文化站承办专题流动展览3次，观展人数1500人次；开展图书阅读、推广活动，举办18次送书下乡活动，赠送图书3000册；寒假期间开办为期5天的少儿绘画、舞蹈班各一期，参训40人次；开展“送福字送春联”活动4场，乡村春节联欢晚会9场，文化惠民送戏下乡18次，丰富农村精神文化生活。

【社会治理】2020年，三江镇推进平安创建，人民群众安全感不断提高。开展扫黑除恶工作，通过摸底排查挖掘扫黑除恶线索，开展重点区域涉黑涉恶突出问题专项整治行动；广泛开展扫黑除恶专项斗争宣传，开展各种形式宣传150多场。广泛禁毒宣传教育工作，开展“六进”禁毒宣传活动，参加宣传禁毒活动48场，发动禁毒志愿者100人次，发放禁毒宣传资料5000多份，在灯柱悬挂宣传标语200多条，展示禁毒图片300幅。抓好普法及法治建设。开展民法典普法宣传，通过向群众派发宣传册，利用宣讲团针对不同群体开展专项讲座，开展民法典专题讲座6场次，受教500多人次。启动“瑶山鹰眼”“瑶山大喇叭”，形成从点到面、联防到户、技防到人的治安防控体系，打通农村治安防控“最后一公里”。

【安全生产】 2020年，三江镇开展安全生产专项整治，开展烟花爆竹、建筑施工、道路交通、消防安全等重点行业和领域专项整治，开展安全检查51余次，受检单位161余家次，查出安全隐患44处，整改41处，现场整改3处。以安全生产月活动为契机，开展安全生产宣传10次。

【党建党廉】 2020年，三江镇党的建设不断加强。打造金坑村、六联村农村基层党建示范村，金坑村参加2020年清远市乡村振兴擂台赛并获得铜奖和农房管控与风貌提升单项奖。开展作风建设，履行全面从严治党主体责任和党风廉政建设责任，狠抓队伍作风建设，落实中央八项规定精神，整治“四风”，加大对“正风”行动和“公述民评”活动的宣传力度，全年没有收到镇机关作风问题投诉，“12345”热线的受理投诉件194件，处理率100%。加强清远勤廉监督系统微监督平台的推广和使用工作，上传到勤廉监督系统微监督平台的信息286条。

2020年三江镇主要社会经济指标表

表5

指标名称	单位	数量
社区居委会	个	1
村民委员会	个	10
村民小组	个	153
行政区域面积	公顷	21887.05
年末常用耕地面积	公顷	971.65
年末有效灌溉面积	公顷	605.54
乡镇总户数	户	11829
乡镇总人数	人	42880
农业户数	人	6865
农业总人口	人	26897
工农业总产值	万元	—
其中：工业总产值	万元	—
农业总产值	万元	—
工商税收收入	万元	—

续表 5

指标名称	单位	数量
农作物总播种面积	亩	45504
其中粮食播种面积	亩	13703
粮食总产量	吨	5554
肉类总产量	吨	1443.6
乡镇财政供养人数	人	69
其中公务员	人	47
享受居民最低生活保障	人	616
居民储蓄存款余额	万元	—
农民人均纯收入	元	—
圩镇总户数	户	—
圩镇总人口数	人	—

2020 年三江镇村民委员会基本情况表

表 6

序号	村（居）委会	书记	主任	村（居）民小组（个）	总户数（户）	总人口（人）	集体所有农用地总面积（万亩）
1	城西	1	1	26	885	3756	0.8605
2	五星	1	1	15	623	2358	0.3795
3	东和	1	1	15	627	2933	0.7539
4	六联	1	1	13	525	2395	0.7355
5	联红	1	1	14	617	2777	0.3288
6	新和	1	1	16	635	2998	1.6140
7	大龙	1	1	10	274	1360	1.4605
8	内田	1	1	12	398	2032	4.7939
9	金坑	1	1	18	598	2864	7.1951
10	塘冲	1	1	14	510	2564	3.7435
11	社区	1	1	8	6137	16843	—

（三江镇人民政府）

寨岗镇

【概况】 2020年，寨岗镇辖23个行政村，1个社区居委会，214个自然村，253个村民理事会，267个村民小组，有13404户，总人口51082人。1个党委，24个党总支部，23个村务监督委员会，下设自然村（组）党支部53个，“两新”党支部6个，机关事业单位党支部6个。该镇有1个经济联合总社，23个经济联合社，266个经济合作社。土地总面积为275平方千米，耕地面积3.2688万亩，林地面积33.9万亩。

【经济发展】 2020年，寨岗镇地区生产总值14.4亿元，比2019年增长5.1%，其中第一产业产值3.5亿元，比上年增长6%；第二产业产值7.4亿元，比上年增长8%。第三产业产值3.5亿元，与上年持平。农民年人均可支配收入15456.1元，比2019年增长8.4%。

农业 2020年，寨岗镇有4户养鸡大户，年出栏清远鸡10万羽以上，产值650万元左右。柑橘种植面积2000亩，挂果面积1200亩，产量750千克/亩，产值约600万元。完成万亩茶园项目第一期3000亩租地任务，种植2100亩，散茶150亩，野生茶1000亩，年产干茶10吨，产值约300万元。组织实施廻龙玉米示范基地土地治理项目及发展成头冲壮大村集体产业虾子莲项目。

重点项目建设 2020年，寨岗镇重点项目有S262线改建、城北新区，220千伏高联输变电，寨岗中学扩建以及寨岗中心卫生院进出路段项目。城北新区暨S262线改建项目土地测量面积569.72亩，完成征地手续面积510.07亩，完成率为89.53%，支付征地款约2393万元，清点青苗补偿款约48万元；220千伏高联输变电项目总征地面积为136.39亩，完成征地约127.5亩，完成率93.48%，发放征地补偿款及青苗补偿款约400万元；寨岗中心卫生院进出路段项目计划征地14.21亩，完成征收13.37亩，完成率94.09%，累计发放征地补偿及青苗补偿71万余元；寨岗中学扩建项目计划征收土地68.44亩，完善征地手续面积60.68亩，完成率88.66%，累计发放征地补偿款420万余元，累计清点青苗10余户次，发放青苗补偿款1.5万余元；聘请省内环保（污水处理）权威单位为污水处理设备整改提供技术支撑，增加进出水计量与水质监测、出水消毒设施，安装pH、COD等主要水质指标在线监测监控装置，投入资金98.81万元。

【社会事业发展】

文化教育 2020年，寨岗镇有1所独立初中寨岗中学，1所九年一贯制中心学校寨南中心学校，8所完全小学：寨岗镇中心小学、官坑小学、廻龙小学、社墩小学、山心小学、金鸡小学、安田小学、马安中心学校。有幼儿园5所，其中公办3所、民办2所，在园幼儿1211人；小学附设幼儿班8个，在班幼儿211人。在校中小学生4041人，其中中学生923人、小学生3118人；专任教师392人，其中小学专任教师190人，初中专任教师89人，幼儿园专任教师102人，成人文化技术学校专任教师11人。

劳动就业 2020年，寨岗镇劳务输出1112人次，其中县内92人次，省外65人次，省内955人次。实现劳务转移收入约2000万元，输出人员主要从事建筑、加工、运输、家政及进厂务工等。组织种养、电工、中式面点师、中式烹调师、保育员、月嫂、岗前培训等培训443人次，其中有劳力贫困户人员参加种养培训52人。

社会保障 2020年，寨岗镇农村享受最低生活保障户数523户、1131人，发放低保金410.55万元；城镇享受最低生活保障人数24人，五保户221人，其中敬老院集中供养25人，分散五保196人。上报因病致贫和低收入救助困难家庭医疗救助31件，领取80岁以上长寿金13689人次，每人每月领取100元，含个别百岁老人长寿补贴。全镇领取残疾人重度护理补贴11066人次2601215元。领取残疾人困难生活补贴4204人次701250元。新冠肺炎疫情防控期间，为困难残疾人发放辅器38件，发放防控物品口罩160只、体温枪2台、洗手液4瓶，慰问困难残疾人185户、92500元。

人口和计划生育 2020年，寨岗镇户籍人口51182人，常住人口35276人，出生人口595人，开展免费孕前优生健康检查16人次。系统平台业务通报总数2408条，及时处理2408条，及时处理率100%。

文化体育 2020年，寨岗镇有文化站1个，村级文化室24个。举办元旦晚会、元旦杯篮球赛、六一儿童节活动、七夕联谊会、暑期书法培训班、广场舞大赛等，安排32场“送戏下乡”活动，将寨岗镇文化站作为连南县文化馆图书馆寨岗分馆，下设安田村、金光村和新寨村3个寨岗分馆服务点，实行借阅书籍电子识别实名制，增加书籍1371本，镇图书馆入库总藏书10141本，文化站达到一级站的标准要求，实现基层文化服务中心覆盖率100%。

【党风廉政建设】 2020年，寨岗镇24个村委会（社区）99个自然村（村民小组）实现党小组长与村（居）民小组长100%交叉任职。村（社区）“两委”干部，平均年龄46岁，高中及以上学历人数108人，预计2021年换届后平均年龄为38.6岁，高中及以上学历人数128人。全镇党组织开展相关专题学习3696场次、主题党日活动708次。发展党员16名，其中农牧渔民9名，非公组织1名，党政机关6名。纪委排查违纪违法线索8条，立案8件，结案5件，查处5人，开展提醒谈话25人次，警诫谈话6人次，日常谈话167人次，任前廉政谈话3人次。

【综治信访】 2020年，寨岗镇接收网上信访3宗，县信访局移交8宗；“12345”热线受理273宗，县委书记、县长信箱5宗，均及时办结。

扫黑除恶 2020年，寨岗镇收集涉黑涉恶和行业乱象线索7条，上级转办线索2条。发放扫黑除恶宣传告知单4000余份，悬挂横幅30多条，张贴宣传海报100多份，设置宣传栏25处，大型宣传牌3处，开展文艺会演13场次。

全民禁毒 2020年，寨岗镇社区戒毒社区康复人员18人，解除5人，未发生吸毒人员肇事肇祸事件。派出所组织清查、动员行动15批次，排查涉毒重点人员20人。开展167余场禁毒宣传，发放宣传物品3万余份，省级媒体宣传27篇，市级媒体宣传40篇。创新采用“党组织＋社工站＋乡村宗祠”的方式，提高社会各界对寨岗禁毒工作的认识度。

扫黄打非 2020年，寨岗镇通过户外拉横幅、制作宣传栏、LED屏滚动显示等传统途径，利用市、县、镇公众微信号开展“扫黄打非”宣传。悬挂宣传横幅24份，LED滚屏播放24处4000多次，开展“扫黄打非”专项执法行动10次，检查各类文化经营场所153家次。

【精准扶贫】 2020年，寨岗镇建档立卡贫困户有422户、856人，其中有劳动能力贫困户134户、444人；无劳动能力贫困户288户、412人。其中一般贫困户90户、301人，低保贫困户180户、397人，五保贫困户152户、158人。建档立卡16—59岁非在校生贫困人口388人，落实购买养老保险，参保率100%。60岁及以上352人全部领取养老金。建档立卡贫困人口户均纯收入19244.46元。整合45亩土地，打造“九彩”桃梨种植基地，并依托村级10亩兰花种植项目“公司＋基地＋政府”经验，启动镇级兰花种植基地，选址在安田村村级兰花基地旁，销售兰花22.2万元，将全镇有劳动能力贫困户133户、444人纳入分红，人均500元。

【美丽乡村建设】 2020年，寨岗镇建有特色村14个、示范村78个、整洁村128个，完成人居环境综合整治。推进省级新农村连片示范项目建设，2个核心村、16个辐射村建设任务基本完成。建成镇级污水设施1个，覆盖10个自然村，完成污水池建设并运作的自然村95个。新建和改造农村公厕153座，卫生户厕11279户。自然村保洁覆盖率100%、生活垃圾处理率100%。23个行政村201户贫困户完成改造农村危房，自然村公路硬化率100%。

【安全生产】 2020年，寨岗镇监督检查企业305家次，参加检查人员1012人次，出动车辆236车次。其中到辖区内非煤矿山开展检查行动22次，出动人员193人次，出动车辆49车次；开展危险化学品安全检查行动11次，检查21家次，参加检查人员144人次，出动车辆33车次；法定假期期间，开展烟花爆竹专项检查行动10次，检查58家次，参加检查人员93人次，出动车辆21车次；安监、消防、城监等部门积极配合县、镇交通等相关部门开展交通安全专项大检查3次，参加检查人员60多人次，出动车辆15车次；开展消防安全检查141次，检查单位428家次。专职消防队接警出动24次，成功扑救火灾22起，参与人员120人次，出动车辆24车次，未发生火灾伤亡事故。

2020年寨岗镇主要社会经济指标表

表7

指标名称	计量单位	数量
社区居委会	个	1
村民委员会	个	23
村民小组	个	266
行政区域面积	公顷	33041.22
年末常用耕地面积	公顷	2687.75
年末有效灌溉面积	公顷	1017.80
乡镇用电总量	万千瓦时	8640
乡镇总户数	户	13404
乡镇总人数	人	51082
农业户数	人	12062
农业总人口	人	47641
生产总值	万元	144000
其中：工业总产值	万元	74000
农业总产值	万元	35000
工商税收收入	万元	—
农作物总播种面积	亩	98074
其中粮食播种面积	亩	33506
粮食总产量	吨	12818
肉类总产量	吨	2774.6

续表 7

指标名称	计量单位	数量
乡镇财政供给人数	人	73
其中公务员	人	53
参加农村新型合作医疗	人	42053
参加农村社会养老保险	人	21058
享受居民最低生活保障	人 / 月	1142
居民储蓄存款余额	万元	—
农民人均可支配收入	元	15456.1
圩镇总户数	户	3784
圩镇总人口数	人	12905

2020 年寨岗镇村民委员会基本情况表

表 8

序号	村（居）委会	书记兼主任	村（居）民小组（个）	总户数（户）	总人口（人）	集体所有农用地总面积（万亩）
1	成头冲	1	7	266	1067	0.4373
2	阳 爱	1	13	651	2449	0.6396
3	石坑莨	1	11	486	1854	0.8198
4	金 光	1	8	385	1433	0.6334
5	东 升	1	9	359	1254	0.5625
6	官 坑	1	19	954	3669	0.9988
7	金 星	1	6	342	1420	0.4851
8	新 埠	1	5	131	474	0.2077
9	万 角	1	22	1015	3901	0.4126
10	社 墩	1	14	830	3309	1.0336
11	山 心	1	10	574	2356	1.0993
12	香 车	1	3	187	723	0.1010
13	铁 坑	1	6	237	982	0.6600
14	迴 龙	1	10	602	2346	0.1317

续表 8

序号	村（居）委会	书记兼主任	村（居）民小组（个）	总户数（户）	总人口（人）	集体所有农用地总面积（万亩）
15	金 鸡	1	14	791	3223	1.3733
16	安 田	1	13	812	3260	2.2269
17	老虎冲	1	12	333	1360	2.4769
18	称 架	1	16	632	2577	0.2317
19	吊 尾	1	21	926	3772	2.7813
20	新 寨	1	9	275	1105	4.4731
21	石 径	1	21	764	3036	8.4591
22	白水坑	1	3	146	648	3.5606
23	山 联	1	15	364	1523	6.8633
24	居 委	1	4	1342	3341	0

（寨岗镇人民政府）

三排镇

【概况】 三排镇是连南瑶族自治县通往珠三角地区的南大门，东邻连州市九陂镇，南依连南县寨岗镇，西靠连南县涡水镇，北接连南县城三江镇，是连南瑶族自治县瑶族人口最多的少数民族聚居镇，也是广东省最大的瑶族镇。

镇政府驻地山溪村，距县城 8 千米，107 国道、省道 S261 线贯穿全镇南北，交通便利。全镇区域面积 150 平方千米，下辖 10 个行政村、56 个自然村、174 个村民小组。2020 年，全镇农业总户数 5925 户，农业户籍总人口 27832 人，农村总劳动力数 16423 人。

三排镇是民族管弦乐曲《瑶族舞曲》的故乡，境内喀斯特地貌风光突出，瑶族风情浓郁，拥有 1 个国家 AAAA 级旅游景区、4 个特色村寨、3 个传统古村落，是连南瑶族文化保存最好的区域。民间文化底蕴深厚，至今仍保留着远古遗风，瑶族耍歌堂和瑶族长鼓舞享誉海内外，被列为国家级非物质文化遗产名录，排瑶婚俗、瑶族刺绣、长鼓制作等也列入省级非物质文化遗产名录，是连南县重点打造的民俗生态文化旅游区域。

三排镇已制定《美丽小镇·三排镇总体规划（2015—2035）》，并按照“清远美丽小镇、广东旅游名镇、南岭瑶族中心镇”的目标定位，举全镇之力、集全民之智，建设广东瑶族首善之镇。

【经济发展】 农业 2020 年，三排镇继续引进新、优品种，依靠科技进步，加快农业“示范”基地建设。春播生产保持稳定，水稻 6955 亩，玉米 8756 亩，花生 12423 亩，番薯 4721 亩。在良种方面，水稻新品泰丰优 110 千克、裕优 4911.30 千克、万象优华占 40 千克、玉米新品种正大 43 千克、正大 325 千克、内香 8518 号 100 千克、深优 97125 号 150 千克、深优 9786 号 150 千克、宣番 3003 号 100 公斤、丰两优 1 号 50 千克。

林业 2020 年，三排镇规范森林资源管理，加强林地保护和管理，严格执行林地保护管理办法，严格执行限额采伐，依照上级下达的森林采伐计划，严格把关、严守程序、严格监督，无滥伐生态公益林案，未发现违规占用林地项目。严格执行县、镇防火指挥部的有关要求，在防火期，严防死守抓防火，确保森林安全，严格建立防火值班制度，建立健全防火机制，严格执行镇辖区内全天候禁止一切野外用火。在春季造林期间认真开展春季造林工作，指导林农春季造林，完成约600亩社会造林。开展全民义务植树运动，种植樱花、桃花、紫薇、楠木4250株。

危房改造 2020年，三排镇开展对2015—2019年享受危房改造户的房屋建设现状排查，发现尚有61户的房屋配套设施比较简陋，全部完成改造。开展有历史价值的古建筑排查工作，申请上报69处古建筑，除属历史建筑的古建筑外，有4处古建筑获批成为县级历史建筑，其中南岗村3处，油岭村1处。

【社会事业发展】 *文化、教育、旅游* 2020年，三排镇加大文化基础设施建设力度，有文化站1个（包含7个功能室），10个村级综合文化服务中心，12个村级文化舞台，10个行政村农家书屋，文体活动广场46个，健身器械100余件，篮球场28个（不含学校体育场地）。成立4支民间文艺队伍，聘请10名兼职文艺辅导员，组建一支30多人的文化志愿者队伍。民间文艺队伍举行7场送戏下乡活动。引进稻目镜民宿公司，在连水墩龙瑶寨改造4幢民用房子，打造民宿，示范带动全镇民宿发展。千年瑶寨景区、油岭瑶寨逐步开放，两个瑶寨民宿接待游客3000多人。国家石漠公园继续投入2000多万元，准备建设近3000平方米的乡村博物馆。

卫生服务 2020年，三排镇出生377人，其中男孩196人，女孩181人（其中一孩106人，二孩117人，三孩及以上154人），性别比113.56∶100，政策生育率61.90%；政策外生育142人，政策外多孩率34.66%。免费孕前优生健康检查16人。开展计划生育关怀活动，春节期间市县镇三级慰问手术并发症、纯二女户及计生家庭困难户48户，发放慰问金12400元。春节前后，举办2场文艺演出、1场义诊咨询服务活动。在疫情防控方面，成立10个三人工作小组，组成自然村片区网格53个，村民小组网格188个，开展网格化地毯式排查，全覆盖入户排查全镇6526户、27983人。

民政 2020年，三排镇低保对象413户（含城镇户籍2户）856人；五保对象46人，其中集中供养2人，分散供养44人；孤儿2名，事实无人抚养孤儿33名；持证残疾人1110人，其中重度残疾636人，轻度残疾474人，是年配发各种辅助器具5件。

社会保障 2020年，三排镇超额完成县下达3400人次的城乡养老保险续保参保缴费任务，人数4126人次，完成率121%。参加2021年城乡医疗保险人数为22125人，县医保局下达的任务数为21000人，完成率105.36%。镇人社所服务窗口受理医保业务615件；受理医疗救助72件；受理低保、残疾人员免费开户参保养老保险70人次；受理养老保险参保人死亡一次性继承业务72人次，协助其他职能部门开展民事及其他调解工作3起。

【党风党纪建设】 2020年，三排镇党委组织召开专题研究党风廉政建设工作及听取纪委工作汇报会议2次。镇纪委在全镇范围内开展正风肃纪行动4次，组织开展谈话提醒108人次，扶贫领域腐败专项治理查处案例2宗。利用微信工作群、飞信等形式，发送廉洁短信800多条，筑牢广大党员干部廉洁自律的思想防线。

【社会治理】 *信访* 2020年，三排镇开展大接访活动2次，社会矛盾纠纷立案49宗，协助化解处理37宗。县交办“社会矛盾化解年”活动积案2宗，化解成功。

禁毒 2020年，三排镇开展158场禁毒宣传，发放宣传物品3万余份，利用媒体开展禁毒宣传26篇。

扫黑除恶 2020年，三排镇在10个村委会设有扫黑除恶举报箱，向群众发放《最高人民法院、最高人民检察院、公安部、司法部关于依法严厉打击黑恶势力违法犯罪的通告》和《致全镇

人民群众开展扫黑除恶专项斗争的一封信》等宣传资料1500余份；在全镇主要道路和各行政村显著位置悬挂横幅15幅，设置LED宣传横幅12处，张贴海报20张；编印活动简报15期；综治中心、派出所、扫黑除恶办、司法所等部门多次联合进入全镇各中小学校开展扫黑除恶宣传活动，发放致群众一封信和法律小册子2000多份，现场接受咨询100余人次。

【安全生产】 2020年，三排镇把食品安全工作纳入重点工作，通过各种宣传活动向群众、学校派发食品安全知识资料1000余份，检查食品经营单位300多家次，未发生重大食品安全事故。

【美丽乡村建设】 2020年，三排镇增加投入413万元，继续提升省级新农村示范片基础设施建设，完成地磅、连水、东芒、山溪等村的村道、排污管网、“四小园”及省道261沿线绿化、人行道等提升工程项目，创建美丽乡村整洁村5个；全面启动农村厕所革命，完成1370多个卫生户厕改造；新建公厕5间。累计建成公厕42间，自然村公厕覆盖率60%以上。投入4240万元完成对省道261沿线、清连高速沿线以及景区沿线村庄1600多栋房屋外立面改造提升工作，其中镇管项目1300多栋，县管核心村300多栋。开展农村人居环境整治、垃圾分类试点、泥砖房清理整治，摸排泥砖房1190间，面积约54000平方米，拆除389间破旧泥砖房，面积16600平方米，剩余应拆待拆泥砖房329间。

【精准扶贫】 2020年，三排镇产业扶贫情况：建成水果扶贫基地三个，其中：牛头岭村尖山农场投入40万元，建成集生产、加工于一体的鹰嘴桃基地，卖出水果0.5万千克，销售金额9万元，带动有劳动力贫困户19户70人增收。连水村桃园基地投入21.28万元，建成占地面积120亩的桃园基地，销售果1.5万千克，销售金额30万元，带动有劳动力贫困户34户123人增收。在横坑村、南岗村、山溪村兴建135千瓦光伏扶贫发电项目，2019年以来发放分红5.5350万元（450元/户）。贫困户劳动力转移就业（含就近就业）总人数429人，占贫困人口的33.3%，其中公益性岗位安置12人就业。

2020年三排镇主要社会经济指标表

表9

指标名称	计量单位	数量	指标名称	计量单位	数量
村民委员会	个	10	农作物总播种面积	亩	62395
村民小组	个	174	其中粮食播种面积	亩	16070
行政区域面积	公顷	14956.82	粮食总产量	吨	3611
年末常用耕地面积	公顷	3042	肉类总产量	吨	833.7
年末有效灌溉面积	公顷	347	镇、村企业数	个	15
乡镇用电总量	万千瓦时	9375.13	镇、村企业人员数	人	—
总户数	户	6073	在职镇干部职工	人	60
总人数	人	28073	其中公务员	人	46

续表 9

指标名称	计量单位	数量	指标名称	计量单位	数量
农业户籍人口	人	27832	参加农村新型合作医疗	人	22125
总产值	万元	—	参加农村社会养老保险	人	4126
其中：工业总产值	万元	—	享受居（村）民最低生活保障	人	853
农民人均纯收入	元	—	居民储蓄存款余额	万元	—

2020 年三排镇村委会基本情况表

表 10

序号	村（居）委会	书记	主任	村民小组（个）
1	山溪村	唐花其一妹	唐花其一妹	15
2	牛头岭村	唐志	唐志	8
3	三排村	盘聪骅	盘聪骅	13
4	东芒村	盘备口四贵	盘备口四贵	16
5	连水村	唐亚木贵	唐亚木贵	8
6	蜈蚣田村	房一贵	房一贵	16
7	横坑村	房三贵	房三贵	19
8	南岗村	唐春明	唐春明	34
9	油岭村	唐伟东	唐伟东	35
10	百斤洞村	沈秀妹	沈秀妹	10

（三排镇人民政府）

大麦山镇

【概况】 2020 年，大麦山镇位于县城西南部，东与寨岗镇相接；南与怀集县、连山壮族瑶族自治县毗邻；西与香坪镇接壤；北与三排镇相连；西北与涡水镇交界。辖黄莲、上洞、白芒、后洞、塘梨坑、新寨、望佳岭、中心岗、塘凼 9 个行政村，81 个自然村，63 个村民小组，4725 户、20560 人。总面积 208 平方千米，其中耕地面积 2.19 万亩，森林面积 17.8 万多亩。地貌为喀斯特地貌，属于亚热带季风气候。境内群山起伏，奇峰连绵。白芒河由南向北贯穿全镇，水资源丰富。该镇属纯瑶区，有八排瑶和过山瑶，传统歌舞、语言服饰、风俗习惯独具特色。农产品有茶叶、油茶、竹笋、冬菇等土特产品。

【农业发展】 2020 年，大麦山镇根据“生态农业镇”的发展定位，抓好粮食作物的种植，农作物播种面积16848多亩，其中谷物种植面积4185亩，蔬菜面积7968亩，豆类种植面积1234亩，其他经济作物3459亩。高山羊出栏量150多头，猪出栏量800多头，牛出栏量390多头，鸡出栏量12000多只。种桑养蚕200多亩，油茶200多亩。黄连茶叶产量达到20吨，产值500万元。

【社会事业】 2020年，大麦山镇成立家校控辍保学工作领导小组，小学阶段年辍学率为0，初中阶段辍学14人，已做动员工作14人，劝返复学8人。对38名人民教师进行表彰。落实部门联动机制，做好计生优质服务和流动人口管理工作，建立16811份健康档案，成立34人的健康教育联络员队伍，公共卫生事业健康发展。举办第四届“活力麦山”广场舞大赛。

【社会保障】 2020年，大麦山镇注重提高民生保障水平，农村低保179户、387人，发放金额107.8958万元；供养五保户35人（其中2人为集中供养人员），发放五保资金30.3297万元；医疗救助保障人数11人次，涉及资金31.6519万元。做好残疾人服务工作，持证残疾人549人，新增各类型残疾人57人，完成持证残疾人信息系统采集和录入工作。

【党风廉政建设】 2020年，大麦山镇成立9个村勤廉监督室，选配专职勤廉监督员，对村“两委”干部作风建设和廉洁情况进行监督，督促村及时做好“三公开”，确保信息公开透明。在村一级推广“清远市微监督系统”。加大问责力度，巩固惩治腐败成果，受理来信来访及县转信访件6件，收到问题线索3条，立案4宗。开展日常廉政谈话1人次、提醒谈话2人次。加强基层党组织书记管理监督，建立健全基层党组织书记激励机制。加强各村党组织书记因私出国（境）管理，对9个村委书记做好备案管理。

【脱贫攻坚】 2020年，大麦山镇做好贫困户的动态管理。全镇贫困人口214户、673人，全部实现脱贫。继续保持相应政策扶持，落实2019年秋季至2020年春季教育补助103人，贫困人口购买城乡居民基本医疗保险673人，购买养老保险367人，贫困户与家庭医生签约673人，政府兜底保障98人，兜底残疾人保障79人。做好危房改造工作，累计改造安全住房83户，落实率100%。推进就业培训工作，有劳力贫困人口319人实现全员培训。贫困户劳动力转移就业占镇贫困人口的54.25%，在外务工达6个月以上人数（长期工）为222人，3人在村公益性岗位就业。建设光伏发电项目，入股小水电站项目，发展兰花基地项目、分散养殖项目等镇村扶贫产业项目，为打赢脱贫攻坚战打好基础。

【乡村振兴建设】 2020年，大麦山镇81个自然村100%完成以“三清三拆三整治”为主的农村人居环境综合整治，创建33个美丽乡村，通过验收32个自然村。重点推进镇政府周边及省道S261沿线村庄美丽乡村建设，新寨村委创建为“千村示范、万村整治”工程示范村，新寨村马岭墩成为美丽乡村的新标杆，白芒村古榕树成为新景观，火龙冲乡村建设瑶族风格日益凸显。“一村一品”水肥一体化黄连茶项目落地实施，总投资100万元，改造茶园220多亩。兰花基地管护走上正轨。

【安全生产】 2020年，大麦山镇开展非煤矿山联合执法、道路交通安全检查、食品安全检查、烟花爆竹检查、卷烟打假等专项行动50余次，出动人员450余人次，落实安全生产监管工作。做好秋冬两季的森林防火工作，落实配强半专业化队伍，实行24小时值班制，在进山路口设置检查站点，用横幅标语、小喇叭等宣传，以及在田间地头宣传劝阻等措施，将森林防火工作落到实处。全年发生2起小型森林火灾，均被扑灭。

【综治信访】 2020年，大麦山镇开展平安建设、法治建设、全民禁毒、扫黑除恶、反邪教知识讲座18次，开展专题文艺宣传活动250场，发放禁毒、扫黑除恶、反邪教等宣传资料8000余份，张贴宣传海报50余份，悬挂禁毒、扫黑除恶宣传横幅各21条等，提高广大人民群众的法律意识和禁毒防毒意识。

镇村两级调解委员会排查调处矛盾纠纷164宗，其中村级调处138宗，镇级协助和指导调处26宗，调处率100%，成功率91.5%。接收矫正对象5名，解除社区矫正对象4名。社区戒毒人员1名，按时到派出所报到，未发现重新吸毒的现象。安置及帮教率100%，重新犯罪率为0。注重抓好精神障碍患者救治救助工作，排查出精神障碍患者75人，其中三级以下67人，三级以上8人，排查建档75人，送治12人，消除社会安全隐患。

【生态环境保护】 2020年，大麦山镇开展“义务植树，造福子孙”植树活动。推进河长制工作，全年各级河长加强巡河，镇级总河长全年巡河13次，委托巡河32次，现场督办交办问题20余个，镇级河长累计巡河259人次，村级河长巡河421人次。建立、完善“户收集、村集中、镇转运”的农村垃圾处理模式，完成垃圾收集点建设的自然村81个，各村及镇属各单位部门共295个垃圾工作点，每个自然村确保有两个以上垃圾收集点，配有环卫站员工5人，村道保洁员68人，河道保洁员30人。

2020年大麦山镇主要社会经济指标表

表11

指标名称	计量单位	数量	指标名称	计量单位	数量
村民委员会	个	9	农作物总播种面积	亩	45398
村民小组	个	63	其中粮食播种面积	亩	14632（包括稻谷、薯类、玉米等）
行政区域面积	公顷	14347.72	粮食总产量	吨	—
年末常用耕地面积	公顷	1466.4	肉类总产量	吨	—
年末有效灌溉面积	公顷	—	镇、村企业数	个	—
乡镇用电总量	万千瓦时	—	镇、村企业人员数	人	—
常住户数	户	4725	在职镇干部职工	人	53
常住人口	人	15000	其中公务员	人	34
农业户籍人口	人	20560	参加农村新型合作医疗	人	17319
总产值	万元	21600（农业总产值现价）	参加农村社会养老保险	人	5918
其中：工业总产值	万元	0（无工业统计）	享受居民最低生活保障	人	387
农民人均可支配收入	元	—	居民储蓄存款余额	万元	—

2020 年大麦山镇村委会基本情况表

表 12

序号	村（居）委会	书记	主任	村民小组（个）
1	黄莲村委会	刘雪辉	刘雪辉	4
2	上洞村委会	房用四贵	房用四贵	6
3	白芒村委会	房成忠	房成忠	13
4	塘梨坑村委会	罗卫斌	罗卫斌	7
5	后洞村委会	房镇林	房镇林	5
6	新寨村委会	唐志勇	唐志勇	9
7	望佳岭村委会	唐金水	唐金水	10
8	中心岗村委会	房文城	房文城	4
9	塘凼村委会	邵土明	邵土明	5

（大麦山镇人民政府）

大坪镇

【概况】 大坪镇位于县城西北部，距县城 20 千米，东南与三排镇毗邻，南与涡水镇、西与香坪镇相邻，西北与连山县太保镇接壤，东北与三江镇相邻，全镇总面积 92.8 平方千米。自然村落地处山高路远，辖内有大古坳、牛路水、大坪、军寮、大掌 5 个村民委员会，64 个村民小组。2020 年，大坪镇政府在县委、县政府和镇党委的正确领导下，坚持以习近平新时代中国特色社会主义思想为指导，全面贯彻中共十九大和十九届二中、三中、四中、五中全会精神和习近平总书记对广东工作的重要指示批示精神，紧紧围绕县委“生态与文化立县·全面高质量发展”新时代目标和“149”发展布局，坚持走生态农业和特色旅游发展道路，以开展“不忘初心，牢记使命”主题驾驭为抓手，统筹推动“特色农业生态镇”建设，集中精力为民谋福祉、为大坪镇谋发展，不断推动全镇各项工作取得新的进展。

【农林牧】 农业 2020 年，大坪镇耕地面积 1407.6 公顷，灌溉面积 406.2 公顷，农作物播种面积 2005.5 公顷。5 个行政村 64 个村民小组，参与确权农户 2627 户，承包耕地确权面积为 11576.42 亩。农业总产值 13366 万。

林业 2020 年，大坪镇森林总面积 7392.52 公顷。大坪镇认真开展春季造林工作，开展全民义务植树运动，义务植树 1000 株，社会造林 1100 亩。办理林木采伐许可证 70 份，采伐蓄积 1373.57 立方米，放行 963 立方米。

畜牧业 2020 年，大坪镇牛年末存栏 668 头，其中耕牛 520 头，肉用牛 148 头；山羊年末存栏 310 只；生猪年末存栏 364 头；活家禽年末存栏 13523 只，其中鸡 10947 只，其他家禽 2576 只。

【民生工程】 2020 年，大坪镇投入 112.56 万元建设大掌村食水工程，解决群众食水困难的问题；投资 800 多万元建设总长为 2.88 千米的大古坳老寨环村机耕路；投入资金 185 万元建设总长为 2 千米的里八洞至火烧排机耕路。做好大掌村“代间”移民安置工作，在县城红星移民新村二期0.54亩地块完成建设两幢六层高的安置楼，安置大掌代间地灾点农户。完成“四好”农村路建设任务，硬底化大坪村里八洞、如白岭、大坪村十二队等三段道路，保障村民安全出行。开展拆旧复垦工作，立项4个项目，188亩的拆旧复垦地块，其中牛路水村多哥养组、社团昂、古里更和平良东等拆旧复垦地块完成建设并验收。争取上级资金600万元，建设大古坳老寨环村机耕路，并在原有的机耕道增设防护栏；争取广州市越秀区对口帮扶资金185万元，建设火烧排机耕路。

【社会事业】*稻鱼茶产业发展* 2020年，大坪镇军寮村有机米种植加工项目成功申报为2020年“一村一品、一镇一业”项目，将大坪村优质稻种养项目纳入2021年“一村一品、一镇一业”项目库。春耕时期为群众发放美香粘、象牙粘谷种近600千克。大坪镇茶叶种植面积1700亩，有机稻种植面积5500亩，发展稻鱼共生面积4500亩；并改造升级稻田鱼苗培育基地及体验式小型茶叶加工坊，加快“稻鱼茶”特色产业的发展，产业规模不断扩大。在大坪村委中平村成功举办“稻香渔乐、人鱼同乐”——连南县2020年“农民丰收节”暨稻田鱼文化节分会场活动，得到省、市、县各级领导的充分肯定，《南方农村报》、南方＋直播进行现场直播，《清远日报》也进行报道。

农旅项目 大坪镇配合县推进瑶排梯田国家湿地公园的规划建设，推进大掌古排的保护开发和“云上梯田·鱼米瑶乡”招商引资工作。

美丽乡村建设 2020年，大坪镇坚持规划先行，科学规划美丽乡村建设，申报创建1个特色村、9个整洁村、19个示范村。推进大掌村至大古坳村沿323国道沿线房屋外立面改造。制定保洁长效管理机制和奖惩工作机制，加强清洁卫生和环境保护。

农村集体产权制度改革工作 2020年，大坪镇5个行政村64个集体经济组织均完成农村集体经济组织成员身份认定、赋码登记、章程制定、农村集体经济组织赋码换证（资料）等工作，完成率100%。

文教事业 2020年，大坪镇以慈善办学的模式，将牛路水教学点闲置校区改造建设为民办幼儿园（津美新时代爱心幼儿园），就地解决军寮、牛路水两个人口密集片区幼儿上学的问题。争取上级资金1800多万元建成越秀旺洞小学，解决大掌片区因受地质灾害影响导致学生上学难的问题。做好大古坳村羊功其爱心小学学生安全分流工作，将旧村委办公大楼改造成临时课室使用，与相关部门沟通协调新学校的选址。

新冠疫情防控 2020年，大坪镇建立“镇·村·村小组”三级网格防控体系，设立25个片区64个网格，将防控力量下沉到村民中并对全镇开展“地毯式”摸排和全方位宣传，参加疫情防控工作300余人。镇、村领导干部手持小喇叭走村串巷担当瑶语“防疫播音员”，建立一个广播宣传阵地；动员老党员、先生公一同抗疫，以“党组织＋瑶老＋先生公”模式加强科普宣传、排查防控、推动群防群治；利用户外LED电子屏、横幅、微信群等方式进行全覆盖宣传预防知识，累计发放疫情防控宣传单1.2万余份，进农村宣传宣讲2400多人次，成功劝导村民白事仪式从简10起，喜事取消或者延期17起。加强疫情防控正面宣传，累计发布新闻宣传稿件40余篇。牛路水村委于3月将精美的抗疫主题绣品赠送给抗疫专家钟南山院士，以表最诚挚的谢意和心意。

【社会保障】*精准扶贫* 2020年，大坪镇积极促进消费扶贫，农村电商服务网点覆盖5个行政村。抓好百企帮百村工作，与百企帮百村企业签订帮扶及共建协议书，建立稳定的产销联系，对接5个行政村的企业商会均到帮扶村开展对接工作，组织贫困户到结对帮扶企业实地参观，帮助贫困户就业脱贫，助力产业扶贫。争取公益性岗位，18名建档立卡贫困户在家门口实现就业。全镇已稳定实现贫困人口不愁吃、不愁穿，保障义务教育、基本医疗、住房安全的“两不愁三保障”目标，

4月，全镇291户、877人全部达到脱贫并全部退出。

民生救助 2020年，大坪镇有特困户31人，其中分散供养28人，集中供养3人，发放特困户生活补贴361920元；孤儿2人，事实无人抚养儿童18人，发放生活救助金218508元；办理医疗救助22人，救助金307245.664元；临时救助22人，救助金95710.86元。

2020年大坪镇主要社会经济指标表

表13

指标名称	单位	数量
社区居委会	个	0
村民委员会	个	5
村民小组	个	64
行政区域面积	公顷	9894.47
年末常用耕地面积	公顷	1407.46
年末有效灌溉面积	公顷	406.24
乡镇用电总量	万千瓦时	99
乡镇总户数	户	3747
乡镇总人数	人	13753
农业户数	户	3747
农业总人口	人	7081
工农业总产值	万元	13366
其中：工业总产值	万元	0
农业总产值	万元	13366
工商税收收入	万元	0
农作物总播种面积	亩	30083
其中粮食播种面积	亩	9804
粮食总产量	吨	2860
肉类总产量	吨	341.8
农民专业合作社数量	个	35
农民专业合作社成员数	人	199
乡镇财政供给人数	人	59

续表 13

指标名称	单位	数量
其中公务员	人	27
参加农村新型合作医疗	人	12040
参加农村社会养老保险	人	6184
享受居民最低生活保障	人	289
居民储蓄存款余额	万元	—
农民人均纯收入	元	11751
圩镇总户数	户	1225
圩镇总人口数	人	4585

（大坪镇人民政府）

香坪镇

【概况】 2020年，香坪镇位于连南瑶族自治县西部，距县城35千米，毗邻连山县城，东与涡水镇、大麦山镇交界，南与连山县福堂镇、小三江镇接壤，西与连山县城（吉田镇）相邻，北与大坪镇、连山太保镇相接。全镇辖区面积184.97平方千米，其中耕地面积为11258.25亩，林地面积221033.85亩，户籍人口12111人，是个纯瑶族镇。下辖香坪、七星、龙水、塘其儿、盘石、排肚6个村委会，48个自然村。该镇物产丰富，盛产杉木和松木，是连南主要的林区之一。农业主要出产有机米、红糯米、黄烟、鸡麻笋。工业主要是小水电站，辖区内小水电站17座，装机容量21075千瓦。境内建有面积为14.5平方千米的省级大鲵（娃娃鱼）自然保护区。

【疫情防控】 2020年，香坪镇严防严控，将抗击疫情作为工作的重中之重。自1月27日起，在主要进村路口设置15个新冠肺炎疫情防控临时检测点，组织村委带领村里的党员、入党积极分子和自愿参与的群众建立轮班制度在检测点值班，对过往的车辆和行人进行排查，严格控制非本村人员的来往，累计排查车辆1866辆、3340人；组织全体干部职工、各村“两委”干部、村民理事会、各村民小组长、党员7508人次到各村开展各类健康宣传670次，设置镇、村、组三级网格员73名，累计排查（家庭户、企事业单位等）2598户，排查人员11796人次，完成率100%，未发现新冠肺炎疫情疑似病例、确诊病例。

【精准扶贫】 2020年，香坪镇第二批贫困人口11户28人的退出工作于4月完成，全部贫困户实现脱贫。该镇“百企帮百村”行动帮扶成效明显，6个村于1月完成与帮扶企业的对接工作，并陆续签订帮扶协议。9月22日，清远市对口帮扶单位清远市水利枢纽建设管理处到镇指导工作，慰问9户贫困户，慰问资金3600元。

【美丽乡村建设】 农村“厕所革命” 2020年，香坪镇新建农村公厕3个。19个美丽乡村示范村创建村整村推进“厕所革命”，完成农村卫生户厕改造278户，完成率为100%。

生活垃圾处理 2020年，香坪镇设置垃圾中转站1个、垃圾收集点112个，有垃圾收集运输车2辆，放置343个垃圾桶，其中可回收垃圾桶130个，不可回收垃圾桶213个，发放5600个垃圾分类收集桶给村民。新创建美丽乡村要求建设垃圾分类收集点，石古洞村完成建设5个垃圾分类收集点。该镇6个村委48个自然村建立长效管理机制，配备43名保洁员，负责48个自然村的保洁工作。开展乡村环境卫生整治工作，对屋边、路边、水边、田边的裸露垃圾、卫生死角进行大清扫、大清理、大清运，每个自然村做到每天有专人打扫，垃圾桶满后及时清运。

美丽乡村创建 2020年，香坪镇大力开展美丽乡村创建工作，美丽乡村创建任务数22个，其中20户以下的整洁村1个，示范村19个，特色村2个，开工率100%。

推进河长制工作 2020年，香坪镇镇级河长巡河301次，人均巡河33次；村级河长巡河310次，人均巡河51次。开展“五清”“清四乱”专项行动，党员干部及群众共同参与350余人次，清理河道70多千米，清理水面漂浮物60余吨，全镇河流河道“河畅、水清、堤固、岸绿、景美”。

【民生改善】 2020年，香坪镇符合续保条件的低保户有116户195人。参加新型农村社会保险人数为4416人，当年县下达任务为2400人，当年缴费人数为2621人，完成率109.2%；完成城乡居民医疗保险参保任务。该镇有特困户15人，其中集中居住的3人（敬老院）由两名工作人员负责护理老人工作；分散居住的有12人。做好精准康复服务，需求人员61人，康复服务61人。加快补齐农村基础设施和公共服务短板，加强“四好农村路”和村内道路建设，完成修建村道14.3千米，实现100人以上自然村通硬底化公路；提高农村供水保障水平，完成村村通自来水工程建设，将未纳入村村通食水工程建设的原有农村供水工程纳入《连南瑶族自治县全域自然村集中供水2020—2023年度实施计划》进行升级改造；加强现代农业设施和农村信息基础设施建设，4月完成2019年度上级下达香坪、龙水、盘石、排肚4个行政村的高标准农田建设任务2977亩。

【安全生产】 落实安全生产责任 2020年，香坪镇为6个村委配备安全协管人员，与各村委签订《2020年度安全生产责任书》。开展春、夏拉网式安全生产大检查活动，重点开展危险化学品、烟花爆竹、道路交通、消防安全、住房安全、食品销售等方面的检查。

做好排查及宣传 2020年，香坪镇开展安全生产专项整治8次，出动人数89人、出动车辆28车次，检查企业82家次。开展安全生产宣传活动6次，制作18条横幅、250条标语、9幅宣传画、2个安全知识展板，发放安全生产宣传资料4100多份，派送环保袋、牙签筒、饮水杯、小扇子等宣传安全知识礼品2100多份，9个LED屏幕滚动播放安全生产标语。排查发现因持续性强降雨影响存在的安全隐患26处，其中道路交通14处塌方、4处道路掏空、1处道路塌陷，电站3间、木材加工厂4间存在隐患，均完成治理。

加强森林防灭火 2020年，香坪镇举办2次森林消防队防灭火业务培训会，提高森林防灭火安全理论与火场应急避险知识。悬挂横幅100多条，发放森林防火宣传单7000余份，发放宣传小礼品1000多份，对近千名中小学生进行宣传教育，出动森林公安执法人员60人次，巡查人员530人次，劝阻野外焚烧秸秆、野草53起。设立六个森林防火临时检查站，安排人员值班值守，做好群众入山登记及防灭火宣传工作。

【综治信访】 2020年，香坪镇人民调解委员会处理各类矛盾纠纷案件20宗，办结18宗（其中调解成功11宗，作出处理意见5宗，配合政府部门作出行政裁决2宗），正在调解的有2宗。村委调解委员会调解案件28宗，其中调解成功21宗，作出处理意见7宗。推进人民调解组织延伸到自然村工作，48个自然村全部成立人民调解小组。开展“扫黑除恶”专项斗争工作，排查线索0条，暂无发现涉黑涉恶线索；发放《关于在全县开展扫黑除恶专项斗争的通告》的宣传资料1500余份，在全镇主要道路和各行政村显著位置悬挂横幅7幅，设置LED宣传屏8个，张贴宣传标语200余张，设置举报箱，公开举报电话。推进依法行政及法治政府工作，持有执法证的工作人员9人，作出行政处罚案件1宗，执法检查1宗，行政复议1件，均录入平台系统；行政诉讼案件4宗，领导出庭应诉4人次，出庭率100%；举办各类法治讲座7次、350余人次，发放各类常用法律知识手册2000余本，张贴标语400多条，拉横幅600多条，在镇及村委利用电子显示屏轮换播放各类宣传标语1000多次，在政务公开栏公开38条工作信息。做好社区戒毒、康复工作，落实好“8·31”社区戒毒社区康复工程和“6·27”青少年毒品预防教育工程，有管控吸毒人员4人，其中社区戒毒1人，社区康复对象3人，没有发现未成年人和在校中小学生吸毒现象，社区戒毒对象均定期到镇社区戒毒康复办公室报到，自觉接受检测，暂未发现复吸人员。

【廉政建设】 2020年，香坪镇重视廉政教育，开展谈话提醒112人次。狠抓作风建设，多次对镇全体干部职工、各村委会上下班情况进行突击查岗。加大违纪违法线索排查和信访件处置力度，排查农村党员干部各类线索8宗，立案2宗（移送审理1宗），信访结案2宗，4宗初核中。

2020年香坪镇主要社会经济指标表

表14

指 标	单 位	数 量	指 标	单 位	数 量
村民居委会	个	6	其中粮食播种面积	亩	10132
村民小组	个	73	粮食总产量	吨	2653
行政区域面积	公顷	16766.07	肉类总产量	吨	750
年末常用耕地面积	公顷	750.6	镇、村企业数	人	2
年末有效灌溉面积	公顷	310	镇、村企业人员数	人	—
乡镇用电总量	万千瓦时	—	乡镇财政供给人数	人	97
乡镇总户数	户	2669	其中公务员	人	51
乡镇总人数	人	12111	参加农村新型合作医疗	人	10399
农业户数	户	—	参加农村社会养老保险	人	5293
农业总人口	人	11828	享受居民最低生活保障	人	195
工农业总产值	万元	7595	居民储蓄存款余额	万元	—
其中：工业总产值	万元	433	农民人均纯收入	元	6123.38
农业总产值	万元	5824	圩镇总户数	户	—
工商税收收入	万元	—	圩镇总人口数	人	—
农作物总播种面积	亩	27101			

2020年香坪镇村委基本情况表

表15

序号	村（居）委会	书记	主任	村民小组（个）	集体所有农用地总面积（万亩）	农民人均纯收入（元）
1	香坪村委会	邓一贵	邓一贵	13	2.4131	5719.38
2	七星村委会	邓三	邓三	10	2.6967	5920.98
3	龙水村委会	房交五	房交五	16	4.1226	5843.24
4	塘其儿村委会	李志忠	李志忠	10	3.1868	8544.30
5	盘石村委会	李大交	李大交	14	5.2325	5702.13
6	排肚村委会	邓龙三	邓龙三	10	6.1915	6041.67

（香坪镇人民政府）

涡水镇

【概况】 2020年，涡水镇行政区域面积131.98平方千米，下辖6个村委会，39个自然村，14个党支部，26个村民理事会，47个村民小组。总人口2058户、8386人。涡水镇是排瑶最早的聚居地，境内地形以山地为主，镇内有着丰富的森林、水利、矿产和旅游资源，林地面积18万亩，其中生态公益林面积5.5462万亩，森林覆盖率90%，是连南县重点林业镇之一。

【经济发展】 农业 2020年，涡水镇实现早造水稻播种面积404亩，中晚稻1489亩，玉米7197亩，大豆55亩，番薯215亩，花生179亩，蔬菜5110亩，中草药材403亩，其他作物5532亩。

林业 2020年，涡水镇新造林1137亩，中幼林抚育7050亩，聘请生态员10人，实现生态管护员巡山护林常态化；加强森林消防应急队伍技能培训，全镇未发生森林火灾。

畜牧业 2020年，涡水镇饲养猪2618头、牛748头、羊60头、鸡18527只，全镇畜牧业健康发展。

【社会事业发展】 劳动就业 2020年，涡水镇受新冠肺炎疫情影响，现场招聘会转为线上招聘会。就业、创业政策下发到村委，通过村委和挂村工作组把政策带到各家各户，让群众知晓，促进该镇农民充分就业和农村富余劳动力实现转移就业。完成精准扶贫198人的培训。

社会保障 2020年，涡水镇全镇农村低保129户293人，发放低保救助金约102.85万元，当年新增农村低保对象17户31人，其中精准扶贫无劳动力对象1户2人、重残对象1户1人，事实无人抚养儿童5人，基本实现动态管理下的“应保尽保”。走访分散居住五保户，帮助其解决生活中遇到的困难，发放五保资金20.32万元，发放护理费7.8万元。落实贫困残疾人社会保障政策，及时发放重度护理补贴41.7万元和困难生活补贴16.29万元。

卫生健康 2020年，涡水镇开展专题培训班3期，培训镇村计生干部42人次；举办健康讲座2次；发放农村计生家庭奖励、计生节育奖以及城镇独生子女父母奖励等各类奖励扶助对象642人次，约3.96万元。

文化 2020年，涡水镇文化站基本达到省二级站标准；6个村委完成基层综合性文化服务中心的建设，覆盖率100%；镇新时代文明实践所，大竹湾、马头冲村新时代文明实践站建成并投入使用，启动必坑、涡水、瑶龙、六联新时代文明实践站建设。

【党建】 2020年，涡水镇高标准落实基层党建三年行动计划，打造全县农村基层党建示范村，抓党建促脱贫攻坚、促乡村振兴，以打造“六有”活动阵地、“党建+项目”为主线，推进大竹湾村党建示范村创建工程。完成6个行政村党组织书记县级备案管理，结合“青苗培育工程”，实施“返乡大学生计划”，选拔2名大学生、2名退役军人到村任党总支部副书记，选拔4名大学生到村任聘用干部。选拔配备村党组织书记后备干部12人，选派5名后备干部到镇跟班学习锻炼。组织推荐符合条件的各类人员10名报考清职院学历提升招录考试，成功录取7人。投入17.67万元省管党费，推进6个党群服务中心、12个党群活动中心实体化建设，强化村党组织领导地位，每个自然村党支部设立2个党小组，“村党组织+村民小组党支部+党小组”三级党建网格建立建强。实施南粤党员先锋工程，做好党员评星定级和民主评议工作，加大在薄弱领域和重点群体中发展党员力度，发展党员14名，大专以上学历4名，平均年龄33岁，按计划完成上级党员发展任务。

【直接联系群众】 2020年，涡水镇坚持落实每周二到村开展直接联系群众工作制度不松劲，结合工作实际设定开展直接联系群众工作主题，让工作队带着问题走村入户，了解实情。完善镇联席会议制度，将每半月一次的党政班子会议前半部分议程固定为联席会议内容，专门研究联系群众工作，及时解决群众提出的意见建议。6个工作队49名工作队员，参加联系群众1882人次，走访联系群众2687户，收集和梳理出群众反映的困难和诉求31件，解决24件。

【综治信访】 2020年，涡水镇办理人民调解案件52宗（其中镇级案件7宗、村级案件45宗），调处成功48宗，作出处理意见书4宗，调解成功率92%。通过派发宣传单、张贴公告、挂横幅、走访调查等方式，鼓励村民积极举报黑恶势力，形成全民举报打击黑恶势力的社会氛围，有效的威慑黑恶势力。开展“六进”禁毒宣传活动及排查行动，禁毒宣传活动196余次，媒体宣传55次，走访群众4000余人。镇、村法律顾问提供法律咨询服务91起，审核各类合同6份，调解矛盾纠纷1宗。

【精准扶贫】 2020年，涡水镇全面完成脱贫攻坚工作任务，建档立卡贫困人口149户474人全部脱贫，脱贫比例100%。脱贫人口在安全住房、安全饮水、安全用电、电视信号覆盖、网络信号覆盖、教育保障、医疗保障和稳定收入或最低生活保障8方面均得到落实。

【美丽乡村建设】 2020年，涡水镇开展“三清三拆三整治”行动，推进“厕所革命”，开展农村生活垃圾及生活污水治理，建立长效管护机制，全域推进美丽乡村建设。2020年创建的1个生态村、2个特色村、4个整洁村、15个示范村全面开工建设；41个自然村实现雨污分流、污水经管道排放收集；建成污水处理池34个，7个在建设中；29个自然村建有31个公厕，全部投入使用；农村实现无害化卫生户厕1942户。

【安全生产】2020年，涡水镇加强对辖区电站、商铺、木材加工厂等60余家单位的安全生产管理，发现安全隐患5处，督促业主方限期整改；联合上级部门开展道路交通障碍整治行动12次；对辖区内餐饮店、小作坊、学校食堂、商店开展食品药品安全检查325家次；检查烟花爆竹售卖点29家次。落实三防24小时值班制度，加强地质灾害隐患点巡查排查，举办地质灾害应急演练1次，全年没有发生安全生产事故和食品药品安全事故。

2020年涡水镇主要社会经济指标表

表16

指标名称	计量单位	数量	指标名称	计量单位	数量
村民委员会	个	6	农作物总播种面积	亩	20584
村民小组	个	47	其中粮食播种面积	亩	11539
行政区域面积	公顷	13198.11	粮食总产量	吨	4623
年末常用耕地面积	公顷	687.12	肉类总产量	吨	489.1
年末有效灌溉面积	公顷	90.6	镇、村企业数	个	29
乡镇用电总量	万千瓦时	65.99	镇、村企业人员数	人	195
常住户数	户	2058	在职镇干部职工	人	75
常住人口	人	8386	其中公务员	人	28
农业户籍人口	人	8004	参加农村新型合作医疗	人	6732
总产值	万元	—	参加农村社会养老保险	人	3564
其中：工业总产值	万元	—	享受居民最低生活保障	人	293
农民人均纯收入	元	—	居民储蓄存款余额	万元	—

2020年涡水镇村委会基本情况表

表17

序号	村（居）委会	书记	主任	村民小组（个）
1	大竹湾村委会	李甘其一（2016.05—2020.10） 房哥单（2020.10—至今）	李甘其一（2016.05—2020.10） 房哥单（2020.10—至今）	2
2	必坑村委会	房三荣（2019.11—2020.10） 房文强（2020.10—至今）	房三荣（2019.11—2020.10） 房文强（2020.10—至今）	9
3	马头冲村委会	盘见三	沈八斤六（2017.05—2020.08） 盘见三（2020.08—至今）	7
4	涡水村委会	唐　凡	唐　凡	9
5	瑶龙村委会	房顶一（2019.03—2020.09） 房菜三（2020.09—至今）	房菜三	14
6	六联村委会	邓　山	邓　山	6

（涡水镇人民政府）

社会经济统计资料

2020年连南瑶族自治县社会经济统计表

表18

项目	数量	项目	数量
地区生产总值（亿元）	57.01	全县电话机总数（部）	9121
第一产业（亿元）	11.65	全县电话普及率（部/百人）	5.2
第二产业（亿元）	14.17	移动电话（部）	11.58
第三产业（亿元）	31.19	互联网用户（户）	26868
人均地区生产总值（万元）	4.1	货运量（万吨）	524
农林牧渔业总产值（亿元）	16.95	货运周转量（万吨·千米）	46579
1. 农业（亿元）	10.64	客运量（万人）	87
2. 林业（亿元）	2.59	客运周转量（万人·千米）	7622
3. 畜牧业（亿元）	3.10	社会消费品零售总额（亿元）	9.69
4. 渔业（亿元）	0.20	社会商品销售总额（亿元）	31.05
5. 农林牧渔专业及辅助性活动（万元）	0.42	地方一般公共预算收入（亿元）	1.79
规模以上工业总产值（亿元）	3.6	地方一般公共预算支出（亿元）	20.99
固定资产投资（亿元）	7.41	金融机构本外币存款余额（亿元）	51.41
全县卫生技术人员数（人）	717	金融机构本外币贷款余额（亿元）	19.8

备注：固定资产投资总量数据只能作为内部数据使用。

（连南瑶族自治县统计局）

荣誉名录

2020 年连南瑶族自治县获省委、省政府或国家部委以上表彰先进单位

表 19

单位	授予单位	荣誉称号
连南瑶族自治县	生态环境部	第四批国家生态文明建设示范县
连南瑶族自治县	广东省民族宗教事务委员会	全省民族宗教信息工作先进单位
连南瑶族自治县	中国互联网新闻中心	2020 年美丽中国生态旅游名城
连南瑶族自治县三排镇南岗中心学校	教育部办公厅	第一批乡村温馨校园建设典型案例学校
广东瑶族博物馆	中国博物馆协会	国家二级博物馆
连南瑶族自治县医共体	中国医院协会医共体分会、国家人口与健康科学数据中心地方服务中心、健康县域融媒、中国县域医共体网	全国“第三届寻找县域医共体实践价值案例”银奖
连南瑶族自治县计生协会	中国计生协会	全国“优生优育进万家”赠险活动优秀组织奖

2020年连南瑶族自治县获省委、省政府或国家部委以上表彰先进个人

表20

姓名	单位	职务	授予单位	荣誉称号
邓素怡	清远市生态环境局连南分局	生态保护股股长	国务院第二次全国污染源普查工作领导小组办公室	第二次全国污染源普查表现突出个人
沈建豪	连南瑶族自治县民族高级中学	少先队员	共青团中央、教育部、全国少工委	全国优秀少先队员
胡伶平	连南瑶族自治县县域医共体	党委书记	中国县域健康大会和健康县域传媒	中国县市医院党建文化之星
盘六斤	连南瑶族自治县大麦山镇新寨村人民调解委员会	调解员	司法部	全国模范人民调解员
管国奇	连南瑶族自治县人民医院	五官科主任	国家卫健委办公厅	获得关于2018—2020年改善医疗服务先进典型“医疗社工和志愿者制度”个人的通报表扬

（中共连南瑶族自治县委办公室）